# 时代 宋徽宗

**01**

往事 东京

PAST EVENTS
IN DONGJING

未央先生

著

U0781499

台海出版社

**图书在版编目（CIP）数据**

宋徽宗时代 . 01，东京往事 / 未央先生著 . -- 北京：
台海出版社，2021.1（2023.12 重印）

ISBN 978-7-5168-2792-5

Ⅰ . ①宋… Ⅱ . ①未… Ⅲ . ①中国历史—研究—北宋
Ⅳ . ① K244.07

中国版本图书馆 CIP 数据核字（2020）第 210317 号

## 宋徽宗时代 . 01，东京往事

著　　者：未央先生

出 版 人：蔡　旭　　　　　　　　　　封面设计：新华尤品
责任编辑：赵旭雯

出版发行：台海出版社
地　　址：北京市东城区景山东街 20 号　　邮政编码：　100009
电　　话：010-64041652（发行，邮购）
传　　真：010-84045799（总编室）
网　　址：www.taimeng.org.cn/thcbs/default.htm
E - m a i l：thcbs@126.com

经　　销：全国各地新华书店
印　　刷：三河市嘉科万达彩色印刷有限公司
本书如有破损、缺页、装订错误，请与本社联系调换

开　　本：710 毫米 × 1000 毫米　　　1/16
字　　数：380 千字　　　　　　　印　　张：22.5
版　　次：2021 年 1 月第 1 版　　　印　　次：2023 年 12 月第 4 次印刷
书　　号：ISBN 978-7-5168-2792-5

定　　价：58.00 元

# 自 序

有人喜欢汉，有人喜欢唐，有人喜欢明清，有人喜欢两宋，不一而足。爱之深，则恨之切；恨之切，则心之痛。

痛定思痛，我们依然流连，那些尘封的往事，过往的岁月。

那些鲜活的面孔，动人的故事。

那就，让我们一起回到两宋吧。

两宋是长长的。从时间上看，两宋319年，仅次于两汉406年，是一个国祚绵长的王朝。

两宋是小小的。从疆域上看，两宋几乎是最小的中原王朝。南宋更小，仅有不足三百万平方千米，仅为今日中国的三分之一。

两宋是崭新的。从华夏文明整体来看，两宋是分割点，是古代文明迈向近代文明的前夜。无论是生活方式、经济发展，还是文化艺术、科技水平，都日新月异，那是一个镀金的年代。

两宋是繁华的。繁荣的经济形态，宽松的社会氛围，市井化的百姓生活，精致的文化修养，是中华文明史上的一座高峰。

两宋是城市的。两宋境内，城市星罗棋布。扬州、金陵、泉州、临安等，有着繁华和闲适的都市生活。《清明上河图》上的东京汴梁府，是当时全球最大的城市，更令人神往不已。

两宋是世界的。若论财富积累和经济繁荣，两宋是当时世界的超级帝国。开封、杭州，远超同时代的所有城市，或许只有极盛时的大唐长安城和罗马城可以媲美。

这本书的故事，从宋徽宗开始，这是个说不尽的人。

自赵匡胤陈桥兵变、黄袍加身以来，经过数代人的努力和百余年的休养生息，北宋已进入全盛时期。全国人口众多，市井繁荣，灿烂炫目，繁花似锦。

宋徽宗，接手的正是这壮丽山河。

宋徽宗，赵佶，大宋第八位皇帝，人称风流天子、书画天子，书画成就独步天下。流传至今的书画作品，无一不是稀世珍宝。其独创的瘦金体，千百年来让人叹为观止。作为大宋天子，他足够自信和骄傲，自称"天下一人"。

在民间，宋徽宗也有着很高的知名度。这要感谢《水浒传》，李逵整日嚷嚷要上东京砍了的皇帝老儿，便是宋徽宗了。还有他和李师师的香艳往事，更令世人兴趣盎然。

说起来，赵佶原本与帝位无缘，他只是神宗第十一子。无论以嫡以长，皇位都是他都难以觊觎的。但是，阴差阳错，赵佶偏偏坐拥了天下。历史就是这么不讲道理，不遂人心愿，也没有那么多事后总结的规律。在历史发展的瞬间，甚至就是某个人的灵机一动、心绪所至而成。

后人评说，赵佶样样不凡，却独独做不得皇帝。

作为皇帝，赵佶享尽世间繁华。不过，最令人慨叹的，还是他大起大落的人生。短短数年，从云端坠入地狱，由帝王而阶下囚，由"天下一人"而家国覆灭，客死故国万里之外。

后人读史，是上帝视角，已经预先知道结局。在看到古人花团锦簇的生活背后，即将到来的万丈深渊时，更易发人生无常、国运难测、流水无情、繁华易逝之叹。

实际上，繁华之外，宋徽宗的时代，早已天下纷然。

辽、夏、金，还有大理、吐蕃等。

这就是，宋徽宗时代的天下。

大宋和这些少数民族建立的王朝之间，或远或近、或战或和，恩怨纠缠数百年，一幕幕国恨家仇、一幕幕王朝功业、一幕幕国灭身亡、一幕幕妻离子散。是国运，是兴亡，是悲歌。

大辽和西夏是主要麻烦制造者。金，则是终结者。

大辽，自耶律阿保机称帝，至宋徽宗时，已近两百年。

这个草原民族已呈衰败之势，内部弊病丛生、人心思动，但依然保留着庞大的架子，有着五京、十五府、一百零三城，幅员万里，东到大海，西至西域，北到大漠，南接大宋，在土地面积和军事实力上仍远胜于宋。

百余年来，辽一直是北宋最重要的对手。辽、宋关系是北宋对外关系的基石，一举一动都牵动着国本。

契丹人勇武豪气、骁勇善战，早在五代时期，就打得中原王朝落花流水。后唐儿皇帝石敬瑭，更是把燕云十六州送给了辽。

从此，中原王朝头上始终悬了把剑。

这把剑，让一代代的中原帝王们寝食难安。从周世宗，到宋太祖，再到宋太宗，念兹在兹，莫不在此。

北宋初年，帝国新立，趁着一统南方的锐气，为夺回燕云十六州，宋曾数次北伐辽国。然而，雄武如宋太宗，勇悍如杨家将，也是一败再败，功败垂成。就此，大宋失去了向北的勇气和信心，长期处于战略守势。北宋最终灭亡，也是受累于燕云十六州。

辽、宋对峙百余年，最重要的事件，莫过签订澶渊之盟。

公元1005年，辽朝萧太后带着皇帝率三十万铁骑南征。

大宋举国震动，东京城危在旦夕。朝臣多有主张迁都避祸者，或西蜀，或金陵，等等。唯宰相寇准力主一战。不仅主战，还几乎是凭一己之力，鼓动或者说是胁迫宋真宗御驾亲征。冒的风险很大，但收获更大。最大的收获，就是一纸盟约。

宋、辽签订澶渊之盟，主要有两条内容：

第一条，双方约为兄弟之国，指天盟誓，永罢刀兵。两国共同发表联合声明：质于天地神祇，告与宗庙社稷，子孙共守卫，传之无穷。有渝此盟，不克享国，昭昭天鉴，当共殛之。

赌咒发誓，不可谓不重。可惜，不足为凭。自古外交辞令，永远不能太当回事。所以，重要的是第二条。

第二条，宋每年输辽"岁币"，银十万两、绢二十万匹。

自此百余年，两国效仿南北朝旧事，宋在国书自称"南朝"，辽则自称"北朝"，礼尚往来、通使殷勤，使节往来不绝。

两国在边境设置榷场，开展互市贸易。论打仗，宋人不敌辽人生猛，论做买卖，宋人则生财有道。大宋很快发现，每年给辽的岁币，靠着贸易顺差，几乎又都赚回来了。

毕竟，宋人商品丰富，应有尽有。从丝绸、茶叶、瓷器，到锅碗瓢盆等。这些，几乎都是辽人必备的生活用品。而辽人的东西，说到底也就是马、牛、羊了。没办法，草原上只长草。

辽人豪爽，无论顺差还是逆差，也难得管。结果就是，边境市镇繁华、人丁兴旺、牛羊满山，连白发长者也不识兵戈。

和平，永远是最美好的。

不过，对于澶渊之盟，后世多有诟病者。批评的论调历经千年不绝。不管语言怎样变换，核心的意思就是，堂堂华夏，不敢一战，只能花钱买和平，可怜、可耻，实属丧权辱国。

这些批评者，多自称爱国者。宁为玉碎、不为瓦全，是他们常说的话。听起来，振聋发聩，铿锵有力。在他们看来，天朝上国的荣光，远重于升斗小民的衣食生活。可惜，他们永远不会告诉你，谁是玉，谁又是瓦？实际上，这些人多是揣着明白装糊涂。

可怜无定河边骨，犹是春闺梦里人。

自古以来，唯战端一起，无论帝王将相最终功名几何，受苦受难、颠沛流离的永远是老百姓。那些有智慧、有魄力、有勇气，能够消弭战争于无形，达成和平，造福于亿万百姓的人，才是真正的英雄。

西夏，党项人建立的王朝。

大夏国，大致包括今天中国的甘肃、宁夏、陕西等地。

兴起之初，党项人实力羸弱，且夹在辽、宋两个大国之间，生存环境恶劣，一度更是险象环生。不过，像所有的王朝一样，他们有一位彪悍的开国之君——李继迁。

李继迁起兵之初，兵微将寡、危若累卵，但是他颇有手腕，尤其擅长两招，一是游击战，你来打，我就跑；二是实在打不过，就请降，拿到赏赐后，再反，再打。

正是靠这股不屈不挠的劲头，他在辽、宋之间纵横捭阖、左右逢源，最终形成辽、宋、夏三国鼎立之势，实为一代雄主。不过，李继迁直到去世，也没有正式建元称帝。称帝的是他的孙子，鼎鼎大名的李元昊。李元昊称帝后，还大言不惭地给宋朝上奏章，这让宋朝君臣脸上无光、恼羞成怒，不断派兵进剿。

有人不解，契丹、党项同是少数民族，为何宋人对辽、夏是两套战略。这里面，就得分析宋人的心理了。

北宋建立时，契丹人的辽国已有几十年了，宋人自然习惯辽国的存在。何况，辽太宗曾攻占开封，并在开封按照汉家礼法举行过登基大典，不过几十年前的事。法理上，他也算是中原皇帝。

辽国，立国早、年头久、辈分高，宋人自然不敢小视。

当然，还有个说不出口的原因，就是契丹人曾经狠狠地揍过宋人。开国之初，太宗两次北伐的大败，是宋人心底永久的创伤。

西夏，就不同了。党项人的祖先，在唐朝末年因为平叛有功，被朝廷赐姓封官。李姓就是这么来的。后来，五代时期，他们又接受过历代的赐封。到了大宋建立，又被赐姓赵。

在宋人眼里，党项就是家奴。家奴居然要称帝，是可忍，孰不可忍。可惜，这个家奴不好惹。

李元昊称帝时，正值北宋仁宗时期，这是北宋最强盛的时期，文臣武将也是一时之盛。即便如此，几场仗打下来，北宋还是面子、里子输个精光。

最后，还是李元昊琢磨明白了。打仗就得死人，打赢了也得死人，党项人口原本就少，又怎能耗过大宋？更重要的是，战端一起，边境生意就没法做了，这最让元昊受不了。算来算去，不划算。他主动求和，请求宋朝赐给岁币，好让两国罢兵。

这下，总算让宋朝君臣把面子又捡起来了。与给辽国岁币不同，宋给西夏的岁赐少得可怜。这点钱，和交战所需的庞大军费相比，不值一提。可惜，与宋、辽不同，宋、夏始终没有达成如澶渊之盟般的长期和平条约。

究其根本，还是宋人的心态。对契丹人，他们心平气和，坦然与辽国平起平坐，并称南北朝；对于党项人，宋人自始至终都以主人自居，是俯视的心态。

这种心态的直接结果，就是宋、夏断断续续的百年战争。面对西夏，北宋皇帝总有着难以遏制的冲动。遗憾的是，西夏就是打不垮，而且越战越勇。北宋纵是倾全国之力，也不能彻底击溃对手，更谈不上打服对手、消灭对手。

长期战争的直接后果，就是庞大的军费开支，这让北宋政府不堪重负、举步维艰。而财政危机，则是北宋中晚期各种连锁反应的导火索。比如，被军事失利和财政危机，逼出来的亲历新政和王安石变法。

如果说，北宋是被西夏拖垮的，也是有道理的。

女真人，在新千年前后，首次登上大历史的舞台。

在这个千年里，他们有过两次精彩演出。风云际会，再加上人才辈出，让这个小小的民族，在历史上留下了浓墨重彩的形象。

女真人，生活在白山黑水之间，分为生女真和熟女真。简单地说，熟女真就是被辽人驯化，甚至已经部分汉化的女真人；而生女真，则依然过着茹毛饮血的渔猎生活。

生女真，虽然部落零散、人口稀少，但十分强悍、勇武能战，自古就有"女真不过万，过万则天下无敌"的说法。

作为辽人的藩属，女真人饱受契丹人的欺凌。契丹贵族，对女真人予取予夺，蛮横无理。在契丹人看来，这理所应当，这是强者的权利。对女真人来说，力不如人，只能忍辱负重。不过，仇恨的种子，在女真人心里种下了。

女真人蓄势近百年，铁拳开始慢慢握紧。

完颜部，女真的最强部落，最终一统女真。他们父子、兄弟相传，人才辈出，直到完颜阿骨打横空出世。

完颜阿骨打声名鹊起，引起了辽人的警觉。辽人是有机会杀了他的。据说，辽天祚帝曾特意巡幸女真部落，在头鱼宴上，为羞辱和试探阿骨打，故意令他当众起舞以助酒兴。阿骨打誓死不从，天祚帝勃然大怒，当即要杀了他。最终，天祚帝手软，阿骨打逃出生天。毫无疑问，这是天祚帝一生最为失败的决定。

可惜，人生没有后悔药，历史也不容假设。经此一劫，阿骨打指天盟誓，必屠灭辽国。数年后，阿骨打接过女真大位，正式起兵反辽，并很快建国称帝，国号大金，年号收国，是为金太祖。

将年号定为"收国"，显示了阿骨打誓灭辽国的决心。

不过，在金人立国之初，相比小小的女真，辽国依然是个庞然大物。即便阿骨打雄武无双、勇冠天下，料他也没想到，仅仅十年而已，他便得偿心愿，成功收了辽人之国。

这在当时，任谁也无法预料。更令人无法预料的，金人还有意外的惊喜。灭辽仅两年后，他们又风卷残云般地收了宋人之国。

十二年，一个小小的轮回而已。

十二年，女真人展现的战斗力和爆发力，令人叹为观止。他们以气吞万里如虎的姿态，一跃而上历史舞台正中央，再以摧枯拉朽、泰山压顶之势，接连攻辽灭宋。这是当时东亚最强盛的两大帝国。典型的蛇吞象。

今人总是喜欢用经济指标、科技水平、人口资源、武器装备等来衡量国家的军事实力，并据此来做军事推演。如此，根本就无法解释女真人所取得的辉煌战绩。

当年，女真人陋居一隅，连国家都谈不上，就是个部落而已。女真人纵是能打，阿骨打即便称帝，论综合实力，也就是个"酋长"而已。人少国弱，经济发展、科技水平等更不值一提。

应该说，女真人砍瓜切菜般地夺得天下，更多的是靠一种气势、一种力量。就是国家兴立之初，全体国民那种团结一致、朝气蓬勃的气势，举国上下披坚执锐、锐意进取的力量。

这种难以遏制、不可抵挡的洪流汇聚在一起，就是所谓的"国运"。国运升，如旭日；国运坠，如夕阳。

后来的元朝如此，清朝也是如此。

宋徽宗的时代，在中华大地上，先是宋、辽、夏三国演义，后来金国崛起，又有了宋、辽、金、夏四国交锋。各国之间合纵连横、相互攻伐，你方唱罢我登场，好不热闹。

既然同台演出，难免就有比较。

若论疆域辽阔，首推大辽。

若论武功之盛，必须是大金。同是北方民族，金人的爆发力和战斗力，显然更加令人印象深刻。

若论文化、经济、人口，那自是大宋，花团锦簇、富足繁荣，辽、金、夏等完全无法与之相提并论。

若论国祚延绵，那就得是西夏。党项人国力虽弱，但更善于在鸡蛋上跳舞、在大国夹缝里生存。凭着高超的外交技巧和勇武善战，他们游刃于辽、宋、金之间，并最终笑到最后。

公元 1125 年，辽亡于金。公元 1127 年，北宋亡于金。而西夏，直到公元 1227 年，辽、北宋亡国百年之后，才最终亡于蒙古铁骑。此时，距金亡国也不过七年而已。

金戈铁马，大漠落日，国仇家恨，快意人生。毫无疑问，这是一段精彩纷呈的历史，让人不禁神往。只是，历史的背后，是破碎的山河和无数人的残破人生。

在这国运与国运的剧烈碰撞中，无论帝王将相、王侯勋贵，还是天涯歌女、寻常百姓，都被这历史的洪流所裹挟，如秋叶般随风飘落，在无声无息中，哀叹命运的无常和生命的悲歌。

回望历史，宋徽宗时代，承接两宋，是华夏文明关键的历史节点。历史翻过这一页，很多事情永远都不一样了。

这本小书，试图带领读者走进那个时代，走进中原，走进大漠，走进草原，去到繁华喧嚣的东京城、雄浑壮观的兴庆府、草原明珠的上京城等，看见那些形形色色的人。

从大宋的帝王将相、才子佳人，到大辽的天子后妃、文臣武将，再到夏、金的英雄豪杰、风流人物，努力让这些在历史上或如雷贯耳，或默默无闻的人物，重新鲜活起来，更加灵动有灵魂。

让我们一起，走进历史，看见人。

是为序。

# 目　录

# 楔　子

在这个世界上，有人出生时，上无片瓦，身无裹体之布，却最终声动天下，家国系于一身，死时更是举国缟素，备极哀荣。

比如，朱元璋。

当然，还有的人，出生之时，金枝玉叶，天下为之贺，待他日，魂归九泉之时，求一抔黄土而不得，烂草席卷身弃之乱坟岗。

比如，宋徽宗。

都说人生百年事，稍纵即逝。

可就是这数十年的人生，竟有着难以想象的天翻地覆、九曲回环。《大话西游》里紫霞仙子有句经典的台词：我猜中了开头，却猜不中这结局。

如果人生能预知结局，那又会有几人愿意来这人世间走一遭呢？如若再身逢乱世，那般颠沛流离、崎岖坎坷、九死一生、心酸哀痛，又该让多少人望而却步？

然而，人生没有选择。

该来的，总会来。

# 第一章
## 赵佶登基

公元 1143 年，暮春，河南巩县。

郊外，天高云淡，绿草青青，山花烂漫，是个踏青的好时节！

在通往大宋皇陵的官道上，一行人正在赶路。

纵是如此好时节，这些人却是神情肃穆，队伍很安静，唯有马蹄声。为首的，身着官服，叫方庭硕，是大宋的太常少卿。此行的任务之一，就是奉皇帝之命，来拜谒皇陵。

这本是平常之事。

自太祖建宋，将祖陵选定这里，一百六十余年，每年朝廷祭祀，走的都是这条路。期间，未曾有一年间断。

如今，却是极不平常之事。

这时的大宋，已是南宋。这时的河南，已是金国的疆土。

在别人的国土上，遣使拜祭本朝的皇陵，这岂是平常事？

之前，金人百般阻拦，各种刁难。最后，勉强同意了南宋的请求，但只能作为辅助行程。使团的主要任务，是恭贺金朝皇帝的生辰，方庭硕的正式身份是贺生辰使。而且要先贺寿，再祭陵。

这支小小的队伍，很快就吸引了行人的注意。人们一传十、十传百。他们走了不过数里，道路两旁已经挤满了百姓。这些人，拖家带口、扶老携幼，有老翁白发苍苍、挂着拐杖，有孩子懵懵懂懂、骑在父亲肩头，有人站着，也有人跪着。起初，有人低声抽泣，后来哭出了声，直到哭声一片，响彻云霄。

十多年过去了，这些北宋的遗民中，很多人是第一次再见到大宋的官服。仅十多年，便换了人间，恍如隔世。

方庭硕强忍着眼泪，他身为大宋主使，身着大宋官服，努力维持着大宋的体面。

一行人，终于到了陵区。

举目四望，方庭硕便再也顾不上体面了，跪在地上号啕大哭。他哭，所有人都哭，哭声响彻陵区。同行的金朝接伴使，也不停地抹眼泪。他也是汉人，十多年前，他也身穿大宋官服。

陵区断壁残垣，一片狼藉。诸帝的陵寝，遭到了严重破坏。

其中，损毁最严重的是永泰陵，就是宋哲宗的陵墓，他是最后葬在这里的大宋皇帝。其陵墓被完全捣毁，墓室空空如也。方庭硕等人寻了半天，也不见哲宗的尸骸。最后，还是金朝接伴使，在陵墓几百米外的草丛里，找到了哲宗。

堂堂大宋天子，就这样横七竖八、零零碎碎地卧在草丛里。

方庭硕，已没有眼泪。

他默默地脱下官服，小心翼翼地把哲宗包裹起来。

如果，人真的在天有灵，目睹这一幕，哲宗必是泪如雨下。

此时，距离哲宗驾崩，不过四十余年。

哲宗当然记得，他撒手西去的时候，大宋江山依然锦绣。短短几十年，社稷倾颓、山河易主、江山变色。这一切，这所有的一切，岂非是天意？或者，就是人祸。

而人祸的根源，就是他弟弟，宋徽宗赵佶。

# 大宋的东京城

赵佶，宋徽宗，大宋第八任皇帝。

之前，依次为太祖、太宗、真宗、仁宗、英宗、神宗、哲宗。

太祖赵匡胤，两宋三百多年江山的开创者。公元 960 年，他在陈桥驿黄袍加身登上帝位，后在"斧声烛影"的历史迷雾中驾崩。其弟赵光义继位，是为宋太宗。

从此，北宋皇位即在太宗一脉传承。

太宗继承了兄长的事业，继续"先南后北"的战略。先挥师南进，势如破竹，顺风顺水平定南方。再大军北上。北汉，苦撑几十年后，最终也难逃灭国。太宗意气风发，欲乘胜夺回燕云失地，两次北伐辽国，均惨败，最终在伐辽的箭伤中饮恨离世。

太祖、太宗，都是马上天子，千古人杰，帝国的创业者、奠基人。他们以雄武之力开国拓疆，一统中原，确立了北宋疆土。他们为大宋确立了祖宗家法，为后世之君划定条条框框，或有益，或有害，影响深远。

真宗，太宗的儿子，北宋首位太平天子。在位期间最惊心动魄的经历，就是面对辽军南下御驾亲征。过程凶险，结果不错，澶渊之盟给后世子孙留下了百年和平。

仁宗，真宗的儿子。这是个被后世称颂的好皇帝。宽容、宽厚，开明、开放，节俭、节制，死后谥号"仁"。后世有人评价仁宗，做什么都不行，唯独会做皇帝。仁宗在位四十一年，是北宋在位时间最长的皇帝。北宋一百六十余年，他独占四分之一。

正是在仁宗朝，北宋也迎来了空前的盛世。四海升平，灿烂文治，经济繁荣，百业兴旺，群星璀璨，大家辈出，堪称奇观。

唐宋八大家，北宋独占六席，全部聚在仁宗朝，欧阳修、"三苏"、曾巩、王安石。张载及程颐、程颢兄弟，思想深邃、千年不朽。沈括、毕昇钻研科学，造福后世。还有出将入相的范仲淹、韩琦，铁面无私的包拯、狄青、司马光、范纯仁，等等。

苏轼曾赞道，仁宗朝人才太盛，后世三代子孙都用不完。

诚若斯言。

仁宗在民间也很有名气。"狸猫换太子"的故事里，那个被换掉的太子就是他。可惜仁宗的儿子全部夭折，只留有十三个女儿。无奈之下，他从堂兄中过继了个儿子，后来继承大统，是为英宗。

英宗虽然出生旁系，但已过继给仁宗，从法理上来说，他继承的依然是仁宗的统续。与真宗、仁宗的守成不同，英宗是个颇有想法的皇帝，对于内政外交都有自己的考虑。可惜，他只做了四年皇帝就归天了。

英宗继位时，已有三个儿子。继位的是他的长子，时年十九岁的宋神宗，也就是徽宗的父亲。

宋神宗在历史上大名鼎鼎。在中国人的记忆里，他始终和一个人、一件事联系在一起，那就是王安石和变法。

神宗即位后，继承父亲志向，一心想扫除弊政，让帝国更强大、更富有，富国强兵，做大有为之主。想法很好，变法的初衷也很好，最终的结果，却是一地鸡毛。

这场著名的变法，深刻地改变了大宋朝，让几代人的生命轨迹异常曲折。千百年后，依然是众说纷纭、莫衷一是。有人说北宋亡国，祸根就在于此。

神宗时期，内政上，王安石变法将朝堂变成了战场；外交上，对西夏用兵西北前线烽火连天。死后被谥为"神宗"，就是没法评价的意思，不知说什么好。

好一个"神"字，古人也只能耍滑头。

哲宗是神宗的儿子，徽宗的哥哥。

哲宗继位时只有八岁，朝廷大权掌握在其祖母——太皇太后高氏手里。嫡母向太后虽然尊贵，但并无实权。

起根上，高氏就反对王安石的新法。当初，她拗不过儿子神宗，现在孙子年幼，总算把局面扳过来了。

神宗驾崩后，高氏全面罢黜支持新法的官员，重新启用旧党当政。司马光、苏轼兄弟等，纷纷回到朝廷中枢。这期间，哲宗年号为元祐，若干年后，这些人被称为元祐党人。

八年后，高氏去世，哲宗终于亲政。向太后成了后宫之主。又七年，公元1100年，哲宗驾崩。

至此，大宋已享国一百四十年。

这百余年的沧桑荣辱、成败得失、富足繁华、纸醉金迷，几代人的人生际遇、如烟往事，都融化在了一座繁华、富足、世俗、喧嚣、平和、安逸的城市里。

这就是大宋的首都，东京城。

东京城，从皇帝到百官，从文人到兵士，从僧侣到商人，汇集了形形色色的人。人们在这里生长，在这里求学，在这里生活，在这里做官，在这里遇见爱情，在这里娶妻生子，在这里追求功名，在这里发号施令，在这里觥筹交错，在这里寻欢作乐，在这里体验人生百态，在这里感受生死存亡。

这是赵匡胤兄弟的东京城，是真宗、仁宗父子的东京城，是英宗、神宗、哲宗祖孙三代的东京城，也是宋徽宗的东京城。

一个时代，一座城。

一座城，一个时代。

想要了解这个时代，先了解这座城，尤为必要。

那就让我们，一起到东京城，去走走看看。

北宋，名义上有四座京城。

东京汴梁府（今河南开封）、西京洛阳府（今河南洛阳）、北京大名府（今河北邯郸）、南京归德府（今河南商丘）。

辽国，设有五京。多京制，似是当时王朝的一种流行做法。

东京，是毫无争议的、真正的帝国心脏。

这座因黄河水而生的伟大城市，在此之前早已历经沧桑。从战国时的魏国都城大梁，直到五代时期，它数次作为国都，喧嚣一时，繁盛一时，但直到成为大宋的东京才至繁华的巅峰。

在那个时代，这座百万人口的超级城市，是世界上最繁华的大都市，自由、开放、包容，充满生机活力。

东京，承袭着过往城市的特点，保留了军事堡垒的色彩，有着巍峨的城墙、环绕四周宽阔的护城河，城内军营里还驻扎着数十万的禁军以及他们的家属。但在军事堡垒之上，这更是一个繁盛灿烂的商业、文化中心。

作为跨越新千年的大宋朝，帝国的臣民们，尤其是在东京的市民们，正深刻感受着时代变迁的洪流。与他们的先祖相比，延绵数千年的生活传统，正在迅速地土崩瓦解，属于他们的新时代，一种从未有过的、充满市井气息的新生活正在扑面而来。

这是个伟大的镀金时代。

只要做个简单的比较，就会发现这种历史巨变，是多么的剧烈！对于那个时代的人，背后又有着多么不一样的生活。

不妨看看北宋的东京和大唐的长安。

长安。

方正、规整、街道笔直如削，以直角交错，将整个长安城精确地切割成一百零八坊和东西两市。坊是居民区，市是商业区，坊是坊，市是市，坊市之间有房墙相隔，界限明确，泾渭分明。

街道上是不准摆摊开店的，要做生意，只能到东、西两市。有严格的开闭市制度，中午开市，要击鼓三百声以聚集商客，傍晚收市，击钲三百声散去众人。

城内官、民分居，秩序森然。实行宵禁，禁止市民夜行，违者要打二十板子。

长安以对称为美。坊、市、街道、城墙均是严格的左右对称。白居易形容长安"百千家似围棋局，十二街如种菜畦"，十分传神、形象。

长安，是帝国的强权者拿着图纸，凭借国家机器的暴力，以浩大的劳役人工堆砌、裁剪出来的，其巍峨、壮观、辽阔，气势恢宏、整齐划一，展示的是权力的力量和权贵的审美。

东京，则是另外一幅景象。

唐末时，开封不过是个郡所在的治所，旧城墙每边不足三千米，既不笔直、也不对称，歪歪斜斜。后来，五代在此建都，城的规模逐渐扩大，加修了外城墙，但依然不对称、不笔直。

就连皇宫大内，也不再是想当然地位于城市的中心，而是偏于一隅。城市里面的街道，既没有中轴线，也没有严格地左右对称，不再追求平直，而是纵横交错，斜街、深巷随处可见。

更重要的是，历经千年的坊市制，不知何时已经土崩瓦解。市民可以临街开市，在自家院墙上凿洞开门做生意。街道上叫卖声此起彼伏，好不热闹。

千年如一的宵禁令也不见踪影，还有了夜市。从此，城市的夜晚亮了起来，也喧嚣了起来。没有宵禁、没有坊市，生意便无处不在、无时不有。

东京，作为帝都，不再高高在上，不再庄重威严。这是个花花世界，也是座名副其实的"不夜城"。

日暮之后，灯火阑珊、夜市繁华。人们或三五成群，或成双成对，或饮酒作乐，或瓦肆听曲，通宵达旦、尽情尽性。夜市未散，早市已开，完美地无缝对接。

论人口，长安和东京都是百万级的。论面积，长安方圆一百多平方千米，而东京不足其一半。东京人口密度更大，街道也更拥挤，更喧闹，更嘈杂。但毫无疑问，更富有生气，生活的气息。

与长安不同，东京的高门大户们，没有了独处一隅的特权。城内官民、商民杂居，豪门大户的高墙外，就是升斗小民的居所。彼此互不干扰，各得其所。

在城墙之外，汴水之滨，也自发形成了许多小市镇，渐与城内连成一片，畅行无阻。既然连成片了，就不好每日早上开城门，晚上关城门了，麻烦不说，还不友好，索性就一直开着吧。这么说，东京又是个城门大开的城市。

长安，因权力而生。

东京，因商业而兴。

长安，是皇权肆无忌惮的展示。

东京，则体现了皇权的克制和隐忍。

长安，高贵，让人高不可攀。

东京，质朴，充满生活气息。

长安令人敬畏。

东京让人亲近。


东京的繁华，因水而生。

当初太祖定都，曾在长安、洛阳、开封之间犹豫不定。

历经战乱，关中贫瘠，已无法供养帝都。若定都长安，浩繁用度，都要从外地运输。而陆运的昂贵成本，帝国根本无法承受。

故太祖虽中意长安形胜，也无可奈何。最终，开封因水胜出。

开封，虽无地利，却有水便。

发达的水运系统，是开封最大的优势。人、财、物，通过漕运，可以方便、快捷地在帝国的首都汇聚。

穿城而过的就有蔡河、汴河、五丈河、金水河。

汴河，是东京最重要的黄金水道。它由西向东斜斜地穿过城区，是城内外连接大运河的水道，将东京与繁盛的扬州、杭州等地相连，进而连接海外。

登上东京城楼，极目远眺。汴河上千帆相连、遮天蔽日。来自南方还有海外各国的日用百货、珍奇异物，随着汴河水源源不断地被运进东京城。随之而来的，还有各种肤色、操着各种语言的外族商人。

有来就有往。美轮美奂的宋瓷、蜀锦，还有大宋的文明、自由、繁荣，也随着商船的来回穿梭，被远远地传播送至海外异邦，再吸引着更多的人蜂拥而至。

宋人爱水，尤其喜欢临河开店。

沿汴河两岸，码头林立，人烟聚集，商铺、酒楼、茶肆、瓦舍、勾栏，应有尽有。就连城里、城外那些横跨汴河的桥上，也因为位置绝佳，成为商家必争之地。行人商客、小贩脚夫往来桥上，或流连汴河风光，或徘徊街市百货，熙熙攘攘，热闹非凡。

宋人爱闹，尤爱夜幕时分。

入夜后，汴河两岸店家户户亮灯、万家灯火，亮若白昼。只见青红瓦肆、勾栏脂香、百戏杂陈，人群川流不止，人声鼎沸不息，繁华景象更甚于日间。

宋人爱吃，东京是个吃货之城。

大的有酒楼、饭庄，有档次，有面子，可以端坐店中，享受饕餮美食。小的有街边小店，经营各种南北风味小吃，米面粉饼个个不少，煎煮烹炸样样都有，还物美价廉、童叟无欺。还有各种穿街走巷的小贩，自家手工制作的私房小食，价格更低，味道可能更绝。当然，还有外族的美食店，品尝异邦大餐之余，听曲、赏舞，领略异域文化风韵。

从高处看东京府，会发现，它不是传统的四方城，而是个不规则的矩形。毕竟是帝都，东京城同样有三重，外城、内城、皇城。

沿着高大厚重的城墙，外城修有南薰门、南郑门、万胜门等十四座坚固的城门，其中有七座水门。

皇城不再居城市的中心，而是中间偏左上的位置，有宣德门、左掖门、右掖门、东华门、西华门、延福门、拱宸门等七座城门。

最为壮观的是皇城正南的宣德门，城门之上修有雄伟的宣德楼。楼的两边有裙楼，屋顶上覆有琉璃瓦，阳光下光彩夺目、富丽堂皇。城楼的大门上涂了鲜艳的红漆，装饰有黄金的门钉，砖墙上则刻有盘龙、飞凤、云海，木梁上有栩栩如生的雕刻和色彩艳丽的彩绘。

宣德楼，门如其名，是大宋极有象征意义的圣地。每到重要时节，如元宵节、中秋节，皇帝会带领群臣和皇子皇孙出现在宣德楼，与万千臣民齐赏花灯，同吟秋月，共享四海升平。

宣德楼下，就是御街。

看名字就知道，这是东京第一街。街道经过内城的朱雀门，一直往南延伸到外城的南薰门，隐隐地将东京分为东、西两城。

如果说东京城也有中轴线，那就是御街了。

御街长达十余里，宽约两百步，中间为御道，皇家车驾专属。地面由细沙铺成，两边用砖石砌有排水沟。

宋人爱花，就这排水沟里也种有莲荷。据说，即便夏日暴雨滂沱，在御道上畅行无碍的赵佶，犹能欣赏雨中的荷花。

街道两旁以砖石铺成，各宽十余步，是为人行、车马道。道旁广为栽植桃树、李树、梨树、杏树等。每年春夏之交，落英缤纷，香气袭人，望之如绣，犹如天上人间。

御街两边，街市林立，楼阁店铺鳞次栉比，人流不息，繁华热闹。每遇皇帝出城，御街上就是一场大型的皇家花车巡游。市民们为睹皇家的尊严和气派，呼朋唤友、拖家带口，或聚在御街两边踮脚张望，或挤在酒肆阳台指指点点，人山人海，人声鼎沸，好不自在，好不热闹。

皇城被东西、南北两条大街分为三个区域。

东西大街从西华门到东华门将皇城一分为二。

大街的南面主要是文武百官办公的地方。大宋的"两府"，即中书省、枢密院即位于此地；还有文德殿、大庆殿等，是国家举行重大典礼和仪式的地方；还有用于报时的钟楼、鼓楼。

街的北面，是皇城的住宅区，被南北大街再一分为二。

西区是一片庞大的宫殿群，也是生活区，住着赵佶和他为数众多的嫔妃、公主及十五岁以下的皇子们。这些宫殿，或用围墙，或用园林，隔成一个个相对独立的院落，富丽堂皇、典雅幽静。

作为皇帝，赵佶一生多数的时间，都是流连在这群建筑里。他在这里出生，在这里成长，在这里读书，在这里学艺，在这里送别亲人，在这里迎来子孙。

如果说，皇帝也有故乡，那这里应该就是赵佶的故乡。多少年后，这里的一草一木、一砖一石，会反复出现在他的梦里。只是那时，他已在万里之遥。

东区主要是太子的东宫。除此之外，还有宦官的衙署及皇家图书馆等。

西区的右上面是御花园，名为瑶津亭。这里林木环绕、绿树成荫、溪流淙淙。园林的中心有个巨大的人工湖，是引汴河水修成的。湖上点缀的亭台楼阁，则是由杭州运来的。水面上铺满了睡莲，是当年仁宗皇帝的最爱。恰好，赵佶也同样喜欢。

整个御花园，春日百花烂漫，夏日青翠凉爽，秋日果实累累，冬日白雪皑皑，好似人间仙境。曾经，无数个清晨、傍晚，皇子、公主、嫔妃、宫女等，在这里招蜂引蝶，追逐嬉戏，欢声笑语，流连忘返。

# 少年的悠然时光

赵佶，宋神宗的第十一子。

公元 1082 年，五月初五，端午节，赵佶出生在东京的皇宫。

据说，在赵佶出生的前夜，神宗曾到秘书省观看收藏的历代帝王画像。在看到南唐后主李煜的画像时，见其人物风雅，非常感慨。正当其时，宫人来报，后宫有皇子诞生，正是赵佶。

这个故事，应是后人杜撰的。不过，编故事的人，多半也是情不自禁。放眼中国历史，赵佶、李煜，这两个人身上实在有太多相似之处。

所不同的是，赵佶的人生，远比李煜灿烂得多，也惨烈得多。

他这一生，父亲是皇帝，哥哥是皇帝，两个儿子是皇帝。

他不仅是皇帝，还当过太上皇。后来，还被金人封了侯。

当然，这些都是后话了。

赵佶未满三岁，父亲神宗驾崩，不久后，生母也去世了。

四岁的孩子，虽锦衣玉食，却也是没了双亲。不过，他依然拥有一个大家庭，有祖母、嫡母、庶母，还有几个哥哥。

其中，最年长的哥哥哲宗继位当了皇帝。哲宗排行第六，只不过前面几个都夭折了，他成了长子。哲宗比赵佶年长六岁。

作为神宗留下的几个儿子，赵佶很幸运，他被向太后收养，由向氏抚养成人。这是他未来命运改变的关键。

生在皇家，身为皇子，虽然双亲早亡，但在祖母、嫡母和哥哥的照顾下，赵佶的童年及少年时期，过得还是非常惬意的。

经典的儒家教育，顶级的艺术启蒙，过人的自身禀赋，赵佶年纪稍长，就表现不凡。他爱好笔墨、丹青、骑马、射箭、蹴鞠，还对奇花异石、飞禽走兽有着浓厚的兴趣，在书法、绘画方面，更是表现出卓越的天赋。

这让哲宗很高兴。亲政之后，他不仅对赵佶多有赏赐，请最好的老师，还经常亲自过问他的学业。听上去，很温馨，但在皇家，这或许只是表象。

皇权之下，兄友弟恭的背后，本质是牢笼之策。

自太祖、太宗之后，北宋对皇室宗亲的管控就越来越严。

与西汉不同，北宋宗室无论封什么王爵，都没有实质性的封国，成年后也无地就藩。他们终身，几乎都被困在东京城内，最远能去的地方就是东京和洛阳之间的皇陵。而且，太宗之后，藩王们也不再兼有任何有实权的政府公职。

虽没有天下可走，没有实权可握，但他们有尊贵的地位、丰厚的爵禄和大把的时间。当然，还有繁花似锦、声色犬马的东京城。

从此，这些有头有脸、有钱有闲的皇家子弟，就成了东京城内引领艺术和时尚的大咖。赵佶，就是新一代中的佼佼者。

说起来，艺术和时尚与皇家倒是绝配。没办法，这不仅是天赋的问题，还是出身的问题，也是资源的问题，更是钱的问题。

什么是艺术和时尚？本质上，或许就是玩。但是，要玩得高雅，玩得有境界，玩得有品位，玩到让旁人仰视，玩到引领潮流。

玩与玩物丧志之间，就隔一张纸。

或许，对哲宗来说，他就希望能捅破这张纸。

对他来说，从不担心那些叔叔大爷、兄弟子侄们玩，担心的是他们玩不好，玩得不投入、不专注。玩得好的，是安分守己，要赏赐；玩得不好的，可能有异心，得提防。

在皇权面前，每个男性皇室成员，都是潜在的皇位争夺者。皇帝要做的，就是时刻保持着对他们的警惕。总的来说，宋朝皇室比较文明、斯文，举不起硬刀子。不过，软刀子还是有的。

哲宗的心思，皇室宗亲们也摸透了。他们主动配合着去玩，要态度有态度，要热情有热情，要成绩有成绩。这可不仅是兴趣爱好，还是让皇帝安心的自我保护。

作为皇帝的亲弟弟，赵佶，玩得最好。

在赵佶之前，那些先辈宗室们，很多人在诗词歌赋、书法、丹青上，都玩出了很高的水平。不过，与赵佶相比，他们都是小咖。赵佶，才是集大成者，大师级玩家。

赵佶心里清楚得很，他既非嫡，又非长，哥哥哲宗仅长他六岁，青春正盛，他这一生只能做个富贵王爷，这几乎是唯一的路。既然如此，和前辈们一样，索性就放开玩吧。何况，对那些好玩的东西，他也乐意消磨一生的时间。

十五岁时，按照祖宗规矩，赵佶搬离了皇宫。

这是他期待已久的事。

尽管在辞别太后和哥哥时，他有些难过，流下了眼泪，但当他穿过宣德楼，踏上御街，融入喧嚣的市井之时，他是愉悦的、欢快的，他自由了。

皇城之外，有一座崭新的王府，正等着他。

那是端王府，赵佶的王府。在这里，没有太后，没有皇帝，只有端王，他是唯一的主人，拥有绝对的权威。王府上下，所有人都是他的奴仆。

十五岁的少年，在这奢华、宽敞、舒适的端王府，品尝着痛痛快快、为所欲为的人生。

青春年少之时，有最旺盛的精力、最急迫的心情、最激烈的情绪、最浓厚的兴趣。对于未来，充满希望；对于人生，充满想象。赵佶也一样，一样的年少。

赵佶爱交朋友。他有地位、有场地、有时间、有经费，还有艺术大咖的标签。英俊潇洒、身材修长、唇红齿白、风流倜傥的少年王爷，在交朋友上，更多人对他趋之若鹜。

端王府，高朋满座。

京城的达官显贵、名士名流往来不绝。即便落魄文人、穷酸举子，赵佶也来者不拒。端王府好不热闹，就连他的哥哥哲宗皇帝，也几次忍不住地跑来参加他的聚会。

朋友也分人。和牛人做朋友，往往近朱者赤。

赵佶的朋友中，就有很多牛人，这些人深深地影响了他。比如，米芾，北宋书画界大帅级人物，人称"米癫"。

米芾身世不凡，他母亲是宋神宗的接生婆兼奶妈。换句话说，米芾和神宗是"一奶同胞"。当然，让他傲视天下的，还是书法。赵佶后来独步天下的瘦金体，据说米芾持有联合版权。除了书法，米芾喜欢石头的爱好，赵佶也学会了，还发扬光大，有了后来的花石纲。

比如，高俅。这位曾经浪荡东京街头的小混混，靠着给端王府送梳子，迎来了人生最大转折。当然，他还有高超的蹴鞠本领，球星级的。重要的是，赵佶也喜欢蹴鞠，而且也是高手。有共同的兴趣爱好，高俅进入端王府就水到渠成了。从此，飞黄腾达。

比如，蔡京。这也是北宋书法界的大家。

直到今天，人们还在争论，苏黄米蔡的"蔡"，到底是蔡京还是蔡襄？米芾是艺术家，兼职做官，有当无。蔡京不同，他是职业官僚，终徽宗一朝，最有权势的人非他莫属。书法，业余爱好而已。不过，正是书法为媒，让他入了赵佶的眼，走进端王府，成为座上客。

当然，对于醉心仕途的蔡京来说，他很清楚端王的价值，双方的交流不会仅限于书法。赵佶那么多艺术家朋友，后来当上宰相的只有蔡京，当然是有原因的。

少年不光有朋友，还有爱情。

赵佶孝顺，搬出皇宫后，依然常去给向太后问安。不仅看望太后，还有太后身边的人——两名绝色的宫女。我们无法知道，少男少女们初次见面是在何时，又是怎样的场景。尽管是皇宫禁地，那少男火辣的目光、少女娇羞的红晕，该是一样令人难忘。

向太后年纪大了，眼神或许不好使，但耳朵总是灵光的。对年轻人之间的暗送秋波、眉目传情，早就了然于胸了。小伙子长大了，她也乐得做个顺水人情。

一个阳光灿烂的上午，向太后叫住了来问安的赵佶，要奖励他的孝心。礼物就是这两位盛装的少女，郑氏、王氏。太后正式将她们赐给了赵佶。

带着对未来最美好的憧憬，两人坐上了去往端王府的舆车。她们走的是一样的路，结局却不尽相同。一个实现了一生荣华富贵的梦想，另一个只实现了大半生。

有了爱情，婚姻也接踵而至。只是，爱情和婚姻有不同主角。

亲王的婚姻，或许从来就与爱情无关。

赵佶十七岁那年，哥哥哲宗已在病中，但他还是亲自安排了弟弟的大婚。按照祖宗家法，经过严格程序，家住开封的德州刺史王藻的女儿被选中，成为端王妃。

女孩当时十五岁。虽是豆蔻年华，却相貌平平，又不擅长逢迎，新婚的赵佶想必有些失望。无奈，对于皇帝哥哥的好意，赵佶只有接受，没法讨价还价。不过，他的这点失望，没过多久，就得到了几何级的满足。

一年后，公元 1100 年正月十二，宋哲宗病逝，膝下无子。

赵佶的人生迎来巨变。这既是他人生喜剧的开始，也是悲剧的开端；既是他个人悲剧的开场，也是时代悲剧的序幕。

# 关键人物——向太后

哲宗驾崩，皇位空缺。

国不可一日无君，新君必须尽快产生。

公元 1100 年，正月十三。

皇宫，哲宗灵柩前，向太后召集重臣举行御前会议，决定皇位继承人。出席会议的有宰相章惇等人。

大宋的国运，亿万子民的命运，将在这场会议上确定。

关键的关键，是向太后。

这是个有故事的人。

向氏出生在仁宗年间，知府之女，名门之后，其曾祖父为真宗朝宰相向敏中。向敏中，一代名臣，其为人淳谨端厚，勤于政事，颇有贤名。

据说，他受拜宰相之日，居然门庭冷落、寂寂无声，真宗闻之，赞其不愧宰相之职。后来，因故罢官，贬谪地方，犹能不悲不忿，清政为民，世人赞曰，不愧宰相之风。死后，谥号"文简"。

公元 1066 年的春天，二十岁的向氏，嫁入了皇家。

在此之前，她经过层层筛选，从千百个女孩中脱颖而出，成了那个幸运儿。或许，她是主动加入这场选拔的；或许，她是遵父母之命，被动被卷入其中的。不管怎样，无论门第、学识，还是容颜、气质，她都应该有着绝世芳华。唯如此，才能成就这份人生际遇。

更幸运的是，她嫁的人，颍王赵顼，是大宋最有前途之人。

赵顼，宋英宗的长子。

同年十二月，英宗病重，赵顼被立为太子，向氏即为太子妃。

次年正月，英宗驾崩，赵顼继位，是为神宗，向氏即为皇后。

一年之内，由王妃到太子妃再到皇后。这每一步，在很多人看来难似天堑，她却都轻松跨过，如履平地，简直梦幻般的开始。

尤为难得的是，作为皇后，她和神宗感情深厚，如胶似漆。

神宗登基不久，向氏便为他生下皇长女。初登大宝，又初为人父的神宗，欣喜如狂。向氏，还是有些遗憾，如是皇子，那就完美了。

七年后，向氏再度怀孕。虽然，此时神宗已有过皇子，却都夭折了。如果，皇后能生下皇子，那就是嫡长子。

谢天谢地，皇后真的生下了皇子。真是天遂人愿。

可惜，幸福只维持了一天，皇子便夭折了。

对向氏，这是人生的最大打击。

对大宋朝，这也是个节点。这个孩子如果顺利长大，那就是无可争议的皇位继承人。那后面的历史，将统统改写。

糟糕的是，打击接踵而至。自此以后，虽然她和神宗依然夫唱妇随，感情甚笃，却再也没能生育。而神宗的皇子，却一个接一个地到来。向氏唯一的安慰，就是皇长女了。

可惜，在儿子夭折四年后，向氏唯一的女儿，年仅十一岁的燕国公主，也因病去世了。真如五雷轰顶，向氏痛不欲生。出殡那天，神宗和皇后都身着丧服，为他们的长女送葬。

这时，向氏不过三十二岁，入宫十二年，却已送走了一对儿女。

她唯一剩下的，就是皇后的名位了。

可惜，就这仅有的东西，她也感受到了巨大的压力和挑战。

压力来源于婆婆，神宗的母亲，皇太后高氏。

高氏，英宗的发妻，在皇宫内，拥有绝对的权威。

入宫以来，向氏在婆婆面前谨言慎行，恭敬有加。虽是皇后，却如民间的小媳妇。而膝下无子，更让她在太后面前诚惶诚恐、抬不起头。

挑战，则来自神宗的妃嫔。已有数位妃嫔为神宗诞下皇子，其中最受皇帝宠爱的是朱婕妤。朱氏比向氏小六岁，生得貌美如花、娇艳欲滴。入宫后，她生下了两子一女，而且，皇子们长得都很健康。

皇宫内，子以母贵，母以子贵。

这让向氏如芒在背。

现在，她唯一的依靠，就是神宗了。只有紧紧抓住神宗，她才能感到安定和安心。可抓住帝王的心思，又谈何容易呢？

眼看，皇子们日渐长大，而神宗却越发衰弱了。

一日，病榻上的神宗，召来了皇后。

病重的神宗，面容枯槁，完全没有了光泽，是下世的光景。这让向氏内心悲凉。闲话几句，神宗问她，谁可为太子？

这句话，看似平常，却杀机四伏。皇宫之内，接班人的问题，从来都伴随着杀戮和鲜血，是血淋淋的。

即便是皇帝、皇后之间，也是如此。

这是对向氏的考验。不同的答案，神宗或许有不同的反应。

好在，向氏敏捷，略加思索，便提出了人选。她称赞皇六子赵煦贤达。说是皇六子，因为前五子夭折，其实是皇长子。

皇后无子，不立嫡，便是立长。因此，皇后的建议，可谓十分稳妥。而且，赵煦正是朱婕妤的儿子，宫中素有传闻，向、朱两人不和。向氏如此建议，正显示了她作为皇后的大度和公心。

实际上，她早已猜透了神宗和婆婆高太后的心思。

神宗听完，面无表情，不置可否。

但显然，向氏通过了测试。很快，赵煦被立太子。

朱氏母子举杯相庆的时候，向氏又将如何呢？估计，只能躲在无人的角落里，黯然流泪，哀叹命运的无情。

世间的事，就是这样，很难占全了。你有初一，就得让人家有十五。那些想从初一霸到十五的人，最终往往两手空空。

如此说来，向氏是个有智慧的女人。

也正因为她的智慧，关键时候懂得取舍，她有了回报。

神宗驾崩后，赵煦继位，是为宋哲宗。高氏成了太皇太后。她垂帘听政，有了更大的权力。

在高氏的主导下，向氏被尊为皇太后，而哲宗的生母朱婕妤，不过是朱太妃。儿子当了皇帝，自己却只能是太妃。这次，就是朱太妃向隅而泣了。

说是皇太后，向氏的小心谨慎，比以前更甚。因为，她的婆婆，太皇太后高氏，在后宫之内、朝堂之上，开始大权独揽。直到公元 1093 年，太皇太后去世，已入宫二十七年的向氏，才算舒了一口气。她这个皇太后，也才有了点样子。

不过，与高氏独揽大权不同，她当皇太后时，哲宗亲政了。或许，她原本也是无意政治，只想独尊后宫便心满意足了。

没想到，清净的日子，不过七年，哲宗便驾崩了。

历史的选择，就这样交到了向氏手里。

# 帝位传承的小心思

帝位传承，主要有两种，父死子继和兄终弟及。前者为主，后者为辅。宋太祖去世，太宗继位，就是兄终弟及。仁宗无子，从旁系过继儿子来继位，还是父死子继。

哲宗身后无子，到底走哪条路？这是个大问题。

如果坚持父死子继，就要按照血缘亲疏从旁系过继。

哲宗身后，有五个弟弟在世，依次为申王赵佖、端王赵佶、燕王赵俣、简王赵似、越王赵偲。从弟弟们的子嗣中选一个过继为子，再承继大统，是符合礼法的。可他这些弟弟，最大的只有十八岁，还都没有儿子。此路不通。

亲弟弟没有子嗣，那就只能从堂兄弟们的后代们中挑选，类似当年仁宗挑选英宗。可惜堂兄们也没有男丁。此路还是不通。

如此，只能从他父亲神宗的堂兄弟中挑选孙辈。只是，这样一来血缘就疏远了很多。这也是个问题。

不过，问题的关键，还不在此。

哲宗去世，大宋最有权势的人是向太后，神宗的妻子。站在向太后的立场，她当然更希望把帝系留在丈夫一脉，这是谁都明白的道理。从丈夫堂兄弟后代中选皇帝的路子，被向太后坚决、彻底地否定了。

父死子继这条路，彻底不通。那就只能兄终弟及了。

五个弟弟，情况各异。申王最长，时年十八岁，武贤妃所生。端王其次，生母陈美人；燕王赵俣、越王赵偲，同胞兄弟，生母林贤妃；简王赵似，情况最特殊，他和哲宗一母所生，生母朱太妃，后宫地位仅次向太后。

除端王外，其余诸王的生母，均在世。

如果兄终弟及，则有三种选择方法：

一是立长，则申王当立；

一是立近，则简王当立；

一是立贤，则五个弟弟都有可能。

那么，到底该立谁呢？

御前会议，气氛凝重。

宰相章惇抢先发言，认为应该立简王。核心理由就一条，简王与哲宗是一母所生，最亲、最近，有血缘优势。

章惇能坐上宰相之位，自非寻常之辈。关键时刻恰当地表达意见，正是他的基本技能。但是，他眼下的这番言论，却是蠢到了家，直接刺激了向太后最敏感的神经。

向太后虽然位居中宫，由皇后至皇太后，尊贵无比，但膝下无子。在她心中，神宗的这几个儿子，唯独简王，绝不能为君。

原因很简单，朱太妃尚在，而且身体康健。

母以子贵。哲宗当了皇帝，生母朱太妃，在后宫早已无比尊贵。如果她另一个亲生儿子再登帝位，朱太妃就将更加尊贵，向太后又将处于何地呢？

两宫并立？想都别想。在章惇发言之后，向太后立马变脸。

她怒气冲冲地说，宰相此言十分不妥，作为嫡母，神宗身后之子都是我的儿子，又何来什么亲疏远近？

在礼法上，向太后的这句话绝对正确，无可辩驳。

章惇一句不慎，犯下大错。为捞回局面，他又提出立长，立申王为帝。这就是典型的病急乱投医了。还是乌龙助攻。

向太后马上接过话头说，立长好啊，符合礼法。问题是，申王有眼疾，自古有不能看奏章的皇帝吗？

这个问题，显然不需要章惇回答。他也答不了。

向太后接着说，立长确实是个好办法。既然申王不妥，那就往下，立端王为帝。还没等大臣缓过神来，向太后又抬出神宗、哲宗，说两位先帝生前就经常夸赞端王，说他有福寿。

两位先帝、一位太后，再加上礼法，还有谁能质疑，谁敢质疑？

就这样，靠着章惇的乌龙神助攻，由向太后一言而定，赵佶登上了皇位。


在历史的关键节点，向太后决定了历史的方向。

虽然她的理由冠冕堂皇，不容置疑。但人们心里都清楚，她有着自己的小心思。她的心思，与赵佶的身世有关。

其中，关键的关键，就在于赵佶生母早亡。

父亲神宗去世时，赵佶才两岁多。虽然登基后，他经常会在公开场合提到父亲，但两岁多的孩子对父亲能有什么印象呢？他一生骨子里的羸弱，或许跟缺少父爱有关。

母亲陈氏，宫女出身、地位低下，只是在生下赵佶后才被封为美人，勉强比宫女强点。神宗去世后，陈氏去送葬守灵。我们无法得知，她是出于自愿，还是被人胁迫。从常理上来说，儿子年幼，母子情深，她应该不会主动丢下儿子。

或许是她和神宗情深意切，以至于可以割舍下母子之情。但，这又无法解释她在宫中的名分之低。看来，还是遭人嫉妒，被人算计的可能性更大。不足一年，陈氏就在皇陵香消玉殒了。

三岁多，咿呀学语，赵佶就失去父母双亲。

这是人间悲剧吧？

答案是未必。至少，在皇位继承上，这倒成了优势。

还是得看向太后的心思。

生母去世后，赵佶由向太后抚养长大。既是嫡母又是养母，向太后与赵佶感情不一般。但，这还不足以让向太后力挺赵佶。在皇位面前，连父子情面都不讲，养育之情算什么？

这只能算是原因之一。核心的原因是，赵佶母亲陈美人早已不在人世。听上去似乎风马牛不相及，想深一层，就很好理解。

站在向太后的角度，最重要的是什么？当然是太后的位子，是后宫独一无二的尊崇。难道这个位子，会有人争吗？

还真有。就是她的老对手，朱太妃。

当初哲宗当了皇帝，生母朱氏之所以只是太妃，就因为前面有向太后。年轻时，没争过人家；儿子当了皇帝，还是争不过。要说朱太妃心如止水，估计她自己都不信。

不过，朱太妃还有希望。她比向太后小六岁，身子骨又比她强。儿子哲宗，又青春正盛。她只需要静静等待，登上太后之位，迟早的事。

如果向太后死在哲宗前，朱太妃定会升为太后。

没想到的是，哲宗年纪轻轻就驾崩了。朱太妃的太后梦，算破碎了一半。

她还有个儿子，简王。

如果，简王当了皇帝，向太后死在简王前，朱太妃还是会升为太后。一个儿子熬不过你，两个还熬不过你？这两个女人，较劲几十年，注定无法和解。

而向太后，是绝不会给老对手任何机会的。

这就是城门失火，殃及池鱼了。

所以，哲宗驾崩，简王就成了向太后必须狙击的对象。

挡住了简王，推谁呢？

申王有目疾，确实不适合为君。燕王、越王，他们其中任何一个人登上帝位，其生母林贤妃，就成了另一个朱太妃了。这样的故事，向太后绝不容许再上演。

看来看去，只有赵佶。

赵佶是养子，这是理由之一。其生母早亡，这才是最重要的理由。如此，就永远不会有人，和她争太后之位了。

选赵佶，一石三鸟。

如此，向太后既保住了位子，又狠狠地羞辱了老对手朱太妃，还摁住了林贤妃这个潜在的对手。

如果哲宗和简王的生母朱太妃也早亡了，那哲宗之后简王继位就顺理成章。向太后没准也乐观其成。因为，没人挑战她的地位。

祸福相依。人生，有时候就这么无厘头。


看上去，赵佶的皇位来得阴差阳错。在这个过程中，他只是个被选择的对象。可惜，这可能只是假象。

即便在此之前赵佶对皇位没有觊觎之心，但在哲宗一病不起、行将就木，又身后无子之时，他一定是动了大心思的。

这点，也是有迹可循的。

比如，向太后说，哲宗生前曾说过端王有福寿，言下之意先帝很看重赵佶。即便是事实，哥哥夸弟弟，很正常啊。这和让他接班，差了十万八千里。这话大有水分，完全不足为凭。

事实上，哲宗并非突然死亡。他的病断断续续拖了很长时间，他有足够的时间来考虑身后事，立下传位遗诏更是分分钟的事。

可是哲宗并没有这么做。

一方面，他可能对自己的身体还抱有希望。另一方面，也可能是膝下无子让他有些心灰意冷，对身后事缺乏足够的兴致。至少在哲宗这里，赵佶和其他的弟弟并没有太大的不同。

从结果上来分析，作为最大受益人，赵佶能成功越过简王和申王登上帝位，在这场竞争中，他应该下足了功夫，而且还选择了强大的盟友。

再回头来看，章惇在御前会议上抢先表态，看似冒失，深究起来，或许是一种策略。他应该是感受到了强烈的危机，才想凭借宰相的优势地位，以先声夺人的气势，在局势未明前一锤定音。

这么看来，章惇可能是简王的代理人。能与当朝宰相成为盟友，简王也非等闲之辈。这也好理解，对简王来说，哲宗是同胞哥哥，两人的母亲朱太妃又是宫中第二号人物，小伙儿身体还很棒，没任何残疾。就这条件，能心如止水吗？

还有朱太妃，和向太后斗了大半辈子，也忍了大半辈子，又怎会放弃这绝地反击的机会？

据说，哲宗病危前几日，朱太妃就一直守在儿子床头。那时，她既是位母亲，也是位政客。至于是母亲多一点，还是政客多一点，恐怕只有天知道了。

再来看看简王和赵佶各自的盟友。

一方，先帝的亲妈加当朝宰相；另一方，皇太后。

简王完败、丢盔卸甲。赵佶完胜，看似不费吹灰之力。

赵佶的胜利，是礼法的胜利。即便是皇帝的亲妈，在嫡母面前，也是尊卑有序。也是皇权的胜利。先帝亲妈再尊贵，宰相再牛，在太后面前也败下阵来。太后是君，他们都是臣。

虽然，找不到赵佶和太后结盟的实据。实际上，这种事，作为胜利者，他们是不会留下证据的。但，还是有迹可循。

比如，赵佶登基时，已满十八岁，早已成年，但仍坚持奏请向太后垂帘听政。显然，这里露出了马脚，至少存疑。有意思的是，向太后也没太客气，略加推辞，坦然受之。

抛却温情脉脉的母子情深，回到皇权政治的本质，几乎可以认定，太后与赵佶是有政治协议的。在最高皇权面前，赵佶，皇位的有力竞争者。向太后，拥有最终拍板权的主宰者。让他们无动于衷、随波逐流，怎么可能呢？

这与情义无关，只是权力所系。

说起来，这世上，爱、恨皆有因果，哪有无缘无故？在皇宫大内，更是如此。皇权面前，亲生母子都未必同心，何况只是嫡母与庶子。在这里，爱、恨的连接点，永远只有权力。

权力，让人爱；

权力，让人恨；

权力，让人爱恨交织。


造化弄人。

在命运之手的安排下，在向太后小心思的操作下，赵佶在十八岁时意外登上帝位，成为继太宗之后，北宋第二位兄终弟及的皇帝。时来天地皆同力，即是如此。

看起来，人生就好比一段链条。链条与链条之间环环相扣，相互依存，每一个既是后者之因，又是前者之果。

对赵佶来说，十八岁之前，所有的因，都种下了他登上皇位之果，而他登上皇位的因，又将种下他后半生之果，乃至大宋朝的国运之果，千千万万人的命运之果。

如果让赵佶回味人生，登基前的少年时光，应该是美好的。

谁不曾青春年少？至少，三年多的端王生涯，赵佶是悠闲的、愉悦的、充实的，应该也是满足的。他刷新了艺术高度，广交了朋友，遇到了爱情，收获了婚姻，玩也玩了，乐也乐了，最后还拿到了皇位。

什么叫人生赢家？十八岁的赵佶应该算吧。

带着这一切，他登上了皇位，成了天子。

他是天子，独自站在高高的云巅，俯视整个人间。他是天子，金口玉牙，是天下人喜怒哀乐、生死存亡的主宰。

按照儒家礼法，尽管他只有十八岁，还没有子嗣，但已经是天下人的君父，是天下人的大家长。当然，除了太后，垂帘听政的向氏。

向太后沿着后宫前辈们的路，走上了人生巅峰。

自古，后宫的女人们就不简单。

大宋朝也不例外。

第二章
女人上位

向太后垂帘听政，登上人生巅峰，却没有站立太久。仅仅一年后，她便病故了，终年五十五岁。这是她的不幸，却是宋徽宗的幸运。他不用像先祖们，要在女人的垂帘听政之下，苦熬数年，才能亲政。

大宋宫中的女人，从来都不简单。

宫女、嫔妃、皇后、太后，这是一条完整的路径。而这些女人的关系，也构成了一套独特的生态系统。

在皇宫里，皇帝是根，是中心和权力的来源。女人，则是名义上的配角。但实际上，很多时候她们才是真正的主角。

不过，女人们再强，却并没有创造新的权力，只是借用了旁落的皇权。皇权依然是权力的总来源。没有了皇权，她们就是无根之水。

皮之不存，毛将焉附？

比如，向太后可以一言定帝，看似权力无边。但本质上，她所借用的仍然是皇权，她是神宗的妻子、哲宗的嫡母。皇帝永远是她身份的定语，无论多强悍，不过是在替皇帝行权而已。

说起来，向太后固然强势，但她的婆婆的婆婆的婆婆们，比她有过之而无不及。比如，真宗皇后刘娥、英宗皇后高滔滔。

不过，北宋虽常有女主临朝，却无两汉那般跋扈的外戚专权，更没有唐朝的则天之乱。难道是宋朝女人能力水平不行？当然不是。恰恰相反，她们有着高超的政治智慧。

比如，刘娥就可比肩汉之吕后、唐之则天。不过，口碑要好得多。史书称其"有吕武之才，无吕武之恶"。

据说，刘娥正是慈禧的政治偶像和模仿对象。只是，慈禧功夫不到，画虎不成反类犬。

说起来，宋朝宫中女人不一般，还得感谢一个人。

她就是武则天。这是个找不到合适定义的女人。一定要说的话，只有四个字"独一无二"。

她将皇宫里女人的路，走到了尽头后，又走出了新路。她当了皇帝，但前无古人，后无来者。最终，也只能恨恨地回归皇后的身份。她曾经砸碎了一切，但最终还是把砸碎的东西，又都重新粘贴好。

自武则天之后，宫中的女人，有了新的心思。但哪怕是再有野心的女人，也明白了依附皇权是最好的，也是唯一的归宿。

武则天之后，再无武则天。殷鉴不远，唐宋相连。

有如此好老师，宋朝女主专权不乱权，也就不奇怪了。

尽管如此，这些女人们的故事，却是异常的精彩。

这些入宫的女人们，哪一个不曾国色天香，哪一个不曾娇羞媚人？她们，有人生于宰相之府；有人生于平民之家。有人锦衣玉食；有人吃糠咽菜。有人注定进入皇宫；有人辗转来到京城。有人凤冠霞帔，在万众瞩目中，从宣德楼进入皇宫，仪态万千、母仪天下，却最终寂寞半生，含恨而死；有人粗衣陋衫，在不声不响中，由宫中小门而入，两手空空、低微卑贱，却最终临朝听政，执掌天下大权。

皇宫，是女人的福地，也是苦地，是女人的舞台，也是战场。

只是，自古富贵难白头，古来征战几人回？

# 杜四娘子和金匮之盟

先从杜太后说起。

她是北宋皇宫里，女人中当之无愧的第一人。

她是赵匡胤的母亲，也是赵光义的母亲。

她的两个儿子，是大宋开国者和奠基人。她的子孙，主宰了两宋三百年，深刻地影响和改变了中国。

杜太后生活的年代，正是五代十国，这是中国历史上少有的乱世，简直乱成一锅粥。

正因为乱，我们有必要先简短回顾下五代的历史，这样更容易了解后面的很多故事。

提到五代，必从三个人开始，黄巢、朱温、李克用。

唐末，黄巢起义。朱温，原为黄巢部将，后归附朝廷，再篡唐建梁，定都开封。李克用，沙陀人，被唐赐姓李，在剿灭黄巢中屡建功勋。朱温、李克用，相互争雄，终成死仇。

除了朱温建梁，后四代建国者，都是李克用的儿子或部属。

朱温病重，其三子弑父自立。次年，四子再杀三子继位。后梁兄弟相残，内乱不止。而李克用的儿子李存勖、义子李嗣源，堪称双雄。

李存勖灭梁，建后唐，定都洛阳。后来，双雄相争，李嗣源杀李存勖，继位为帝。

李嗣源病重，子李从荣谋反身死。子李从厚继位。从厚集权削藩，逼反了李从珂。从珂，李嗣源义子。

李从珂攻入洛阳，继位为帝。从厚外逃，终被杀。从珂即位后，石敬瑭受到猜忌。石敬瑭，沙陀人，李嗣源的女婿。

石敬瑭起兵，借军契丹人，建后晋，定都开封。晋军入洛阳，李从珂自焚，后唐灭。千年传国玉玺，自此彻底消失。

当年，李克用曾与辽太祖约为兄弟。石敬瑭，克用义子的女婿，属于孙辈。辽太宗，太祖之子。所以，石敬瑭按辈分称呼小他十岁的辽太宗"亚父"，自称"儿皇帝"，割让燕云十六州。

石敬瑭死后，侄子石重贵继位。因不肯向契丹称臣，辽太宗亲率大军攻占开封，石重贵投降，后晋灭。

契丹灭晋，中原无主，后晋大将刘知远在太原称帝，入开封，建立后汉。刘知远，沙陀人，初为李嗣源部将，后追随石敬瑭。称帝次年，刘知远驾崩，子刘承祐继位。

承祐性多猜忌，杀大将郭威全家，郭威愤而起兵。承祐御驾亲征，兵败身死。郭威称帝，建后周，定都开封。刘崇，刘知远弟弟，随即在太原称帝，延续后汉，史称北汉。

称帝四年后，郭威去世，义子柴荣继位，为周世宗。再六年，赵匡胤建宋代周。五代结束。

自公元 907 年到公元 960 年，眼花缭乱，不过五十三年而已。

乱世多传奇。

回顾杜太后一生，一场大雪，是传奇的开始。

公元 902 年，李唐王朝摇摇欲坠前五年，杜太后出生在河北定州杜家庄，乳名为四娘子。虽称"四"娘子，却是家中长女，她有五个弟弟和两个妹妹。

四娘子十五岁时，已是五代时期，天下大乱，战火连天。那年冬日的一天，黄昏时分，漫天大雪，风裹着雪，雪乘着风，天地之间一片茫茫，杜家庄外银霜满地。

一个疲惫不堪、饥寒交迫的年轻人，顶着狂风暴雪走到杜家庄，就再也挪不动脚步了。他窘迫地蜷缩在门廊下，避避风雪，暖暖身子。

好心的看门人，见年轻人可怜，便留他在门房避雪，还给了几碗热汤。年轻人感激不尽，这碗热汤能救命。

一连几日，大雪不止。年轻人被困在了门房。四娘子的父亲杜庄主发现了年轻人。他不仅没嫌门房多事，还将年轻人安排在庄里住下。杜庄主豪气好客，每日请年轻人饮酒小酌，竟也相谈甚欢。

几番畅谈，杜庄主决定，将四娘子许配给年轻人。

这位年轻人十八岁，姓赵，名弘殷。

四娘子的命运由此转折，王朝的命运由此转折，千万人的命运由此转折。

父母之命，媒妁之言。

父亲的决定，让四娘子的母亲几乎泪崩。女儿自出生，就生活在杜家庄，从未离开父母半步。虽说男大当婚，女大当嫁，但生逢乱世，短短几日，就将女儿嫁给素昧平生的人，做母亲的能不心疼吗？四娘子倒没有难过，只是坚持要先见见这位年轻人。

十五岁的杜四娘子，在庄里的正厅，见到了十八岁的赵弘殷。年轻人正在陪她父亲喝酒。四娘子躲在门后。

如果，老天赋予四娘子不同的眼光，那两宋三百多年或许就要另说了。年轻的赵弘殷，自幼习武，身材修长，体格健壮，双目炯炯，一身戎装，透出英武之气。不错，他是一位年轻的军官。四娘子一见倾心，面颊绯红，心跳不止。

军官的身份，应该是杜庄主选择赵弘殷的重要原因。身逢乱世，天下纷纷、武人当道，为女择婿，即便不求拜将封侯，能够保住一家老小，也是善莫大焉。更何况，眼前的赵弘殷，容貌奇伟，仪表堂堂，言谈不俗，胸有大志。

母亲的怜爱是爱，父亲的抉择也是爱。

几天后，十五岁的四娘子在风雪中告别父母，跟着几天前还从未谋面的赵弘殷，一步一回头地离开杜家庄，走向了茫茫的未来，也走进了喧嚣纷扰的乱世。

只留下父亲、母亲，如石像般挺立在门前，身上落满了雪花。

这对老父母，余生再也没见过自己的女儿，更没有见证女儿的传奇。乱世之中，有大爱。而大爱，不过就是希望最爱的人能活着。

活着，就是最大的成就。乱世尤其如此。


五代，百姓的乱世，武人的舞台。

十八岁的赵弘殷，横刀立马，用刀、用剑、用命去拼杀。十五岁的四娘子，紧紧地跟在丈夫身后，风雨飘摇，颠沛流离，努力照看和经营着他们的小家。

一个刀口舔血，一个含辛茹苦。

十年后，洛阳，夹马营，他们的二儿子出生。长子夭折。

老二就是赵匡胤。

赵匡胤出生时，父亲依旧征战在外。

四娘子又陆续生下了赵光义、赵廷美、赵光赞（夭折）和两个女儿。算起来，她为赵弘殷生下了四个儿子和两个女儿。

据说，有一年战乱，四娘子和赵弘殷失散，她独自挑着箩筐逃难，前面筐里坐着赵匡胤，后面坐着赵光义。四娘子步伐沉重，累得满头大汗，坐在路边歇脚。正好有位道士路过，他对四娘子说，你一人肩挑两条龙，真是了不起。

这显然是后人牵强附会。这只是乱世之中，母亲带着儿子逃命而已。

乱世，是男人的战场。

转眼，儿子赵匡胤长大，也出去闯荡江湖。丈夫还是终日征战在外。四娘子小心翼翼地守护着这个大家庭。

这些年，他们一直在搬家，从杜家庄到洛阳，再从洛阳到开封。他们住惯了军营，习惯了漂泊，一家人聚少离多。

赵弘殷没有辜负杜庄主的期望，在乱世中不断建功立业。从后梁、后唐、后晋、后汉，到后周，作为一名军人，他用战功说话，在朝堂上步步高升。

随着父子两代人的拼杀，这个家庭也越发不一般。

岁月如梭。

当四娘子年近花甲，她的人生，再次迎来巨变。

公元956年，相伴四十年的丈夫赵弘殷去世，终年五十八岁。年少时，正厅门后短短的凝视，约定了一生的缘分。四十年来，身处乱世，飘若浮萍，相濡以沫，不离不弃。他们没有辜负彼此。

赵弘殷离世时，赵家已根深叶茂，家大业大。赵匡胤位高权重，赵光义仪表堂堂。四娘子也因儿子爵封节度使，被封南阳郡太夫人。

赵弘殷，这个生于乱世的军人，一辈子征战。那个时代的开国者们，不是他的上司，就是他的战友，或是他的敌人，而这些身份还不断地来回切换。我们不知道，他周旋于这些人之中，到底为何而战？

他没有建立帝国的野心，也没有篡夺江山的大志，他没有指挥过一场名垂青史的战役，也没有满脸血污地死于乱箭之下。或许，他只是为了生存，为了让家人在乱世中能活着。如此而已。

没有马革裹尸，他最终老死在府邸的床榻上。或许，这是乱世给一个老军人的优容。回顾一生，他应该满足了。想起那些在无数战斗中，身首异处又籍籍无名的战友们，他还奢求什么呢？

不过，他应该遗憾。不过四年而已，他错过了惊天巨变。

四年后，天翻地覆。

公元 960 年正月初四，傍晚时分，有人匆匆跑进东京城内的赵家府邸，气喘吁吁地向太夫人报告，赵匡胤已在陈桥驿黄袍加身，当了皇帝。昔日的四娘子、今日的太夫人，并没有太多的表情，只是淡淡说了句，我儿素有大志，今日之事，不足为奇。

好一个气定神闲。

赵匡胤称帝，国号大宋，是为宋太祖。

赵弘殷被追封为大宋宣祖，杜四娘子成了大宋皇太后。

再回头想想，那四十多年前的大雪，看门的门房，杜庄主。那时的他们，会想到多年后的事吗？眼光独到的杜庄主，即便有千条理由，恐怕也不敢指望这个女婿会称王称帝，其心底最大的愿望，不过是在乱世为疼爱的女儿找一个依靠，如此而已。可怜天下父母心！

那个十五岁的女孩，眼含泪花，满脸泪痕，一步一回头地离开父母，深一脚浅一脚地在雪地里艰难跋涉。她会想到，有朝一日会成为开国太后？

当时的她，恐怕只能相信父亲的选择、自己的眼光，只能紧紧攥着赵弘殷的手，把所有的一切，托付给这个男人。她不敢奢望富贵，只希望能在乱世中，有个属于自己的温暖小家。

二十五岁的四娘子，独自躺在洛阳城外的夹马营。作为随军家属，她的人生被寄附在男人的刀刃上。赵弘殷征战未归，四娘子却即将临盆。

这个初生的儿子，被后人附会，说当时红光冲天，远远望去如着火一般。只有四娘子清楚，当时母子俩是怎样的凄凉。她又怎会想到，这个儿子会成为开国太祖，建立三百多年的大宋朝。

能说什么呢？

功成名就，怎么牵强附会，都言之有理。功败垂成，怎么坦诚直白，都一派胡言。

丈夫去世，儿子称帝，大悲大喜。

悲喜之间，似乎耗尽了四娘子的心血，她的人生走到了终点。不过，她人生最后的决定，再次改变了历史。

赵匡胤登基次年，杜太后病危。

赵匡胤、赵光义跪在榻前，兄弟俩泪如雨下。太后又召来了赵普，当朝宰相，这很不寻常。

太后问赵匡胤，你如何做了天子？赵匡胤回答，是先皇和母后的恩德。太后摇头。

太后用微弱但坚定的语气说，是因为后周孤儿寡母。国有长君、社稷之福，若想大宋基业万年，你百年之后，要将江山托付给光义。光义再传位廷美，廷美再传位德昭。德昭，太祖之子。

赵氏兄弟，面面相觑，磕头应承。太后又对赵普说，把这些都记下来，锁在金匮里，以为他日凭证。

办完这最后的大事，杜太后闭上双眼，终年六十岁。

一代传奇，就此终结。

这个曾经的小女孩，从杜家庄走出来，一路风雨飘摇，最终登临绝顶，母仪天下。回望这一生，她所有的一切，都来自生命中最重要的三个男人，父亲杜庄主、丈夫赵弘殷、儿子赵匡胤。到底是男人们成就了她的传奇，还是她成就了男人们的辉煌？谁又能说得清呢？

不过，人生就是这样。即便住在皇宫，贵为太后，她还是经常会想起杜家庄，想起夹马营，想起逃荒的路，想起父母亲，想起赵弘殷，想起年幼的孩子们。

或许，对于真正历经沧桑的女人来说，成为太后可能真的没那么重要。逢有大雪日，全家人围坐炉火前，父母、丈夫、儿女，谈天说地、有说有笑。人生至美。

可惜，皇宫是个寡情的地方。

皇宫内，母慈子孝、兄友弟恭，从来都是稀缺品。

在赵匡胤化家为国的时候，有些东西就永远失去了。老太太为这家操劳了一辈子，家一下子变成国了，她能习惯吗？后世，很多人说杜太后有大政治智慧，这恐怕也是附会吧。

她留下金匮之盟，也留下了千古争议。

首先，到底有没有金匮之盟？

赵光义和赵普，自然言之凿凿。可惜，是杜太后死后几十年才说的。这也是最大的疑点。如果有，为何不早说。尤其在太祖驾崩之后、太宗登基之初，就拿出盟约，岂不更让天下人信服？

这点质疑，几乎难以反驳。

太宗赵光义，始终有得位不正之嫌。赵光义，无论后来多么奋发图强、励精图治，这个问题始终让他灰头土脸，也是他永远抹不去的污点，哪怕他是胜利者。

有人认为，杜太后去世时，赵匡胤才三十五岁，已有两个儿子，德昭十一岁，德芳三岁。赵匡胤正年富力强，杜太后怎么会以国有长君、社稷之福为理由，劝其以后让光义继位。不符合常理。

凡此种种，都在指向赵光义、赵普说谎。

杜太后，不过是他们说谎的道具罢了。

不错，历史确实是胜利者书写的，体现的也是胜利者的喜怒哀乐。但是，哪怕再黑的屋子里，都会有一丝光。这丝光的名字，叫作真相。

真相，往往源于蛛丝马迹。

所以，有没有可能，金匮之盟确有其事呢？

还得从杜太后这里找答案。

杜太后，生于唐末，历经五代，直至北宋建国。六十年的人生，一个甲子而已，却经过了七个朝代。如此乱世，会赋予人怎样的思考？至少，会迥异于四海升平之世。

北宋初立，所占不过中原之地，南方割据称雄，北方契丹虎视，大宋仍在夹缝之中。站在后人角度，自然知道五代十国纷乱即将结束。不过，站在北宋建国次年，杜太后怎会知道，北宋不会步五代后尘、二世而亡，成为六代十国甚至七代十国？

再说到年岁，赵匡胤时年三十五岁，确是年富力强。我们还知道他后来活到五十岁，这是后人角度。而杜太后，是往前看的。

后梁末帝，终年三十六岁。后唐庄宗，终年四十二岁。后汉隐帝，终年二十一岁。后周世宗，终年三十九岁。这样看来，杜太后的担忧不无道理。

最重要的，还是政权合法性。

相比五代开国者以武力建国，赵匡胤虽有军功，但毕竟是以巧力取天下。说难听些，就是欺负孤儿寡母。由于武人强横，五代政权多是二世而亡。站在杜太后的角度，即便孙子长成，若论守稳江山，她更相信久经历练的赵光义。

当然，还有个可能的原因，是站在母亲的角度。

她一生六十年，当太后前后两年而已。更多时间，她只是位母亲。再看看她的几个儿子，赵匡胤生于公元 927 年，赵光义生于公元 939 年，赵廷美生于公元 947 年。也就是说，赵匡胤长光义十二岁，长廷美二十岁。若十年一代人，正是完美排列。

此外，丈夫常年征战在外，赵匡胤又外出闯荡，在那些担惊受怕、风雨飘摇的岁月，更多守候在她身旁的是光义和廷美。从情感上说，她与两个小儿子感情更深也不奇怪。

站在太后和母亲的角度，兄终弟及，公私两全，两全其美。

金匮之盟，确有存在的合理性。

关于这点，在宋太祖那里也有旁证。

太祖公元 960 年建国，公元 976 年驾崩。即便死得突然而蹊跷，但在此之前，他有十六年时间，还有德昭、德芳两个选择，却始终未立太子，这不合常理。

或许，正因为金匮之盟。

只是，赵匡胤对这件事的态度，应该也是逐渐有变化的。

公元 961 年，母亲病重时，赵匡胤刚刚化家为国。母子之情、兄弟之情，还没有被皇权侵蚀殆尽。加之，帝国新立、百废待兴，正是兄弟同心之际。因此，赵匡胤接受母亲的提议，含泪应承，也是完全可能的。

但，权力改变人。掌权越久，改变越彻底。

皇帝越做越久，赵宋天下越来越大，很难说，赵匡胤内心没有想法。或许，他渐渐觉得母亲有些多事了。把皇位传给弟弟，他已经不大情愿了。或许，他已经想立子为储，只是碍于盟约在先，说不出口而已。

德昭、德芳不仅没被立为太子，甚至都没封王。而赵光义，则位高权重，大宋帝国，唯居天子一人之下。后世有人认为，这是赵匡胤打算传位赵光义的实证。可惜，此说存疑。

事实上，赵匡胤对儿子们的栽培，其用心用情用力，也是路人皆知。弟弟还是儿子，站在人性的角度，根本不是难选之题。站在皇帝的角度，更是如此。

只是，赵匡胤马上天子，戎马一生，身体硬朗，自觉时间充裕，这事也就搁置下来了。直到又一个大雪的夜晚，帝国再次迎来巨变。

有位女人恰好就在现场。

赵匡胤的宋皇后。

包括追封的，赵匡胤有三位皇后。

结发妻子贺氏，父亲老同事的女儿。儿时，两人随各自父母由洛阳迁往开封，同住在城郊的护胜营，青梅竹马、两小无猜。

大婚之时，赵匡胤十八岁，贺氏十六岁。这段识于寒微的感情，真挚而朴实。小夫妻感情甚笃，育有两女、三子。两子夭折，只有赵德昭安然长大。

赵匡胤称帝前两年，贺氏因病去世，终年三十九岁。

贺氏福薄，含辛茹苦、担惊受怕的日子眼看熬过去了，却还是没等到新帝国的诞生。她没能看到丈夫登上权力的巅峰，没能在生前成为皇后，母仪天下。

不仅如此，她的过早离世，还让德昭失去了母亲的庇护，命运坎坷，最终惨遭不幸。女人苦命，孩子也可怜。

续娶的妻子王氏，官宦之后、豪门望族。这年，赵匡胤三十一岁，王氏十六岁。

如果说赵匡胤与贺氏是贫贱夫妻、两情相悦，那他在贺氏去世当年就迎娶王氏，更多的应是出于政治考量。这时的赵匡胤，已是后周大将，他要借助王氏家族的力量来增加政治资本。

虽是政治婚姻，两人却感情深厚。王氏一生最大的荣光，莫过于她嫁的男人成了新帝国的皇帝。而她，则成了大宋朝的第一位皇后。可以想见，登基大典上，她和赵匡胤一同接受新朝臣民山呼万岁的时候，那是怎样的荣耀。

可惜，王皇后也是苦命之人。

她先后为赵匡胤生下三个儿女，却都先后夭折。不仅苦命而且寿短，或是第一皇后的桂冠太过沉重，她无法承受。年仅二十二岁，王皇后就香消玉殒了。

如果这两位苦命的女人能够寿长一些，那大宋的历史或许就会改变。假如赵匡胤去世时，贺氏仍然在世，她时年应该四十八岁，这样的年纪对付赵光义，应该更有把握些。

可惜，历史不能假设。

最终面对的赵光义，是赵匡胤的第三位皇后。

宋皇后。

三度立后时，赵匡胤已经四十二岁，宋皇后十七岁。

一年前，两人初次见面。十六岁的女孩，跟着母亲到皇宫拜见天子。尽管宫中多绝色，赵匡胤还是一眼就看中了她。

同样是十六岁的年纪，这位宋家千金，一颦一笑酷似二十多年前的贺氏。对于富有四海的帝王来说，还有什么能比少年时的旧情人，更能扣动心弦？

何况，宋姑娘金枝玉叶、血统高贵。父亲是后唐皇帝的外孙，母亲是后汉高祖的公主。她自小就常常出入皇宫，后周太祖郭威、世宗柴荣都非常喜欢她，她是注定要嫁入皇宫的。

只不过世事变幻，赵匡胤当了皇帝，她成了大宋皇后。

老夫少妻，恩恩爱爱，两人度过了七年的幸福时光。

直到那个大雪纷飞的晚上。

那日黄昏，东京城内天降大雪。太祖召皇弟光义入宫饮酒。两人屏退了所有的宦官、宫女。远远地，只能见到烛影下，兄弟两人相对而坐。光义时而起身，时而避让。再听到太祖玉斧戳地的声音，并大声说，好做之。

酒局散。光义回府。

未几，宋皇后接到禀告，太祖驾崩。

一时间，如同山崩地裂。

稍稍镇定下来，她叫来大宦官王继恩，让他速召赵德芳入宫。王继恩领命，快马加鞭，出宫而去。不过，他却是奔向赵光义的晋王府。

夜半时分，王府却灯火通明。光义更是朝服未换，端坐在中庭。见到王继恩，听闻太祖驾崩，光义有些迟疑，称要与家人商议。王继恩情急之下说道，迟则他人为之。光义遂不再犹豫，径直入宫。

心急如焚的宋皇后没有等到赵德芳，却见到了赵光义。就在那一瞬间，她明白大势已定，遂脱口而出，我们母子性命就托付官家了。

官家，正是北宋皇帝的称呼。

赵光义大大咧咧、满口应承：好说好说，共保富贵。

赵光义登基，是为宋太宗。

所有这些，都是赵光义让我们知道的历史。

不过，疑点重重。

烛影之下，兄弟二人谈了些什么？光义时而起身、时而躲闪，在做什么？太祖为何用玉斧戳地，那句"好做之"，又是何意？

斧声烛影，千古之谜。

真相，除了这兄弟俩，恐怕只有天知道了。

有一种说法，曾有世外高人对太祖说，十月二十那天，只要晴空万里，他就还有十二年阳寿。如果大雪纷飞，那就是大限已至。

惴惴不安中，太祖等来了这天。整日都是艳阳高照，太祖心情大好。不想，傍晚时分，风云突变，大雪纷飞。太祖自知天命难违，急召光义入宫，交代后事。

听起来，神乎其神。但，这似乎还是赵光义想让世人知道的故事。毫无疑问，从赵光义这里，我们能找到的所有线索，都是对他有利的。

想要真相，还得回到宋皇后那里。她才历史亲历者。

回到当时现场。她接到消息时，太祖到底是病危，还是驾崩。这其中的意思大不同。

如果，她见到的是生命垂危的赵匡胤，那她可能就是唯一知道这兄弟俩秘密的人。那她召德芳入宫，就可能是太祖的遗诏。

如果，她去到太祖寝宫，赵匡胤已死。那她也不知真相，召德芳入宫，就是她的主意。

太祖驾崩时，德昭二十六岁，德芳十八岁。德昭生母是贺皇后，是嫡子。德芳生母，则说不清。从礼法上说，德昭继承皇位更有合法性。

如果太祖有遗诏，立德昭的可能性更大。

但，宋皇后召的却是赵德芳。

这又是为何？

会不会，还有另一种可能？宋皇后见到了活着的赵匡胤，也接到了宣德昭的遗诏。但是，她改了主意。

不要忘了，德昭比宋皇后还年长一岁。如果德昭继位为君，她这个太后比皇帝还小。德芳，则小皇后七岁。

从权力的角度来说，立德芳为帝，她太后的含金量更足。要知道，在宋皇后身上，流淌着五代两朝帝王的血。对于权力，她应该有着天生的理解。

可惜，螳螂捕蝉黄雀在后。宋皇后所有的算计，都敌不过强悍的赵光义。赵光义苦心经营多年，正是为了这一天。

当晚，赵光义离开皇宫，回到王府，马不卸鞍，衣不卸甲，这个雪夜就注定属于他。宫中，他早已布下天罗地网。王继恩就是他的铁杆。

宋皇后是聪明人。在见到赵光义的刹那，她虽然目瞪口呆，但脱口而出的那句话，还是保住了她的性命。赵光义没有食言，不过却大打了折扣。

太宗登基后，宋皇后成了皇嫂。既不是太后，也不是皇后妃嫔，而是嫂子。这个身份太尴尬了。不久，赵光义就让皇嫂迁出皇后的中宫。后来，又再次迁居。越住越偏，越住越远。

苦熬二十年后，宋皇后去世，终年四十四岁。

消息传来，赵光义再次做出令人费解之事。他不仅不为皇嫂服丧，也不让大臣们服丧。就连她的棺椁，也是停了好几年，最后在大臣的强烈建议下，才归葬皇陵。最终，也没有与太祖合葬。

至于，赵光义为什么这么做？只有天知道。

会不会，有一种可能？那就是他始终不确定，宋皇后是否见到了活着的赵匡胤，是否知道了那晚烛影下的秘密？

不确定，又没法问，只能变相地折磨。

无论主动还是被动，一旦介入了皇位的争夺，宋皇后就注定难逃坎坷的命运。在她去世前，太祖的两个儿子，德昭、德芳，也都先后离世。

赵匡胤的三位皇后，都是苦命的女人。赵匡胤身后子孙的凄凉，多少也与这些女人有关。设想一下，同为开国君王，如果赵匡胤的皇后如同吕雉一般，那赵光义又怎会有"斧声烛影"的机会。

可惜，历史就是历史。我们可以改变历史的说法，甚至抹去发生的痕迹，但无法改变曾经的事实。


宋皇后去世那年，赵光义五十六岁，距离他驾崩还有两年。他一生有四个皇后，三个是追封的。

结发妻子尹氏，只知道是个刺史的女儿。虽然被追封为皇后，居然连生卒年份和姓名都不可考。可见，他们成亲时，赵家事业应该还在成长动荡期。

或许因为是少年夫妻、患难夫妻，两人感情很深。赵光义继位不久，就追封尹氏为皇后。可惜她没能留下一儿半女，即便在阴间贵为皇后，想来也是孤独的。

第二个皇后，就大不同了。她的家族，在五代时期十分显赫，史书称"近代贵盛，无与伦比"。通俗地说，就是那个时代的最牛家族。

符家，一门三后。

赵光义的符皇后，是符家第三个皇后。

这个显赫家族的荣光，由皇后们的父亲开创。符彦卿，在历史上大名鼎鼎，他生于公元 898 年，卒于公元 975 年，享寿七十七岁，横跨唐、五代、北宋。他的高寿、辈分、资历、能力，在那个时代都是人中翘楚。

符彦卿不仅内战内行，还多次率兵击败契丹，曾在大战中让辽太宗只身而逃，威震契丹。辽人畏其如虎，遇到马儿生病，都会感慨，是不是又是符彦卿作怪？要知道，那几乎是契丹人军威最盛之时。

符彦卿最令人称道之处在于五朝恩宠。从后唐开始直到北宋，五个朝代，皇帝们对他都是恩宠有加。冯道是五代最有名的政坛不倒翁，但毕竟是文臣。符彦卿则是手握重兵的大将，在皇帝普遍猜忌武人的五代，他能始终屹立不倒，殊为难得。

这非常考验人的智慧和眼光。

比如，他嫁女儿的功夫就实属一流。

后汉时，其长女嫁给一个节度使做儿媳。

节度使早就听闻其女非同寻常，迎娶后请相士相面，更说此女贵不可言，有皇后之像。五代乱世，早有人喊出“天子宁有种耶，兵强马壮者为之耳”。仓中有粮、手中有兵，节度使本就蠢蠢欲动，再听相士之言，更加觉得天命所在，索性就反了。结果，兵败身死。

城破之日，符家长女端坐府中，对冲进来的士兵说，我父亲与你们统帅有旧，不得伤害我。举止端庄，镇定自若。士兵莫敢上前扰之。统帅正是郭威，后周太祖。

郭威收其为义女，后嫁给了义子柴荣。柴荣继位，封她为皇后。她果然应了相士之言，做了皇后。是为大符后。

二人虽为半路夫妻，但感情深厚。柴荣脾气暴烈，符皇后谦和而有教养，谆谆劝诫，柴荣也因此更加敬重皇后。

柴荣出征南唐，符皇后放心不下，随军南征。一路颠簸加上暑气炎热，皇后染病，回京不久就去世了，终年二十六岁。

柴荣悲痛欲绝，为妻服表七日。

据说，大符后在病重之时，唯一的托付就是要柴荣娶她的二妹为后。以符家的权势，再想想历史上的外戚之患。不得不说，符皇后的这个请求，多少有些不合时宜。这点，她又何尝不知？之所以坚持所请，恰恰说明她内心磊落。

或许，在生命的最后时刻，她满脑子没有那么多权斗，没有那么多尔虞我诈，就是放不下这个男人。希望妹妹能替自己好好照顾他。可能，就是这么简单。

真情，往往最有力量，胜过任何花言巧语的虚伪。

对于这有些过分的请求。柴荣坦然受之。

他娶了小符后。

一门三后，小符后名头最响，最为后世熟知。可惜，是以悲剧的方式熟知。人们都说赵匡胤欺负后周孤儿寡母，这个寡母就是她，小符后。

她嫁给姐夫三年，柴荣就英年早逝了。驾崩前十天，柴荣正式册封她为皇后。也就是说，她只做了十天的皇后。年幼的太子柴宗训继位，尊她为太后，临朝摄政。只是，面对这风雨飘摇的帝国，她又能主宰什么呢？

半年后，赵匡胤黄袍加身，带领大军回到京城。

周世宗对自己不薄，这句话赵匡胤时常挂在嘴边，逢人就说，可也只是挂在嘴边而已。面对孤儿寡母取天下的时候，赵匡胤可没有丝毫的犹豫。

符太后带着年幼的皇帝，见到了新天子赵匡胤。一时间，两人都有些尴尬。甚至不知道该如何称呼。

还能说什么呢？面对这个丈夫最信任的人，几天前还跪在面前恭恭敬敬的后周大将，如今的大宋天子，小符后除了拜托赵匡胤关照，几乎没有任何还手之力。

赵匡胤还算厚道人。

他颁旨优待符太后母子，赐给柴氏丹书铁券，保证柴氏子孙永享富贵，即便犯罪也不得加刑。后来，这也成了赵宋皇帝的家法。我们不知道，这些措施的出台，仅仅是赵匡胤厚道，还是由于小符后的争取。从她的出生和家世来看，她应该是个有政治智慧的人。

两年后，小符后和柴宗训被迁往房陵（今湖北房县）居住。又十一年后，柴宗训死于房陵，终年二十岁。有人腹黑说是赵匡胤所为。若果真如此，他为何要等十多年后再动手？

那时，赵匡胤早已坐稳江山，甚至都快一统天下了，正是人生最风光的时刻。通常，人在风光的时候，都更加豁达。幼年登基，拱手丢了江山，柴宗训忧郁而亡的可能性更大。

或者，凶手另有其人。比如，赵光义。

要知道，赵匡胤的胞弟赵廷美，后来也被赵光义贬到了房陵，死在了房陵。或者，纯属历史巧合而已。

柴宗训去世，了却了小符后尘世间最后的牵挂，她削发为尼，法号玉清仙师。从此，佛前孤灯相伴。修行二十年后，她无声无息地离开了人世。不知终年几何。因为历史没有记载她的生年。

这就是亡国太后的一生。令人唏嘘。

姐姐的一片心意，却铸就了妹妹的一生坎坷。

这就是命吧。

几乎在小符后嫁给柴荣的同时，她的六妹嫁给了赵光义。这是符家第三个皇后。两个后周的皇后，一个大宋的皇后。

不得不说，符彦卿真是眼光毒辣、手腕老练，一手抓现在、一手赌未来。柴荣是现任皇帝，赵氏兄弟是明日之星。

可惜，她的人生完全淹没在了父亲和两个姐姐的世界里。翻遍史书，我们除了知道，她很不幸地死在了公元 975 年，赵光义登基前一年，其他的生活细节，我们几乎一无所知。

好在赵光义有良心，追封她为皇后，让她终究在历史上有了一些印记。

不知道，当赵氏兄弟谋于密室，赵匡胤黄袍加身之时，作为赵光义的妻子，她在这其中扮演了什么角色，是忧还是喜？作为胜利者的妻子，再见到姐姐，曾经的后周符太后、新朝的阶下囚，是哭还是笑？

后来，当小符后被迁出东京，她应该会在汴河边送姐姐吧。这对姐妹，从此天各一方，余生再没有相见。在那最后的生离死别，一个立在船头，一个站在码头，她们又是怎样挥手告别、怎样泪眼婆娑。这些，我们都不知道。

就连曾经碧波荡漾、舟楫连天的汴河，都早已干涸。

时间，吞噬了那些曾经鲜活的人和所有生活的细节。

细节，只属于大权在握的胜利者。

即便曾经贵为太后，即便被追封为皇后，只要未曾切切实实的大权在手，对不起，所有的细节，都注定会被历史所漠视。

这就是历史，残酷的历史。

赵光义的后两位皇后，都姓李。所不同的是，一个生前就是李皇后，一个生前只是李贤妃。

赵光义继位后，整日费尽心机，只为两件事。一是自己坐稳江山，二是把江山传给子孙。在德昭、德芳、廷美死后，他的皇位早已坐稳，不用再担心弟弟、侄子来争了，剩下的问题就是传给哪个儿子。

他最喜欢皇长子赵元佐。李贤妃的儿子。

李皇后无子，故无所谓嫡庶之分。

只是，因为太宗对付廷美的手段过于残酷，元佐大受刺激，精神出了问题，甚至在宫中纵火。伤心之余，太宗只好放弃元佐，改立次子为太子。可惜这个儿子命薄，很快就死了。

再往下，三子赵元侃被立为太子，改名赵恒。元佐与元侃，都是李贤妃的儿子。可惜，李贤妃红颜薄命，三十四岁就故去了。其时，太宗刚刚继位，两个儿子都还未成年。

太宗驾崩，理应太子继位，这顺理成章。

偏偏节外生枝，闹出了一场风波。因为，王继恩再次出场。上次，他雪夜送信晋王府，助赵光义登基做了皇帝。这次，他联合李皇后，谋立赵元佐为帝。上次，他成功了，赢得了二十多年富贵；这次，他想着如法炮制，却一把输个精光。

关键时候，是吕端打破了王继恩的阴谋，及时奉太子赵恒继位，是为宋真宗。还留下了"吕端大事不糊涂"的佳话。

王继恩问罪下狱，后死于贬地。作为北宋初年最有权势的大宦官，此人靠着投机，风光无限、富贵之极，最终搬起石头砸自己的脚，晚节不保，被人唾弃。

李太后被王继恩拉下了水。这有些令人费解。

赵元佐、赵恒，都非李太后所生，而且他们生母李贤妃，早在太宗驾崩二十年前就已经去世。作为正牌皇后，无论谁继位，她皇太后的位子都是铁打的，那她参与政变的动机在哪？

权力。只有权力是最有可能的解释。

毕竟，扶一个疯子登上皇位，她临朝摄政就名正言顺了。大权独揽，应该是王继恩拉拢她最强有力的说辞。当然，作为皇太后，没有自己的亲儿子，心里始终不踏实。这就更需要有拥立之功，来为自己的权威加持。

真宗继位，追封母亲李贤妃为皇太后。对于李皇后参与王继恩阴谋之事，宋真宗选择视而不见，依然尊其为皇太后，依然十分孝顺。李氏也成为大宋继杜太后之后，第二位皇太后。她享尽荣华富贵，七年后去世。

面对一场流产的政变，宋真宗当然知道真相。不过，他对李太后依然恭敬，这又做何解释呢？或许，这母慈子孝的故事，只是一个被精心涂抹过的作品。李太后、宋真宗，两人演戏给天下人看而已。又或者，李皇后真就是被王继恩蒙蔽了。谁知道呢？

作为皇太后，李氏无比尊贵。但从权力的角度来说，多少有些名不副实。几乎看不到她对朝局的任何影响，甚至毫无存在感。

或许，这就是真宗对她的惩罚。

出来混，总要还的。

# 刘娥的逆袭人生

有人名不副实，有人实至名归。

比如，刘娥。

两宋三百多年，她是宫中女人最强者，没有之一。华夏五千年，能与其匹敌的女人，也不过寥寥数人。她的一生，是传奇中的传奇。

传奇，从一个和尚开始。

法灯和尚，江宁（今江苏南京）长芦寺的主持。

寺庙规模不大，地僻人稀，清雅幽静。这日，来了一对年轻的香客。观年龄，似是一对少年夫妻；听口音，不是当地人；看衣着，衣衫破旧。应是长途跋涉之人。或者说，是逃难之人。

出家人有慈悲之心，天又将黑，和尚便请两人留宿山门。一顿饱饭、一通好觉，梳洗完毕，来日辞别时，年轻人已是容光焕发。年轻真好。

和尚再仔细端详两人，尤其是那女子，越发觉得此女不同凡响。一番交谈得知，两人是四川人。男子姓龚名美，女子刘娥，龚美之妻。龚美做银匠，刘氏唱小曲。因为川地动荡，两人出川讨生活。顺江而下，来到江宁。至于下步去哪，两人茫然不知。

和尚告诉两位年轻人，应该去东京府，大宋首都。至于理由，他直言不讳，刘氏面相贵不可言，宜去京城。和尚不仅给出建议、说了理由，还倾囊相助给了盘缠。俗话说，宁给一匹布，不指一条路。法灯和尚是又指路、又给布。

萍水相逢，竟有如此之遇。所谓贵人，不过如此。两个落魄的年轻人，眼含热泪，千恩万谢，直到离开寺庙很远了，还不时回头张望。法灯和尚，则一直站在庙门口，面带微笑，似是完成了平生大事。

他们离开江宁，沿着水路，过淮河、进汴河，直奔东京而去。

东京，汴河码头。

东京城，一座完全陌生的城市。迎接这对年轻人的，没有亲友，没有故旧，只有空气中弥漫的繁华都市味道。他们站在船舷，踮着脚尖，痴痴地左右张望，看那近处繁华的街市，看那远处巍峨的城墙。

船靠岸后，他们在后人的催促中，小心翼翼地踏过连接客船和码头的木板，结结实实地踩上了东京的土地。

这是个阳光灿烂的下午。

眼前的一切，让他们激动、兴奋和好奇。他们被熙熙攘攘的人流裹挟着，在左看右看、眼花缭乱中，不知不觉地走入了东京城。龚美步子大、走得快，刘娥紧紧跟在丈夫身后，不时拽着他的衣服，生怕被人群隔开了。

人一生中，年轻时候的某个日子总是忘不了。即便时光过去十年、数十年，我们都会记得那日所有的细节。年纪越长、记忆会越清晰。甚至在回忆中，都能闻到青春的味道。

对龚美、刘娥来说，这个下午，刻骨铭心。在未来几十年的漫长岁月里，这个场景时常入梦。

纵有千般好，不及少年时。

就这样，十五岁的龚美、刘娥成了"京漂"。他们身无长物、举目无亲，却带着贵不可言的梦想。

这又谈何容易呢？任何年代，京城都是梦想之地。不过，京城也从来都是居不易。除非，有白居易之才。

才华谈不上，两人倒是有手艺。几番辗转后，他们在距离汴河码头不远的猪儿巷租了个铺面。龚美做银匠的老本行，刘娥去附近酒楼唱小曲。虽不宽裕，也能勉强糊口。

在艰难的生活中，他们时常会想起法灯和尚的话。刚开始，很郑重其事，后来就渐渐变成了玩笑。他们喜欢这样的玩笑。在这偌大的京城里，王公勋贵遍地、高官朱紫满城，他们渺小得如同尘埃。正是这样的玩笑，让他们怀有希望。

年轻就有希望，多苦的日子也能有一丝甜味。这对年轻人，一边苦中作乐，一边心怀侥幸地等待机会。

所谓机会，就是人。有人，就有机会。

有贵人，就有大机会。而京城，最不缺的就是贵人。

一日，刘娥在自家巷口，巧遇一名少年。两人年纪相仿。少年器宇轩昂、唇红齿白，一身绫罗绸缎，一副富家公子装扮。

刘娥如往常一般，穿过街巷往家走。没有满头珠翠、没有精致妆容，不过是一身粗布衣服，头上簪朵无名的野花。即便如此，她依然有着绝世的芳华。虽历经漂泊、生活艰辛，她依然有着精美的面庞和曼妙的身姿。

两人相遇，虽是惊鸿一瞥，少年却惊为天人。那一瞬间，他几乎无法迈开脚步。直到刘娥已走过去很远，他还在那里痴痴地张望，口中喃喃自语。

刘娥浑然不觉，那少年却深深地入了脑、上了心。他从未有过这样的感觉。少年不是别人，正是当今皇三子赵元侃。

缘分，妙不可言。

东京城内，赵元侃已有王府。纵然府内莺莺燕燕、环肥燕瘦，他却只对这位偶遇的女子朝思暮想。以至于坐卧不宁、茶饭不思。

王府管家是元侃儿时的玩伴，两人亲密无间。他看出了名堂，元侃也就索性把心思告诉了他。管家心领神会。

很快，管家就摸清了情况。一来二去，他还和龚美交上了朋友。对龚美来说，王府管家，那真是贵客，交上如此朋友，三生有幸。几番小酌之后，管家声称有事相求。他说，王爷听闻川妇温良贤淑，希望能选个中意的纳入王府，希望龚美帮忙介绍。

说者似无意，听者却有心。再想想法灯和尚的话，龚美或有所悟。虽有所悟，却难言出口。

王府，大富大贵。

这会是机会吗？这会是条富贵之路吗？难道所谓的富贵，就是献出自己的妻子？

这一晚，龚美辗转反侧，难以入眠。他想起了许多往事。

说起来，这是对患难夫妻。

刘娥自幼父母双亡，吃百家饭长大。十多岁时，为谋生存，嫁于小银匠龚美为妻。图的不是富贵，而是他有祖传的手艺，可以求个温饱。荒年饿不死手艺人，谋个活路而已。

能娶到刘娥为妻，龚美心满意足。这样如花似玉的娇妻，如从天而降，他视若珍宝。两人成亲以来，虽然颠沛流离、生活拮据，但彼此心意相通、同甘共苦。

为了所谓的富贵，将妻子送入王府？这样的事，对任何男人都是难以抉择的事。哪怕只是个卑微的"京漂"、小小的银匠，也是万难之事。

只是，法灯和尚的话总在龚美耳边响起。莫非这是天意。而天意又岂能违背？数日的犹豫不决，让他决定和妻子深谈一次。

猪儿巷，逼仄的店铺内，昏黄的油灯下，一壶酒、几碟菜，小夫妻相对而坐。直到酒壶干，菜肴尽，少年龚美还是无法启齿。

刘娥颇为生疑，再三地追问。

眼看躲避不了，龚美只好借着酒劲，不管不顾地说完了。如释重负。他甚至自始至终都不敢看妻子。没想到，刘娥一口就应承了下来，甚至对细节都没多问。不仅当机立断，刘娥还重新明确了他俩的身份。从此以兄妹相称，龚美改名刘美。

刘美有些恍惚，继而，泪流满面。刘娥则只有沉默，既不说话，也不离席，就那么坐着。

刘娥面对丈夫提出的匪夷所思的想法，不哭、不闹，不恼、不怒，不喜、不笑。这是怎样的人？或许，法灯和尚正是看出了她的不同寻常。

很多时候，能大富大贵者，必是非常之人。何为非常之人？

至少，怎么做选择是个判断的标准。在所有人都看到的机会面前，争先恐后，这是常人。而当一切晦暗不明、前途叵测时，理性而坚定地做出选择，则是非常之人。

十五岁的刘娥，就是非常之人。

管家自然知道他们是夫妻，不过他选择装傻。刘娥进入王府后，他更是对此绝口不提，只是多了个好兄弟刘美。

那日黄昏，没有八抬大轿，没有凤冠霞帔，没有鼓乐齐鸣，没有亲友送别，刘娥跟在管家的后面，离开了小小的店铺，走出了窄窄的巷子。在巷口转弯的刹那，她忍不住回头，龚美还站在他们曾经小家的门口，却已看不清他脸上的表情，泪水模糊了她的双眼。

刘娥到底还是哭了。不过，没人看见。

掌灯时，她走进了王府。京城，有千面、万面。汴河码头是京城，猪儿巷是京城，王府也是京城。不同的视角、不同的角度、不同的高度，虽都是京城，却是天壤之别。京漂的京城和王爷的京城，云泥之别。

刘娥的脸上没有表情，内心却早已翻江倒海。虽然父母早亡、饱经风霜，但她毕竟只有十五岁。所有的坚强和冷静，只是刻意的伪装，她内心里充满着不安和恐惧。这一年来，从四川到江宁，从江宁到京城，从猪儿巷再到王府，告别龚美，去见王爷。

命运之手，变化莫测。是福是祸，完全不知。

没有客套、没有解释。吃饭、沐浴、更衣、上妆。

说起来，好的衣服、好的装扮，就如同骏马一般，是需要人来驾驭的。驾驭得好，就是西施；驾驭得不好，就是东施。

刘娥天生丽质，是天生的美人。这些她从未见过的华服美饰，犹如量身定做。盛装在身，她的美几乎是喷薄而出，光艳照人。

穿过长长的回廊，走过几重的院子。在王府后院的深宅里，刘娥见到了王爷。

她对眼前人，完全没有印象。

在现实中，不是所有的偶遇，都能在双方心里留下深深的印记。其实，一方有印记就够了。如果这一方，恰好是大富大贵之人，那就足够了。比如，赵元侃，当今皇三子。

刘娥的内心，充满着胆怯。她知道自己是在赌，且毫无把握。而这开局之赌，又是重中之重。

不过，只是见面的刹那，她的心就安稳了许多。她看到了王爷的眼神，眼神里充满着惊叹、炽热和急迫。虽是同龄人，她已不是小女孩。男女情爱之事，眼神是最藏不住的。

元侃欣喜若狂。终于，如愿以偿。

权力和富贵，总能让人心想事成。

据说，那晚，管家陪刘美在樊楼喝酒到深夜。在喧闹的御街上，刘美哭得像个泪人，吐得像个傻子。那一刻，他很想念成都。

饿死事小，失节事大。

这是程颐的名句。因为这句话，后人总以为宋朝女性生活得水深火热，只能依附男人过活。殊不知，宋人对待女性，远比后人想象的要敬重。而女性在婚姻里的位置，包括终止婚姻的自由，也远比后人想象的更大。

刘娥就是例子。

我们无法揣测，究竟是过往生活的不幸遭遇，"京漂"生活的巨大压力，还是法灯和尚的话让刘娥做出了最终的选择。至少证明，她有选择的权利。

对于女性再嫁，宋朝社会相当宽容。不仅刘娥，比如再嫁的李清照、再嫁的唐婉。后来，即便赵元侃贵为天子，他也并没有嫌弃刘娥，甚至对于刘美，他也一样给予了重用。这是一种莫大的宽容。而且，这不是某几个男人的宽容，这是时代的宽容。

刘娥赶上了好时代。

当然，再好的时代，也总有苛刻的人。

赵元侃的父皇，太宗赵光义，就不认同这件事。这很要命。

他强行拆散了这对鸳鸯，勒令赵元侃与刘娥一刀两断。皇命难违，元侃只好含泪将刘娥送出王府。富贵之路，还没起步，就戛然而止。

刘娥是否该伤心欲绝？

用不着。

短短数日的相处，她早已紧紧抓住了赵元侃的心。他悄悄地将刘娥安排在管家私宅的书房。

什么是魅力？这就是魅力。哪怕惊鸿一瞥，也能让人刻骨铭心。哪怕短短数日，也能让人终生回味。

换个角度说，稍纵即逝的机会，被刘娥紧紧抓住了。

作为皇子，后来的太子，赵元侃有情有义。

他冒着欺君之罪，将和刘娥的关系转入了地下。只是，谁也没想到，这种偷偷摸摸、暗无天日的日子，一过居然就是十多年。

如果说是考验，那这种考验简直让人绝望。

书房之内，十多年如一日，刘娥就做了两件事。一是时刻听着楼梯响，等着、盼着赵元侃；二是在管家所请老师的教导下，遍读了书房的藏书。

自古深闺多怨女。刘娥却将深闺的漫长时光用来读书。说她是非常之人，这也是理由。比比看，有几人能做到？要知道，在此之前，她几乎大字不识。

书房之外，翻天覆地。赵元侃的大哥赵元佐疯了；二哥被立为太子，又很快去世；老三赵元侃终被立为太子。

刘娥该高兴吗？未必。

在父皇的安排下，赵元侃已娶两任太子妃，都是名门之后、大家闺秀。论出生、论年纪、论颜值，刘娥几乎没有优势了。她还能等到什么？她还应该抱有希望吗？

不知道，这些日子里，她有没有抱怨过？有没有颓废过？应该是有的。好在，她还有刘美。她现在的哥哥，也是京城唯一的亲人，唯一能给她安慰的人。

他们相互鼓励着，相互扶持着，共同苦熬着。

终于，熬到了这一天。

太宗驾崩，赵元侃继位，改名赵恒，是为宋真宗。

好在，真宗有情有义。

汉宣帝故剑情深的故事，他应该知道。登基之后，他没有和大臣们兜圈子，而是直接把刘娥接入宫中。苦熬十余年，心上人成了天子，二十八岁的刘娥，终于等来了入宫的诏书。

刘娥该高兴了吗？未必。

宫中早已有主，郭皇后还生下了皇子。刘娥虽入了宫，名分却很低。这样的年纪，这样的地位，这样的形势，虽在皇宫，她不过是换个地方苦熬而已。富贵之路，依然茫茫。

刘娥平静地接受了现实。像过去一样，她把更多的时间，用来博览群书。含辛茹苦十余年，一朝入宫，不争宠，而是读书，是不是选错地方了？有人觉得她莫名其妙，有人觉得她欲擒故纵。

重要的是，宋真宗很喜欢。据说，书中自有黄金屋，书中自有颜如玉，就出自这位皇帝之口。对于爱读书的旧情人刘娥，真宗始终有种特别的感情。

一晃七年过去，时间来到公元1004年。对北宋朝廷和宋真宗，甚至对中国历史而言，这都是个大年。

辽军大举南下。东京告急。

真宗是太平天子，没有经过战火硝烟。皇帝要避祸川地或者江宁的消息，早已传遍后宫。郭皇后，作为后宫之主，未经世事磨砺，也没了章法。她本想安慰真宗几句，却不得其法，几句话说完，真宗更加心烦意乱。

刘娥则不同，她出生低贱，人生坎坷，知道人间疾苦，见过世事沧桑，再加上多年读书，逢此大事，她显得镇定而又冷静。举手投足间的静气，让真宗心里踏实。

刘娥是蜀人，但她并没有附和朝臣避祸川地的提议，而是坚定地支持寇准的提议，鼓励真宗御驾亲征。

结果，和约签订，天下太平。

或许，正是这件事，让刘娥在真宗心中的分量更重了。自此，除了情感上，在朝廷的大政方针上，真宗对刘娥也有了心理依赖。渐渐地，他将更多的朝政交于刘娥来决断。

入宫七年的刘娥，也终于有了"美人"的名分。刘美也被授予官职，入朝为官。这年，刘娥三十五岁。距离她和真宗的初次邂逅，已过去二十年。

二十年。这其中的酸甜苦辣，这其中的辗转反侧、夜不能寐，这其中的希望和绝望，若非亲身经历，又有谁能说得清楚？

世人总看到旁人光鲜的一面。可哪一分光鲜的背后，不是曾经的无奈，不是曾经的绝望，不是曾经的孤独，不是始终的坚忍。

好在，终于熬来了名分。有名分，就有了台阶，也就有了向上的路。而台阶，有时候是自己争来的，有时候也是别人送的。

郭皇后就送来了台阶。此前一年，她生的皇子夭折了。而真宗另一个仅存的皇子，也随后夭折。

真宗膝下无子了。

这是真宗和郭皇后的悲剧。不过，对宫里的女人们来说，则是新的希望和机会，包括刘娥。

此前刘娥苦苦追求的，可能也就是个名分。十多年了，她没有为真宗生下一男半女。随着年纪渐长，她对生子早没有信心了。在皇宫里，没有儿子、没有名分，她还能祈求什么呢？如今，她似乎又看到了希望。

时移势易。郭皇后曾经用门第、容貌、皇子筑成了钢铁城墙，但随着皇子的夭折，城墙开始坍塌。刘娥则借着美人的名位，在宫中扶摇直上。

更大的机会，在三年后到来。郭皇后病逝，终年三十二岁。

比起刘娥，郭皇后真是天生一把好牌。她出身名门，还是太宗亲自选定的太子妃。真宗继位，她即被立为皇后，很快又生下皇子。一路顺风顺水，在生命的前二十多年，她是绝对的人生赢家。可惜，短短几年，皇子夭折、自己病逝。

能说什么呢？这就是命吧。

要说命。刘娥的命更硬。法灯和尚的话，似乎有种神奇的力量，帮助刘娥熬过那些艰难的岁月，熬走了那些貌似强大到无法战胜的对手。

随着郭皇后离世，前方已是一片开阔。刘娥的向上之路，似乎已无法抵挡。可惜，她还要过关。

真宗欲立刘娥为后。他小范围地与大臣商议，大臣连连摇头。搬上台面的理由就两条，出生寒微、没有皇子。台面下的理由，至少还有两条，曾经嫁人、曾为歌女。

光台面上的两条理由，几乎就是无法翻越的高山。

这些年来，尽管刘娥不断为祖上贴金，但朝中大臣皆知她出生卑贱，所贴之金根本不可考。至于，刘美是她前夫之事，东京城内也是路人皆知。真宗心如明镜。事情便搁置了下来。

不过，虽无名分，刘娥却已是事实上的后宫之主。

想要名实相符，还得再下功夫。

出身改不了，只能在皇子上求突破了。

这时，刘娥已近四十岁，想生皇子只能靠菩萨保佑了。她去过东京城内的大相国寺上香，也曾去往郊外的尼姑庵拜求。

佛祖无言，但并非没收获。她遇到了一个人，也有了新的构思。

一个女尼。正当青春妙龄，貌美如花、娇羞动人。一番交谈，得知也是大户人家女子，家遇变故，被迫削发求生。

她让女尼蓄发还俗，带入宫中作为侍女。随后，侍寝真宗，果然有了身孕。膝下无子的真宗欣喜若狂，孩子出生前三个月，就迫不及待地向大臣宣布。只不过，怀孕的人，被说成了刘娥。

三个月后，皇子出生。刘娥直接抱走。她终于有了皇子。大宋也有了继承人。"狸猫换太子"故事的原型，就源于此。

看上去，所有的一切，都是刘娥在谋划、推动、实施。可真宗高度配合的态度，又让人觉得蹊跷，疑点重重。

他们从少年到中年，相处二十多年，感情融洽。澶渊之盟和郭皇后去世后，真宗对刘娥更是百般依赖。如果说，两人共同策划了这件事，至少有真宗的默许，应该说得通。

刘娥要当皇后，真宗要有继承人。这是共赢之策。

有了皇子，刘娥的富贵之路，再无人可挡。两年后，刘娥被正式册立为皇后。这年，刘娥四十三岁，距离她留宿江宁长芦寺已二十八年，距离入宫也已十五年。谁也不曾想到，法灯和尚的话，居然如此灵验；而这条富贵路，竟如此崎岖漫长。

当刘娥终于穿戴皇后的凤冠霞帔，登临高台之上，接受满朝文武恭贺的时候，内心该是怎样的百感交集？不知道，大喜之余，她会不会有些许的后悔？会不会想到，如果当初没有听信和尚的话，没有来到东京，她的人生又将如何？

刘娥是皇后，刘美就是国舅了。

虽然混杂在朝臣中，她还是一眼便找到了刘美，应该是龚美。这个少年时的依靠、逃难时的丈夫、后来的哥哥。从朝服的颜色和朝班的位置看，他已是朝廷重臣。只不过，她看不清刘美的脸，更看不清他的内心。

这对曾经辛苦讨生活的小夫妻，在命运的安排下，几十年的时光，翻天覆地，犹如换了人间。

这一刻，他们会想念成都吗？


皇后，后宫之主，母仪天下。

刘娥更甚，她隐隐然已是天下的主人。

真宗晚年，身体不好，精力不济，朝廷奏疏，多交由皇后刘娥代理批阅。刘娥如鱼得水，应对自如，长袖善舞。

有的人，天生就是政治家。只要有舞台，政治智慧就会被点燃。刘娥，就是这样的女人。她以皇后之尊，端坐高台之上，俯瞰大宋帝国，处理朝政，杀伐决断，让那些两榜进士、名士大儒、勋贵重臣，心有畏惧，又不得不折服。

这让很多人感到不安，比如，寇准。

殷鉴不远。武则天的故事，不过二百余年。

天下没有不透风的墙。皇子并非刘娥所生，大臣们早已心知肚明。当年，武则天面对亲生儿子尚且以周代唐。何况，是抱养的皇子？

真宗也感到了害怕，担心刘娥会毁了赵氏江山。真宗是个有情有义的人，但他毕竟是皇帝。对他来说，男女之情，不管有多深，比起江山之重，都不值一提。

不知道，此时此刻，这对一起走了几十年的爱人，彼此还留有多少情义？

病中的真宗，紧急召见了寇准。

寇准，十九岁中进士，三十二任副宰相。无论在历史上还是在民间，他都是赫赫有名。力主真宗御驾亲征，签订澶渊之盟，更是其一生杰作。那时刘娥还是宫中小角色，对寇准之策十分钦佩，对寇准之人十分敬重。两人肯定没想到，若干年后，他们会成为政治对手。

政治攻守，从来就是因时因势。今天的盟友，明天的政敌；今天的政敌，明天的盟友。翻云覆雨之间，所为不过权力而已。

真宗、寇准密议让太子监国，以架空刘娥。

此事原本极为机密，但刘娥还是收到了风声。刘娥当面质问真宗，而真宗一时惊惧，竟说未曾与寇准谈过此事。寇准成为"背锅侠"，被罢相。投靠刘娥的丁谓成了新宰相。

不过，事情还没完。

真宗的近侍周怀正，也是机密参与者。眼见事情败露，遂铤而走险，准备策划兵变，杀丁谓、废刘娥，让寇准复相，扶太子继位，引真宗退位为太上皇。

不料，事情再次泄密。刘娥再度凌厉出手，以迅雷不及掩耳之势，将周怀正及其党羽全数杀尽。

两次事件，都是谋于密室，却都被刘娥轻松获悉。无论是内线告密，还是对手反水投诚，都充分证明了刘娥对朝廷的掌控力。

更多的大臣，在两次事件之后，悄悄地投到刘娥麾下。

这其中，就包括曹利用。这也是个曾改变历史的人。

当年，澶州城下，曹利用被真宗派往辽军大营谈判。行前，真宗向曹利用交底，割地万万不可，岁币当在一百万两之内。

而寇准给曹利用划定的底线，则是不能超过三十万两，否则杀其全族。最终，正是寇准的底线，让宋、辽双方达成了和约。

历史反复证明，生命线才是真正的底线。

当时，寇准官居宰相，曹利用不过无名之辈。凭借此功，曹利用平步青云。这次抱上刘娥大腿，对老领导寇准更是落井下石。

刘娥矫诏，将寇准一贬再贬，直至发配雷州（广东雷州半岛）。真宗被蒙在了鼓里，还问为何不见寇准，周围人默不敢答。

刘娥多年含辛茹苦、隐忍不发，一朝得势，所向披靡。面对变局从容不迫，打击对手冷酷无情，翻手是云、覆手为雨。对朝廷重臣，狠打一派、紧拉一派，政治平衡之术，玩得游刃有余。

她在清理了寇准的势力，又收编了丁谓、曹利用等重臣之后，朝堂上再无人敢多嘴。真宗虽然健在，但朝廷大事却多决于刘娥之手。此种情形，与唐高宗晚年，多有相似之处。

历史，似乎又要重演了。

刘娥为后十年，真宗驾崩。

宋仁宗继位，尊刘娥为皇太后。时年刘娥五十四岁，仁宗十三岁。刘娥以太后之尊，正式临朝摄政，成为两宋历史上第一位摄政的皇太后，也是最强的皇太后，没有之一。

她登上了人生的巅峰。刘太后，君临天下。

法灯和尚的预言终于成真。她捐出私房钱百万，重修了江宁长芦寺。新寺院依山临江而建，巍巍青山、滔滔江水，极为壮观，一时冠绝南北。

当所有人臣服在刘娥脚下时，丁谓内心颇为不服。

天下人都以为丁谓是个投机小人。当年投靠刘娥打击寇准，更令所有人不耻。殊不知，丁谓的心里，也藏着权臣的梦想。

丁谓此人，聪明绝顶。史书称，几千字的文章，其过目不忘。时人赞他，文追韩（愈）、柳（宗元），诗似杜甫，被誉为"今日之巨儒"。此人才气，可见一斑，或谓大才子。

无论为官京城，还是行政地方，丁谓也是干吏。有例为证。

据说，真宗时皇城有宫殿毁于火灾，由丁谓负责重建。

重建工作非常烦琐。清理废墟垃圾，要运至郊外。重建宫殿，需烧土为砖，而城中无土，只能从郊外挖取。所需石材物料，也得由城外运至。如果按照寻常思路，由皇城至郊外，再由郊外至皇城，来来回回、人挑肩扛，必耗费人力物力无算。

那么，如何又快又好又经济地完成重建工程？让我们来看看丁谓，丁大才子是怎么做的。

他先清理宫殿废墟，垃圾堆于一隅。再将皇城外一条大街挖成壕沟，直通城郊。所挖出泥土，就地烧土为砖。再将汴河水引入壕沟，变成运河，往来运输石材、木料。宫殿重建完毕后，将瓦砾废料加上废墟垃圾再填入运河，重整路面，恢复成京城大街。

真是有才，令人叹为观止。

工程原计划十五年，丁谓七年完工。

有才华，有能力，再有贵人赏识，自然平步青云。

赏识丁谓的正是寇准。两人相交甚深。

才华之外，丁谓为人机敏，善于逢迎，加之寇准的力荐，丁谓仕途顺遂、一路高升。后来，寇准为宰相，丁谓副之。

一日，朝廷饮宴。寇准的胡须上不慎沾了汤水。丁谓见到，便起而为其擦拭。众臣愕然。而寇准不但不领情，还当众批了丁谓一通，认为其作为副宰相，公然溜须宰相，不仅是小人行径、更有辱朝廷体面。丁谓，很下不了台。

就事论事，是非难断。或许，丁谓多年逢迎惯了，已成为下意识的动作，忘了场合、忘了身份；或许，真是出于对寇准的敬重；又或许，就是有意的溜须拍马。

两人从此陌路，渐成仇敌。

这件事上，也可见寇准彪悍的性格。凡此场景，换个人或者是多数人，即便心中不悦，打个哈哈也就过去了。寇准选择了当场发飙，对象则是当朝副宰相。或许，他是出于公义，心中磊落。或许，他是出于交情，无所顾虑。但是，在朝臣看来，多少有些跋扈之意。寇准少年得意，但仕途坎坷、晚景凄凉，与此性格有分不开的关系。

咬牙切齿的丁谓，苦苦等待时机。

当刘娥与寇准相争时，他主动加入战局。不过，或许在丁谓看来，他之所以投向刘娥，更多的是为了打击寇准，那是泄心头之恨，未必是对刘娥的臣服。

想想也是，丁谓连寇准都不放在眼里，对于歌女出身的刘娥，心中又能有几分真正的敬重呢？当上宰相的丁谓，更加不可一世。

大凡才情出众之人，傲气在所难免。而傲气是藏不住的。对一个人的轻视，也是藏不住的。

丁谓便对刘娥流露出了傲气。傲气，刘娥见多了，她或许能忍。但对擅权的宰相，她绝不能忍。

刘娥能做初一，就能做十五。她继续玩弄拉一派、打一派的手段。这次的目标是丁谓，打手则换成了曹利用。

丁谓被贬出朝廷，而且贬得更远。寇准在雷州，还未过海。丁谓直接去了海南的崖州。天涯海角。

虽未过海，离东京更近几分，但寇准却再没有回去。这个历经太宗、真宗、仁宗三朝的元老，对真宗有拥立之恩，对朝廷有战和之功的重臣，在忧愤中死在了雷州，病故在竹榻之上，终年六十二岁，死前留诗一首。

多病将经岁，逢迎故不能。

书惟看药录，客只待医僧。

壮志销如雪，幽怀冷似冰。

郡斋风雨后，无睡对青灯。

寇准的妻子，奏乞归葬故里。刘娥不为所动，虽然准奏，却只给予微薄的经费。以至于棺椁行至半路，钱已用完，只好寄葬洛阳。直到十年后，仁宗亲政，为寇准昭雪，才归葬故里。

一代名臣，辗转几十年，颠簸数万里，回到了人生的起点。

当寇准贫病交加之时，恰是丁谓人生的顶点。刘娥封他为晋国公，并在其老家苏州建造府邸，盛极一时。

待丁谓被抄家时，从家中搜出金银珠宝、古董珍玩，不可胜记，数不胜数。跟着他鸡犬升天的四个儿子、三个弟弟，也全部被罢黜。眼见高楼起，眼见高楼塌。

去往崖州，要路过雷州。据说，丁谓曾求见寇准。

不知丁谓此举，做何解释？或许，同是天涯沦落人，有些许愧疚之意，寻求些良心上的安慰。又或许，还是性格使然，他善于逢迎，身段柔软，弯腰对他从来不是难事，习惯使然。至于其中有多少真诚，那就不可知了。

寇准直接拒绝，没有拖泥带水。风格依旧，一如既往。

至此，这对曾经的好友，永诀。

寇准、丁谓明明是两个不共戴天的人，却在历史记忆里被紧紧绑在一起。历史，有时候就是这么滑稽。

告别雷州，丁谓踏上了漫漫贬谪之路。由贬到死，凡十五年。崖州三年、雷州五年、道州（今湖南永州）四年、光州（河南信阳）三年。卒于光州，归葬苏州故里。终年七十一岁。

丁谓名列宋史《奸臣传》。

其恶在逢迎。这位聪明绝顶、学贯古今的大才子，绝不会想到，他逢迎寇准、逢迎真宗、逢迎刘娥，苦苦逢迎一生，却将自己钉在了历史的耻辱柱上。泉下有知，他可能只有苦笑。

人生到底所谓何事？这样的才子，岂能没看透？

他自己就有诗为证。

黑水溪旁聊驻马，奈何岸上试回头。

高崖昏处是阴狱，须信人生到此休。

既然看透，那他这一生逢迎又是为何？或许是无奈吧，毕竟人生艰难。不是替他开脱，毕竟谁都不容易。

为丁谓可惜，可惜他的才华和机敏。

若其回顾一生，人生的杰作，会是什么？一生的才名，七年的宰相，抱上的大腿，玩弄的权术，精妙的思维，过人的狡黠，等等？没人知道。

收拾完丁谓，曹利用便成了出头的椽子。

这个一生只有一次高光的人，走上了高位，却不懂惜福。

不惜福，还不收敛，刘娥岂能容他？后来，他终被刘娥抓住了把柄，还被扣上了谋反的帽子。谋反是要杀头的。可见，在刘娥心中，曹利用远远比不上寇准、丁谓。对于后两位，她只是眼不见为净，对曹利用却是动了杀机。

刘娥，很能看得清人、掂得了分量。

最后，在大臣的劝诫下，贬谪了事。曹利用在途中自杀。

寇准、丁谓、曹利用，这三个人和他们前后左右大大小小的官员，都成了刘娥权力之路的垫脚石。在刘娥面前，纵然你是朝廷重臣，纵然你才高八斗，纵然你大功于社稷，该让路的让路、该走人的走人。

或许，这些人心里不服气，甚至觉得窝囊，毕竟输给了一个女人。如果真这么想，那他们真是太轻敌了。

权力面前，不分男女。只是玩弄权力的高手里，男人多一些，女人少一些罢了。而像刘娥这样的女主，千年难遇。他们不冤。

回顾刘娥掌权之路，你能看到她的妇人之仁吗？你能看到她曾经日不识丁吗？你能看到她曾经卖艺酒楼吗？你能看到她曾经是无依无靠的小女孩吗？

没有。

无论是谁，只要踏上权力之途，终会被权力体制化。追逐权力，拥有权力，掌握权力，最终成为权力的奴隶。

而体制化之路，就是不断制造敌人、打击敌人，再制造敌人，再打击敌人，在循环中夯实权力、巩固权力之路。这个敌人，可以是朋友、故人、老师、亲人、兄弟、父子、母子等，可以是任何人。而且，很多时候，选择对什么样的人下手，恰恰反映了权力等级的高低。下不了手？对不起，你不合适玩权力。

这点，刘娥无师自通，她是天生的高手，玩得炉火纯青。每玩一次，每打击一人，她的权威就更盛一分。直至满朝文武，再无一人可以挑战她的权威。

此时的刘娥，距离昔日的武则天，不过半步而已。

据说，她曾经在朝堂上，公然问起武后之事。朝臣默然。有人壮着胆子回答，武则天，唐之罪人，几乎毁掉大唐江山。刘娥听后，沉默不语。

即便丁谓不在了，但朝堂之上，永远不缺逢迎之人。

有人自以为读懂了刘娥的心思，公然向她献上《武后临朝图》。这是明晃晃的劝进。一时间，大宋帝国，命悬一线。

向前一步，就是武则天。

而刘娥，却将此图怒摔于地，明确表态绝不做此事。至于这其中，她内心有多少纠结，多少感慨，多少畅想，多少不忍。没人知晓。

话说得斩钉截铁。可惜，言行不一。

不久后，朝廷举行祭太庙大典。如此大典，理应由天子主祭。何况，仁宗已二十四岁，登基十一年了。刘娥却再有惊人之举。她不仅亲自主祭，还穿上了天子的衮服。只不过天子衮服上，少了些配饰，没带佩剑而已。

看上去，还是有所克制，还有一步之遥。

如此，群臣内心稍安，仁宗更是感激不尽。

在此之前，曾有大臣冒死质问刘娥，她在主祭时，是行男性的皇帝之礼，还是行女性的后妃之礼。刘娥竟无言以对。

至于最终究竟是何礼，史书没有记载。

刘娥之所以坚持此举，或许是一偿夙愿。因为，祭祀大典不久，她就病重不起，走到了生命的尽头。

临终前，仁宗陪侍在榻前。

刘娥已口不能言，只是用手努力地拽自己的衣服。仁宗不解其意。有大臣解释说，这是太后不愿意着天子服饰去见先帝。仁宗恍然大悟。

换好皇后冠服，刘娥安然去世，终年六十五岁。

刘娥一死，她的权力帝国瞬间坍塌。而她封锁了几十年的秘密，也大白于天下。就是关于仁宗的身世。

群臣纷纷上书仁宗，称其生母并非刘太后，而是另有其人。想来，群臣早已知晓秘密，只是瞒着仁宗一人而已。这也充分说明了刘娥的权威之重，足以令群臣噤声。

如此人伦大事，满朝文武竟无人敢言，该谴责吗？

小时候，我们读《皇帝的新装》，觉得皇帝多可笑。慢慢地，我们长大了，才发现小男孩多可贵。之所以觉得男孩可贵，是因为我们自己做不到。为了谋生，为了自己，更为了家人。

在谋生面前，站在道德和大义的角度去谴责，多少有点强人所难。古今亦然。

甚至有人公然声称，仁宗生母就是被太后毒死的。这就是典型的小人嘴脸了，挟私报复。不过，言之凿凿，不由得仁宗不信，由大悲到狂怒。

查，彻查。

该说说那个可怜的女人了。

仁宗生母李氏，也就是那个美艳动人的尼姑。生下仁宗后，她就再没见过儿子。后来，她又替真宗生了个女儿，可惜夭折了。她就像个隐形人，无声无息地生活在皇宫的角落里。距离她的亲生儿子，不过咫尺之遥。

真宗驾崩后，她被刘娥送到皇陵，为真宗守陵，只给了个很低的名分。不过，刘娥还是找到了她的娘家人，给了一官半职。算是有点温情了。

守陵十年后，李氏病重。刘娥得知消息，晋封她为宸妃。诏书送达的当日，李氏归天。此时，她的亲生儿子，仁宗皇帝已登基十年，二十三岁了。

起初，刘娥只想以嫔妃之礼安葬李氏。宰相觉得不妥，怕日后生出祸端，提出异议。刘娥接受了建议，让李氏穿上皇太后的冠服入殓。李氏的父亲得到了追封，家人也得到了晋升。

在汹汹的舆论下，悲愤的仁宗来到生母暂厝之地，以换棺椁为名，开棺查验。当他亲眼见到母亲身着皇太后冠服时，不禁泪流满面，也大为感慨，人言岂可全信？

后来，仁宗在刘娥的灵位前，焚香忏悔、泪如雨下，感念其抚养之情。仁宗将刘娥和生母一同葬于永定陵，陪侍真宗左右。

刘娥一生，尘埃落定。

这又是个怎样的人呢？

她幼年父母双亡，几乎流落街头，后嫁于龚美。十五岁出川逃难，经和尚指点到了东京。邂逅年轻的皇子，改变了一生。居于外室十三年。宫中三十七年，其中，蛰伏十六年，当皇后十年，当太后十一年。

后世称其"有吕武之才，无吕武之恶"。这是很高的评价。从才华上说，她能比肩吕、武，这非常了不起。更了不起的，是她最终遏制了欲望的疯涨，没有导致祸起萧墙、天下大乱。

说起来容易，做起来难。

自古，对权力而言，最难的不是得到权力，更不是使用权力，而是大权在握的时候，对使用权力实现自己私欲的遏制。简单地说，就是你完全拥有了实现梦寐以求私欲的权力，甚至都不需要自己动手，只要有所示意，有所鼓励，有所默许，就有无数人帮你去实现，而你却控制住了这种欲望。何其难也？

刘娥的私欲是什么？

她父母双亡，家人全无，没有子嗣。她苦熬几十年，凭借一己之力，登上了距离权力最高峰只差一厘米的位置。这样的人，她还追求什么呢？

她有过登基为帝的念头吗？

应该是有的。她当众询问武后之事，身着天子衮服，就是例证；她大权在握，天下事几乎决于一人之手，也是例证。其实，她几乎已经把自己的私欲，展现在了天下人的面前。

但最终，她停在了这最后一厘米处。

这一厘米，是理性和欲望的界限，智者和愚者的界碑。她战胜了私欲，退回了她应守的本分，成了智者。这很了不起。

史笔如刀，但对于刘娥，却大都手下留情。这是对她理智的褒奖，也是她应得的补偿。

当然，作为政治家的刘娥，所有理性的思考，都源于精妙的算计。吕雉、武则天，毕竟年代久远，但北方的大辽，则有个现实的案例，就是辽太后萧绰。刘娥比萧绰小十六岁。她们生活在同一时代。

说起来，两人有诸多相似之处。

两人都是当皇后时开始参政，太后时临朝称制。都将实际权力牢牢抓在手里，直到死前一刻。两人还都育子有方，辽圣宗一代英主，宋仁宗一代明君。

两人都有治国之才，治下的辽、宋，都是繁华富强的盛世。不夸张地说，她们统治时期，几乎都是辽、宋最好的时代。

这是两个令人尊敬的女人。

萧绰死于公元 1009 年；三年后，刘娥成为皇后。以宋、辽当年的亲密关系，萧绰在辽国的一言一行，刘娥都清楚无疑。很难说，萧绰对刘娥后来的行为没有影响。

当然，要论成功的路径，萧绰是金枝玉叶，出生富贵，后宫之路也颇为顺遂，而刘娥的一路逆袭，则更加艰难不易。

从另一角度说，萧绰还有韩德让，不是夫妻，胜似夫妻。而刘娥，跟随真宗多年，无论是独居外室，还是权倾天下，私德上都没有任何污点。即便是龚美，也是与他兄妹相称，清清白白。能做到这点，殊为不易。看看吕雉和武则天，就明白了。

这里说的，不是女人的节操问题，而是政治家的操守。萧绰与韩德让，有情有义，政治盟友，公私两全。这无可厚非。难道，刘娥就没有公私两全的人选？应该有。至少，龚美就是天然的人选。可是，刘娥没有这么做。所以，更加不易。

无论如何，一个将天下握在手里的人，能够控制任何自己私欲的膨胀，都是令人敬畏、令人尊敬的。

让我们来回顾刘娥的一生。

作为女孩，她自幼父母双亡。而没有父母的庇护，是莫大的悲哀。毕竟，父母之爱是世间最不可替代、不可补偿的温暖。作为少女，她嫁给龚美，颠沛流离。作为少妇，她遇见真宗，望穿秋水十多年。作为嫡母，她教子有方，仁宗终成一代名君，刘娥功不可没。作为太后，她虽晚年恋栈权力，但终究还政仁宗。

作为一个人，她的人生分为上半场和下半场。上半场是个女人，下半场是个政治家。

作为女人，她苦命、悲情。

作为政治家，她专权、擅权，任用私人、打击异己。同时，在她的治下，北宋帝国河晏海清，人们安居乐业。

还有件事值得一说，就是她对待仁宗的生母。

作为女人来说，刘娥的手法，无疑很严酷，让亲生母子终生不得相见。可以称得上是铁石心肠。作为政治家来说，尤其是参照历史上那些女主，刘娥并没有毒害她，还任用她的亲人，并以太后之礼入棺。这样的太后，依然有温情。

不过，人算不如天算。

因为"狸猫换太子"的故事广为流传，使得刘娥在民间的形象非常不堪，狭隘嫉妒、残害忠良等。这点上，她和萧绰颇有相似之处，都是不白之冤。

历史，有时就是这么不讲理。

如果，让刘娥来评价自己？她会对人生满意吗，会有遗憾吗？如果有，会满意什么，又会遗憾什么呢？

满意的，或许是治下的国家，繁荣盛世；国内的百姓，安享太平；教育的皇子，孝顺仁厚。这是作为政治家的。

满意的，或许是遇到了三个对的男人。龚美虽然卑微，但同甘共苦，仁义厚道；真宗虽为天子，但重情重义，不离不弃；仁宗虽非亲子，但恭敬孝顺，言听计从。这是作为女人的。

于公于私，刘娥或许都是满意的。

遗憾的，是没能登上帝位。她曾经无限接近这个位置，只是因为是女人，她不得不停下脚步。武则天曾经的传子、传侄、传女的难题，她同样无法解决；而武氏身后的无奈和骂名，又让她望而却步。这是作为政治家的。

遗憾的，是没有亲生子女。仁宗毕竟是养子。还有一生的坎坷，无论是龚美还是真宗，这两个人或许都没有真正走进她的内心。如果不考虑权势、地位，这两个男人是配不上刘娥的。她的内心，应该是孤独的。这是作为女人的。

当然，对于这种出生卑微、历经千辛万苦登临绝顶的人，任何的揣测，都显得苍白。

回首历史深处，看到的还是那个十五岁的女孩，正站在汴河的码头上，痴痴地望着繁华的东京城。

# 仁宗的别扭爱情

说了这么多的刘娥，真宗作为她的真命天子，似乎被淹没了。宋真宗，又是一个怎样的人？单就这个庙号"真"字，历史上就由他独享，很多人不解其意、不明就里。

他曾经距离皇位很远，皇三子而已。是命运之手，将他推上皇位。这是北宋第一位太平天子。享年五十四岁，在位二十五年。

父亲，宋太宗，一代雄主，开疆拓土。

儿子，宋仁宗，一代仁君，青史美名。

妻子，刘娥，一代女主，比肩吕武。

宋真宗，夹在了中间，有些面目模糊了。

如果要说类似，他倒和唐高宗有几分相似之处。

他一生只亲历一次战争。登上澶州城头，遥望城下，铺天盖地的辽军铁骑。他的天子旌旗，让宋军将士信心倍增。

他一生只签订一次和约，却带来了大宋一百二十年的和平。

他信奉道教和佛教，修建玉清昭应宫，封禅泰山，祭祀汾阳，极奢土木，靡费天下。他好读书，曾作《励学篇》。

> 富家不用买良田，书中自有千钟粟。
> 安居不用架高堂，书中自有黄金屋。
> 出门莫恨无人随，书中车马多如簇。
> 娶妻莫恨无良媒，书中自有颜如玉。
> 男儿若遂平生志，五经勤向窗前读。

宋真宗，这是个在历史里，活在父亲、妻子、儿子阴影下的皇帝。其文治武功，或许赶不上这三位，但他做好了衔接和传承。何况，还有澶渊之盟。至少，他是个守成之君。而且，守得不错。

作为男人，单就他对刘娥而言，执子之手，与子偕老，重情重义，有始有终，算是个靠谱的男人。

刘娥离世，仁宗亲政。

她虽然离开了，却早已在仁宗身边留下了影子，皇后郭氏。当年，刘娥为十五岁的仁宗选后，广征天下绝色。最后的人选，有郭氏和张氏。

仁宗看中了娇艳动人、小巧玲珑的张氏，而刘太后则看中了姿色平平、举止大方的郭氏。先前还有位四川女孩，生得更是美艳如花，却被刘娥赐给了前夫龚美的儿子。仁宗只能咽口水。

从小到大，刘娥安排了仁宗的一切。在婚姻大事上，仁宗更是毫无反抗之力。十二岁的郭氏，毫无悬念地被立为了皇后。仁宗拧巴一生的婚姻生活，就此开始。

郭氏，出生官宦世家，知书达理、举止端庄，立为中宫，也在情理之中。刘娥选择郭氏，也看不出有什么不妥。可惜，感情这东西，从来就是没道理可讲。外人看起来，再怎么天造地设的一对，当事人不认可，都是白搭。何况，年轻人有几个不爱颜值？

仁宗不敢反抗刘娥，却从心里抵制、排斥郭氏。而郭氏呢，身为皇后，又有强势太后的支持，再加上小女生泛滥的嫉妒心，让她在后宫里有些过于任性了。仁宗被她看得死死的，甚至被限制亲近其他嫔妃。

如此夫妻，貌合神离。只要一出现变化，就难长久。

刘娥刚离世，仁宗就动了废后的心思，只是静待机会而已。皇帝后宫，永远连接着朝政。立后、废后都是重要的朝政，刚刚亲政的仁宗必须谨慎。

再说，仁宗亲政后，首要的任务还是树立权威，这些年刘娥实在太过强势，满朝文武几乎都是她的人。

立威，就得调整人事。刘娥晚年重用的大臣，是仁宗重点清理的对象。兹事体大，仁宗便与宰相吕夷简商量。

这位吕宰相，就是当年建议刘娥厚葬仁宗生母的人。这份恩情，也是仁宗亲近他的重要原因。而他能提出如此建议，足见此人对世事的洞察之力。

清理工作进展很顺利。仁宗有些得意，便与郭皇后闲聊起此事。郭皇后听完，不假思索地说，吕夷简同样是巧言令色之辈，否则他又是如何在刘太后面前恩宠不衰的？

仁宗想想，也确实是那么回事。很快，吕夷简也被贬。得知缘由的吕夷简，对郭皇后算是恨到了骨子里。

郭皇后这番话，可能是出于夫妻间的直言。但帝、后之间，哪有绝对的随意，所有的话岂不都是政治？尤其是涉及大臣和朝政。只能说，郭皇后在政治上还是太稚嫩了。首先，她不应该随意评论宰相级的官员，这些人都手眼通天，消息灵通；再说，本质上，她也算是刘太后的人，物伤其类的道理，她应该懂的。

结了冤家，锁定了悲剧。

不久，吕夷简就官复原职，带着一颗复仇之心，回到了京城。回来后，他敏感地捕捉到了仁宗有废后的心思。君臣二人，都在静候机会。

令人意外的是，送来了机会的正是郭皇后自己。

对郭氏来说，刘太后靠山已去，仁宗已亲政，她又没有生下皇子，这时应该收敛、低调些了吧。这是人之常情。在宫中，这也是最基本的游戏规则。可惜，她完全不了解形势，也没有这个政治智慧。又或者，她明白这些道理。是女人的嫉妒心，毁掉了她的理智。

一日，仁宗正在宫中与美人闲聊。这是仁宗的新宠。仗着皇帝宠爱，美人便在背后损起了皇后。偏偏就被跟踪至此的郭皇后听个正着。郭氏怒不可遏，上去就是一巴掌，仁宗本能地站起来阻挡，结果打在了他的脖子上。郭氏也真是用力，指尖还尖锐，仁宗脖子上留下几条清晰的红印。这下事大了。

皇后打皇帝，郭氏就这样青史留名了。

郭氏吓坏了，仁宗气坏了。

他找来内侍，问此事该如何处理。这名内侍，正是吕夷简在皇宫的内线。内侍建议，把伤痕给宰相看，听听宰相的意见。吕夷简终于逮到了机会。

皇帝、宰相共同发力，即便朝臣们反对的人不在少数，郭氏还是被废了。很多重臣还因此受贬，比如范仲淹。

当然，仁宗还是个宽厚之人。废后的诏书，就写得非常委婉克制。诏书说，郭氏是因为没生下皇子，主动辞去皇后之位，入道观修行。算是给足了面子。仁宗封其为净妃、玉京冲妙仙师，别居他宫。在朝臣的压力下，那位多嘴的美人，也被贬出宫。算是替郭氏出了口气。

这年，郭氏也不过二十一岁。如花般的年纪，还没完全盛开，就要在冷宫中静静地等候岁月的凋谢。

数年后，仁宗想念郭氏。曾派人前去探望，还附诗一首，郭氏也回赠了一首。事情似乎有了转机。或是念及旧情，仁宗曾想秘密地接郭氏回宫。郭氏则回答，偷偷摸摸不行，要在百官面前正式册封才肯回宫。此事，不了了之。

能说什么呢？好听点说是有性格。难听点说，是太不懂世故。人生之路，有上坡，有下坡，上坡的时候，该费力要费力，下坡的时候，该小心要小心。认清形势，找准位置，是人生在世最起码的智慧。郭氏可惜了。

后来，郭氏抑郁成疾，身染小恙，仁宗派内侍带太医去医治。还是上次那个内侍。结果，小病未愈，郭氏暴亡，终年二十三岁。

虽然皇宫内外，都怀疑是内侍做了手脚，而内侍又是吕夷简的铁杆，但没有确切证据，终究不了了之。仁宗念及九年夫妻之情，恢复了郭氏的皇后名位。算是留下了最后的温情。

郭皇后的遭遇，真是让人唏嘘。不过，又很难真正同情她。

性格决定命运。皇宫里更是如此。

美女是种资源。但，对于皇宫这种美女集中的地方，对于皇帝这样拥有无数美女的人，颜值从来都不是核心竞争力。颜值或许能带来一时的宠幸，但却无法长久地保持恩宠。毕竟，容颜易老，色衰而爱驰。即便驻颜有术，也架不住男人的喜新厌旧。

喜新厌旧，男人本色。

皇帝作为男人中的极端特例，手握无限的权力，也将人性中的喜新厌旧，放大到了极致。这无可指责。即便指责，也改变不了。人性如此，最高权力下的人性更是如此。

正因为这点，真宗对年老色衰的刘娥不离不弃，才显得难得。仁宗对幽居冷宫的郭氏还留有温情，才显得难得。郭氏，或许只看到了刘娥人生的辉煌，却没有看到刘娥的隐忍、对于真宗的顺从、对于孤独寂寞的坚守、对于嫉妒之心的压制。

说起来，人生的路上，容貌、出生、门第等，或许只是入门的钥匙。而想要活得长，过得好，最终比拼的永远是脑子，是智慧，是智商，更是情商，是对人生的认知，对人性的把握。

皇宫，也是女人们的战场。

既是战场，就有敌我。想要最终取胜，除了自身的实力，还得有同盟，还得分化对手。原则就是，同盟越多越好，对手越少越好。看看刘娥，即便大权在握，她也只是重点清除几个人而已，她最终没登上帝位，也不敢站在群臣的对立面。

郭氏在后宫，几乎是孤家寡人，在朝廷，甚至连宰相都是死敌。皇帝不宠、后宫不宁、外朝无援、清高自傲、性格刚烈、不懂迁回，郭氏的悲剧，几乎是注定的。

人真的就怕比。比起来，优劣、高下立现。相比刘娥，郭氏自然难以望其项背，而她的后任，她同样难以企及。说实话，做人就怕这样，被夹在了中间。前人有、后人有，唯独你没有。

她的继任者，就很不一般。

刘太后不在了，郭皇后也废了，仁宗以为自己可以做主了。他想立宠爱的张氏为后。可惜，依然没能如愿。这次，站在他对面的是大臣们，他们选中的是曹家的女儿。最终，仁宗迎立的便是曹皇后。

曹皇后大有来头，她是曹彬的孙女。

我们需要花点时间，来熟悉下曹家的历史和辉煌，这会让我们更好地了解曹皇后，对于她的性格和行为，也会找到更合理的解释。

先从曹彬说起。

曹彬，北宋名将、开国功臣。

这个人，非常值得多说几句。他的姑姑是后周太祖郭威的贵妃，这样算起来，曹彬在后周就是皇亲国戚。大宋建立后，他追随赵匡胤平定天下，立下赫赫战功。他为人谦和，礼贤下士，朝廷上下，德高望重。

曹彬晚年病重时，真宗不仅多次上门探视，还亲自为他煎药。对臣子来说，这是何等的荣耀？再考虑其武将的身份，这在崇文抑武的宋代，就更不简单。

更牛的是，配享太祖太庙，文臣是赵普，武将便是曹彬。

毕竟，生逢乱世，大开大合，建功立业的人很多；功成之后能够保住晚节，生前、身后都有贤名的，却很少。曹彬却做到了生前有功、身后有名。这里面，既是性格使然，更是智慧使然。

据说，在后周时，曹彬管理宫廷御酒，赵匡胤有意拉拢结交他，经常开玩笑地找他要酒喝。曹彬以国家有制度、宫中有禁令为由，一口回绝、毫不通融。不过，转身他就会自掏腰包买上好酒，托人送到赵匡胤的府上。

于公，伤了面子，于私，马上又给补上。真是高明。

曹彬曾与潘美一起攻打北汉，眼看就要攻破太原城，胜利在望，曹彬却力主撤兵，这让潘美丈二和尚摸不着头脑。事后回京奏报，赵匡胤虎着脸问，为何没能拿下太原？曹彬答，陛下英明神武，尚不能攻克太原，我辈岂能取得胜利。赵匡胤曾经折戟太原城下。赵匡胤听完，若有所思，不再追问。

后来，曹彬领兵进攻南唐。行前，赵匡胤说，只要他平灭了南唐，回来就升他做宰相。潘美听闻，就提前过来恭贺。曹彬却不动声色，只说了一句，北汉还在呢。潘美听了有些莫名其妙。果然，曹彬马到功成，灭了南唐。这是灭国之功，天大的功劳。他却轻描淡写地向赵匡胤报告，微臣南方办事回来了。

庆功宴上，赵匡胤对曹彬说，本来是要升你当宰相的，只是北汉还在，只好暂且委屈你一下了。一旁的潘美听完，大为折服。

这能说明什么？曹彬的所思所想，还是个赳赳武夫吗？非也。他绝不是那种只会使蛮力、耍枪弄棒，整日打打杀杀的武将。相反，他有着文臣一样细腻的心思，一样聪明的对朝局的认识，一样智慧的对人性的把握。

说起来，智慧不分男人、女人，也不分文臣、武将，只分聪明人、蠢人。曹彬，就是有智慧的人。

正是靠着过人的智慧和刻意的低调，曹彬作为前朝的皇亲国戚，又成功地过渡到新朝的核心层。他不仅手握重兵、战功赫赫，还非常罕见地得到了太祖、太宗、真宗三朝天子的信任，长期担任枢密使，也就是最高军事长官。作为武将，这在北宋，非常不同寻常。

更难得的是，不仅皇帝信任他，文官们也很推崇曹彬。要知道，北宋的文官们，在皇帝刻意的尊崇下，普遍看不上武将。不过，他们对曹彬都高看一眼。说到底，还是曹彬做得好。

据说，曹彬即便官居枢密使，出门时依然非常低调，不仅没有排场，而且遇到文官，不管官职大小，都主动礼让。这对经历过五代武人跋扈的文官们来说，无疑是一股清流。

当然，最重要的还是曹彬的仁义。

曹彬领军攻南唐，一路摧枯拉朽。眼看就要拿下南唐都城金陵，曹彬却病倒了。将军们纷纷来营中探望。大家看到曹彬卧于榻上，面色红润、声音洪亮，不禁有些诧异，又不便发问。曹彬解释说，他这是心病，只要大军入城秋毫无犯，他的病就无大碍。众将恍然大悟。

后来，宋军入金陵，果然军纪严明，不枉杀一人，街市照常营业，百姓安然自得。想想历史上灭国之战的血流成河，曹彬此举真是天大的功德，怎么称颂都不过分。

而曹彬的仁爱之心，也让后世之人大为拜服，并作为榜样。

数百年后，蒙古铁骑席卷天下。忽必烈进攻大理前，有位汉人官员便向他讲述了曹彬平南唐的故事。据说，忽必烈听完感慨不已，钦佩万分。结果，在大理皇帝杀了蒙古使者的情况下，忽必烈依然下令不得滥杀一人，保住了大理国数百万生灵。

又过了数十年，忽必烈派丞相伯颜灭南宋。行前，他将曹彬的故事又原原本本地讲给伯颜听。伯颜同样听进了心里，南宋的数千万生灵，也因此躲过了蒙古人的屠刀。

前有南唐，后有南宋。天道轮回，有因有果。

一个人的道德，或者说一个人的仁义，正是体现在他有能力作恶，甚至拥有完全正当理由作恶的时候，他选择了良知。不为名、不为利，甚至不为求得感激，仅仅是顺从内心的善。

仁义，就是回归人性的善。

仁者爱人。


作为赳赳武夫，曹彬得到了北宋文官们心照不宣又众口一词的推崇，他们甚至有些迫切地将曹彬立为楷模，成为天下武人的榜样。说起来，文官们心里也藏着小心思。

而文官的小心思，与皇帝的心思又是不谋而合的，而且统一于一项国策，崇文抑武。这项国策，影响深远，后世争议不断。

如果想更好地理解宋人的国策，还得回到历史的现场。

五代时期，武人跋扈，有兵就是草头王，动辄起兵叛乱，天下百姓悬于武人刀口之上。天下人苦之久矣。

赵匡胤就是武将出身，对武人之恶，自然感同身受。可以说，对武人的忌惮和骨子里的提防，是赵匡胤制定国策最大的心理基础。太宗和太祖的心思是一致的。太宗两次伐辽失败，统一战争基本结束，治国之策全面转向文治。整个社会弥漫着重视文人、重用文官的风气，而武人则被刻意地打压。

从结果上来说，崇文抑武至少有两个直接的后果。一个是北宋的灿烂文治，文化发达，名家辈出，可谓华夏文明的一座高峰；另一个则是军力废弛，将不识兵，兵不识将，外战外行，丧师辱国，直至亡国。

除了这些直接的后果，还有很多后续的影响。

比如，自宋之后，武将在朝堂上便彻底失去了一言九鼎的位置，也再无武将篡国的现象，类似五代之乱再无发生。文官领兵，出将入相，反倒成了一种常态。曾国藩、李鸿章等都是典型。

如果上面算是积极的影响，那负面的影响就更多更广了。比如，因为军力羸弱，两宋屡败于辽、夏、金、元。而南宋之亡，更是亡天下。甚至有人说，两宋的崇文抑武，让汉人自此失去了勇武血性之气，华夏文明更因此被腰斩。

孰是孰非，莫能辨别。

这些论调，当然有其合理之处，但更多的还是后人的眼光。不错，后人的视角，能让我们看到历史的纵深，但也容易脱离时代的背景。而任何有关人和事的评论，离开了特定的历史背景，都会有失偏颇。

想想，北宋初立之时，太祖、太宗作为开国者，他们从五代的硝烟处走过来，最大的考虑，就是不能让悲剧重演，确保宋朝国祚绵长。崇文抑武，正是太祖、太宗汲取前朝教训、总结自身经验，所能采取的自然的国策。

如此国策，受惠者不仅是赵宋天子，饱受战乱之苦的老百姓，厌乱思治，自然也是欢迎的。当然，最欢迎的或许还是士大夫。

北宋的士大夫，在崇文抑武的基础上更进一步，他们凭着与君王共治天下的便利，建立空前完善的文官治理体系，武人被牢牢控制，再也没有了骄横跋扈、犯上作乱的空间。

这样的制度设计，非常了不起。放在历史的纵深处去比较，说北宋的文官体系，是当时世界上最先进、最文明的国家治理体系，应该不是过誉的评价。

很显然，将武人置于国家治理体系之中，这是制度设计的胜利。即便千年之后，这也是现代国家治理的基本原则。而宋人，在千年前，就能有如此制度设计。岂不让人叹为观止?

这岂能有错? 如果有错,那就是时代之错。

毕竟,历史经常会惩罚两种人,走到时代前面的人和落在时代后面的人。宋人,太超前了。

千年前,北宋帝国,靠着制度设计上、国家治理上的优越性,文化灿烂、繁荣锦绣,立于东亚乃至世界舞台之上。


再来看看北宋的邻居们,无论大辽、西夏、吐蕃、大理,还是后来的金,他们在政治制度、国家治理上,都远远落后于宋,而且差的不是一个维度。

人与人之间,但凡维度上有差异,就注定不可能有真正的交流和理解。国与国也是如此。你和他谈诗歌,他对你亮马刀;你和他谈建筑,他对你亮马刀;你和谈礼法,他对你亮马刀。这还怎么谈呢?

这些邻居们,羡慕北宋的文化,但更垂涎北宋的富有。在他们眼中,北宋就是只大肥羊,而且羊圈扎得还不牢。北宋越富有、武力越孱弱,他们就越垂涎欲滴、跃跃欲试。

历史就是这样。谦谦君子,斗不过泼皮无赖;诗词歌赋,敌不过弯刀利刃。落后文明屠灭先进文明的例子,比比皆是。这样的事情不仅经常发生,还会被涂抹得光鲜靓丽。没办法,历史总是由胜利者书写。不过,史实就在那里,不会改变,也不曾改变。

作为后来人,我们不能因为先进文明被屠灭,就否定其文明的先进性。那样不仅颠倒黑白,也有失厚道和公允。

当然,再好的制度设计,也需要不断纠正完善。制度终究还是要服务现实的。崇文抑武的国策,让北宋走出了五代的魔咒,开启了国家安定繁荣的大幕。但历经百年后,这项制度已经千疮百孔了,在对辽、西夏的战争中,北宋不断地丧师辱国,就是例证。

北宋朝堂之上,也有明白人。无论是仁宗的新政,还是神宗的变法,都是试图对制度进行调整、完善,无奈都功败垂成,错过了让制度再优化、再发展的机会。

很多时候,制度本身没有对与错。关键是能否顺应时代的发展,不断地去完善革新。当然,再好的制度,也要人去执行。说到人,这里面更多的就是历史的偶然性。不同的人去做，或许就会有不同的历史。这也是历史的无奈之处。

据说，曹彬临终前，宋真宗问他谁堪大任，曹彬推荐了儿子曹璨、曹玮。举贤不避亲，真是光明磊落之人。而他举荐的两个儿子也都是响当当的人物。

单说曹玮。

曹彬第四子，沉勇有谋，喜读书，加上自幼随父亲征战四方，可谓将门虎子。他前后戍守西北近四十年，是北宋前期最出色的西北主将。他所制定的修筑城寨、疏浚堑壕、招募弓箭手、屯田备边等御敌之策，一直为后代沿用。可以说，北宋对西北的军事战略和战术手段，基本都是沿用曹玮的战略思路。

早在太宗年间，西夏李继迁袭边，太宗问朝臣谁可领兵退敌，曹彬便推荐了曹玮。太宗大喜，让曹玮领兵出征，真是十九岁的少年将军。自此，曹玮常年征战西北，为国戍边，李继迁、李德明父子两代人杰，都没在他这里占到太多便宜。

曹玮不仅军事了得，也颇有智谋。据说，他在主政西北时，有一次部下来报，说有几十名士兵叛逃西夏。曹玮正在与客人下棋，便没有理会。见那军士还在陈说，他假意怒斥道，士兵们是奉我命令去的，你喋喋不休，是想将事情公开吗？消息传到西夏，夏人果然上当，以为降兵是曹玮派来诈降的，将他们全都处斩。

好一招借刀杀人。

曹彬死后，谥号"武惠"。曹玮去世，谥号"武穆"。他是北宋的武穆，南宋还有个岳武穆，岳飞。

近二百年后，南宋理宗年间，朝廷确定二十四名功臣，画像挂在昭勋阁，史称昭勋阁二十四功臣。这二十四人中，北宋十六人，南宋八人；文臣十九人，武将仅有五人。而这五人中，就有曹彬、曹玮父子，这是何等的勋荣。尤其是身为武将，身在两宋。

曹家，声名显赫、威名远扬。如此家族，该有着怎样的荣耀；如此家族，又该有着怎样的家风。

曹皇后就来自这样的赫赫家族。

曹氏的男人风光，女人也不简单。

曹彬的女儿，是真宗的曹贤妃。所以，曹彬还是真宗的岳父。不过，曹氏女人中更大的荣耀，还在于后来人。比如，曹皇后。

可惜，她的荣耀之路无比艰辛。如果，她在十九岁被立为皇后时，能够预知后面的人生将会经历什么，不知道她还愿不愿做这个皇后？

当然，对曹氏来说，她没得选。以她的家族之盛，嫁入皇宫，位列中宫，在大臣们看来，再合适不过了。

对于仁宗的心结，她更是无能为力。

当年，迎立郭氏为后，是太后刘娥做主，仁宗就很不情愿。今日，迎立曹氏为后，是大臣们力荐，他更不情愿。当年太后临朝，他迫不得已，如今已亲政，依然迫不得已。憋屈，更加憋屈。

原本，强扭的瓜就不甜。何况，曹氏还姿色平平。

后世史书，对曹氏赞不绝口，但都不讳言其姿色一般。再考虑古人为尊者讳的传统，实际上可能就是相貌丑陋了。仁宗心结在前，曹氏相貌平平在后，这就注定是条艰难的路。

尽管，曹后端庄大方，熟读经史，善飞白书，性情慈爱，生性节俭，处事谨慎又不失敢作敢为。飞白书，是书法的一种，据说是在书写时，让笔头不完全出墨，出现枯笔，使得笔画中留有拖丝或留白的现象。字看起来有飞动之感，故称飞白。

可惜，所有的这些，仁宗都看不上。

人与人之间，无论发生多少在旁人看来不合逻辑的事，最强悍的解释，三个字足矣，"我喜欢"。反之，四个字足矣，"我不喜欢"。

仁宗对曹皇后，即是如此。有例为证。

一日，宫中忽有卫士作乱，他们乘着夜色，直奔仁宗的寝宫。当时，曹皇后正侍奉在侧。仁宗想出去看情况，被皇后劝阻。电光火石间，她下令做了三件事：派人通知禁军火速入宫平叛；派宦官手提水桶跟在乱兵后面，叛兵点火随即扑灭；派出去的宦官，都剪去头发，作为论功行赏的证据。叛兵迅速被平。

真是将门虎女。逢大事，有静气，有韬略。

都说眼见为实。这些事，就发生在仁宗的眼皮底下。如此，仁宗该对皇后另眼相看了吧。恰恰相反。他固执地觉得，这一切都是曹皇后在背后策划捣鬼，是为了邀功而故意设的局。不仅没有封赏，还要废掉其皇后之位。

这真是让人无语啊。

什么是心结？这就是心结。普天之下，最难解的结。

后来，还是靠着大臣们的力劝，而仁宗又确实拿不出证据，只好悻悻作罢。不过，他仍不甘心，还是借这个机会，把心爱的张美人晋封为贵妃。这就是不讲理了。

仁宗绝非昏庸之人。而这些所有的不合逻辑，或许只有用爱情来解释了。爱情就是不讲理。

爱情面前，爱你的人和你爱的人，天壤之别。

那就说说，仁宗爱的人吧，张贵妃。

张氏八岁进宫，长成之后，美艳动人、姿容出众、舞姿优美。仁宗为之倾倒，只是刘太后当政，没能立为皇后。郭后被废，仁宗念兹在兹的，就是立张氏为后，却又被大臣所阻。

或许，正是出于对爱人的补偿心理。仁宗对张氏，真是百依百顺，恩宠无以复加。

皇帝追封皇后、贵妃的家人，是皇家成例。不过，仁宗追封张氏先人，却是追赠三世。不仅张氏父亲的祖上，连母亲的祖上，也一并追赠。如此，前所未有。

即便如此，张氏犹不满意。她还想给伯父争个高官。一日，仁宗上朝，张氏小鸟依人般送到寝宫门前，一边轻抚其背，一边撒娇，要仁宗不要忘了伯父之事。仁宗心都化了，连连称是。

可惜，这次遇到了大钉子。

包拯，铁面无私、不惧权贵的包青天。

仁宗刚起个头，包拯就滔滔不绝说了起来，旁敲侧击、引经据典，横竖就两个字，不行。话到激动处，唾沫都飞到了仁宗脸上。仁宗默默地擦干脸，把后面的话生生地咽了下去。这可能是仁宗唯一没替张氏办成的事。

包拯实在惹不起，曹皇后就随便"欺负"了。

一日，张氏再提要求。正值春光明媚，她想出城踏青。仁宗一听，好啊，举双手赞成。不过，张氏想借皇后的车驾出行。

这个要求，简直离谱，换个人，直接杀头都不过分。

仁宗居然同意了，而且让张氏自己去向皇后借。

得意扬扬的张贵妃，直奔皇后寝宫。

曹皇后会怎么做？

一场宫廷狗血戏，眼看就要上演。

结果却是，风轻云淡。

听完张贵妃所请，曹皇后二话没说，当即同意。临别之际，她不仅亲自送出门外，还殷殷嘱托张氏，外出注意安全。

什么叫屈辱？什么叫修养？什么叫忍耐？

有时候，弱女子比大男人，反而更有体会，也做得更好。

算起来，曹皇后不过年长张贵妃八岁。论门第、论学识、论涵养、论人生的修炼，她们完全不在一个层次。说到修炼，曹皇后有个弟弟，据说就是八仙过海里"曹国舅"的原型。

难怪如此，这胸怀、格局、忍耐，岂是常人所能修炼的。

张贵妃是修不了仙的，她短命，三十岁便去世了。

仁宗宠了她大半辈子。这最后的恩宠，更甚。他为张氏辍朝七日，自制挽词，更直接追封她为皇后，身着皇后冠服以皇后礼仪下葬。要知道，宫中还有曹皇后，这显然与礼制大大不符。

仁宗是不管不顾了。他追封张氏父亲为王。而张氏的伯父，也最终拿下了包拯曾拦下的高官。

能给的，仁宗都给了；不能给的，仁宗也争下来给了。

单从女人的角度，张氏几乎拿到了想要的一切。就连皇后的位子，她也在阴间坐上了。可以说，人生无憾。

如果只论仁宗和张氏两人，他们情投意合，心心相印，让人艳羡。可是，他们生前死后，所有秀出的恩爱，都如一把利刃，狠狠地刺向了一个人，曹皇后。

而曹氏选择了承受，承受这所有的一切。

曹皇后令人尊敬。


张贵妃死了，曹皇后似乎少了个对手。可她无意争宠，表面上依旧过着风轻云淡的日子。可内心，她则整日忧心忡忡。

因为，仁宗已年过四旬，却依旧膝下无子。

帝国传承，江山万年，继承人是重中之重。身为后宫之主，曹氏自然责无旁贷，又焉能不心烦？

说起来，她也有个养子，赵宗实。

在曹氏被立为皇后次年，三岁的赵宗实就被接入宫中，由她抚养。之所以如此，还是因为江山社稷。

当时，仁宗已二十五岁，有过三个皇子，却都先后夭折。仁宗有点没信心了，便找来个备胎。

赵宗实，真宗四弟的孙子，仁宗堂兄的儿子。

因为是备胎，赵宗实并没有名分。过了几年，在仁宗又生下亲儿子后，赵宗实便又回到了父亲的王府。在这几年里，曹氏把所有的爱和希望，都寄托在赵宗实身上。母子二人，也结下了深厚的感情。

可惜，没过几年，亲儿子再度夭折，仁宗再度无子。此后二十多年，尽管仁宗始终没放弃，一直在努力，但除了女儿，他再无收获。虽然，仁宗还不死心，但大臣们不干了，天天劝诫。于是，三十一岁的赵宗实终于又回到了皇宫，被正式立为皇子，并改名赵曙。

次年，仁宗驾崩。赵曙继位，是为宋英宗。

曹氏被尊为皇太后，时年四十八岁。距离她十九岁被立为皇后，时光已过去近三十年。

在旁人看来，这是母仪天下、荣华富贵的三十年。可只有她自己知道，这些年她是怎么过来的。如果用一个字来形容，那就是"熬"；如果是两个字，那就是"苦熬"。

人前，仪态万千、母仪天下；人后，独守空房、郁郁寡欢。这是"苦"。终日，如履薄冰、战战兢兢；被挑衅，被羞辱，被栽赃，一忍再忍。这是"熬"。

好在，她终于过来了。不过，再回头想想，她与仁宗这几十年的夫妻，总让人觉得心里堵得慌。

仁宗是个好皇帝，千古传颂。

关于他的评价，从来都充满了溢美之词，加上他治下的大宋，繁花似锦，名臣辈出，几乎创造了让后世沉迷的神话。在很多人心中，宋仁宗就是好皇帝的典型代表。

然而，令人不解的，是他对曹皇后的寡情。仁宗把"仁爱"几乎给了所有的人，唯独漏掉了曹皇后。即便，他亲手废了郭氏的皇后名位，但后来还是温情脉脉。唯独对曹皇后，这个陪伴他近三十年的女人，他一生刻薄。

难道，仅仅是因为曹皇后相貌平平？作为皇帝，他不缺绝色，也更应该知道，皇后是天下女子的榜样，岂能仅以容貌来论？这解释不通。

翻遍史书，有个历史的细节，或许能提供一种解释。

据说，仁宗晚年曾患重病，在神志不清时，竟大喊曹皇后和张茂则要谋害朕。张茂则，宫中宦官。世人传闻，曹皇后和张茂则有私情。

张茂则听到消息后，第一反应就是找地方悬梁自尽。被人劝阻。劝他的人说，你若死了，不仅是畏罪自杀，还将置皇后于绝地。张茂则恍然大悟。

那么，仁宗是确实掌握了什么，还是仅仅只是病中的胡话？没有答案。我们只知道，事后仁宗并没有追究曹皇后和张茂则。

那么，曹皇后和张茂则究竟有无私情？

有个案例，或许能提供一些解释。

早年间，曹皇后有个侍女和宫中卫士私通。曹氏获悉后，欲治宫女死罪。宫女便跑去张贵妃那里哭诉求情。张贵妃面子大，仁宗居然同意放过宫女。曹氏得知后，身着皇后盛装拜见仁宗，坚持要仁宗按法度严办宫女，维护宫中制度，否则长跪不起。仁宗最终被曹氏折服，赐死了宫女。

一个对宫中制度如此坚守的皇后，会与宦官有私情吗？

逻辑上说不通。

那么，仁宗的那句没头没脑的话，又做何解释？很大的可能，是有人在诋毁皇后。而仁宗，居然听进去了。他之所以没有追究，是没有实据。

不过，男女之间，这种事情只要听进去了，就会在心里留下阴影。仁宗对曹氏的寡情，多少与此有关。

反过来说，曹氏十八岁入宫，十九岁为后，正是如花似玉的好年华，却始终得不到仁宗的好脸色。她心中苦闷，或与身边宦官有些情感上的交流，岂不又是人之常情？

人，终究是需要情感寄托的。无论多么崇高的说辞，都不能否认或者回避这人性最基本的需求。

仁宗无情，曹氏有义。作为皇后，作为妻子，曹氏都无愧于仁宗。倒是这个仁宗皇帝，有些愧对曹皇后了。

仁宗的寡情，让曹氏近三十年的皇后生涯，坎坷难熬。不过，成了太后，她终于苦尽甘来。所谓，种瓜得瓜、种豆得豆。早年的养育之情，让英宗对曹氏极为孝顺。

可惜，好景不长。

# 曹太后的隐忍自律

英宗继位不久，就病了，而且，病得很重，以至于完全无法理政。曹太后，被推到了前台，临朝听政。她成为刘娥之后，大宋第二位临朝听政的太后。

不过，虽然经历过刘娥权倾天下的时代，见证过刘娥无限的风光，曹太后却丝毫没有效仿之意。如果说，刘娥是真正的女主，那曹太后更似一种皇家的象征。

曹氏坚持将临朝听政的地方，设在皇宫的一处偏殿。对朝中大小奏报，她也很少发表看法，多是尊重大臣们的意见。英宗病情略有好转，她便马上撤帘归政，毫不犹豫，没有一丝恋栈。

她和刘娥，截然不同。

是她没有政治能力、缺乏政治手腕吗？以她的家世、学识，包括前文所说的关键时刻的决断力，她完全有能力。她所缺的，是欲望和野心而已。

一个人，站在了权力的最巅峰，却选择急流勇退，何其难也。很多人可能不以为然，觉得这没什么。说句不客气的，那是因为没有真正地掌握过权力，没有真正品尝过权力的滋味。都说毒品让人欲罢不能，权力更甚。

权力，才是人世间最大的毒品。

权力是什么？权力，就是对他人身体、时间、意志、精神的掌控，权力越大，掌控的人越多、掌控度越强。权力的巅峰，就是掌控天下人。一言一行，都让天下人侧目；一举一动，都是天下人的方向。最高权力，是一种终极的主宰。

曹太后面对最高权力，说走就走、毫不留恋。后人称赞她高风亮节，也绝非溢美之词。

虽然归政英宗，但曹太后并没有就此安心。因为英宗的身体时好时坏。很多人心里都清楚，英宗或许难保长久。知子莫如母，哪怕是养母。曹太后知道，英宗这些年的病根所在。

那究竟是什么，让三十多岁，正当盛年的英宗衰弱如此？

英宗得的是心病。

心病来源于皇位。天下人都知道，英宗的皇位来得有些侥幸。

正如前文所说，宋真宗是宋太宗第三子，英宗的祖父是宋太宗的第四子，也就是真宗的四弟。英宗的父亲赵允让是祖父的第三子。而在父亲生的二十二个儿子中，英宗不过排行十三。这么算下来，我们就知道英宗离皇位有多远，他能当上皇帝又是多幸运。

很多人都认为，英宗是被天上掉下的馅饼砸中的。不过，他们要是知道这馅饼有多大，砸在身上有多疼，就未必会羡慕了。

算起来，英宗的皇位之路，从他父亲赵允让就起步了。当年，真宗也是在位多年，膝下无子，在大臣们的劝诫下，为了江山社稷，就把侄儿赵允让接到宫中抚养，算是备胎。民间的说法叫作招弟。

赵允让不负重托。在刘娥的移花接木下，真宗终于有了唯一的亲儿子，就是宋仁宗。弟弟招来了，备胎就没用了。据说，赵允让被叔父宋真宗鼓乐齐鸣、风风光光地送回了王府。也就是说，英宗的父亲，曾经与皇位就差一个身位，擦肩而过。

仁宗继位后，对曾经的备胎、堂兄赵允让，又是封官、又是加爵，很是恩宠。当然，最重要的还是羡慕。他不仅儿子稀少，还全部夭折，而堂兄则生了二十二个儿子，能不羡慕？

或许，在仁宗心里，还有一丝疑问，莫非赵允让才是天命所归，而他自己不过是打酱油的？要不如何解释生儿子的问题呢？

正因为有父亲当年的经验，仁宗有学有样，也要选备胎。或许考虑到了堂兄的备胎经历，仁宗将赵允让的众多儿子们作为了备选对象。

赵允让兴奋异常，内心翻江倒海，难以平静。当年擦肩而过的帝位，竟然又有了重新回来的可能。他提前做足了功课，对宠爱的几个儿子还开了小灶，各种注意事项反复叮嘱。

那日，王府正厅，赵允让的儿子们排成一长排，接受命运的选择。每个人的心里都是怦怦跳，虽然只是备胎，但毕竟有机会登上皇位，能不激动？

或许是太重视了，太在意结果了，孩子们动作变形、笑容僵硬、答非所问，表现得都很一般。欲速则不达啊。选人的宦官不停地摇头，眼看天色已晚，只能准备空手而归了。

这时候，宦官的心里也是忐忑的，毕竟没有完成任务。赵允让则在一旁不停地念叨，看看吧、再看看吧。越说声音越小、越说底气越不足、越说越落寞。

这时候，隔壁房间传来了孩子的声音。莫非还有孩子没看到？一旁的赵允让似乎也想起了啥，赶紧向宦官抱歉，还真忘了一个。两人来到隔壁，屏风后面，一个孩子正坐在地上玩泥巴。就一眼，宦官便相中了这孩子。

这孩子就是赵宗实，后来的宋英宗。

当然，赵宗实是后来仁宗赐的名字，至于这孩子当时叫啥，根本不可考。悲观地估计，赵允让那么多儿子，选备胎这么重要的事居然能把这孩子忘了，估计他在王府也是无足轻重。比如，赵宗实的生母，历史上压根就没有记载。

什么是命？这就是命！

什么又是贵人？

贵人，未必都是高高在上之人。贵人之贵，不在于他本身，而在于他对你命运改变之大。

这个宦官，就是赵宗实的贵人。这也是个小角色，历史也没有记载他的名字。这件事，成了这个小角色一生最高光的时刻。后来，他逢人就说，当年是如何看出这孩子多么与众不同、多么有帝王之相。那些听众，则不断地点头称是。其实，大家心里都明白，三岁的孩子，能看出什么呢？或许，他只是赶在最后，抱一个孩子回去交差罢了。

历史，充满偶然。

很多所谓的必然，不过后人的说辞罢了。

就这样，赵宗实被送到宫中养育。所以说，赵宗实和父亲是两代备胎。不同的是，父亲没结果，而他转正了。

只不过，转正之路，实在过于艰辛了。

入宫没几年，仁宗就生出了亲儿子，赵宗实也被风风光光地送回了王府，与真宗当年的旧事，几乎一模一样。所不同的，没过几年，仁宗这个亲儿子又夭折了。

后来的故事，就变成了皇帝和大臣们的攻防战。大臣们反复劝仁宗把赵宗实接回宫里，封皇子，甚至是太子，仁宗则是找各种理由拖延。双方互不相让，反复地拉锯。赵宗实就是他们拉锯的焦点。

赵宗实就这样被希望反复地刺激、被失望反复地打击，来回交替很多年、很多次。可以想见，他的备胎生涯是如何的艰难。除此之外，甚至还有恐惧。历史上有先例的。

据说，当年刘备无子，便立了刘封为养子。后来生下了刘禅，他忌惮刘封文武双全，担心刘禅难以驾驭，便在诸葛亮的建议下，找个借口赐死了刘封。既然有先例，谁能保证仁宗不循先例呢？

何况，还有个秘密，一直压着赵宗实喘不上气。

据说，仁宗有次突发重病、气若游丝，朝中以宰相为首的大臣便准备拥立赵宗实继位，甚至连诏书都准备好了。没想到，仁宗又缓过来了，此事作罢。但此事非同小可，实与谋反无异。虽然，仁宗并未追究此事，但赵宗实却不敢释怀，提心吊胆，惶惶不可终日。

人世间有一种痛苦，叫作似乎触手可及，却又远隔万里。

几十年的渴望、紧张、焦虑、恐惧，让赵宗实活得狼狈不堪。他苦苦支撑着。在这些年难熬的时光里，他一定有过抱怨，抱怨命运对自己不公。尽管在外人看来，那是莫大的机遇和荣耀，毕竟是皇帝的备胎。

正应了那句话，风光的背后，不是肮脏就是沧桑。赵宗实没有肮脏，只有沧桑。

当仁宗真的驾崩，大臣们拥立他登基的时候，他变得言行失措，举止乖张。甚至有人悄悄说，莫非太子疯了。不是疯了，而是错乱了。他先是难辨真假，不知仁宗这次是否还能活过来？等真的确认无疑后，压在他心头几十年的巨石消失了，紧绷的神经瞬间放松了下来，他又无法适应这种变化。

人的精神也是会被体制化的，一旦习惯了长期的紧张状态，瞬间解压反而觉得受不了，会觉得很不真实。英宗就是这样。这巨大的反差，让英宗的精神出了大问题。

精神的问题，可以缓解，很难根治。

眼看病情有所缓解，曹太后还政，英宗亲政。亲政不久，他又提出了个小问题，但却让曹太后和大臣们很为难。

这件事，后来被称为濮议之争。

问题很简单。英宗问大臣们，他该怎样称呼他的生父赵允让。

在很多人看来，这几乎是个白痴问题。既是生父，当然就称呼父亲了。比如欧阳修、韩琦等。

既然如此，那儿子做了皇帝，父亲只是王爷是不是不妥？是不是该追封父亲为皇帝？看上去，逻辑也说得通。

但这在另外一些人看来，这简直就是离经叛道，甚至是大逆不道。比如，司马光、范纯仁等。他们认为，英宗既已过继给仁宗为子。他就该称呼仁宗为父亲，而原来的生父濮安懿王赵允让，则只能称呼为伯父。所以，更不可能有追封皇帝的事。

要知道，无论欧阳修、韩琦，还是司马光、范纯仁，他们都是一代大儒，都有学富五车之才，有的还出将入相，是国家栋梁。但是他们对这件事的看法，却是泾渭分明。

对立的双方，一方从人的角度，一方从礼的角度。相持不下。

偏偏英宗在这个问题上，毫不让步，坚持要追封自己的生父。

问题的最终裁决权，交到了曹太后这里。

这让曹太后很为难。

虽然从情感上，她可能有所怨恨仁宗对自己刻薄，但毕竟做了三十多年的夫妻。更重要的，她是皇后，有皇帝才有皇后。如果没有了仁宗，她就什么都不是了。

如果追封赵允让为皇帝，就相当于承认英宗的皇位承继于生父。那仁宗就等于绝嗣了。千秋万代之后，仁宗的香火或许都没人供奉了。那她的位置，又会在哪里呢？

如果不同意英宗的请求，母子情深，她又担心英宗的身体和精神状态。谁都知道，精神病人最怕的就是受刺激。而且这件事，反反复复折腾了近三年，很多大臣都因此被贬谪。

最后，曹太后还是顺从了英宗的想法，同意尊称赵允让为皇考，但是追封皇帝的事被搁置了。算是打折同意了。在这件事上，曹太后再次显示了她的政治智慧。

毕竟，政治是妥协的艺术。总不能为了一件事，而闹得天下大乱。虽说礼不可废，但朝廷安定、天下太平永远是第一位的。这是一个政治家应有的政治现实感。

濮议之争，似乎耗尽了英宗的心血。在曹太后打折同意一年后，英宗驾崩。前后在位仅四年。而他追封皇考为帝的事，也就不了了之。

不过，这件事并没有完。几百年后的大明朝，嘉靖皇帝也遇到了类似的问题。只是，他的手法比英宗要强硬得多。有很多人因此家破人亡。

英宗是个厚道人。比如，在对司马光的问题上。在濮议事件中，司马光是坚定的反对者。如果换了嘉靖，司马光早就被屁股打烂而死。英宗却爱惜其才华，不仅不以为忤，还用人所长，让司马光去编书，并且给予了从人员到资金等最大的支持。虽然，他没有看到《资治通鉴》成书的那一天，但无疑他是有大功劳的。

英宗不仅厚道，还是个有为之主。尽管在位仅四年，但却是有开创性的四年。如果要划分北宋的历史，英宗应该是个分界点。

从血统上来说，真宗、仁宗绝嗣，没有后代传世。北宋的皇统，从英宗开始，就转到了太宗的第四子这一脉。

从治国上来说，自英宗之后，无论是神宗、哲宗，甚至是徽宗、钦宗，他们走的都是英宗的路线。简单地说，就是更加积极地开展对外对内政策，更加强调变法革新、富国强兵，对辽、对西夏，也从真宗、仁宗的保守被动中，趋向于积极地对抗。

有意思的是，宫里的女人们却没有和英宗及其后代们的思想、行为保持一致。她们更加保守，更加恪守祖宗的成法。

曹太后就是如此。英宗驾崩，长子赵顼继位，是为宋神宗。曹太后成了太皇太后。

神宗继承父志，重用王安石开始变法。太皇太后曹氏，自始至终，都是新法的坚定反对者。尽管反对，但她并没有横加阻拦。

这么些年了，她早已习惯了风轻云淡，又或者是年事已高，不愿意再操心了。还有可能，神宗不是她的亲孙子，虽然侍奉她极孝，但毕竟差了一层。所以，尽管神宗和王安石的新法弄得天下沸腾，曹氏却几乎如隐身一般，直到一件事。

苏东坡的乌台诗案。王安石变法，导致新旧两党势同水火。新党抓住了机会，准备用苏东坡祭旗，杀一儆百。一时间，神宗似乎也动了杀心。

此时的太皇太后曹氏，已病入膏肓。她自知大限将至，便让人请来了神宗。祖孙两人，一个躺着、一个跪着，相顾无言，泪流满面。

许久，曹氏说，当年仁宗曾兴奋地对她说过，他为子孙们发现了两个宰相之才。说的正是苏轼、苏辙兄弟。如今，为了几首诗，就要杀了苏轼，是不是太过分了？

神宗无语。苏轼逃出生天。

这是曹氏，曾经的皇后、太后、太皇太后，留在历史中最后的背影。一个长者、一个恕者、一个仁者的形象。

数日后，曹氏去世，终年六十四岁。


该怎么评价曹氏的一生呢？

她这一生，见过了太多人，经历了太多事。很多人都是大名鼎鼎、如雷贯耳，无论是刘娥、寇准、欧阳修、王安石，还是司马光、苏轼、苏辙，哪个人不是千年一遇。仁宗盛世、英宗继位、临朝摄政、濮议之争、王安石变法，哪件事不是影响深远。

特别是仁宗盛世，那短短的几十年，被后世很多人称为中国历史治世之最。皇帝是宋仁宗，皇后便是曹氏。很多人，都被记住了，而她，似乎有些被忽略了。

在所有的人、所有的事上，她似乎都介入了，感觉又都浅尝辄止。她没有那么鲜明的性格，甚至有些不起眼。历史赋予了那么多闪光的时刻，她却总是主动地遮住自己的光芒。无论是面对刘娥、张贵妃，还是仁宗、英宗、神宗，以至于那些名臣们，她总是选择站在他们身后，做那个没有声音的人。

这是一个安静的人、淡泊的人、坚忍的人、克制的人。或许，走入皇宫，成为皇后、太后、太皇太后，真的不是她的人生愿望。或许，她更希望嫁给普通人，年轻时比翼双飞，老来时儿孙绕膝，相夫教子之余，练习她擅长的飞白书。

真是造化弄人。

作为女人，她更多的是让人怜爱。因为，她缺爱，很缺。不仅如此，还要忍受其他女人不断地挑衅，还有对她人格的非议。她还没有自己的孩子，这对一个女人，是永远无法弥补的伤痛。

进入皇宫后，她甚至连亲情都放弃了。为了防止外戚干政，也不想落人口实，自从当了皇后，她就不再见自家的兄弟们。一晃几十年过去了，她和弟弟都已年过花甲，经神宗多次劝说，她才勉强同意相见。

这日，老姐弟见面。时光荏苒，当年的妙龄少女已是垂垂老妪，翩翩少年已是白发老翁。姐弟相见，无语泪先流。见此情景，神宗想让他们多聊会儿，便悄悄退了出去。不料，神宗刚在殿外站定，曹氏便让弟弟也退了出去。

这份严谨，几乎接近寡情。而这寡情的背后，又是多少的心酸和泪水，多少的思念和委屈。

这就是皇宫，这就是政治，这就是权力。

这些都是宏大的主题。

年轻的时候，我们总是被那些宏大的东西所吸引，甚至为之拼尽全力、不惜生命。等渐渐老去的时候才发现，所谓宏大不过是欲望的另一个名称。而欲望之路，虽可以带来荣耀、辉煌，却未必能带来幸福，更不可能带来心灵的平静。

或许，只有告别那些宏大而虚无的东西，回归生活本身，享受简单的幸福，夫妻之爱、母子之情、姐弟之谊等，才是真正的幸福。

在这点上，曹皇后虽然没有刘娥那么耀眼，但殊途同归。她们本质上都是一样的人，虽富贵之极，却依旧只是命运的奴隶。无法做真正的自己，或许是她们人生最大的遗憾。

不仅自己，就连侄女的命运，她也无法掌握。

侄女姓高，高滔滔，英宗的皇后。

# 人生赢家高滔滔

高皇后，大名正仪，小名滔滔，曹皇后妹妹的女儿。

可以说，高滔滔还是来自曹家。作为曹家第二位皇后，高滔滔对北宋朝局的深远影响，甚至远远超过了她的姨妈。

其祖上，也有故事。

曾祖父高琼，少时以无赖凶狠闻名，后沦为强盗被官府捉拿，要问死罪，后趁雨夜打破枷锁越狱而逃。其时，正值五代十国，天下大乱，他无处可去，便投了军。

这样的人，到了军中如鱼得水。因为作战勇猛，被赵光义收为贴身侍卫。赵光义登基后，高琼作为潜邸旧臣颇受重视，仕途渐长。高粱河一战，赵光义大败，坐着驴车逃命，所有扈从卫队都被冲散，高琼冒死最先带人前去护驾，立下了大功。

真宗朝，高琼身为殿前都指挥使，是军中的实力派人物。到澶渊之盟时，他强烈主战。时人称，文有寇准、武有高琼，都立下汗马功劳。

高琼的长子高继勋也是名将。高继勋的三子高遵甫就是高滔滔的父亲。曹、高两家，同为武将世家，相交甚好。高遵甫娶了曹彬的孙女，曹皇后的妹妹，生下了高滔滔。

可怜的是，滔滔的母亲早亡，滔滔成了没妈的孩子。曹皇后可怜侄女，便将其接到宫中抚养。这改变了高滔滔的一生。

说起来，曹皇后抱养侄女，或许也有私心。当时，仁宗无子，宫中嫔妃多有领养义女的，想着有朝一日献给仁宗，希望能生下个皇子。据说，待滔滔年岁渐长，出落得颇有姿色，曹皇后便有意将其引荐给仁宗。不知为何，仁宗婉拒了皇后的好意。

可能，是因为宫中的传言。

滔滔入宫时，还是个小女孩，天真烂漫的年纪。她和宫中唯一的小男孩，成了最好的玩伴。小男孩就是赵宗实，后来的英宗。前文说过，赵宗实进宫后，便由曹皇后抚养。

换句话说，高滔滔、赵宗实，一个是曹皇后的养女、一个是曹皇后的养子。巧的是，滔滔、宗实还同龄。两人同在皇宫，又同在一个屋檐下，自是青梅竹马、两小无猜。宫中人都说，他们是天造地设的一对。

就连仁宗也觉得，这俩孩子确实是一对儿。如此一来，他又怎么好意思笑纳滔滔呢？毕竟，唐玄宗强娶儿媳妇的勇气和脸皮，不是谁都能有的。

十五岁那年，仁宗和曹皇后做主，将滔滔嫁给宗实为妻。当时有人戏称，这是天子娶媳、皇后嫁女。虽说，当时宗实并未封为皇子，只是团练使的官职，但毕竟身份特殊，作为潜在的帝国接班人，他的婚事也备受瞩目。

婚礼在春天举行，这是东京城最大的盛事。

那日，春光明媚，十五岁的少年赵宗实，一身红色的锦袍，骑着高头大马，带着长长的迎亲队伍，沿着御街，一路来到宣德楼下，静候他的新娘。微风拂面，饶是阳光柔和，他的额头还是渗出了一层细汗。少年有些紧张，或者说，是期待。

吉时一到，鼓乐齐鸣，十五岁的如花少女，一身凤冠霞帔，在万千瞩目下来到宫门前。最好的车驾、最好的礼乐、最好的陪嫁，仁宗和皇后给了高滔滔所有最好的东西。

正是最好的年纪、最好的时节，高滔滔在帝国最隆重的婚礼上，嫁给了天下最有前途的男人。即便是最爱做梦的女孩，最好的梦，也不过如此。

宣德楼前，御街两旁，看热闹的东京百姓，早已围挤得水泄不通。人们喝彩，人们欢呼，是祝福，是羡慕。人们庆幸，庆幸恭逢盛世，庆幸见证人间佳话。

十多年前，那对不谙世事的孩子，曾无数次玩过娶亲的游戏。如今，游戏成真，儿时的玩伴，终成眷属。

这就是缘分，天注定的。

所谓梦幻人生，不过如此。

更梦幻的是，她的丈夫，如愿以偿登上了帝位。

而她，成了皇后。

看似水到渠成，其实这中间，并没有什么必然的逻辑。要知道，英宗登基是在他们大婚十八年之后。十八年间能发生多少事？对一个花心的男人，可能用不了十八个月，就已经万水千山。

英宗，纯爱好男人。

这十八年里，作为帝国最有潜力的男人，他始终只有高滔滔一个女人。这几乎是奇迹。而奇迹的例证，就是四男、四女，八个孩子，全是高滔滔所生。

所以，和那些皇后前任们不同，高滔滔是自信满满，甚至有些骄傲地带着儿子们登上皇后之位的。有着英宗的独宠，有着儿子们作为基石，高滔滔的皇后大位稳如泰山。何况，姨妈曹太皇太后，现在也成了她的婆婆了。

姨妈兼婆婆，对高滔滔也是百依百顺。唯独一点，老太太提出了异议。那就是，英宗贵为皇帝，总不能后宫只有她一人吧？高滔滔则大不以为然，她说，我当年嫁的是团练使，不是皇太子。眼下之意，英宗有她就足够了，也该知足了。

老太太被顶得无话可说。毕竟，高滔滔已经有了四个儿子。所以，江山社稷、帝业永续这个理由就说不出口了。

好在，英宗似乎很满意，并没有提出异议。当然，也有人说英宗是妻管严。但这种事，还是愿打愿挨。皇帝富有四海，想要女色，又岂是皇后能看住的。当年独孤皇后看杨坚那么紧，也没耽误老杨背后搞小动作。

我们还是要相信爱情、相信真爱。尽管，把这些词用在皇帝的身上，多少显得有些荒诞。但至少，两宋有宋英宗，明朝还有明孝宗。

从这件事上，多少也能看出些高滔滔的性格。

说起来，每个人的行为方式，都深受过去人生经历的影响。高滔滔，除了幼年丧母，几乎是完美的人生赢家。养母是皇后，丈夫是皇帝。不仅有儿子，而且还是四个，想想她的前任们，比如刘娥、曹皇后，为了当上皇后、坐稳后位，付出了怎样的艰辛，为了生下皇子，又是怎样的处心积虑、费尽心机。而这一切，对高滔滔来说，不过是水到渠成、举手之劳。

人生真的是没法比。你穷尽一生所求，人家唾手可得。

也正因为如此，高滔滔有后来的种种表现，也就不奇怪了。

和婆婆一样，高滔滔也极力反对神宗和王安石的变法。不过，她也大体保持了沉默。或许，是出于对婆婆的尊重，毕竟当家的老太太都没多说话；或许，神宗是成年继位，不那么容易干预，她也不想自讨没趣。

宋神宗，原名赵仲针，宗实和滔滔的长子，出生在父母大婚的次年。如果父亲不是皇帝的备胎，那他不过大宋数以千计的宗室之一，而且是血缘疏离的闲散宗室，注定将籍籍无名一生。

他十五岁时，父亲终于登上帝位。他们从王府搬入了皇宫，一步登天。他也从千万人中，瞬间鹤立鸡群，成了那万众瞩目的唯一。毕竟，他是新皇帝的嫡子，而且是嫡长子。

可以想象，在过去的岁月里，这对父子应该没少彻夜长谈。而他们话题的中心，自然少不了皇位，也自然包括如何去治理这个国家。后来那些惊天动地的事，种子可能就是这时种下的。只是，局势不明、前途未卜，父子俩的谈话，往往是满怀希望地开始，忧心忡忡地结束。

昨日纸上谈兵，今日画猫成虎。

父亲如愿登基时，赵仲鍼有着怎样的表现，史书并没有记载。这有些令人遗憾。要知道，他已经十五岁了，又是生在帝王家，远比一般人政治上要早熟。更重要的，作为嫡长子，他是皇位的完美接班人。

这么些年，他许的愿望应该是买一送一，只要父亲能顺利继位，他的皇位几乎就是赠品。梦想成真时，他是感谢上天，还是相信天命所归呢？是满心窃喜，还是跃跃欲试呢？毕竟，父子俩曾经彻夜长谈的话题，终于有了大展身手的舞台。

当然，他需要掩饰，无论是出于孝道，还是政治安全，他都需要把自己隐藏起来。对他来说，正青春年少，只需要让时光静静流逝，等待就好。舞台就在那里。没想到的是，仅仅四年之后，他就改名赵顼，登上了舞台正中央。

计划虽然提前，但毕竟心中已有腹稿。所以，神宗的变法，虽然略显仓促，但也是胸有成竹、步伐坚定。更关键的是，这其中应该是父子两代人的意志。而且，父亲的英年早逝，只能让神宗的意志更加坚定。

之所以要变法革新，除了要富国强兵，英宗、神宗父子，还有个难以启齿的心结。皇位的合法性。

毕竟，他们的皇位是过继来的。

那么多宗室子弟，那么多龙子凤孙，他们父子只不过是被好运选中的。对外的理由无论多么冠冕堂皇，甚至神乎其神。他们内心依然是虚弱的，都是太祖太宗的子孙，他们有何德何能可以捷足先登呢？

他们必须证明自己，证明确是天命所归。

所以，要变法，要政绩，要天下大治，要建立不一样的功勋。唯有如此，才能更好地证明他们确实是上天所选，才能让那些愤愤不平又虎视眈眈的宗室们心服口服。

这一切，高滔滔心知肚明，对其中利害关系，了然于胸。

所以，她不支持但也不公然反对变法，就显得合乎逻辑了。毕竟，她的合法性，与这父子二人是一体的。

不过，这一切在神宗去世后，发生了变化。

神宗在位十八年，驾崩。此时，太皇太后曹氏已去世多年，五十三岁的高滔滔作为皇太后，已是后宫无可争议的唯一权威。

早在神宗病危时，所有人已将目光都投向了高太后。

因为皇位。

神宗未立太子，且几个皇子最大的不过九岁。这原本不是太大问题，有皇子就好，总好过身后无人。问题的关键是，神宗两个弟弟正年富力强。

高滔滔生了四个儿子，除了老三早夭，其余三个都长大成人。高太后也很有意思，她最宠爱的既不是老大神宗，也不是小儿子，而是皇次子赵颢。宠爱到什么程度，三十多岁的皇子，还一直住在皇宫里。这很不正常。

按照皇家规矩，一般皇子十多岁，就要搬出皇宫，到了明朝以后，更是必须离京到封地就藩。不要说继续住在皇宫，没有皇帝诏令，有生之年连京城都回不了。

朝中大臣多次向高太后谏言，要求将赵颢搬出皇宫。太后是个明白人，但偏偏在这个问题上非常固执，谏言的大臣也多遭贬谪。眼见情况如此，神宗即便不高兴，也无可奈何。

仗着老妈的恩宠，赵颢难免得意忘形。据说，有次太后、神宗、赵颢，母子三人论及王安石变法。太后坚决反对，赵颢也顺势在一旁帮腔，肆无忌惮地批评新法。神宗一忍再忍、忍无可忍，终于说了句，我败坏天下，汝自当之。

这话不仅很重，还有典故。

当年，赵光义就对太祖的儿子赵德昭说过此话。德昭惊惧不已，回府后就拔剑自刎了。赵颢有母后撑腰，自不至于寻死。不过，他受到了警告，也感到了威胁，便上书神宗请求搬出皇宫。

正合神宗心意。不过，为了皇家兄友弟恭的脸面，神宗自然驳回了所请。这不过是个程序性的驳回。按理说，赵颢应该再上书的，可赵颢不按套路出牌，就没再提这茬儿了。神宗只能徒呼奈何。当然了，说到底，还是高太后袒护。神宗自然明白老妈的心思，也就不再较真。

所以，当神宗病重，口不能言时，宫里面的男人，除了神宗的儿子们，还有两个年富力强、虎视眈眈的弟弟。

皇位之争，在所难免了。

这也考验着高滔滔。

以皇太后的权威，皇位就在她的一念之间。

儿子，还是孙子。这是个问题。

选儿子，兄终弟及，宋朝有过先例。太宗就是这样继位的。而且，国赖长君，这条理由也是摆得上台面的。

选孙子，父死子继，更符合儒家礼法。顺天应人，无可辩驳、无可非议。

似乎都一样。实际上却大不同。

选儿子，她还是皇太后，虽然从情感上得偿所愿，但面对三十多岁的皇帝，她只能继续相对安静地待在后宫，想干预朝政，似乎说不过去。

选孙子，她是太皇太后，内心可能有些别扭，但神宗之子年幼，她临朝听政，大权独揽，则是理所当然。

亲情或者权力，她需要抉择。

她应该是有过犹豫和纠结的。在神宗弥留阶段，朝廷中那股暗流，以及赵颢小动作不断、顾盼自雄的表现，都是例证。

据说，神宗驾崩前几日，赵颢天天围在皇兄榻前，看上去满脸悲切，眼神里却闪烁着掩藏不住的兴奋和期待。神宗身不能动，口不能言，只能用眼神死死瞪着弟弟，又转而泪流满面地看着太后和皇子们。

这一切，让一旁的大臣们不忍直视，高太后自然也看在眼里。或许，这让高滔滔动了恻隐之心。当然，面对最高的皇权，所谓恻隐之心，不过是稍纵即逝的思绪。

最终，她还是选择了让孙子继位，是为宋哲宗。

她放下了泛滥的母爱，做出了理性的选择。一举三得。

更加有合法性，大权独揽，享有盛名。

这是政治家的选择。

这个选择，直接决定了北宋之后的历史。更加纷扰的朝局，更加残酷的新旧党争，就此拉开了大幕。

高滔滔临朝听政，前后八年。

自此，作为无可置疑的最高权威，她独揽朝政、手握乾坤，完全按照自己的意志，治理着这个庞大的帝国。对小皇帝哲宗来说，除了年号是他的，几乎没有任何存在感。

八年后，高太后去世，终年六十二岁。

高滔滔，被称为女中尧舜。

这是个非常惊人的称赞。尧舜是帝王的最高楷模，她被称为女中尧舜，那就是无以复加了。不过，考虑到当时党争的无底线，作为她所支持的保守派给她的加冕，这样的称谓多少有些水分。

虽然有水分，但实绩也是有的。尽管，她几乎连根拔起了神宗和王安石费尽心血的新法，残酷而决绝地打压新党，但不可否认，这段时期整个国家的治理还是井井有条的，在内政外交上，也是颇有建树。

沉寂后宫多年，一出手，高滔滔就展示了治国才华。

这么说起来，她选择让孙子继位、选择临朝摄政、选择废除新法，应该并非是意气之选，更不仅仅是为了一己之私，她有着自己的政治考量和治国方略。而她，也几乎成功了。

几乎，就是还没有。

因为，她最终还是没能驯服那个孩子，她的孙子，哲宗皇帝。

自登上皇位那天，小皇帝就生活在祖母的影子里。祖母安排了他所有的一切，甚至连晚上就寝，也得在祖母的眼皮底下。

这是爱，也是一种控制，死死的控制。

这是个控制欲很强的女人。丈夫英宗和儿子神宗，几乎都难逃她的手掌心。对这个黄口小儿，她应该也是信心满满。

可惜，直到高滔滔病入膏肓，这个看起来唯唯诺诺的少年，眼神里依然有着坚定不屈。这让高滔滔有些不安。

硬撑着每况愈下的病体，高滔滔最后召见了心腹大臣范纯仁、吕防等人。

这些人，都是她的左右手，帮她扫清了神宗和王安石的一切。高滔滔伤感地说，她已来日无多，就要去见先帝了。她劝这些心腹们抓紧离开朝堂，如此或许还能够善终。

一代女主，潸然泪下。君臣最后惜别，哭声一片。

这个一辈子自信满满、无往不利的女人，此刻就是一个行将就木的老人。所有的雄心壮志、繁华往事，都如同一场梦。

她没有说错。

她刚离世，哲宗马上就召回了章惇，这是他反攻的利剑。高滔滔所做的一切，都被颠覆。是的，她几乎被清算了，就连身后名，都差点没保住。

高滔滔，这个一生如意的女人，几乎完美的人生赢家，刚刚闭上了眼睛，就差点被剥夺了一切，更一度被指为"老奸擅国"。

好在，哲宗守住了最后的底线。也好在，哲宗去世得早，皇位又交到了徽宗手里。毕竟没有哲宗的切肤之痛，毕竟是嫡亲祖母，在徽宗时期，高滔滔的形象又慢慢复原了，还渐渐高大了起来。从擅国的老奸，成了女中尧舜。

历史，就是这么吊诡。圣人与小人，咫尺之间。

高滔滔最终与英宗合葬永厚陵。

那个同龄的小男孩、儿时的玩伴、少年的夫妻，后来的大宋皇帝，已经躺在那里二十六年了。走过一生风风雨雨，他们终于又在一起了。这次，是真正的长相厮守，永不分离了。

剥去政治外壳，这对有情人经受了富贵和权力的考验，坚贞不渝、历久弥新的爱情，更让人动容。

遥望近一个甲子前，两个三岁的娃娃，初见于曹皇后的寝宫。两人打量着对方，有些怯生生地、摇摇晃晃地走向彼此，一个手里拿着木剑、一个手里拿着玩偶。很快，两只小手牵在了一起。

人生，就此注定。

第三章

新政变法

新皇登基，万象更新。

不过，对大宋来说，无论谁坐龙椅，家法不变。

初登大宝的赵佶，就得好好学学祖宗家法。

最大的家法，封存在太庙寝殿的密室里。

在一个不识字的小宦官引领下，赵佶来到了密室门前。他有些紧张，也有些兴奋。这是大宋国最神秘的地方。

尽管无数次听说过这个地方，但他从不敢主动去打听。

这个地方，只属于皇帝。也只有皇帝，能进入密室。

在密室里面，只有一块四尺宽、七八尺高的石碑。上面覆盖着红绸。掀起红绸，碑上刻有三句话：

善待柴氏子孙；

不杀士大夫及上书言事者；

不加农田之赋。

这就是宋太祖立下的最大的家法。

后继之君们，是守家法的。这三条，基本得到了落实。

第一条，不用说，宋朝江山原本就取自柴氏孤儿寡母，占了人家的锦绣河山，待人家子孙宽厚些，这原本就是应该的。对普通人来说，这或许没什么。对帝王来说，宽厚，则是个很高的要求。

不信，看看刘裕、看看杨坚、看看朱元璋。

还是得说一句，宋太祖太宗的子孙们，多是厚道人。

第二条，执行起来尤为不易，太有挑战性。

皇帝，天下的主宰。自古就是，君要臣死、臣不得不死。所谓，胸怀利器，杀心自起。让拥有无限权力，手握利刃的皇帝，控制住自己肆无忌惮使用权力的冲动。想想，实在太难了。

有人一定会较劲，觉得没什么。

不客气地说，那些人多数没有尝过权力的滋味。

千难万难，宋朝的皇帝们，守住了这条家法。

祖宗威慑，只是原因之一。最重要的，是他们最终想明白了，这对他们有好处，大好处。

唐末五代武人当权，天下乱成一锅粥，城头变换大王旗。太祖就是武将出生，夺了人家天下。所以，军人不能信。那信谁？

读书人。读书人有信念、有理想、有情怀，爱吟风弄月、诗词歌赋，子曰诗云、宽衣博袖。不像那些赳赳武夫，动不动就拔刀相向、起兵作乱。国家交给读书人，自然要安全得多。

既然要依靠读书人，那就得给点甜头。至少，得有个口头承诺吧。这便有了，皇帝与士大夫共治天下。

读书人，不能杀，可共治。但，不能全信。怎么办？

简单，权力制衡。皇帝们设计了一套复杂的官僚体系，让这些做官的读书人相互制衡、相互羁绊。有聪明的大臣很快看出了问题，向皇帝报告，说这样做有弊端，影响政府行政效率。

皇帝们嘴上应承，心里却偷笑。只要皇权在手，效率算啥？

皇帝们明白，可以让大臣们好吃、好喝、好玩，就是不能专权。谁也别想独大，除了皇帝。

皇帝，必须是天。

仕人，不杀，可以。士大夫，共治天下，也可以。

但，皇权必须牢牢握在皇帝手里。这是祖宗家法的精髓。

作为太祖太宗子孙，赵佶自然心领神会，一点就透。


宋太祖的三条家法，堪比汉高祖的约法三章。

这些雄武的开国者，在治理国家上，都将简约发挥到极致。将治理庞大帝国的烦琐，精练成三句话，当然是大智慧。

北宋百余年的繁华，祖宗家法功不可没。

不过，祖宗家法虽好，经历风风雨雨百余年，渐渐也不太灵光了。有人，就公开喊出"祖宗不足法"，这便是公然挑战祖宗家法了。

这人正是王安石。他要变法，要富国强兵，就想着要改改祖宗之法。改革祖宗家法，这是天大的事。

回顾赵佶继位前几十年历史，王安石变法是最重要的事。他的变法深刻地改变了大宋，对朝政的影响，怎么说都不过分。

不过，追根溯源，大宋的第一次变法，却是仁宗朝的庆历新政。庆历新政，是王安石变法的预演。

对赵佶来说，作为天子，这其中的曲曲折折，他必须了解。

那我们就一起，来回顾下这新政和变法。

# 蔡襄的庆历新政

讲庆历新政，最好的人选当然是范仲淹、韩琦、欧阳修等。他们都是新政的主导者。不过，换个人、换个角度来看，或许也有新的收获。

那我们就换个人吧，从蔡襄讲起。

和章惇一样，蔡襄也是福建人。

徽宗朝红得发紫的蔡京，也是福建人。

算起来，蔡襄和蔡京是同宗同辈，两人同一高祖。

福建，在北宋时期，已得到大规模开发，经济文化都有了长足的发展，不过相对中原，还是显得有些粗陋。蔡襄，能从福建的大山中走出来，登上北宋帝国的政治舞台中央，殊为不易。

蔡襄，字君谟，生于公元 1012 年，福建兴化军仙游县（今福建省仙游县）人。一生横跨大宋的真宗、仁宗、英宗三朝。人生大部分时光，都在仁宗朝度过，这真是莫大的福气。

这段时期，是北宋最灿烂的时光，甚至有人说，这也是中国历史上最好的几段时期之一。那么多人梦想回到大宋，这段时期，可能是首选。

人生，有时候真的不在于奋斗。这不是唯心，也不是消极，而是历史的真相。有的人，生逢乱世，一辈子颠沛流离、孜孜以求的，也不过就是个安稳日子。而有的人，生下来就是千年大治的盛世。怎么比呢？这其中的差异，又何其大？

宁做盛世犬，不做乱世人。

即便同在北宋，和他两个福建小老乡比，蔡襄也是幸运的。章惇比他晚生二十三年，蔡京比他晚三十五年，这两位虽然官做得更大，但论起人生际遇，坎坷跌宕，起起落落，艰辛得多，也惨烈得多。

相比小他七岁的司马光、小九岁的王安石，蔡襄同样是幸运的。这两位在历史上极负盛名，但盛名之下，两人历经变法波折，饱受党争之苦，人生不知艰难多少。

蔡襄的幸运，在于恭逢盛世。而盛世，可望不可求。

盛世，不是说出来的，也不是画出来的，盛世如积木，是千万人拼出来的。从天子到公卿，从王侯到将相，从巨贾到贩夫，从走卒到厨娘。每一个人的精彩人生，拼出了煌煌盛世。

盛世，是一种自信，是一种精神，是一种气象。

盛世，还是张扬，文化的张扬、文采的张扬、艺术的张扬。当然，最重要的是，人性的张扬。

正是如此盛世，铸就了蔡襄。即便在仁宗朝，那个群贤毕至、群星灿烂的时代，在满天的星辉中，蔡襄也是光彩夺目的。他的光芒，历经千年，耀眼依然。

蔡襄身上，除了政治，还有很多的标签。

他最辉煌的标签，在于书法。这非常不易。北宋朝，书法承上启下、名家辈出，能在这其中赢得一席之地，已经难能可贵，更何况是成为众口一词的大家。

蔡襄，就是书法大家。一支笔，龙飞凤舞，名垂千古。

当然，这里面牵扯着一桩公案。那就是，宋四家，所谓苏、黄、米、蔡，这个蔡，到底是蔡京，还是蔡襄？

千年来，众说纷纭。今人多以为是蔡襄。不过，也有很多人坚持说是蔡京。这种说法，是有些道理的。

其中，很重要的逻辑是时间线。看看他们的出生年份，苏轼是 1037 年，黄庭坚是 1045 年，米芾是 1051 年，蔡京是 1047 年。像所有的艺术一样，书法，也是讲究传承和辈分的。蔡襄的年纪，远在苏、黄、米之上，是前辈人物，将其置于晚辈之后，不符合儒家尊敬前辈的伦理。

如此按时间和辈分排序，蔡是指蔡京，大体上说得通。

当然，有人会说，这不是按年龄和辈分，而是按照艺术成就来排的。这就没法说了。俗话说，文无第一，武无第二。在一群绝顶书法高手里面，非要排个座次，岂不比登天还难。

这些人里，苏轼是头牌，这应该没有异议。后面的黄庭坚、米芾，固然都是大师级的，但从书法风格上来说，他们与蔡襄也是各有千秋，非得说成就高于蔡襄，难以令人信服。

有趣的是，在当时，蔡襄的书法就颇受推崇，其中最推崇他的，除了欧阳修，正是苏轼。东坡先生在很多场合，不止一次地反复强调，蔡襄的书法本朝第一。黄庭坚，名列苏门四学士，让他排在苏轼公认的书法第一人前面，妥当吗？

如此说来，从艺术成就上来排名，实在不靠谱。

说来说去，后世之人，还是在以道德画线。人们耻于蔡京的人品，以其族兄蔡襄替之，更有可能。

道德，在我们的历史中，从来都是个天大的问题。很多人、很多事，都在道德面前，失去了本来的面目，变得面目全非。道德，被赋予了天生的正义感，谁抢占了道德的高峰，就能俯瞰群山，傲视群雄。道德，还是一把利刃，利刃在手，天下莫能敌。

蔡京纵是书法出神入化，自成巅峰，一旦大节有亏，也只能狼狈不堪地滚落在地。看上去，似乎被蔡襄捡了个便宜。

事实上，绝非如此。要是这么说，蔡京第一个就该不答应，他的书法之路，恰恰是从学习乃兄蔡襄开始的。说蔡襄是他的书法启蒙者，也毫不为过。当然，苏轼也不会答应，就连仁宗也不会首肯，他对蔡襄的书法，也是推崇备至。

蔡襄擅长正楷、行书和草书。世人赞叹其书法，浑厚端庄，淳淡婉美，自成一体。时人有云，欣赏蔡襄书法，犹如春风拂面，充满温雅气息。无论在朝、在野，蔡襄的书法都极负盛誉。

据说，盛名之下，蔡襄却是惜墨如金。越是这样，他的书法就越珍贵。就连仁宗皇帝，偶然得到蔡襄的手迹，也是视若珍宝，反复观摩。天子尚且如此，民间若能得到，那更是无价之宝了。

关于他和仁宗，还有个小故事，颇为有趣。据说，蔡襄留有美髯，甚是飘逸。一日，仁宗见之，忍不住问道，如此美髯是怎样打理的？晚上睡觉时，胡须是放在被子里面，还是被子外面呢？带着仁宗的问题，蔡襄晚上躺下了。他一会儿将胡子放在外面，觉得不妥；一会儿又将胡子放在里面，还是觉得不妥。就这样折腾了一宿，也没睡好。仁宗闻之，哈哈大笑。

北宋文人的飘逸，君臣之间闲适、宽松的氛围，可见一斑。

除了传世书法、传世故事，蔡襄还留下了个中国第一。

一座桥。

在中国的桥梁界，有"南洛阳，北赵州"的说法。前者指的是洛阳桥，后者是赵州桥。赵州桥名气更大、历史更久远，它始建于隋代，北宋时曾修缮，并由宋哲宗正式赐名安济桥。不过，论起修建的难度和工艺，洛阳桥毫不逊色。尤其值得一提的，它还是我国第一座跨海大桥。

洛阳桥正是由蔡襄主持修建的。

首先要说明的是，此洛阳，非彼洛阳。

据说，唐宣宗曾微服出巡，来到福建泉州惠安县一条河边，赞其风光与洛阳相似。获天子盛赞，此河便改名为洛阳江。

在洛阳江入海处，有个渡口，称万安渡，是两岸交流的纽带。

泉州，古代海上丝绸之路的起点。到北宋时，泉州港已是帆樯林立，百舰争流，中外商贾会集，繁盛一时。然而，万安渡口，却因风高浪急，时有舟楫沉没，商旅时有伤亡，财产多有损毁。百姓苦不堪言。万安渡建桥，已是迫在眉睫。

此事，当地人谋划多年，无奈浪高水深，始终不得其法，终无所成。冥冥之中，似乎就在等着真正的修桥人。

蔡襄仕途兜兜转转，终于来到泉州任知州。蔡知州，素有爱民如子的美誉，知道了万安渡口的凶险，便立即着手修桥。他费尽周折，历经艰辛，耗时数年，花费千金，终将大桥修成。其所采用的天才般的"筏形基础"和"种蛎固基法"，即便在今天看来，也是充满着智慧。

蔡襄真是非常之人。要知道，在华夏数千年的历史中，修桥铺路、起屋建房，在士大夫眼中，不过匠人手艺而已，难登大雅之堂。蔡襄，身为大儒，却能兼有如此智慧和动手能力，更显得卓尔不凡。

所谓"筏形基础"，蔡知州的办法，是先选好桥址，然后沿着桥址往水中沉下许多大石块，在水下形成一道石堤，再在石堤上建桥墩。桥墩的形状，全部如船一般，两头尖尖，能有效减小水对桥墩的冲击。

如此，虽能减小水的冲击力，但经年累月，桥墩还是会偏移以至于崩塌，怎么办呢？蔡襄的解决之道，堪称天才。

种蛎固基法。

在桥墩建好后，其命人在桥墩上养殖牡蛎。牡蛎繁殖能力很强，有孔就钻，无孔不入。牡蛎有两个壳，一个壳会粘在石头上或另一个牡蛎上，如此相互紧紧粘在一起。当牡蛎粘成片时，即便用铁铲也铲不下来。如此加固桥墩，桥墩虽千年亦坚不可摧。

因为牡蛎美味，为防居民挖桥墩上的牡蛎，蔡襄还出台法令，凡挖洛阳桥墩上牡蛎者，坐牢两年。据说，这是人类历史上，第一次把生物学原理用于造桥的案例。

就这样，蔡襄主持修建的洛阳桥，在不经意间创造了历史，成为华夏大地第一座跨海大桥。

在当年，这便是一件盛事。桥成之日，蔡襄挥笔写就了千古传诵的《万安桥记》并刻石立碑。其文辞之优美，书法之飘逸，相得益彰，成就了千古美名。

有此功绩，蔡襄去世百年后，南宋孝宗皇帝仍追谥其为"忠惠"。后世之人，感念其功德，在洛阳桥的南侧建有蔡忠惠公祠。虽历经战火，又多次重修，至今仍立桥头。

有了这座桥，蔡襄生而有名，死后有祀。何其值也？

换个角度说，老百姓又是多么的朴实。只要这些父母官们，真正为百姓做事，哪怕仅是一座桥，虽百年、千年后，百姓也仍然记在心里。

不过，对蔡襄来说，即便没有书法，也没有桥，他在历史上、在百姓心里，也绝对还有一席之地。因为，他还有茶。

中国，茶的故乡，饮茶的历史源远流长。

然而，茶文化的鼎盛，却首推两宋。

正是在宋朝，茶由贵族消遣走向民间消费，饮茶成了全民风尚。据说，柴米油盐酱醋茶这句话，正是自宋朝开始流行。也是在宋朝，饮茶成为世俗和高雅兼有的独特文化。

说其世俗，在当年的东京城，茶楼林立，多不胜数。比如，朱雀门外，东西两教坊的闹市区，就遍布茶坊、茶肆，而且夜市尤为兴隆；东京城外，繁华的汴河两岸，茶楼也是处处可见。为讨顾客欢喜，这些茶楼、茶肆特色各异。

在百姓消遣的大众茶肆，人声鼎沸、热闹喧嚣，花不了几个铜钱，就能呼朋唤友，喝茶谈天，好不快活。档次高的，则装修考究、清雅幽静，去的人非富即贵，既是妙处，消费自然也不低。

在揽客之道上，也各有千秋，有的表演蹴鞠，有的表演说书，还有的蓄养貌美歌妓，轻歌曼舞，风姿撩人，立在堂前，让人望之心动。当然，还有花茶坊，既卖茶，又卖色，是风月之地。

说其高雅，在中国茶艺史上，宋人的烹茶方式尤为精致，且独一无二。我们如今的冲泡饮茶之法，是自元明之后的习惯。而宋人的烹茶，要精细、精致、有品、有道得多。

简单地说，宋人的茶，是将茶叶制成茶饼，烹茶时，将茶饼取出，先捣碎，再碾成粉，然后用特制的茶筛滤过，如此方可冲茶。取茶粉一勺，注入少量沸水，将其调成茶膏，再缓缓注入开水，茶膏遇水，泛起茶沫。如此过程，称为点茶。

这是个繁杂、细腻又充满诗意和情调的过程。每个步骤，都有严格的操作要求，且使用特定的器具。将简单的事情做到极致，就有道了。所谓精致，所谓文化，所谓生活，大体如此。

正因为技术含量高，点茶成了一种独特的技艺，文人雅士，甚至贩夫走卒，相互切磋点茶的功夫，遂有了斗茶之趣。斗的，主要是茶色和茶浮。色是指茶汤的色泽，以纯白为最上品，青白为次，灰白次之，黄白又次之；浮则指茶沫，以乳白色为上佳。当然，茶香、口感，也很重要。

宋人对点茶、斗茶乐在其中，乐此不疲。很多人著书立说，讲述茶之道。就连徽宗皇帝也是茶道高手，他甚至还写过一部关于茶的专论。因成书于大观元年，后人称之《大观茶论》。

全书共二十篇，对当时茶的产地、采制、烹试、品质、斗茶等都有详细记述。尤其是关于点茶的篇章，见解精辟，论述深刻，堪称高人高论。此书对后世影响颇大，直至今日，犹是学茶的入门佳作。不过，宋人关于茶道论述的巅峰，还得是蔡襄。

他著有佳作传世，《茶录》。

蔡襄的《茶录》，是继陆羽《茶经》后，最重要的茶学著作。

这几乎是公论。

蔡襄来自福建，这里是茶的故乡。福建的茶，在唐时就已闻名遐迩。到了北宋，其特产北苑茶早已是皇宫贡品，誉满京华。对于家乡的茶，他有着天然的亲切感。

人近中年，蔡襄回到家乡做官，负责监制北苑贡茶。或许是源于对茶的喜爱，或许是尽忠职守，在茶上，他投入了巨大的心血。一身蓑衣，一根芒杖，蔡襄走遍故乡的茶园。

这是个认真的人。他从茶的品质和花色两方面入手，求质又求形。在外形上，改大团茶为小团茶，称为小龙凤团茶。在工艺上，更加精进，不厌其烦。数年的汗水，终有回报。

小龙凤团茶进京，立刻风靡东京城。

一代文豪、茶道高手欧阳修，也是赞不绝口。对于蔡襄，他从来都是推崇备至，从书法到茶，一以贯之。这殊为不易。

据说，初时小龙凤团茶一年仅贡十斤，每斤十饼。仁宗十分珍爱，就连宰辅大臣也不轻易赏赐。有一次，祭天大礼后，仁宗心情大好，赐给中书省、枢密院八位大臣一块小团茶。这些大臣们哪舍得喝啊，小心翼翼地切分开，拿回家珍藏了。

后来，欧阳修有幸获赐一块完整的小团茶，珍藏三年仍不舍得喝。就连日后被贬到惠州的东坡先生，颠沛流离之余，还在怀念小龙凤团茶的绝美味道。他写道：独携天上小团月，来试人间第二泉。以月喻茶，可见小团茶的珍贵。

爱茶、品茶、做茶的蔡襄，融汇平生心得，写就了《茶录》。书分二篇，上篇论茶，下篇论茶器。《茶录》除进献给仁宗鉴赏外，还勒石以传后世。

若论华夏文化，书法和茶艺，都是不可或缺的代表。蔡襄的《茶录》，用曼妙的书法，书写绝妙的茶道，这样的神作，岂非文化绝品？它将北宋的茶文化，推向了一个新的巅峰。而这种茶文化背后，正是宋人安详、平和、典雅、精致的生活方式。

这种文化影响之深远，非言语所能形容。

比如，日本的茶道。它源于中国，亦步亦趋。

如今，再论起茶文化，日本的茶道，已臻若化境，它与宗教、哲学、伦理和美学熔为一炉，让人叹为观止。反倒是茶的故乡，我们弄丢了太多东西。让人徒生叹息。

说起来，我们弄丢的，又岂止是茶？可能还有精致。

精致是一种气质、一种精神，是一种生活态度、一种人生哲学。精致是积累出来的，是沉淀出来的，也是富足和宽容的社会氛围熏陶出来。精致本身，就是从容和自信。

精致是个好东西。

可惜的是，有些东西丢了，就很难再捡回来了。

若是蔡襄泉下有知，不知会做何感想？

也许会充满遗憾吧，就如他的人生一般。

书法、桥、茶道，都是蔡襄的标签。这些标签，让他的人生辉煌，是生命的高光时刻。不过，就人生整体而言，这些或许只是插曲，他一生最重要的仍然是政治。他被称为庆历名臣，他是庆历新政的重要见证者、参与者。这也是他的标签。

背负着这个标签，他的人生充满了遗憾。

蔡襄，出生乡野，父亲是个农民，祖上不可考。在历史上，其父亲的角色是模糊的，也许实在没有太多可说的。母亲卢氏，在历史和民间记载中倒颇有笔墨。

至少，蔡襄替母还愿的故事，流传甚广，耳熟能详。

据说，当年万安渡口，有艘渡船刚行至江心，忽然乌云密布、雷电交加，一时间，狂风巨浪，眼看船就要倾覆，众人惊慌失措，以为在劫难逃。这时，隐约听到天上有人大喊，不要伤害蔡学士。众人惊愕之余，风浪还真就慢慢小了。一船人幸免于难。

到对岸后，众人相互询问，谁是蔡学士，却并无此人。

只有一位怀孕的年轻女子，夫家姓蔡，即是蔡母。众人惊叹，称其腹中胎儿日后必是大贵之人。蔡母当即许诺，若孩子日后平安富贵，定为两岸百姓建桥报恩。

后来，蔡襄主持建桥，其母卢氏还带头捐款。

既是故事，自然不可深究。不过，蔡襄的母亲卢氏，是个贤妻良母无疑。蔡襄的童年时光，多数时间在母亲娘家度过。外祖父一生读书，却无功名，终生抱憾。他将所有的希望，都寄托在蔡襄身上，对其读书要求甚严。再加上母亲的言传身教，蔡襄小小年纪就学问了得、才名远扬，是周边乡里有名的神童。

时光荏苒，转眼蔡襄已是翩翩少年，风华正茂、才气逼人。和所有年轻人一样，家乡的山水再美，也无法容纳少年的梦想。

年轻人的心，总是在远方。

少年蔡襄心中的梦想之城，是东京。

十七岁那年，蔡襄告别外祖父和母亲，翻山越岭，水陆并行，历时数月，终于在汴河码头下了船。眼前的东京城，就像孩子眼里万花筒般的世界，绚丽多姿、喧嚣灿烂。

码头上，人来人往、熙熙攘攘，谁也没多留意这个少年。这些在汴河码头上，睁大眼睛、满脸兴奋的年轻人，他们见得太多了。何况这个年轻人，一身布衣、一口方言，看上去普普通通，甚至有些土里土气。

可惜，他们看走了眼。

不过数月，这位福建少年的名字，就在东京城如雷贯耳，无人不知、无人不晓。

蔡襄参加开封府乡试，拿了第一，高居榜首，中了解元。

十八岁，正青春。人生，正开局。

在最好的年纪，蔡襄拥有了最傲人的资本。如此青春，成了他终生难忘的回忆。在后来的人生里，他无数次回忆十八岁时的东京。这甚至成了他熬过艰难岁月的良药。

人不风流枉少年。

其实，无论人生成败，当我们回首往事时，最浓墨重彩的岁月，定是少年时。那时的日子，天空阳光灿烂，湖面波光粼粼，大地鲜花烂漫，岸边杨柳依依、细雨临江、微风拂面，燕飞低、人微醺，一切都是那么美好而自然。

随后，在仁宗主持的殿试中，蔡襄高中二甲第十名，赐进士出身。这同样是一届龙虎榜。排在蔡襄后面的，还有个大人物。二甲第十四名，欧阳修，大政治家、大文豪、唐宋八大家之一。

欧阳修比蔡襄年长，时年二十三岁。不过，其科举之路要坎坷得多。在此之前，他在十七岁、十九岁时，两次名落孙山。

蔡襄、欧阳修，同榜进士。他们是同年。

虽是同年，虽然年长，但欧阳修终生对蔡襄推崇备至，无论书法还是茶道，一以贯之。蔡襄的才情，可见一斑。

以欧阳修为镜，可见蔡襄，这个福建乡下少年，科举之路何其顺遂？又岂止是欧阳修，多少饱学大儒，皓首穷经，也未必能在这条路上称心如意。

少年得意，天赋之外，更多的是天赐。

天赐，可遇不可求。

说起来，少年得意这件事，从来就是仁者见仁、智者见智。如果能少年得意，一直得意，终身得意，甚好。但这样的例子，实在是太少了。就怕是少年得意，之后一直往下走。高开低走，出道即巅峰，对人生，实在不是件愉悦之事。

对少年蔡襄来说，短短数月，从默默无闻到天下知，恭逢盛世又金榜题名，人生美好，不过如此。在他前面，是个新世界。

蔡襄昂然步入仕途。

横跨两宋，繁盛百余年的福建蔡家，其辉煌由此开始。

初入官场的蔡襄，被朝廷派往漳州、洛阳等地历练。几年后，因为勤于政事，颇有政声，便回到京城任职。再回东京的他，虽年长了几岁，却依然血气方刚，对朝政更是跃跃欲试。

对做官的人，京城到处都是机会。对做事的人，京城到处都是旋涡。对正直敢言的人，京城到处都是深坑。

年轻、敢言的蔡襄，很快就卷入了朝廷的是非。

其时，宰相吕夷简擅权营私，朝臣多有不忿。范仲淹上书力谏，却反遭吕夷简构陷，被贬至饶州。朝中两位大臣为其鸣不平，亦被逐出朝廷。欧阳修致书朝廷谏官高氏，指责其无所作为，亦获罪被贬。

君子道消，小人道长，岂非咄咄怪事？

目睹这一切，年轻的蔡襄义愤填膺，激愤之下写就《四贤一不肖》诗五首，称颂范仲淹、欧阳修等四人为贤者，痛斥谏官高氏为不肖。诗成后，京城内外士民争相传抄，一时洛阳纸贵。就连出使大宋的契丹使者，也特意买了诗作带回辽国。

在诗里，蔡襄言道：君子道合久以成，小人利合久以倾。这君子小人之论，辛辣异常，一针见血。虽千百年后，读之依然振聋发聩。

蔡襄与范仲淹、欧阳修等人，被后世赞为"庆历名臣"，与他这次仗义执言，大有关系。不过，在当年这却是非常凶险之事。以范仲淹的资历，犹被诬陷贬官，何况蔡襄这只官场菜鸟。

果然，朝堂之上，蔡襄很快就成了对方火力的焦点。

政治纷争，正义和奸邪，自然有之。但其中的界限，往往是模糊的。标榜正义之人，未必就是君子。众人眼中的奸邪，未必就是小人。利来，利往，都是利。

年轻人往往只看到正义的旗帜，就迫不及待地冲了上去。这固然是勇气，但终究缺少了些智慧。在官场之上，遇事等一等、看一看，永远是不过时的智慧。

年轻的蔡襄，险象环生。好在，有韩琦的出手力保。

更重要的是，他遇到的是仁宗皇帝。

蔡襄的人生第一课，有惊无险。

多年后，当蔡襄追忆年轻时的这次凶险，或许会另有感悟。至少，他会为自己的武断和轻率而有一丝悔意。

回过头来，探究下这件事的本质。

其本质，仍是党争。党争，自古有之。无论是非之争，还是意气之争，都是利益之争。有正邪之说，却未必正邪分明。

看看双方。一方是以宰相吕夷简等为首的保守派，一方是以范仲淹、韩琦、欧阳修等为首的革新派。保守、革新，原本只是中性词，路线不同而已，并没有褒贬之意。只是在加入道德属性之后，才变得泾渭分明。

只不过，范仲淹等人后来成了千古传颂、声名远扬的名臣，他们的革新事业，更多了几分正义感，他们的身躯也变得更加伟岸。而他们的对手，就真有那么不堪吗？真的未必。

拿吕夷简来说，当年刘娥临朝听政，跋扈专权，甚至一度欲行武后之事，他身为宰相，左右周旋、上下调理、内外呼应，护住了仁宗，保住了大宋基业，这岂是常人，又岂是奸人？仁宗对他的宠信，固然有自身的感激，更多还是对其治国能力的肯定。

欧阳修曾批评吕夷简，权欲过重，打击报复政敌，天下人都畏惧他。这应是实情。不过，既在官场，政敌相互攻伐，这又岂非常态？而他的打击，并非一棍子打死，很多人事后依然可以复出，甚至得到重用。包括对范仲淹。当宰相，需要这般气度。

当宰相，更需要智慧。

据说，有次仁宗生病，许久未上朝，病愈后急召大臣。宰相吕夷简接到诏令后，缓缓而行，拖延了些时间。见面后，仁宗有些不悦，问道，爱卿何故姗姗来迟？吕夷简答，陛下有恙，天下忧心，今日忽见大臣，臣等如急速来见，恐引起众人猜疑，引发朝野震动。仁宗闻之，深以为然。

一言一行，心系天下。吕夷简，不愧宰相，更不愧名相。

俗话说，伴君如伴虎，吕夷简始终身处政治中心，在仁宗朝三度拜相，前后执掌国政二十一年，殊为不易。仁宗朝的盛世，他这个任职时间最长的宰相，功不可没。

吕夷简死后，与名将曹玮配享宋仁宗庙庭。一百六十年后，南宋理宗绘二十四功臣神像，悬挂于昭勋阁，吕夷简位列其中。

这是对其一生功绩的评定。吕夷简，当之无愧。

如此，再来看看范仲淹与吕夷简之争，所谓革新与保守之争，真的就是那么黑白分明吗？饱经世事的蔡襄，或许只能长叹一句，当年还是太年轻了。

年轻人，天性喜欢新东西，总想砸烂一切，建立一个新世界。殊不知，这天下从来没有新鲜事。所有的旧世界，曾经都是新世界；所有的新世界，终会成为旧世界。其实，世界根本没有变，变得只是人罢了。

这些简单的道理，却是很多人一生的经验，是饱经苦难和伤痛，碰得头破血流得来的。他们总想把经验告诉年轻人，可年轻人总会固执地认为这不过是老皇历。一代复一代，代代如此。

在当年，年轻的蔡襄或许也会认为，他能留在京城，毫发无伤，靠的就是正义的力量，还有同道君子的团结互助。

事后，他约上同年好友欧阳修，一起去了韩琦的府邸，表达感激之情。一番热血言论，几度慷慨陈词，年轻人更加热血沸腾。这激发了他更大的斗志，梦想建立更大的功绩。在他眼里，这个八十多岁的老大王朝，充满着腐败的气息，他要大干一场。

午后的东京，阳光灿烂，离开韩琦府邸时，阳光晃得蔡襄有些睁不开眼。他意气风发，昂首向前，步伐坚定而执着。他满心以为，这是在奔向新世界。

蔡襄的新世界，也是范仲淹、韩琦、欧阳修等人的新世界。

这些人，都被称为"庆历名臣"。

当然，这都源于那场著名的变革，庆历新政。

庆历，是宋仁宗的年号，从公元1041年至公元1048年，共八年。

范仲淹的《岳阳楼记》，开篇即是"庆历四年春"，正是庆历新政之年。在文章中，除了为天下苍生请命的济世情怀，那种百废待兴、奋发图强的雄心和壮志，一样跃然纸上。

事情还得从前一年说起。庆历三年，公元1043年，这时朝廷内外的格局，与当年蔡襄作《四贤一不肖》时，已迥然不同。

朝廷内，宰相吕夷简已垂垂老矣，不久将离开人世。

朝廷外，宋与西夏的战争，三川口、好水川、定川寨，三战皆败，损兵折将，举国震动。辽国也乘机讹诈，亏得富弼出使，以增加岁币的方案稳住了辽人。

内外交困下，朝廷求新求变的氛围空前高涨。革新的呼声，风起云涌。深感忧虑的仁宗，顺势将深孚众望的革新派领袖们，范仲淹、韩琦、富弼、欧阳修等召回京城问计，期待他们有所更张，永固太平天下。

有了皇帝的加持，革新派雄心万丈。

范仲淹在奉诏后，上奏《答手诏条陈十事疏》，洋洋洒洒提出了十项革新措施，明黜陟、抑侥幸、精贡举、择官长、均公田、厚农桑、修武备、减徭役、覃恩信、重命令等。这些措施，涉及吏治、科举、武备、民生等，称得上是一揽子改革方案。

方案一出，朝堂内外革新派欢呼雀跃，奔走相告。

蔡襄时年三十一岁，刚过而立之年，马上作诗表示祝贺。这在当时，是极具政治信号的举动。通俗地说，就是表态站队。上次作诗，蔡襄就已经进了革新派的视野，此时表态，更是得到了革新派的热情回应。

当时，欧阳修正担任朝廷谏官，他极力向仁宗举荐蔡襄。宏大的革新事业，正是用人之际。很快，朝廷颁下诏书，蔡襄也被任命为谏官，与欧阳修等四人并称"翰林四谏"。

蔡襄，这个曾经摇旗呐喊的拥趸，正式成了革新派的核心成员。在范仲淹等人的带领下，这些青年才俊，以文为剑，仗义敢言，在东京城内掀起一股青春风暴。

在一片欢腾声中，新政的战车轰隆起步。

看上去，一切都是那么美好。

可惜，战车未行进多远，就抛锚了。

仅仅一年四个月，轰轰烈烈、热热闹闹的庆历新政，就寿终正寝。范仲淹、韩琦、欧阳修等改革派核心人物，纷纷被贬官离开了东京。后来者蔡襄，也未能幸免。

三十二岁的蔡襄，被贬回老家福建为官。

从繁花似锦，到一地鸡毛，快得让人有些恍惚。

离京的时候，阳光依然灿烂，可一年前的意气风发，已了无踪迹。什么是翻云覆雨，什么是沧海桑田，蔡襄，人生第一次有了深刻的体悟。

家乡的山水依旧，故园的茶香依然。蔡襄把心思都放在了故乡的茶上。也正是在此时，他精心做出了小龙凤团茶。

有时候，他还是忍不住，向着东京的方向一边张望，一边苦思冥想。庆历新政，为何昙花一现？

这里面至少有几个原因。

所谓新政就是改革。首要在吏治，也就是官员的问题。

自古改革，最难的都是吏治。攻下了这座山头，事半功倍，倒在这座山下，只能功败垂成。可惜，倒下的多，过关的少。

范仲淹，饱学大儒，自然明白这个道理。他在这方面，应该下了大力气，做了很深的研究，十项革新措施，至少有五项直接与吏治相关，不可谓不重视。

效果怎么样呢？有个小故事，或许能说明些问题。

据说，新政开始后，范仲淹拿着朝廷官员名册，一个一个认真核对，严格把关。凡是他认为不合格的，大笔一挥，一律革除。左一笔、右一笔，挥个不停。这让旁边站立的欧阳修惊惧不已。他忍不住地说，您这一笔下去，就有一家人要痛哭。范仲淹听后，微微一怔，朗声答道，一家人哭，总好过一国人哭。

好个范文正公，大义凛然，掷地有声。

可惜，他忘了，成功的改革，一定得找到最大公约数，凝聚更多人的力量。多个人支持，改革就多一分胜算。多个人反对，改革就多一分风险。而这成片哭声的背后，都是反对的力量。

吏治革新，之所以难，就在于它直接关系官员的得失、升降和荣辱。而每个官员背后，又都是一个牵扯着同乡、同年、亲友、家人的庞大群体。牵一发，动全身。

吏治革新，也绝不是简单的杀一批、抓一批，贬一批、流一批那么简单。对这些官吏们，也就是所谓的利益集团，该改的当然要改，但一定要给出路。你拆了人家的庙，砸了人家的碗，总得给点救济，或者指条吃饭的路。

吏治要改，但官吏绝不可弃之不顾。都说改革成功与否，有赖于人心向背；而这些官吏的背后，同样也是人心。

如果范文公正，能听到那些官吏和他们家人的哭声，在改革措施里，多加上些安置条款、多给出路，让他们有所归依，至少能降低他们对新政抵制和反扑的烈度。

很多改革者，并非不明白这些道理。只是，他们过于自信了，或者说，这是改革者的傲慢。他们一旦掌握了改革的权力，就忘了曾经被打压的艰辛。他们还过于相信所谓正义的力量，以为只要竖起正义和道德的大旗，保守派就会溃不成军、土崩瓦解。

溃不成军是可能的，但土崩瓦解就未必了。

事实上，那些被作为改革对象的官吏，很多人并非不知道国家的弊政、新政的必要。他们中的多数人，作为体制的既得利益者，也想富国强兵，也是支持新政的。前提是，新政也要保护他们的利益。如果他们发现，自己成了被针对的对象，被砸了饭碗，名利皆无，一家人流离失所，没了活路，他们能怎么办？

保守派的这些境遇，改革派自然知道。但是，他们选择了视而不见。他们在这其中，正享受着权力肆意的快感、正义昂扬的愉悦，还有对保守派打击的惬意。他们享受这样的过程。很多人嘴上不说，但心里却想着，那些人活该。

这时候，对保守派来说，就不是改革与否的事，而是生死存亡的问题。他们唯一的路，只能重新抱团，拼死反扑新政。与其说，他们是在反对新政，还不如说是为了生存。而为了生存的斗争，从来都是不遗余力的。

庆历新政，在这些人的强烈反对中摇摇欲坠。

不过，最后压倒新政的，还不是他们，而是新政的发起者。

仁宗皇帝。

仁宗，是改革的发起人。

没有他的强力支持，范仲淹、韩琦等人，只能继续在西北窝着，被李元昊牵着鼻子走，又哪来的庆历新政呢？

不过，仅仅一年多的时间，仁宗出尔又反尔，失信于朝野，似乎不应是明君所为。这点，仁宗又岂能不知？不过，他也是没办法。因为，他发现了一个更严重的危机。

朋党之祸。

这也不是个新问题。有政权，就有政治。有政治，就有朋党。有朋党，就有争斗。有争斗，就有兴衰。自古亦然。

中晚唐的牛李党争，血淋淋的教训，让武将出生的宋太祖都对党争忌惮不已。刚取了天下，太祖就下诏，禁止及第的举人、进士与主考官以师生相称。他给了这些人更响亮的名字，天子门生。这是在诏告天下，官员都是天子的臣属，唯有服从、服务于皇帝，而不可三五成群，结成一党。

这是大宋不成文的家法。后世为君者，莫不以为遵循。

再看庆历新政改革派的核心人物，以范仲淹为首，韩琦、富弼、欧阳修，还有蔡襄等，他们为了新世界，同仇敌忾，和衷共济，相互敬重，互为推崇，展现出了惊人的凝聚力。

这种力量，化成了新政的蓬勃动力。让改革生机勃勃，势不可挡。让反对的人，那些保守派，纷纷败北，溃不成军。

为了生存，保守派拼死向仁宗进言，试图阻止新政。可惜，说不到关键处，怎么都无济于事，也动摇不了仁宗。直到，他们亮出了撒手锏，朋党之论。此论一出，仁宗一怔。此论反复，仁宗狐疑。

再观改革派，面对保守派的撒手锏，始终不以为然。他们继续扛着新政和正义的大旗，攻城略地。改革派的重臣，蔡襄的好友欧阳修，还写了一篇流传千古的雄文《朋党论》。

不愧是大文豪，欧阳修的文章，洋洋洒洒数千言，纵论古今、旁征博引，就是告诉仁宗一句话：我们就是朋党，但我们是君子之党，重用了我们，就会天下大治。

看得仁宗倒吸一口凉气。居然，连起码的掩饰都没有。

你说，你们是君子，所结为君子之党。何以为证？

人心隔肚皮啊。

白居易有诗：周公恐惧流言日，王莽谦恭未篡时。

未篡之时，都是周公；篡了之后，均是王莽。何况，还有一党。若在以前，还有吕夷简，他可以制约和牵制范仲淹等人。如今，改革派已无人可敌。

国家有弊，不过癣疥之疾；如果肘腋生变，就会天下倾覆。殷鉴不远，何况还有祖宗家法。仁宗焉能不狐疑？

两害相权取其轻。仁宗动了悬崖勒马的心思。

皇帝的心思，当然会有人读出来。

仁宗只需一个理由，或者说一个借口，就可以改弦更张。很快，就有人递上了借口。

夏竦，李元昊在西北的手下败将，他及时向仁宗进言，说改革派重臣富弼欲行伊尹、霍光之事，私撰废立诏书。

夏竦的上书，杀气腾腾。行废立，就是谋反。说改革派要谋反，仁宗是肯定不信的。不过，作为借口，这个理由足够了。

关键时候，还是家法重要，祖宗江山最重要。

夏竦上书后，京城顿时流言四起。虽然仁宗没有做出反应，但范仲淹等人已惶恐不安，他以西夏扰边为由，请求外放。仁宗则顺势下坡，准了范仲淹所请。接下来，富弼、韩琦、欧阳修等改革派重臣先后被贬，陆续离开了东京城。

人亡政息。

人都走了，庆历新政彻底失败，新法也俱被废止。

无论吏治，还是朋党，归根到底，都是人的问题。

如果说，庆历新政出人而兴，又由人而败，是没有问题的。

不过，如果站在大历史的角度，从更大的视野，来看庆历新政，或许还能发现，其之所以失败更本质的原因。

庆历新政，其背景，是国家内忧外患，其目的，则是富国强兵。范仲淹拿出的十项措施，也都是奔着这个目标来的。

但这些措施，是否可行呢？

比如说，明黜陟，就是要改革官吏的考核升迁。

在仁宗时，官员考核升迁采用磨勘制度。这项制度，起于唐，宋延续之。作为一项官员晋升考核制度，其最初设计相当严密，包括一系列的考核指标，还有一系列的程序把关。但是，后来逐渐演变成了熬资历、熬年头，文官三年一迁、武官五年一迁。

范仲淹觉得这样不行，得改。他提出官员升迁，不能靠资历和年头，得考核政绩、严格把关，拿实实在在的政绩说话。应该说，范仲淹把问题看得很准，但是开出的方子却注定失败。

原因很简单，没有可操作性。

如何考核官员政绩，直到今天，仍是令世界各国头疼不已的问题，何况千年前？这项工作要做得细，无非就是加上一系列的关键指标，填一堆表格，报一堆数，再层层把关。

而在中国的传统政治文化中，更加注重道德管理，而不注重数据管理。没有这样的习惯，也缺乏这样的工具。道德管理的优势，只需要定性，大体上差不多就行。数据管理准确，甚至是精确就是必然的。

官员精准的绩效考核，以宋朝当时的社会发展水平，即便从技术层面，也是不可行的。再说，即便技术上能做到，指标都全、数据都有，就能把一个官员真正考核出来吗？

磨堪制度，唐宋沿用几百年，为何到后来只剩下"文官三年一迁、武官五年一迁"？原因很简单，相比那些难以确定的东西，这条最有可操作性。

年岁，对每个人都是一样的。可能今天，他资历老，占了便宜，但是没关系，过几年，你资历够了，你也会占便宜。岁月和时间，最终抹平了一切。

在官员晋升上，时间和资历，可能是最公平的了。

其实，任何一项制度，都得放在当时的历史背景、社会环境、政治体制、科技水平下去衡量。脱离了这个去评价，都是有失公允的。没有好与坏，只有特定的条件下，适合与不适合。

从改革的角度，不仅是官吏考核，还有其他各方面，范仲淹确实看出了问题。但是，他无法解决这些问题。因为，解决这些问题的方案，超越了那个时代。

很多时候，我们回望古人，会为很多问题着急，觉得古人怎么那么迂腐，如此明显的问题都不去改。其实，不是古人傻，而是那样做，最符合他们当下的实情。

一代人有一代人的使命，也有一代人的宿命。

也正因如此，改革者，或者说改革的精神，永远是最可贵的。改革者，很多都是时代的杰出代表，他们往往拥有着超越时代的眼光和视野，更有着改变时代的勇气和魄力。

为何，历史上的改革，又多以失败而告终？保守力量强大，固然是重要原因，但最重要的，是改革者即便拥有了超越时代的视野，但却很难用超越时代的措施，来改造当下的社会和政治。

看得到，却做不成。这让改革，失败的多，成功的少。

成功的改革，多是有所妥协的改革。成功的改革者，不仅能看得远，更知道向时代妥协。他们不奢望做彻底的、系统性的、全盘性的改革，而是一件一件地做，做一件成一件。比如，英国的光荣革命、日本的明治维新，莫不是如此。

可惜，很多改革者，过于自信，过于激烈，过于理想化。

改革者，在历史上，多数留下的是悲情的背影。除去性格的因素，归根结底，是他们超越了自己的时代。超越时代的人，是幸运的，也是不幸的，是勇敢的，也是孤独的。

　　尽管，改革者功成名就的少，功败垂成的多，但是，他们依然是令人尊敬和景仰的。他们深邃的目光、开拓的勇气、创新的精神，永远令人钦佩，永远激励着后来人。正是这些改革者，不停地拓展、不断地前行，最终推动着历史向前发展。

　　这场庆历新政的大戏，让无数人看得惊心动魄。

　　其中，有个年轻人，刚刚中了进士，踏入官场。

　　这个年轻人，就是王安石。

　　很多人说，庆历新政如同王安石变法的预演。可见，年轻的王安石看戏有多么入迷，又是多么有心得。历史，就是这样有因有果。不过，从看戏的，到唱戏的，王安石还有几十年的路要走。

　　王安石是看戏的，蔡襄则是又看又演。

　　后来才挤上台的蔡襄，亲眼看见了这场大戏从开场到落幕的全过程。其中的意气风发、惊心动魄、胆战心惊，历历在目。

　　虽然也唱戏，但蔡襄并非主角。最后戏演砸了，自然也轮不着他负主要责任。而且，就事论事，虽然新政失败，但蔡襄个人的戏演得还是不错的。

　　在改革者的队伍里，年轻的蔡襄，以直言敢谏著称。他是谏官，主要是为改革摇旗呐喊，为新政制造舆论，威慑保守派。不过，以言为刀，以文为剑，一样刀光剑影，一样险象环生。

　　蔡襄的利剑，不仅指向权贵。甚至面对仁宗，他也丝毫不畏惧，敢于当面直谏，一副天不怕地不怕的样子。

　　皇帝，被称为真龙天子。传说，龙喉下有逆鳞径尺，若触之必怒而杀人。向皇帝谏言，又被称为犯龙鳞，从来都是高风险的事。蔡襄学问极好，这里面的凶险自然明了。

　　说到给天子提建议，就得说说董仲舒。提起董仲舒，大家都会想到"罢黜百家、独尊儒术"。除此之外，他还是一个极其聪明的人，连向皇帝提建议这样高风险的事，都被他玩出了新花样。甚至，他还将这件事形成了一个体系，就是"天人感应学说"。

　　这个学说，董仲舒不是发明人，其源有自，但他将其系统化了，神化了。当年，他在答汉武帝策问时，系统阐述了天人感应之说。核心思想就是，人的行为和上天是有呼应的，人的行为能感应上天，而上天又能影响人事，发出警告。

后来，他作《灾异之记》时，直接以天下的灾害隐喻皇帝的过失，认为人间的灾异，就是上天对皇帝德政不修的谴告。

这招很绝。董仲舒一方面借着上天，将皇帝推向至高无上的尊崇地位，同时，又用上天来制约天子的言行举止。这就好比《大话西游》中，让至尊宝戴上金刚圈成为齐天大圣，既法力无边，又受到金刚圈的制约。

雄才大略如汉武帝，自然看出了董仲舒的用心，一怒之下，甚至要杀了他。不过，汉武帝最终没能禁住诱惑，权衡利弊，接受了这套学说，戴上了"金刚圈"。

从此，天子更加尊贵，但以天象灾异来劝谏皇帝，也成为言官们手中的利器。这是一种平衡，或者说是一种交易。皇帝可以是九五之尊，但若施政有失，天下有大的灾异时，皇帝也必须出来向上天承认错误。

这就是蔡襄手中的剑。

作为谏官，面对天下灾异，他剑指仁宗。

仁宗朝，虽然天下太平，号称盛世，但也绝非天下无忧。除了西北军事失利，政府财政不堪重负，全国各地灾情也时有发生，如东京旱灾、江淮蝗灾、秦州地震等，灾区百姓生活困苦，朝廷却赈灾不利，民间怨气很重。

这就是蔡襄的职责所在了。他当面向仁宗进谏，称天下灾祸连连，正是由于皇帝听信谗言，不能爱民如子，加之人事不修，贪官横行所致，劝诫仁宗修身养德，洁身自好，亲贤臣，远小人。如此直言不讳，把包括欧阳修等人都惊得冷汗涔涔。

平心而论，宋朝地域广大、幅员辽阔，境内有自然灾害也是难免的事。蔡襄所言，虽是职责所在，又是经典的儒家理论，但多少有些冤枉仁宗了。被当众揭短，仁宗再好脾气，也是脸色铁青，怒气冲冲。

不过，仁宗到底还是大度，事后回过味来，不以为忤，反而心中欢喜。毕竟，有明君才有直臣，有直臣才有利江山社稷。他手书"君谟"二字赐给蔡襄，这便成了蔡襄的字。君谟，就是为皇帝出谋划策，提出真知灼见的意思。

据说，后来有个进士名叫君谟，被仁宗所知，还强令他改了名。在仁宗那里，君谟只能有一人，那便是蔡襄。他对蔡襄的喜爱，可见一斑。

蔡襄冒死进谏，仁宗赐字激励，君臣二人有来有往，相得益彰，堪称绝妙。这真是大不易。所谓盛世景象，大抵如此。

历朝历代，多有盛世。至少史书是这样写的。

不过，这盛世与盛世，大有不同。有的盛世，物质繁华、金玉满堂，但是不自由，甚至不能随便说话，说少了，没吃的，说多了，命就没了；有的盛世，可能看上去没那么光鲜耀眼，但是该说啥说啥，想骂还能骂，骂得对，当政者能改，骂得不对，当政者也是一笑而过。

说起来，盛世又岂在吃喝拉撒、衣食住行？对生活在其中的人来说，如果摆脱不了生理需求，上升不到精神层面，那所谓盛世，不过说辞罢了。说到底，盛世在于衣冠，在于文化，在于人的风骨，在于内心的自由，在于包容，甚至是包容失败。

正因为恭逢盛世，即便新政失败，蔡襄作为台上唱戏的，也能毫发无损。不仅如此，还能身在故乡茶园，一杯茶、一帖字，追忆京城往事，总结新政得失，日子过得逍遥而自在。

蔡襄是个有福之人。

唯一令他难过的是，这期间，父亲去世了。按制，他去官回乡丁忧三年。虽三年不问政事，但仁宗没有忘记他。丁忧刚满，仁宗就下诏，让蔡襄回了东京。

再回东京时，蔡襄已近不惑之年。

在京的几年时光，蔡襄过得并不愉快。

京城永远是个大染缸，也永远是个名利场。看过了新政的大戏，品过了家乡的醇茶，尝过了生死的别离，蔡襄变得安静了，也似乎有了些精神洁癖。

精神洁癖，对官员来说，是极其昂贵的。身在官场，不流于世俗，不精于应酬，任你才华横溢，也是难以纵横驰骋。

京城的空气，对他来说，有些浑浊了。

东京城，蔡襄越发住不习惯了。

这期间，仁宗还给他出了个难题。

仁宗宠爱的张贵妃去世了。前文说过，当时中宫是曹皇后，仁宗却执意要追封张贵妃为皇后，并以皇后之礼下葬，还罢朝七日哀悼。此事明显与礼制不合，朝堂上一片哗然。

蔡襄追随范仲淹等人多次上书，要求仁宗不要逾礼。仁宗痛惜张氏，不听劝谏。不仅不听劝，哀痛之中的仁宗，还令蔡襄为张氏书写《温成皇后碑》。

仁宗是个明白人，他知道张氏之事，朝臣们有抵制。所以，他是私下找的蔡襄，而非下的诏命。都说，天子无私事，天子一旦有私事相托，自是天大的恩宠。对臣子来说，这是莫大的机遇。有机会为天子干私活，这是多少人梦寐以求的事？

蔡襄却不领情，巨大的机会，拱手相让。他推辞说，这不是其分内事。仁宗有些伤心。对蔡襄，他可是有赐字之恩的。

蔡襄推辞的理由，也根本站不住脚。

当年，仁宗舅舅去世，就是其生母李宸妃的弟弟。出于至孝，仁宗将舅舅的葬礼办得极其隆重，还让蔡襄亲自书写碑文。蔡襄奉诏，兢兢业业制成《元舅陇西王碑文》，文字精妙，书法飘逸，仁宗甚爱之。

过了几日，沉浸在对张氏思念中的仁宗，又找来蔡襄，旧事重提。任凭仁宗泪眼蒙眬，蔡襄始终沉默，一言不发。仁宗也只好叹息作罢。

蔡襄是个深明大义之人，若论私心，他对仁宗应是感恩戴德。但事关朝廷礼仪，他选择了坚持原则。当然，这更需要仁宗的大度。换个朝代，换个皇帝，蔡襄纵有十个脑袋，也不够砍的。

或许，是出于内疚，蔡襄越发不想住在京城了。七年的福建为官生涯，也让蔡襄更加眷恋故乡。此事不久，他就以老母年高，思念家乡为名，多次请求回到故乡为官。

仁宗挽留了几次，见蔡襄执意要去，也就准了。

四十三岁的蔡襄，再次离京。

如果，他能知道，这次的归途有多凶险，他一定会改变主意。哪怕京城的空气再浑浊，他也会坚持住下去。那样的话，或许很多事就不会发生了。

可惜，他没有后悔药。

离京时，蔡襄有爱妻和长子相伴。

一家人，思乡心切，有说有笑地出了东京城。没想到，这却是家人最后的幸福时光。

行程未半，蔡襄的长子，十八岁的蔡匀便染疾。七日后，蔡匀病情加重，身亡。白发人送黑发人，从来都是人间至痛。

蔡襄人到中年，仕途辗转，又遭此重击，悲痛欲绝。

岂料祸不单行，生活再送上当头一棒。

蔡襄的妻子，因爱子去世悲伤过度，也染病不起。旅途颠簸，缺医少药，爱妻最终没能挺过来，也撒手人寰。一趟回乡路，老家的门楣还没到见到，两位至亲先后离世。

人到中年的蔡襄，短短几年内，父亲病故，爱妻、长子病亡。生活的当头棒喝，其凶其重，让蔡襄几乎到了绝境。

古往今来，生活对中年男人的打击，从来都是不计后果的。上有老、下有小，这一老一小，都是打断骨头连着筋。中年人，就是这根筋，除了咬牙，没有选择。

对男人来说，中年就是个巨坑。爬出来，犹是好男儿，前方或是一片坦途；深陷其中，则只能眼看着余生，在晦暗中慢慢腐烂殆尽。古今亦然。

蔡襄爬出来了，靠一座桥。

安顿好家人后，他赴泉州任知州，主持修建了洛阳桥。

万安渡口，风高浪急。蔡襄如此执着地修桥，背后是否也有着对命运的不屈服？

六年后，四十九岁的蔡襄再回到京城。这次，他出任三司使，这是中央最高财政长官，号称"计相"，掌管全国钱谷出纳、均衡财政收支。蔡襄善于理财，几年下来，朝廷严重的财政危机，有所缓和。

新政失败后，蔡襄曾总结得失，这次是光做不说，效果不错。这是他对朝廷的报效，也是对仁宗知遇之恩的回报。可惜，留给他的时间不多了。

三年后，仁宗驾崩，英宗继位。

新主继位，改革派的呼声再次在朝堂响起。距离庆历新政，时间已过去近二十年。范仲淹也已去世十年有余。蔡襄已由而立之年，到了耳顺的年纪，但是，他的内心却再次被激活。

这次，他不再是摇旗呐喊的角色，他用尽平生所学，荟萃半生心得，写就了《国论要目》一文，阐述改革主张，提出择官、任才、去冗、辨邪佞、正刑、抑兼并、富国强兵等改革方案。这也是个一揽子方案。

这是蔡襄一生最雄心勃勃的时刻，也是其人生最后一次冲锋。奏折递上去后，他便静静地等候。

可惜，他等来的是免职的诏书。

对于蔡襄的建议，英宗非但不采纳，反而夺其三司使职。

史书没有给出理由。在宋朝皇帝中，英宗是有大志向的。按说，蔡襄的革新措施，是号准了英宗脉象的。但不知为何，英宗却是如此反应。

不管怎样，蔡襄最后的雄心，还没施展，就结束了。离开，是最体面的方式了。蔡襄请求外任。

英宗展现了他对老臣的温情。五十三岁的蔡襄，被外放杭州任知州。上有天堂，下有苏杭。能在杭州主政，无疑是对老臣很大的安抚。

或许，英宗对蔡襄还另有期待，在他离京之前，又赐予了他端明殿学士。不过，英宗肯定没想到，他的皇帝生涯只有短短四年，而蔡襄的余生，则更短了。君臣一别，再无相见。

对蔡襄来说，这是最后的外放，最后一次离开东京城。

从十七岁那年，在汴河码头下船，到五十三岁离京。三十六年的时光，蔡襄的人生，多次往返东京城。

从此，只能梦回东京。

年轻时的意气风发，渐渐地消磨殆尽。或许，他倦怠了，只想求个安稳的日子，好在母亲堂前尽孝。

可惜，这只是美好的愿望。

杭州好，西湖美。

可惜，人已近黄昏。

湖光山色，名胜美景，从来都是与青春和心情做伴的。青春远了，兴致没了，再美的景色，再好的山水，入得了眼，却入不了心。很多时候，那些记忆深处的景色，不过是青春的底板，或者是某个人的背景。

西湖的暖风，无法抚平蔡襄的心情。杭州的日子，蔡襄郁郁寡欢。仕途了了，白发苍苍，人生的末端，悲凉已是主色调。好在，他还有老母可以孝敬。这几乎是他唯一的寄托。

可老天从来反复无常。它能让你十七岁就扬名天下，能让你一支笔就纵论古今，它也能在你最虚弱的时候，夺走你的拐杖。

这就是人生。

到杭州仅仅半年多，蔡襄的母亲卢氏去世了。

蔡襄的心情，真的难以想象。除了绝望，不知还能有什么？

多年来，他和母亲几乎没有分开过。家乡的岁月，东京的时光，还有那些往返京城的路上，无论风光，还是落寞，母亲始终陪在他的身边。

蔡襄，事母极孝。关于母亲，除了洛阳桥，还有个小故事。

据说，早年在东京时，有次蔡襄办完公事，步行回府。路上碰到一位老妇人，眉眼之间很像其母，但年龄看上去要大许多。他走过去问好，并询问年纪。老妇人说，我今年一百零二岁了。蔡襄闻之，拜了又拜，感慨地说，希望家母也能如此高寿。

有人说，蔡襄母亲后来真活到了一百零二岁。果真如此，那卢氏该是四十八岁左右生下的蔡襄。如此高龄，在那个年代，似乎不太可能。这是人们美好的心愿吧。不过，即使未到百岁，卢氏应该也是高寿。

虽然如此，蔡襄依然痛不可当。按制度，他需要回乡丁忧。

满头白发、步履蹒跚的蔡襄，离开了杭州，再次扶棺南归。

父母在，人生尚有来处；父母去，人生只剩归途。

这是蔡襄，最后一次归乡路。

万般悲痛中，他安顿好了母亲的后事。母亲的故去，似乎耗尽了他生命最后的能量。他甚至都觉得，快熬不住了。

这时，他等来了，人生最后一件大事。

又一件，让他名垂千古的事。


百衲碑。

粗通书法的人，或许都知道，这是个神级的存在。

而精通书法的人，可能做梦都想亲手触摸碑文。

事情还得从韩琦说起。

韩琦，出将入相，一代名臣。西北前线，他和范仲淹共同抵御西夏，人称"韩范"；庆历年间，又与范仲淹等人共同主持庆历新政。仁宗末年拜相，为相十年，历仁宗、英宗、神宗三朝，颇有作为。故去后，神宗为他御撰"两朝顾命定策元勋"之碑，追赠尚书令，谥号"忠献"，配享英宗庙庭。徽宗年间，追封魏郡王。到清代，韩琦更是先后从祀历代帝王庙及孔庙。

生前、身后都是典范，堪称完人。

韩琦，河南相州人，比蔡襄年长四岁。两人虽然年纪相仿，但韩琦早中进士三年，在朝中无论辈分还是官职，都在蔡襄之上。朝堂之上，韩琦对于蔡襄，也多有提携和帮助。

在蔡襄为母丁忧时，韩琦也回到了家乡为官。他在家乡建了一座堂舍，作为修身养性之地。堂顶覆盖绿色琉璃瓦，东有狎鸥亭，西有观鱼轩，后有忘机楼，还修有藏书楼和康乐园。建筑雄伟秀丽，庭院古朴幽雅，为一时之盛。

韩琦很满意，取名昼锦堂。这名字有讲究。

衣锦还乡，人之常情。项羽曾说过，富贵不归乡，如锦衣夜行。韩琦反其意而行之，取名昼锦堂，就是以此告诫自己，切不可小人得意，而要为民做事，泽备乡里。

堂舍落成后，韩琦差人请好友欧阳修为昼锦堂写记。欧阳修与韩琦，多年同朝为臣，又同为庆历新政的核心人物，对于韩琦的心思自然明了。他沉思片刻，提笔就写，直入主题，一挥而就。

文章写好后，欧阳修送走来人，如释重负。事后，他在院子里踱步，反复诵读刚刚脱稿的《相州昼锦堂记》，总觉得有些不尽如人意，便又重新修改了一遍。

改完后，他命人快马去追，想换上新稿。殊不知，还是慢了一步。韩琦几乎同时收到两篇文稿。他新旧对照再三读之，发现新稿仅在文章头二句，加了两个"而"字而已。欧阳修，对文稿要求之高可见一斑，不愧一代文豪。

文章千古事。千年后，当年亭台楼阁，早已湮没无踪，而精妙美文，却依然代代传颂。

文章写好后，要勒石树碑，欧阳修便想到老友蔡襄。对蔡襄的字，他向来都是最推崇的。

接到欧阳修的书信和文章，蔡襄一气读完，不禁拍手叫绝。欧阳修的文章，借着称赞韩琦的功绩和品性，把一个官员，或者说一个人，应该以什么为荣，以什么为功，该在意什么，该做什么等，说得入木三分。人生暮年的蔡襄，历经宦海浮沉，饱经人世沧桑，对这一切感触更加深刻。

这样的好文章，千古难遇。

对书法大家来说，更是可遇不可求。

一段传奇，就此注定。

好文章要配好字。

为写好这幅作品，蔡襄费尽心思。他将文章的每个字，都在纸上反复写上几十遍，然后挑出最好的，再请工匠刻字。因此，此碑被后世成为"百衲碑"。

又被称为"三绝碑"，人绝、文绝、书绝，韩琦的功绩，欧阳修的文采，蔡襄的书法。政坛、文坛、书法的三位领袖，三位庆历名臣、三位大家，共创了这华夏文化史上的绝品。

也被称为"五绝碑"，在前面三绝之上，还有两绝，邵必的题额和司马光的碑阴。在碑额，"昼锦堂记"四个字，是邵必的篆书所写。邵必，进士及第，官至龙图阁学士，在书法上颇有造诣，尤擅篆书和隶书。在碑阴，则刻着司马光撰文的韩琦在大名府救灾的事迹。

此碑落成，即便在当年，也是轰动一时的盛事。昼锦堂前，驷马高车，繁华喧嚣，韩琦立于堂前，笑容可掬。

有人，因文章千古留名；有文章，因人而流传后世。百衲碑，人、文章、书法，都被刻进了这方寸的石碑上。普普通通的一块石头，因此如钻石般散发着璀璨的光芒。

每个民族都有自己闪闪发光的东西，我们也不例外。

数千年来，华夏民族，经过无数的血雨腥风，有过无数的坎坷波折，有过开国雄主，有过英雄豪杰。是什么让我们走到今天，始终傲然挺立？是刀，是剑，是赫赫武功吗？

是，也不是。刀、剑，武功，固然可以开疆拓土，抚远靖边，但是德育天下，感化人心，混同车书，四海一家，更多的还是靠文明的力量。

文明不灭，道统不绝，无论谁主浮沉，无论朝代更替，华夏依旧是华夏，华夏始终立在潮头。

有人说，文明、历史、道统等，听上去太大、太虚，摸不着边际。实际上，一篇文章、一帖书法、一块石碑足矣。

熟悉我们的历史，知道我们的过去；热爱我们的文明，知道我们的骄傲；遵循我们的道统，知道我们的归依。如此，才能知道我们从哪里来，我们为什么而存在，我们终将归于何处。

这样的神迹，如果今天依然安在，那该是怎样的美好。

可惜，原碑早已毁于战火。这样的结局，我们并不意外。

好在，如今的安阳古城还有存碑，是元朝时期重刻的仿制品。虽是仿制，也是历史，神韵犹存。如此，文化不绝，代代流传。

这块碑耗尽了蔡襄的心力。

蔡襄的人生进入倒计时。

公元 1067 年 9 月，福建仙游，老家，蔡襄安然去世，享年五十五岁。

那个大书法家，那个煮茶人，那个修桥者，那个名冠京华的少年才俊，那个庆历新政的热血青年，那个白发人送黑发人的中年男人，那个扶棺葬母的白发孝子，那个一遍遍书写百衲碑的苍苍老者，蔡襄，魂归天际。

这个少年得志、一生颠簸、晚年坎坷的人，最终还是幸运的。

幸运的是，他这一生，正处北宋中期，是一段最好的时光。他遇到的皇帝，是北宋颇受推崇的仁宗、英宗。特别是仁宗，生性宽厚大度、开明包容，开创了一代盛世。他的同僚朋友们，从范仲淹、韩琦、到欧阳修、苏轼等，都是千古人杰。就连他的政治对手们，与后世相比，也算得上是谦谦君子。

幸运的是，他死在了时代大变革的前夜。这年一月，英宗驾崩，神宗继位，纠缠北宋后几十年的变法即将上演。以蔡襄耿直的性格，若他是高寿之人，在后面的激烈党争中，难免遭打击报复、流放贬官。官不官的，他倒未必在意，关键是要遭那份折腾、受那份气。

幸运的是，他死在了故乡，可以直接安眠在老家。在那个时代，对踏入仕途为官的人，这是莫大的幸运。有多少人，客死他乡，要千里扶棺回家；有多少人，万般无奈，只能葬于异乡，难以魂归故里。即便在今天，无论人生成就，成败得失，无论读多少书，行多少路，能够生于斯，又最终葬于斯，也是幸运的人。

对蔡襄来说，他一生至孝的母亲，刚离世一年，魂兮不远，或许他能在另一个世界追上母亲，结伴同行。

人生一世，生死有常。活得长，未必幸福，死得早，未必不幸。幸运的人，是活得恰到好处。有的人，千难万难，苟活几年，天翻地覆，看到了崭新的世界。有的人，享尽荣华，多活几年，沧海桑田，被扔进了黑暗的地狱。

蔡襄，是幸运的。他被葬在家乡，枫亭铺头村蔡岭。

福建蔡家百余年的兴旺发达，由他而开启。蔡襄后世子孙繁盛，人才辈出，家业兴旺。时至今日，蔡氏子孙开枝散叶，早已遍及海内外。逢有祭祀日，那些操着各种语言，生着不同面孔，来自五湖四海的子孙们，都虔诚地跪在他的坟前。

蔡襄是荣耀的。他的墓前立着一块碑，所刻《端明殿学士蔡公墓志铭》，是一生挚友欧阳修所撰。洋洋洒洒，在老友的笔下，他的一生，光辉灿烂，他的功绩，千古流芳。

墓志铭是留给后人的，也是留给历史的。

对欧阳修来说，老友故去，往事如风。回忆过往岁月，他似乎又回到了东京城，在当年仁宗主持的殿试上，初见那个十七岁的俊逸少年，蔡襄。

# 蔡确的人生赌局

蔡襄去世十五年前，范仲淹，就已经故去，终年六十三岁。

蔡襄去世五年后，欧阳修，驾鹤西去，终年六十五岁。

再三年后，相州昼锦堂，韩琦病逝，终年六十七岁。

至此，这些庆历新政的主导者们，相继离世。

人事有代谢，往来成古今。新政虽已是明日黄花，但更大的变法浪潮正在酝酿。一批青年才俊，已然成为朝廷新的中流砥柱。

这其中，就有蔡确。

他是蔡襄之后，大宋朝堂之上，再度崛起的蔡姓重臣。

蔡襄、蔡确、蔡京，三人同一高祖。其中，蔡襄与蔡确，血缘更近一些，为同一祖父。也就是说，蔡襄、蔡确的曾祖，蔡京的曾祖，是亲兄弟。

蔡确，字持正，福建泉州人。他生于公元 1037 年，比蔡襄小二十五岁。当庆历新政如火如荼之时，蔡确还是个学童。不过，和那个时代的很多人一样，他虽然未能亲历，但对新政耳濡目染，十分向往，并最终投身更加轰轰烈烈的王安石变法。

不过，在此之前，他还有很长的路要走。

当蔡确开始读书识字时，蔡襄作为兄长，早已名满天下。蔡襄正是他儿时的偶像和榜样。他和蔡京一样，都是临摹着蔡襄的书法，开始了科举之路。不过，相比蔡襄幸福的童年和少年时光，蔡确的人生路要艰难许多。

说起来，蔡确的人生起步是应该高过蔡襄的。蔡襄的父亲没有考取功名，终身只是个农民。而蔡确的父亲蔡黄裳，则是进士及第。

蔡黄裳经过科举踏入官场后，主要在地方任职。他为官清廉，素有贤名，历任多处地方官，百姓都是交口称赞。据说，他在建阳任县令数年，临别之时，囊中无一件建阳物品，可见其清廉。仕途辗转，他的两个儿子，长子蔡确、次子蔡硕，也跟着他居无定所，天涯漂泊。

直到年近七旬时，蔡黄裳来到陈州为官。或许，是年纪大了，走不动了，他就想着在陈州多干几年。不过，事与愿违，他的顶头上司不这么想。

陈执中，蔡黄裳的顶头上司，曾经官拜宰相，这次离京主政陈州，正想有一番作为。他见蔡黄裳，垂垂老矣，步履蹒跚，处理公务手慢脚慢，十分不满，多次暗示他请辞离职。

上司的心思，蔡黄裳自然明白，但他故作不知。

并非是他贪恋权位，而是因为穷。确实，就是因为穷。他虽为官多年，但清廉自守，家境清贫，家中数口人，全靠其薪俸勉强维持。为了一家人的口粮，面对上司冷言冷语，古稀之年的蔡黄裳，只能选择装傻。

陈执中出生宰执之家，自幼锦衣玉食，哪里知道谋生之苦，养家之难。何况，他是做过宰相的人，很有些官威。眼见蔡黄裳不识抬举，他也就不客气。他令人找来蔡黄裳，直言不讳地说道，你若自行辞官，尚有体面，如果你坚持不辞，我定会向朝廷上书。

陈执中咬牙切齿，一字一句，句句都扎向了白发苍苍的蔡黄裳。

蔡黄裳一生虽未能出将入相，但也是读书人，也是两榜进士出身，何曾受过这番折辱。士可杀不可辱，他只能含泪请辞。

知府门外，蔡确正焦急地等着老父亲。

眼看，父亲走出衙门，他还未及问话，老父已是老泪纵横。作为家中长子，父亲的坚忍，陈执中的苛刻，他再清楚不过了。然而，人在屋檐下，不得不低头。蔡家父子悲从中来，抱头疼哭。因为生计，更是因为羞辱。

高坐大堂的陈执中，正为了却一桩烦心事，而心生惬意。这时，有下人来报，称蔡氏父子正在府门外痛哭，他不置可否，心中更是暗暗不屑。

所谓，天理国法人情，得饶人处且饶人。

陈执中此举，是否完全出于公事，不得而知。作为读书人，即便他心底无私，至少也该有恻隐之心。作为当过宰相的人，即便为国谋事，至少也该有宰相的气度。可惜，面对一个为国为民操劳半生，素有贤名的老臣，他不仅弃如敝屣，还肆意羞辱，实在令人汗颜。

世间事，有因有果。陈执中如果能知道今日种下的是怎样的恶果，将会给他们陈家带来怎样的滔天大祸，他定会冲出府外，当街向这父子俩磕头谢罪。

可惜，人只能追悔过去，却无法看到未来。

陈执中无法看到的未来，蔡确一样无法看到。

在当时，蔡确只能悲愤地搀着老父亲蹒跚离去。这一幕，永远刻在了他的脑海里；这一幕，也深深地影响了他的一生。

说起来，一个人的行为模式和脾气秉性，在他的童年和少年，多少会找到一些根源。如果这段日子阳光灿烂，人多数会宽厚仁慈，如果乌云密布，人多数会阴暗狭隘。当然，凡事并不绝对。

至于蔡确，到底是哪种，还得看他的人生造化。

被迫辞官后，蔡黄裳最好的归宿，自然是告老还乡。叶落归根，这是所有中国人不变的情结。可惜，他走不了。原因还是穷。说来心酸，仕途忙碌一生，老了连回乡的盘缠都凑不齐。

他只能继续客居陈州。没了俸禄，一家人的生活完全没了保障，就连居所的门坏了，也没钱更换，只能挂张凉席遮蔽。家中更是吃了上顿没下顿，也就是比当街乞讨略好些罢了。

蔡黄裳已逾古稀之年，别说穷困清苦，就是生死，对他来说，也不是大问题。他之所以咬牙苟活，是因为人生还有两个愿望。一个，就是两个儿子能考取功名；另一个，他则深埋心底。

蔡确天资聪颖，虽然自小生活漂泊，但读书不辍，素有才名。作为长子，目睹父亲被陈执中羞辱，悲愤之下，读书更加用功。为了给家里省口粮食，他借宿陈州郊外的寺庙苦读。由于家贫，他衣衫破陋，食不果腹，就连庙中僧人都瞧不起他。

人在低处的时候，最能尝到人情冷暖，最能感知世态炎凉。对此，不同的人，有不同的反应。有人哀叹，有人不忿，有人悲伤，有人自嘲，有人自惭形秽，有人不以为然，有人怒发冲冠，有人一笑而过。

蔡确心如止水，他有鸿鹄之志。

皇天不负苦心人。苦熬数年后，二十二岁时，蔡确高中进士。

朝为田舍郎，暮登天子堂。在那个时代，科举对一个人、一个家庭的影响，尤其是对寒门子弟的影响，怎么形容都不过分。

小时候，我们读《范进中举》，都当笑话来看。如今，当我们自己走到了或者走过了范进的年纪，再回头看范进。一个被生活、被世俗反复蹂躏和折腾的中年男人，他的憋屈和苦闷，我们是否似曾相识？如果，我们现在有了他那样扭转乾坤，人生重塑的机遇，我们就能确定自己不会高兴得发疯？

至少，蔡确是欣喜若狂的，在一场大哭之后。

放榜之日，他心中背负的万斤巨石终于卸了下来。这些天来，他甚至都不敢去想，离家时父亲最后望向他的目光。老父已经卧病在床，那是最后的希望的目光。

东京虽好，花团锦簇，可蔡确无心流连。他必须马上赶回陈州，向父亲报喜。而陈州的陋屋里，蔡黄裳早已气若游丝，就留着一口气，还在苦苦坚持。

他在等蔡确。

儿子的喜讯，让老父亲两眼放光。

奄奄一息的蔡黄裳精神大为好转，甚至都能扶着床沿，挣扎着坐起来了。他喃喃自语，终于可以死而无憾了。

当然，他还得交代最后一件事，也是余生第二个心愿。这个心愿，他深埋心底许久，就等着儿子科考归来。如果儿子科举不利，他只能把它带进棺材。或许没有棺材，那就带进草席吧。

他紧紧抓住儿子的手，严厉地告诫他，陈执中所辱，是其平生最痛，此仇必报。这一刻，他死死盯着儿子，目光如炬。

蔡确不住地点头，他向父亲发重誓，此仇必报。

蔡黄裳心愿已了，数日后，安然离世。

蔡确长跪父亲面前，泪如雨下。办完父亲后事，丁忧守制。

几年后，蔡确回到京城，正式踏入仕途。

到了东京，第一件事，他便打听陈执中的情况。不想，几年前，陈执中已经去世。蔡确闻之，愤然不已。不过，当听到陈执中还有独子，他又转而心中窃喜。还有机会。

不过，他首先得努力奋斗。无论是为了仇恨，为了仕途，还是为了抱负。这三条，都有一个前提，就是他得努力往上爬，只有爬得越高，官做得越大，才越可能实现心中所想。

蔡确的第一个官职，任邠州（今陕西彬州）司理参军，是个管理刑狱的九品小官。这是个正常的安排，很多出将入相的高官，也都是这样从基层做起的。

原本，蔡确也要循迹而上。可是，仕途刚起步，就出了岔头。他被人告发了，说是受贿。史书没有记载细节和原因。其实，也不用揣测，应该还是因为穷。

受贿是重罪。受贿事实清楚，蔡确也供认不讳。上级领导直接过问了此事，想要重办他，以儆效尤。年轻的蔡确，仕途刚刚开始，就面临着提前结束。这时的蔡确，内心充满悲凉。别说什么抱负、志向，就连老父亲最后的目光，他都不敢去触碰了。

按规定，上级领导在最后做出处罚前，要见蔡确一次。这不是领导发善心，只是例行程序。这根本不是机会，但偏偏让蔡确抓住了，并且起死回生。

当我们读史时，经常会心生感慨。看那些历史人物，明明已是命悬一线，转眼间，却又柳暗花明了。这就是人生，这就是命运。人生无常，命运难测。历史不断告诫我们，永远不要过于乐观，但也永远不能过于悲观。祸福相依，否极泰来。有时候，即便已是绝境，也要再坚持，或许转机，就在下一秒。

熟读史书的人，看多了这样的命运反转，往往会更加乐观豁达，不去计较一时得失。这是历史的经验，也是人生的智慧。

上级领导名叫薛向，是个爱才之人。他见蔡确仪表秀伟，举止得当，就颇有好感，再看蔡确的应对，思维缜密，文采斐然，更是大为赞赏。他认定，此人非比寻常，日后必前途无量。薛向不仅没有治蔡确的罪，还帮他摆平了案子，甚至还向他的好友极力推荐蔡确。

就这样，刑前的例行谈话，成了蔡确人生开挂的起点。

蔡确死里逃生。薛向是他人生的第一个贵人，而薛向极力推荐的朋友，则成了他仕途起飞的关键人物。

薛向的朋友，叫韩绛。


韩绛时任陕西宣抚史。陕西是当时宋对西夏的作战前线。

在宋代，宣抚史最初职责是巡视地方，后来演变成地方军事统帅，位高权重。其地位相当于执政大臣，一般由二府高官兼任。二府，即掌管军事的枢密院（西府）和掌管政务的中书门下（东府），为最高国务机关。

韩绛此人甚为了得。仁宗庆历年间，他进士及第，一甲第三名，探花郎。那年的科举，也是一期龙虎榜。状元杨寘，是中国历史上少有的几个连中三元的奇才（解元、会元、状元）。榜眼王珪，文采了得，后来也官居宰相。他有个外孙女，叫李清照。

而位列韩绛之后的第四名，正是王安石。

韩绛的家族，更不得了。

北宋时期，韩氏为中原地区名门望族。当时，分相州韩氏和真定韩氏，两支韩氏均是名人辈出。

韩琦，相州韩氏的代表，后世称为梅花韩氏。其后人包括徽宗朝宰相韩忠彦、南宋权臣韩侂胄等。

韩亿，韩绛的父亲，真定韩氏的代表，因其家门前栽有梧桐，也被称作梧桐韩氏。陆游的祖父陆佃，曾有诗云"棠棣行中为宰相，梧桐名上识韩家"，说的就是韩绛他们家。

韩亿，字宗魏，真宗年间进士及第。他博学多才，深受真宗赏识，后来还娶了宰相的女儿。他为人正直，为官清廉，数任外官，颇有政绩。后来，到朝廷任御史中丞，执法不避显贵，得到仁宗的器重，担任副宰相，封陈国公，去世后谥号"忠宪"。

韩亿教子有方，八个儿子，韩纲、韩综、韩绛、韩绎、韩维、韩缜、韩纬、韩缅，全部高中进士，个个官居显要。

其中，韩绛、韩缜担任过宰相，韩维和父亲韩亿担任过副宰相，父子两代九人，竟有四位宰相。时人美誉，兄弟同胞八人三学士，祖孙共列一朝四国公！

所谓光宗耀祖，光耀门楣，不过如此吧。

韩绛虽是高官显贵，却素有伯乐之名。他听多了朋友的赞誉，对这个叫蔡确的年轻人产生了浓厚的兴趣。遂借巡视陕西各地，提出约见蔡确。

论官职，韩绛为政府大员，蔡确，则是不入流的小官。

论家世，韩绛是豪门大族，蔡确，则是寒门陋户。

差距如此悬殊，韩绛礼贤下士，约见蔡确。这对蔡确来说，意味着什么，不言而喻。

每个人一生，都有几次跳龙门的机会。有时候，我们面对的是一张试卷，答对了、答好了，走上康庄大道。但更多时候，我们面对的，还是一个个的人。所谓龙门，就在这些人的举手之间。

读书不易，但书就是书，书读百遍，其意自现。书终究越读越薄。人，就说不好了，有时候交往越深，越觉得深不可测。有的人，阴晴不定，深藏不露，翻手是云，覆手是雨。对你笑的，可能袖里藏着刀；对你哭的，反而心里装着爱；来罚你的，可能变成帮你的；来帮你的，反而变成推你的。谁知道呢？

蔡确是有过体会的，他只能尽其所能，精心做好准备。

剩下的，就交给命运吧。

决定人生命运的，是一场饭局。

看来，古人也未能免俗。

为了这顿饭，蔡确做了精心的准备，特意请了韩绛家乡的厨子，做的都是韩大人的家乡菜。陕西、河北，千里之遥，纯正的家乡菜，还是会让人心暖暖的。

果然，一入席，韩绛眼见家乡菜，胃口大开，心情大好。当然，这只是开胃菜而已。蔡确准备的大菜，是他的文采，这是真正的硬功夫。宴席上，他为韩绛即兴赋诗一首。

诗云：儒苑昔推唐吏部，将坛今拜汉淮阴。

唐吏部正是韩愈，汉淮阴正是韩信。这两人，一文一武，韩愈是文坛领袖，一支笔纵横古今；韩信是军事天才，战必胜、攻必取。在韩姓先人中，他们是两座巅峰。韩绛，探花出身，又是统兵边帅，世人恭维他文武双全，这也是他最得意之处。

蔡确瞄的就是这一点。他仅用十四个字，就成功地将韩绛推到可与韩愈、韩信比肩的高度。这当然是文采，更是马屁。但这样的马屁，又真是才气逼人，让人佩服。

果然，韩绛大悦。他不住地赞扬蔡确绝非池中物。爱才心切，他现场手书一封，将蔡确推荐给东京开封府尹。而时任开封府尹的韩维，正是韩绛的五弟。

一切顺理成章。一场饭局，一首诗，蔡确成功跳过龙门，由陕西边陲之地，入了京城，由不入流的地方小吏，做了京官。

这看似容易、轻松愉快，实则万难。毫不夸张地说，不论古今，有的人奋斗一辈子，也跨越不了这一步。对此，有点生活阅历的人，想必都是感同身受。

跨越地域，难；登上新的舞台，难上加难。

人生，说到底，舞台最重要。人是万物之灵，人与人之间自有差别，有天才，有愚夫，但多数人的体力、智力，其实是差不多的。而人生命运的千差万别，其根本在于舞台。

站在什么舞台上，才能演什么戏。有些人，站在台下，看到台上人的拙劣表演，愤愤不平。其实，这是找错了愤怒的方向。关键是台上、台下，而并非表演的技能。无论才华好坏，能上台才最重要。只要上了台，多学着点，多装着点，台下总有鼓掌的。假以时日，机缘巧合，就成了腕也说不定。

对有抱负的人来说，舞台从来都是最重要的。

蔡确胸怀大志，要的正是舞台。

京城当然是个大舞台。

大舞台上，也有更多的大人物。

韩维就是其中一个。他在官场的能量，毫不逊色于哥哥韩绛。实际上应该更强，因为他出身非比寻常。

他是神宗皇帝的故人。当神宗还在藩邸的时候，韩维就是他身边的亲信。准确地说，韩维算是他的老师。登基之后，神宗对韩维依旧是言听计从。

这样的人，政治能量有多大？不言而喻。韩维府前，多少人趋之若鹜。而蔡确，凭着韩绛的推荐，昂然入府。

韩维受到哥哥的委托，自然对蔡确高看一眼。而蔡确，也确实很争气，见面一番答对，韩维很满意。他直接将蔡确安排在身边，负责机要事宜。

看上去，一切都是那么顺遂。对蔡确来说，短短数月间，傍上了豪门大族，顺利来到京城，还跟上了皇帝面前的红人。这样的际遇，是他以前不敢想象的。更重要的是，如今他与皇帝之间，只隔了韩维一个人。锦绣前程，似乎就在眼前。

安顿下来后，他打听了陈执中独子的情况，原来也在京城任职。不过，他没有声张，现在还不是有想法的时候。

他需要做的，就是等机会，就是积累，就是往上爬。

他以为，以现在的位置，机会多得是。没想到，屁股还没坐热，就出了岔子。韩维由于朝廷变法党争，被调离了京城。这突如其来的变故，让蔡确很沮丧。这就好比狂风暴雨中，你刚顶了个荷叶，转眼就被大风刮走了。

新来的开封府尹，叫刘庠。

此人博古通今，是名能吏，就连王安石都对其赞不绝口，称其博闻强识、能力超群。据说，王安石主政变法后，门庭若市，很多人前来毛遂自荐，并由此飞黄腾达。王安石却专门辟出一日，交代下面，此日只待刘庠，余者一律不见。可刘庠对此却并不领情，他对王安石本人没意见，但对新法，坚决反对。

这中间就有些微妙了。

韩绛，进士排名第三、探花郎，王安石，排名第四。这样的同年缘分，让韩绛、王安石成了至交。对于王安石变法，韩绛鼎力支持。韩维，韩绛之弟，也是支持变法的人。

蔡确，韩绛所荐，韩维所用。蔡确身上有明显的新党底色，而新来的顶头上司，偏偏是坚定的旧党骨干。蔡确尴尬了。

旧制，新任府尹上任。衙门所有官员要行庭参之礼。具体来说，就是府尹立于中庭，文武官员小跑着进来行礼。如是文官，府尹站着受礼。如是武官，还要自报官衔姓名，府尹则坐下受礼。

这日，刘庠上任。衙署中，所有人都向刘庠行了礼，独缺蔡确。刘庠诧异，质问蔡确何故？这难不倒蔡确，他早已准备。

他说，此礼源自唐末五代。当时，衙署中官僚都由节度使个人征辟。换句话说是私人幕僚，并非国家官员。受人俸禄，向人行礼，无可厚非。太祖建宋以来，太宗、真宗，做过开封府尹，因为地位尊崇，属官向其行礼，也是理所当然。如今，属官与府尹，同朝为臣，共同侍奉天子，又有何理由要向府尹行礼？

蔡确此说，有理有据，纵是刘庠博学，也无法反驳。上任之前，刘庠就做过功课，如今验证了，蔡确果然是颗钉子。他愤而向神宗上书，弹劾蔡确不受旧例，以下犯上。蔡确自知顶撞了刘庠，无法再安坐衙署，也主动上书请辞。

自古京官难做，蔡确是有心理准备的。只是没想到，开局如此不利。再想想刚到京城的抱负，不禁黯然神伤。他默默收好行装，等着朝廷诏书，准备离京受贬。

数日后，惴惴不安中，他等来了诏书。

而诏书的内容，则让他大为意外。


京城，最快的就是消息。

蔡确拒绝向刘庠行礼的事，很快就传得沸沸扬扬。

很多人拍案叫好，这里面，就有宋神宗和王安石。

神宗觉得，蔡确熟悉朝廷典故，反驳得有理有据，是个人才。王安石对蔡确并不陌生，韩绛、韩维兄弟向他反复推荐过。王安石只是公务繁忙，还没有机会深入了解他罢了。无疑，这次事件是观察蔡确的好机会。

当时，最大的官场试金石，就是变法。

王安石，变法的主导者，是变法的精神领袖。刘庠，保守派的重要骨干。

王安石对他先礼后兵，一直在寻找机会，准备将他赶出京城。当此时机，蔡确硬怼刘庠，王安石自然心有所喜。

其时，新法开展得如火如荼，正是用人之际。王安石见神宗对蔡确颇有赞赏之意，便顺水推舟，正式向神宗举荐了蔡确。

命运，再一次展现了化腐朽为神奇的力量。

就这样，蔡确顶撞长官，不仅没有贬官，反而受到重用。

这里面，到底有没有名堂？或许是有的，蔡确应该是花了大心思的。他由边陲到京城，实属不易。换了个顶头上司，少了个庇护人，按说更应该隐忍以待时机。为了虚礼，出面顶撞上司，不惜冒着被贬出京城的危险，似乎不应该是蔡确所为。

他出生微寒，更加知道珍惜，生活不易，也更加知道隐忍。蔡确这看似自毁前程、不合逻辑的鲁莽行为，背后定有其符合逻辑的地方。真相从来都需要探求，那些看似反常的事，换个角度来看，或许就合乎其理了。

换个角度看，蔡确的所作所为，更像是一场精心设计的秀，也是一种赌博。目的就是给一个人看，就是王安石。

韩维离开了京城，韩绛远在西北，蔡确在京城已无庇护之人。他急于另外寻找靠山。而在当时，还有谁能比王安石更炙手可热，还有谁比王安石这个靠山更牢固？

其时，变法派和保守派，在朝堂上势如水火。刘庠反对变法，顶撞王安石，世人皆知。而他对抗刘庠，或许正是在向王安石递投名状？

当然，这中间是有巨大的风险。他毕竟初到京城，人微言轻，一旦王安石不接这茬，他可能就将常年潦倒在某个偏远州县。

好在，他赌成功了。从此，蔡确拜在了王安石的门下。而王安石对蔡确也很满意，很快便举荐他出任监察御史。御史，虽然品阶不高，但手握监察大权，举手之间，兴人废人，从来都是炙手可热的官职。

由薛向到韩绛，再由韩维到王安石，蔡确终于找到了神宗朝最硬的靠山。

从此，他追随王安石，鞍前马后，成了变法派的一员悍将。蔡确也确实有才华，办了几件漂亮事后，官职也是一升再升。

看上去，蔡确的升迁之路，谁也无法阻挡了。除非，他的大靠山，王安石出了状况。而这在很多人看来，就是个伪命题。

神宗、王安石，几乎在所有人眼里，都是千古君臣之遇的典范。黄河水可能倒流，但神宗、王安石之间，不可能出现问题，王安石必将长期手握大权，推进变法，成就千古伟业。

可惜，很多人都看走了眼。

而眼尖的蔡确，却发现了神宗和王安石间细小的裂缝。

这对蔡确来说，又将意味着什么？

这是个危险的信号。

蔡确是在颠簸中成长的，对危险有天然的敏感性。

如今，王安石是他的最大靠山，一旦王安石在神宗那里失宠，他则仕途难料。他现在的问题，是过于发力，在新法上表现过于坚决，对王安石则是跟得太紧。

官场之上，站队跟人固然重要，但跟某个特定的人太紧太急，却是大忌。一旦有变，连转圜腾挪的机会都没有。

这时候，发生了一件事，坚定了蔡确的判断。

那年正月十四，王安石陪同神宗一起赏花灯。之后，皇帝又请他进宫看戏。这都是规定动作。既是规定动作，王安石也就循旧例而来。

可当他骑着高头大马，进入宣德门时，事情有了变化。当时，在门口巡视的正是宦官总管张茂则。他不仅拦下了王安石的马头，还示意守门的卫士，不由分说将马夫暴揍了一顿。

虽是马夫，却是宰相的马夫。可即便马夫报出了名号，卫士们也没有收手，下手似乎还更重了。这让当朝宰相王安石目瞪口呆，颜面扫地。双方互不相让，闹到了开封府。开封府的有司官员，为讨好王安石，不由分说，就将卫士一顿暴揍。

这件事，很快引发了朝廷的舆论风暴。

新旧两党，各执一词。

令人奇怪的，是神宗的态度。变法以来，神宗对王安石言必听、计必从。他对王安石的尊敬，更是无以复加。可这件事发生后，神宗的态度却很暧昧。他既没有下诏安慰宰相，也没有处罚卫士，而是不置可否，一副事不关己的样子。

这很反常。事出反常，必有因。这点反常，让敏感的蔡确迅速捕捉到了。作为新党骨干，蔡确时任监察御史。他当机立断，决定上书神宗。

不过，上书的内容却是替卫士说话，还顺带批评开封府溜须宰相。虽然，蔡确没有直接批评王安石，而是一副就事论事的样子，但这也无异于公然背叛。新党内部炸了锅。王安石背后中刀，且来自蔡确，让他大为惊诧。

蔡确此举，还是在赌。是朝堂的舆论，特别是神宗的态度，给了他赌的勇气。结果是，他赌赢了。神宗接到他的奏章，虽然不置可否，但却私下对人说，蔡确忠于国事，可重用。

王安石很愤怒，因为蔡确的反水，更因为神宗的暧昧态度。他上书神宗，称宰相在宣德门内下马，是朝廷陈例，他不过依例而行。宫中卫士敢当众羞辱宰相，背后定是有人指使。他再三强调，羞辱他本人不打紧，但断定这些人是冲着新法来的。简单地说，他认定这是政治事件，是旧党借此攻击新法。

至于这些人是谁，王安石没明说。但他反复提张茂则。张茂则是宫中宦官之首。能让他出手的，除了皇帝还有谁？自是两宫太后，这不言而喻。

神宗明白王安石的意思，但却没法接这个茬儿，只能和稀泥。当然，和稀泥也是一种态度。他令人查宫中条例。言下之意，是希望当成治安事件处理。

没想到查了一圈，也没什么固定说法。不过，有位三朝老臣明确地说，他从来都是在宣德门外下马。有了老臣这句话，神宗把手向王安石一摊，王安石只能生生咽下了这口气。

很显然，神宗和王安石之间的裂缝，在慢慢加大。

蔡确是则是名利双收。他的断然出手，不仅为自己博得直名，升了官，还由此获得了神宗更多的信任。更重要的是，他借此与王安石拉开了距离。自此，他依旧是新党骨干，但却不再依附王安石。这点至关重要。

其后不久，神宗的祖母曹太皇太后和母亲高太后，亦多次向神宗哭诉"王安石乱天下"。这下，神宗也没法再和稀泥了。

如日中天的王安石，终于被罢了宰相。很多跟他又紧又急的人不仅闪了腰，甚至落了马。新旧两党钩心斗角，权力斗争翻云覆雨，看得蔡确心惊肉跳。

好在，因为提前布局，抢先出手，他不仅安然无恙，还仕途看涨。接替王安石的正是他的官场伯乐，韩绛。

韩绛，王安石同年好友，新法支持者。

神宗任命韩绛接替王安石，意思很明显。他只是否定王安石，并不是否定新法，新法还要继续推进。他只是希望用换人的做法，来平息朝臣对新法的不满。

实际上，韩绛也是一肚子不满。他是支持新法，但对王安石的很多做法，也大不以为然。昔日好友，如今最大的公约数，是都主张变法。不同的是，王安石更激烈，而韩绛则温和得多。

或许，正是因为对王安石的不以为然，所以对蔡确背后捅了王安石一刀的做法，韩绛也选择性地忽略了。

伯乐主政，蔡确依然是新党核心人物。他当然希望，伯乐就这样干下去。可韩绛坐上相位，才发现这根本就是个火山口，根本坐不住。很快，他便极力劝神宗，召回王安石。

事实上，王安石罢相后，虽然新法还在继续，但神宗并不满意。随着朝堂上要求王安石复相的呼声越来越高，神宗也就顺水推舟，召回了王安石。

这一下，让蔡确心惊肉跳。好在，王安石复相不过一年多，还没腾出手来收拾蔡确，就再次去职。而在此之前，韩绛也自请去了地方任职。朝堂之上，又是一轮人事洗牌。

数年间，伴随着新旧党争，朝政波谲云诡，人事变化无常。

蔡确躲过一劫又一劫，闪过一箭又一箭，不仅没有倒下，还在迅速成长。不仅是官职累有升迁，政治手腕也越发老练。渐渐地，他已不再依附某个人，似乎也不再需要某个特定的靠山了。就连伯乐韩绛的离去，他也不再感到惊慌失措。

事实上，经过几次精巧的设计和果断的出手，他不仅连续扳倒几个朝中重臣，还赢得神宗的信任。转眼，他已官居御史中丞。

在西汉，监察机关叫御史府，东汉以后叫御史台，明清叫都察院。御史台最高长官为御史大夫，副长官为御史中丞。所谓三公九卿，御史大夫即属三公之一，是顶级高官。自唐朝以后，御史大夫不常设。宋代，也只是作为荣衔。因此，御史中丞就是御史台实际上的最高长官。

蔡确已成功迈入大宋官场顶层。换句话说，朝堂之上，他自己已成为山头。面对脚下的东京城，他开始有了主人的感觉。

既然当家做主了，有些事就可以认真张罗了。比如，父亲的临终遗愿。当年陈执中对父亲的羞辱，这些年来，无论逆境、顺境，无论落魄、发达，他从来不敢忘记。

如今，他身居高位，终于可以复仇了。他只需要一个机会，或者是借口。

而机会，居然说来就来，而且还是对方主动送来的。送机会的人，正是陈执中的独子，陈世儒。

他卷进了一起轰动全国的大案。

陈世儒，世家子弟，生在东京、长在东京。

其父陈执中，在仁宗朝两度出任宰相，权倾一时，门生故吏遍天下。生母张氏，妾室出身，为陈执中生下独子。其父去世时，生母还很年轻。考虑到陈执中嫡妻尚在，怕张氏受到冷落，仁宗特意关照让张氏进道观做了道姑。

陈世儒自幼锦衣玉食，长大后，顺利考中进士。仕途上他也是顺风顺水，做到了国子学博士。在宋朝，国子监是全国教育主管机构，也是全国最高学府。下设国子学、太学、四门学等，各学皆立博士。国子学的学生，以朝中三品以上大员的子弟为主。国子学博士，官阶正五品以上，官高而位崇。

北宋开国以来，崇文抑武，文人地位很高。陈世儒，宰相之子，家境殷实，又在国家最高学府任职，地位尊崇，生活悠闲，真是岁月静好。

妻子李氏也是高官之女。李氏的母亲，也就是陈世儒岳母，是前朝宰相吕夷简的女儿。吕家人丁兴旺，人才辈出。到了神宗朝，吕夷简之子吕公著，也是朝廷大员。不过，他极力反对王安石变法，是旧党的领袖人物。

所有的一切，源于陈世儒的职位变动。

不知出于何故，陈世儒被朝廷调任地方，去今天的安徽太湖任知县。或许，他是受到了朝廷新旧党争的牵连被贬。当然，也有可能是朝廷要重用他，让他去地方历练，积累地方行政经验。

不管如何，对大宋官员来说，进出京城，起起落落，实为平常事。只是，陈妻李氏流连京城繁华，十分不愿意离京。可是，皇命难违，只得恨恨上路。除了悠然生活被打破，心中不快，最重要的，还是心有不甘。

原来，婚后不久，陈世儒嫡母去世，他便将生母张氏由道观接回家中奉养，好让她享受天伦之乐。遗憾的是，婆媳俩脾气不和，关系处得极其糟糕。

如今，李氏想到，他们夫妇就要远离京城，去到穷乡僻壤，而老太太却能留在京城府邸，安享清福，心中就恨得牙痒痒。而且，此去太湖，还不知道何年能归？如此，京城偌大家业就完全落入了老太太之手，这让李氏实在难以接受。

怒气郁积，离京前，李氏居然恶狠狠地当众对家中奴婢说，如果博士（陈世儒）戴孝居丧，我当重赏你们。这就是，咒老太太早点死啊。

这句话，要命了。

不仅要命，而且要的不是一个人的命。

如果李氏知道，她的这句话有多蠢，将会给她和她的家人带来怎样的灭顶之灾，她可能宁愿咬断舌头，也不会说出口。

祸从口出，四个字而已，却是老祖宗几千年的智慧。任何人，任何时候，无论得意，还是消沉，无论飞黄腾达，还是落魄街头，管住嘴，永远都是必要且必要的。

这边，陈世儒夫妇刚到太湖不久，官椅还没坐热，京城就传来丧报，生母张氏病亡。母亲病逝，官员按制要丁忧三年。陈世儒带着李氏，回到了京城。

生老病死寻常事。但很快，这件事起了轩然大波。

陈府有下人到官府报案，称张氏并非自然亡故，而是死于谋杀。有人报官，官府就得查。开棺验尸，结果骇人听闻。张氏不仅中毒，而且脑门上还被钉了数根铁钉。凶杀无疑。

据说，这就是包青天里《铁钉案》的故事原型。

京城内、宰相家，出了如此大案，一时间舆论大哗。所有人，都在追问同样的问题，谁是凶手？谁又如此丧心病狂？

嫌疑人很快便锁定了陈妻李氏。

她的那句话，让人浮想联翩，早被告到了官府。没多久，李氏和身边婢女数人被下了大狱。严刑之下，这些女子哪能吃得消，很快供认不讳。婢女们供认，她们是受李氏授意，先在张氏饭菜里下毒，不料张氏中毒而未死，便又将铁钉钉进其脑门，直至丧命。

听上去，耸人听闻。这得有多大的仇啊。

可说到杀人动机，则令人不可思议。李氏之所以要杀老太太，除了泄平日之愤，居然只是想借此让陈世儒丁忧，以便早日由太湖返京。这真是神逻辑。

可无论是否符合逻辑，但牵扯到陈世儒了。那么问题来了，此案果真是李氏一人谋划，一人授意吗？陈世儒是否知情，他在其中又扮演了什么角色？京城内外议论纷纷。

据说，神宗闻之震怒，要求彻查到底。

由此，陈世儒也被下了大狱。不过，陈世儒拒不认罪。

鉴于皇帝亲自关注，且影响恶劣，案件便被移交到了开封府，由府尹苏颂主审。苏颂，为人正直，素有贤名。

他在审案时，不仅陈世儒拒不认罪，甚至李氏也称是屈打成招。苏颂复核证据，也觉得案件疑点众多。唯一有人证的，就是李氏说的那句话。即便据此定了李氏的罪，那又如何证明与陈世儒有关呢？

在他看来，陈世儒应该是冤枉的。母子亲情，人伦之始。仅仅为了回京，便谋杀生母，逻辑上实在说不通。而且，陈世儒是宰相之子，进士及第，饱读诗书，也不应该干出此等违背人伦之事。

可惜，很多人不这么认为。面对这桩人伦大案，朝堂上下喊杀一片。苏颂左右为难，伤透了脑筋，案件搁了下来。

但显然，有人不希望案子搁置。

就在这个节骨眼上，苏颂被人告发了。有监察御史向神宗上奏，说他在数年前处理一起普通案件时，故纵嫌犯。后经查证，确有量刑过轻的嫌疑。如此，苏颂被贬出了京城，也交出了陈世儒案的办理权。

案件被上交到了大理寺。

大理寺，朝廷掌管刑狱的最高机构。

从这时起，案件也越来越复杂，越来越多朝廷大员被牵扯了进来。看上去，它已经由一起刑事案件，演变成政治案件。

陈世儒毕竟是宰相之子，家族势力雄厚，父亲的门生故吏遍布朝堂，其岳母也是宰相的女儿。两大宰相家族，能量自然非比寻常。让这样的家族坐以待毙，实在太难了。

特别是陈世儒的岳母，爱女心切，心急如焚，在京城四处活动，到处托请。她知道，要救女儿，就得先救女婿。形势危急，她也就不再顾虑，终于找到了哥哥吕公著的府上。

所有这一切，都被人看在了眼里。当吕公著终于被卷进来时，有人背后一定乐开了花。要知道，吕公著不仅是陈世儒岳母的哥哥，还是旧党的领袖，王安石变法的主要反对力量。有人，正等着他入网呢。

果然，很快就有监察御史上书神宗，弹劾吕公著干涉司法，包庇私人。结果，吕公著被查，两个儿子被牵连，一个侄子还因此下狱。至此，案件已有失控的趋势，大理寺官员已无法掌控。

于是，案件再次被移交。这次到了御史台，由神宗委派的亲信大臣直接督办。在其主导下，事态越发扩大，牵连的人也越来越多。除吕公著父子，甚至还有苏颂。他也是旧党人士，虽早已被贬外地，也被抓回京城投入监狱。相继被下狱的，还有吕公著的侄子、女婿，甚至还有司马光的儿子等。司马光，旧党的最大人物。

很显然，有人在编一张大网，想借机将旧党的头头脑脑一网打尽。京城流言四起，气氛异常紧张，吕公著，甚至司马光，入狱似乎只是时间问题。眼看大鱼就快落网了。

当此关键时刻，收网的动作却停了下来。

应该是神宗，也只有他，才有叫停的能力。

案件刚开始，神宗要求一查到底，不惜蔓延牵扯。如今，范围越来越大，只待抓人，他又叫停了。这背后的原因，很有些诡异。史书并没有记载这其中的曲折。

或许，在前期，神宗受了某些人的鼓动，想借此案件，采用雷霆手段，一鼓作气将旧党势力扫空，为变法开路。最后，可能还是不诛杀士大夫的祖宗家法，让神宗冷静了下来。

下面的人揣摩上意，很快就做了结案处理。

当陈世儒的案卷最终报给神宗时，他重新念起了当年陈执中的功绩，叹息道，宰相只有这个独子，可否留下来上坟祭祀？

或许，他已意识到陈世儒是被冤枉的，至少罪不及死。而且，他如此表态，应该不仅是怜悯陈世儒，也包括对这起案件牵扯蔓延的反思和愧疚。

可惜，神宗虽有菩萨心肠，办案人却坚持己见。

最终，陈世儒夫妇及婢女等十九人被判处极刑——斩立决。另有七名家奴被判死缓。至此，陈案告结。

滔天巨浪过去，东京又恢复了平静。很多被牵扯的人，最终也都平安落地。包括苏颂，他被关押许久，一度已绝望，最终也被无罪释放，后来还官至宰相。

一波三折的案情，让人唏嘘不已。当我们回头重新审视案件，会发现，似乎有种力量一直在主导案件的发展。而这种力量，影影绰绰地都指向一个人。

不错，正是蔡确。

事情还得从案子上来说。

首先，这是不是一起冤案？

几百年来，多数人认为这是冤案。至少，陈世儒是冤枉的。原因在于证据和动机。

从证据上说，李氏被定罪，就是对下人们说的那句话，这也是史书记载的唯一像样的证据。如此看，这句话八成是有的，李氏也确实说过。但这又能证明什么呢？

婆媳矛盾，千年难解，估计再过几千年依然。儿媳与婆婆关系糟糕，说几句不中听，甚至有些恶狠狠的话，也是寻常之事。难道说这样话的人，就有杀人行凶之心，就有杀人行凶之实？

退一步说，即便李氏真想怂恿下人杀婆婆，找一两个人密谋可以理解，但在大庭广众说出这种计划，可能吗？她也是宰相的外孙女，应该也是读书识字之人，不会如此愚蠢吧。

不过，陈母确实死于凶杀，这点无疑。所以，李氏是有重大嫌疑的。再加上那句蠢话，她确实是跳进黄河也洗不清了。

但是，案件还有另一种可能。那就是，陈母确实是死于婢女之手，只不过主谋不是李氏，而是婢女本人。她们或是与陈母有矛盾，知道李氏素与婆母不合，还正好有那句蠢话，她们便借机杀人，还将祸水引向了李氏。

历史上很多案件，那些看似嫌疑最大的人，最后证明被冤枉了，而真正的凶手，却是个不起眼的旁人。

要说教训，还是得管住嘴。多少人因为嘴巴不把门，偏偏被说的人又出事了，那就浑身是嘴也说不清了。

从动机上看，如果因为婆媳矛盾积重难返，起了杀心，还可以解释。但按照案卷定罪的杀人动机，陈氏夫妇为了早日返回京城，合谋实施了杀人计划，实在匪夷所思。

我们知道，陈世儒去太湖前，任国子学博士，五品之官。他家里仆人至少有二十四名，包括后来被杀的十七人，被判处死缓的七人，这说明其不愧宰相之家，家境是相当殷实的。他完全可以辞官不做，不要这份俸禄即可。或者，他还可以称病。总之，他有很多不赴任的理由和办法。

即便赴任，按照他的家底，加上父亲的老关系，他在太湖游山玩水一番，再想办法调回京城，应该也不是太难之事。陈世儒实在犯不着，仅仅为了回京便谋杀了生母。而且，还是用这种极其愚蠢，又灭绝人性的手法。这与他世家子弟、进士出身、博士官位的学识和智商，实在难以相称。

实际上，在当时，此案就有很多人质疑。

其中，苏颂的言论，尤其值得一听。

苏颂，陈世儒案件最初的主审法官。

说起来，苏颂还是蔡确的福建老乡。

苏颂，福建泉州府同安县（今厦门市同安区）人，比蔡确年长十七岁，算是蔡的同乡长辈。入仕以来，尽管朝廷派系斗争连绵，苏颂却始终不立党援，也不入派系，为人忠厚、耿直。正是如此，在案件后期被高度政治化的情况下，他对案件的判断更有可信性。

我们知道，自始至终，他都坚持，至少陈世儒是不知情的。正因为坚持己见，他被人找借口贬出京城。后来，有人又借着案件蔓延的机会，将他牵扯进来，抓回东京关进了御史台监狱。

当时，很多人都为苏颂喊冤，话也传到了神宗那里。

为此，神宗还特意召见了苏颂。神宗说，这是人伦大案，人犯人伦丧尽，务必一查到底，严厉处置。言下之意，苏颂当年判决有姑息之嫌。苏颂则说，案件已经到了御史台，他不敢再为陈世儒喊冤，但也不能落井下石，但凭天子圣裁。

面对皇帝，深陷囹圄的苏颂，依然实事求是，不卑不亢。很显然，他的态度始终如一，只是无法与皇帝争辩罢了。

虽然意见相左，神宗倒也没为难他。不过，苏颂的态度肯定是刺激了某些人。所以，之后他便一直蹲在牢里。

牢狱旷日持久，苏颂以为在劫难逃了，便敞开心扉写了十首诗文，希望留给后人以真相。其中，便有这样的诗句：

> 构虚为实尽枝辟，直道公心自不欺。
> 况是圣神方烛理，深冤终有辨明时。

很显然，他认定陈世儒案有冤情，并坚信冤情终能得到"辨明"。在诗文里，他还隐晦地提到案件背后有人在操纵。

苏颂此举，在某些人看来，就是找死的节奏了。很快，苏颂的所谓认罪状被递到神宗面前。乍一看，罪大恶极，十恶不赦。只是，其中的言辞、口气与苏颂为人有些不符。

好在神宗并不糊涂。在经过对质后，他发现御史台篡改了苏颂的认罪状，有明显将案件扩大化，牵扯更多旧党成员的企图。神宗震怒，苏颂这才得以出狱。

应该说，苏颂对案件态度和被曲解的认罪书，对神宗触动很大，进而也让神宗也对陈世儒案有了疑虑。这才有了他希望留陈世儒一命，为陈家保留香火的言辞。

到这时，神宗应该已经明白，这起案件或许是冤案。可是，作为九五之尊的天子，他已经被自己先前的态度绑架了。尽管像吃了苍蝇一样恶心，他也无可奈何。

何况，还有一个人，仍在极力坚持。

不错，就是蔡确，时任御史中丞。他在附和了神宗停止案件扩大化的同时，坚持将陈世儒处以死刑。

最终，陈世儒夫妇加上十七个奴婢，一并被砍了头。

请注意，蔡确的官职，御史中丞。

在案件中，可以清晰地看到，监察御史的身影始终存在。

最开始，他们弹劾苏颂，把案件由开封府弄到大理寺。到大理寺后，监察御史再出手，抓住陈世儒姻亲吕公著的小辫子，进而牵扯到了司马光等人；再后来，案件直接在御史台下进行。直到蔡确最终出手，挡住了神宗最后的怜悯，杀了陈世儒夫妇。

虽然，历史的真相扑朔迷离，史书记载语焉不详。但仔细梳理，还是会发现端倪。要说这是一次精心策划的搭便车杀人，蔡确就是最大的嫌疑人。

当初，陈世儒案发，蔡确大喜过望，以为陈世儒自作孽不可活，必死无疑。他静候佳音即可，了却心中多年的夙愿。当然，也有遗憾，就是没能亲自动手，报当年一箭之仇。

谁料，开封府尹苏颂，秉公办案，坚持认为陈世儒无罪。蔡确怎能见煮熟的鸭子飞了，他不愿站在岸上傻等了，下水运作一番，将苏颂搬走，案子上交。

事情到此，蔡确的目标，应该还只是陈世儒。

只是，陈世儒的岳母执着又频繁的营救活动，给了蔡确灵感。让他意识到，这是个搂草打兔子的机会，既能报私仇，又可借机打击旧党。如此，在蔡确的操纵下，陈案升级。

可能是同乡前辈苏颂的正直和固执，让蔡确感到心烦。所以，他痛下杀手，指使下面人篡改了苏颂的认罪状，想着永远让苏颂闭嘴。没想到弄巧成拙，反而引起了神宗的怀疑。

蔡确眼看前功尽弃，不得不直接跳到台前，力主杀了陈世儒。至少，报了私仇。

那么，问题来了。蔡确虽然官居御史中丞，就真的能够为所欲为，靠一己之力，掀起京城内外的滔天巨浪？

即便有这样的心思，可惜，他也未必有这样能力。实际上，他必须借助一个人的力量——宋神宗。

回头来看，在这起案件里，神宗的角色很值得玩味。

当时，新法已经推广有些年了，连王安石都已经两次拜相又两次罢相，可是，朝堂内外对新法的争议和抵制，却一刻也没有停息。甚至，愈演愈烈。

或许，他也厌倦了争执、争斗，厌倦了解释、说明，也想着能够耳根清净一下，可以真正放开膀子干一回。

所以，蔡确搂草打兔子的想法，神宗或许也有。

甚至，这根本就是神宗的想法，如此在逻辑上才说得通。君臣二人各取所需。蔡确了却私人恩怨，神宗扫清变法障碍。

至于，最后神宗想留陈世儒一命，蔡确极力反对的一幕，不过是君臣二人演戏给天下人看。当然了，宽厚仁慈，必须归于皇帝。而蔡确报仇心切，也就不介意扮演催命人的角色。

如此，案件是不是冤案，已经不重要了。

现在看来，陈世儒是被冤枉的，是冤案无疑。

这点，当世人和后来人都心中有数。蔡确，甚至神宗本人深度介入此案，大家也都心知肚明。只是，后世之君臣，顾忌神宗的圣誉，出于为尊者讳，只能选择装聋作哑。

或许，这也是陈世儒案，终两宋也未能平反的根本原因。

这样的事，在历史上屡见不鲜。

具体到陈世儒案，尽管官方没有说法，但老百姓眼里不揉沙子，他们最终把账都算在了蔡确的头上。后世修《宋史》，蔡确不仅名列奸臣传，而且排名第一。究其原因，受此案影响甚大。而在这其中，蔡确公报私仇、罗织罪名、任意攀扯、处心积虑、用心险恶、小人嘴脸的诸多表现，也着实让人愤慨。

这样的人，名列奸臣传，他不屈。

不过，正当其时，蔡确该是春风得意的。

就在陈世儒案后不久，已报大仇的蔡确，再次升官。这次官居副宰相，成了宰执重臣。

接替他任御史中丞的，叫李定。

李定，王安石的学生，原本只是地方小吏。因为坚定支持新法，被恩师重用，一路破格提拔，数年之内屡屡升官，居然接任了御史中丞，成了大宋官场的顶级人物，也是新党之中的新贵。

这个人，应该非常了解蔡确，他也照猫画虎，有学有样。不过，他玩出了更大的花样，制造了历史上著名的大冤案。

乌台诗案。

名满天下的苏东坡，成了李定的目标。

苏东坡是被精心选定的。这是一种策略。

在官场上，像李定这种人，由底层坐火箭上来的，往往外表神气活现，内心却是虚弱不堪。这样的人，往往有三个特点，一是总怕别人看不起自己。这个好理解，因为升得过快、过急，没有过硬的阅历和功绩，不自信；二是总觉得别人不怀好意。因为自卑，就疑神疑鬼，久而久之，看谁都是问题，都觉得是冲着他去的。三是总想着憋个大招，干件大事，立个大功，好扬名立万。

在官场上，这样的人尤其难伺候，李定就是如此。

李定走马上任，很快就锁定了苏轼。苏轼才学名满天下，又是旧党的重要领袖，拿下他，岂非大功一件？

乌台诗案就发生在陈世儒案次年。

当时，苏轼受弹劾到湖州任职，按例上表谢恩。李定的御史台，拿着放大镜在谢恩表里找问题，还真发现几句话有解读的空间，似是暗讽朝政。如获至宝。再深入调查，牵连出大量的疑似文字，苏轼旋即被捕。

此案由监察御史告发，又在御史台监狱受审。西汉时，御史台中种有柏树，有乌鸦数千栖居其上，故又称御史台为乌台。乌台诗案由此得名。

对苏轼而言，这是人生最大的劫难，命悬一线。

史书中的记载，此案是李定所为。似乎没有直接证据，证明此案与蔡确相关。不过，依然有蛛丝马迹。

在乌台诗案前三年，王安石二次罢相。吴充接任宰相，他是旧党，坚决反对新法。吴充之下，是副宰相王珪。他与韩绛、王安石同年进士及第，是那年的榜眼。此人文采了得，但为官平庸，平生只磕头、不说话，是个和事佬。再往下，就是蔡确了。很显然，蔡确已是新党在朝中最高权位者。

蔡确在新党中权位最高，又是李定的前任，且打击的对象又是旧党标志性的重要人物苏轼。如此大事，要说蔡确完全不知情或者没参与，很难说得过去。

再根据他的一贯风格，尤其是在陈世儒案中的表现。比如，布局之严密、出手之狠毒、蔓延之广泛。或许，在乌台诗案中，李定不过台前人物，蔡确才是真正的幕后大佬。

在乌台诗案中，苏轼最终侥幸逃脱，但旧党势力经此打击，严重受挫。朝堂之上，新党力量空前强大。这是蔡确的功绩？

这段日子，是蔡确的快意人生。他位列宰辅、大权在握、新党领袖、予取予夺，真正的志得意满。三年后，吴充去职，王珪继任宰相，蔡确再升为副宰相。

他距离人臣最高之位，一步之遥。

蔡确得意扬扬。

时人则多不以为然。三朝老臣、年近八旬的富弼，早已告老还乡、养望林下，见到蔡确得势，仍公开上书神宗，指出蔡确实属小人，不可重用。气得蔡确吹胡子瞪眼睛。若非富弼辈分实在太高，蔡确绝不会放过他。

好在神宗不以为意。蔡确名为副宰相，但是宰相王珪是好好先生，所以，朝政大权实际掌握在蔡确的手中。

这段时光，应是蔡确人生最惬意的时刻。大仇已报，位极人臣，身有皇帝恩宠，手握天下大权。人生如此，夫复何求？

可幸福的时光，总是短暂的。

时间来到公元 1085 年，神宗虽然只有三十七岁，却已是病入膏肓。皇权更替就在眼前，这让蔡确感到了巨大的危机。

他很清楚，一旦神宗驾崩，朝局势必重组。对他来说，两件事最重要，第一是保住位子，第二是再进一步，拿下宰相大位。

蔡确决定再赌一次。这些年来，他一直在赌，也一直在赢，以至于每到关键时刻，放手去赌，几乎已是习惯思维。

这次却有大不同，这次赌的是皇帝人选，算是赌天下了。赌赢了，自是荣华富贵，高官厚禄。赌输了呢？蔡确不愿深想，毕竟一直在赢。他自信满满。

此时，神宗已立了太子。按说，父死子继，天经地义。可事情远非这么简单。神宗的太子只有九岁，而两个同胞弟弟却正年富力强，论声望、地位和出身，两人都有资格为帝。尤其是二弟赵颢，深得皇太后高氏的宠爱。

一时间，朝局扑朔迷离。

如果太子继位，理所当然，蔡确很难说有拥立之功。但如果将赵颢扶上帝位，那就大不同了。对臣子而言，在所有功劳里，最大的莫过复国之功和拥立之功了。这两者都是可遇不可求。

蔡确难免心痒痒，而赵颢也正胡思乱呢。

一拍即合。蔡确、赵颢结成了同盟。

这时候，还有个关键人物，那就是高太后。虽说，赵颢深受母后的宠爱，但在继位这样的大事上，他也没有十足把握。

蔡确则通过自己的观察，赌定太后有意赵颢继位。

为保险起见，他们决定来个迂回，找到高太后的两个弟弟，也就是赵颢的舅舅们，希望由他们来摸底和游说太后。不料，舅舅们深明大义，不仅严词拒绝，还将此事告诉了高太后。

没想到的是，高太后震怒。

也就在这一刻，蔡确后半生的命运被注定了。

赌博很多时候是心理战，也就是猜心思。

蔡确是猜心思的高手。他太聪明了，大半辈子几乎每次都猜对。蔡确满心以为，高太后是属意儿子继位的，只不过神宗已有太子，不便开口而已。他的迂回之策，只是给太后设计的完美台阶，让她顺着下就可以了。

如此，太后满意、新君继位，他蔡确就是当之无愧的第一功臣，那宰相之位、荣华富贵，自然就是水到渠成了。

可惜，他完全猜错了太后的心思，大错特错。

屡赌屡赢的他，还是过于自负了，在一个女人面前翻了船。

　　高太后，高滔滔，又岂是一般的女人？她宠爱儿子不假，母子情深也不假，她是个母亲，但更是个政治家。她要大权独揽。

　　她曾经的犹豫和模棱两可，不过烟幕弹而已。她中意的是太子。正因为太子幼年，她才能以太皇太后的名义执掌权柄。

　　当蔡确回过味时，为时已晚。他只能赶紧与赵颢切割，毫不怜惜地将他扔在一边，再转头去拥立太子。为了亡羊补牢，自以为聪明的蔡确，又设计了一场好戏。

　　原来，宰相王珪在接班人的问题上，一直装疯卖傻不表态。蔡确便想着借拥立太子，再顺道除掉王珪，一石二鸟。

　　这日，蔡确与王珪同去探望神宗。在奄奄一息的神宗面前，他质问王珪对继位之事有何看法。此前，蔡确已暗中派时任开封府尹的蔡京，率甲士埋伏在大殿外。按计划，王珪只要在接班人问题上稍有迟疑，他便咬定王珪谋反，召甲士杀了他。如此，拥立之功，他就算立下了，还顺道解决了王珪，扫清了宰相之路。

　　有如此妙计，蔡确无比得意。

　　王珪，一辈子唯唯诺诺，这次或是感觉到了气氛异常，又或是以前的种种根本就是装的。他大义凛然，坚决又明确地表示，皇上已有太子。蔡确闻之，虽心中恨恨，也只好无奈地放下屠刀。

　　神宗驾崩，哲宗继位。

　　为了急于捞取政治资本，蔡确又出了一个昏着儿。尽管他在关键时刻猜错了太后的心思，又在哲宗继位上并无实际出力，但却对外散布言论，说太后曾有意让赵颢继位，是他力挽狂澜云云。

　　这就不仅是厚颜无耻了，还是极其愚蠢的找死节奏。一个副宰相，居然跟太后抢起了拥立之功。

　　不过，看上去他似乎又赌赢了。就在哲宗登基不久，宰相王珪去世，蔡确顺利接任宰相，成为人臣之首。

　　蔡确从进士及第到当上宰相，前后二十七年。

　　他终于登上了人生巅峰。可历史无数次证明，巅峰的背后，往往就是万丈深渊。想推他下去的人，多得是。

　　最使劲的，就是高太后。

哲宗继位，太皇太后临朝摄政。

高滔滔虽居深宫几十年，一朝掌权，却有雷霆万钧之势。

天下事几乎决于她一人之手。

蔡确悔之晚矣。他的故作聪明，回头看起来，极其愚蠢。

太皇太后也没客气。她任命韩缜为副宰相，韩缜的两个侄子也担任了高官，先架空蔡确。韩缜是蔡确伯乐韩绛的另一个弟弟。虽有这般渊源，虽同为新党，他却对蔡确毫无善意。而且很快，蔡确就感受到了韩缜的咄咄逼人。

接下来，蔡确担任山陵使，负责营建神宗的皇陵，并运送棺椁到皇陵安葬。按宋制，这是宰相的固有职责。宰相王珪在哲宗继位数月后就去世了，蔡确接了宰相，也就接了山陵使。

尽管韩缜上来就抓权，蔡确也没办法，只能带着送葬队伍往皇陵出发。一路上，蔡确还算是尽职尽责。只是，欲加其罪，何患无辞。蔡确完成使命刚回京城，就遭到了御史弹劾，说他在送葬的路上，有些晚上没有相伴先帝棺椁而眠，是对先帝不敬。这就是鸡蛋里挑骨头了。

更重要的是，他发现那些曾经被贬的旧党人物，在他离京的数月里，都已经回到了东京城。太皇太后的政策，就是全面废除新法。蔡确作为新党的宰相，被贬几乎已是无可避免。何况，高氏还恨他牙痒痒。

蔡确看形势不妙，仍想着见风使舵，努力保住官位。刚好太皇太后有位叔父因作战失利被贬官，他便马上献谀，奏请将其复职，却被严词拒绝。太皇太后说，叔父作战失利，不坐牢杀头已是万幸，怎能违背天意而官复原职呢？

高氏说得义正词严，把身为宰相的蔡确，脸打得啪啪响。

最后的努力失败，蔡确很快被贬。

太皇太后给他选的地方，也很有意思。陈州，正是他父亲当年为官之地，也是他们饱受屈辱的地方。高氏此举，真不知何意。

宦海沉浮，宰相做了，仇也报了，或许，蔡确也知足了。如果，能就此在陈州终老，估计蔡确也愿意，毕竟是故地。可惜，他屁股还没坐热，又因为弟弟蔡硕的事，被继续贬官。蔡硕犯了何事，史书语焉不详。据说，是弟弟贪污涉及他了。看来，这兄弟俩年轻时穷怕了，落下了病根。

这次，蔡确被贬到了安州（今湖北安陆）。

正是在安州，发生了宋史上著名的大案。此案同样是因言获罪，历史上，常将其与乌台诗案并列。

乌台诗案的受害者，是苏轼。

而此案受害者，则是一贯的人生赢家，蔡确。

车盖亭诗案。

车盖亭，是安州的著名景区，风景如画。

被贬安州的蔡确，常去车盖亭游览，以排解心中怨恨。蔡确毕竟也是文官，文采了得，心中不快时面对绝佳风景，自然免不了借诗抒怀，写下了《夏日游车盖亭》十首绝句。

说来也巧，蔡确有位故人此时正在安州的邻州为官。此人叫吴处厚，名字很厚道，人却未必。

此人出位的经历很有意思。

吴处厚，仁宗朝进士，无奈官运平平，始终没有多大发展。

他见仁宗的皇子屡屡夭折，便有了灵感。他向仁宗上书，说起了赵氏孤儿的故事，称当年若非程婴、公孙杵臼拼死保全赵氏遗孤，又怎有天下赵氏？而赵宋建国后，却并没有为这两位恩人修祠立庙，实不应该。言下之意，仁宗皇子凋零，原因正在于此。仁宗阅罢，冷汗涔涔，马上召见了他，并任命他专责此事。

吴处厚靠着这精妙的投机，从此官运亨通。

蔡确没发迹时，与吴处厚交往甚密，还曾向他学过作赋，勉强算是他的学生吧。后来，蔡确官越做越大，吴处厚过来套师生情谊，想跟着发达，却屡屡被蔡确所拒。几件事下来，两人竟反目为仇，成了冤家。

由于相邻为官，吴处厚很快就得到了蔡确的诗词。

看过以后，吴处厚心中大喜，报仇的时候到了。

他马上向太皇太后上书，并附上蔡确的诗。他声称，有五首诗讥讽朝廷，有两首更是将高太皇太后比作武则天，这是大逆不道。

高滔滔勃然大怒，将蔡确再贬为英州别驾、新州安置。新州，就是今天广东云浮新兴县。在当时，被贬往岭南，如同被判死刑。苏轼曾有诗云：问翁大庾岭头住，曾见南迁几个回？

朝中有大臣，以蔡确母亲年老，岭南路远为由，主张改迁他处。高氏不为所动。她说，山可移，此州不可移。而且，她还明确表态，蔡确此人，对国家社稷大不利，必须贬得越远越好。

可见，高滔滔对神宗末年蔡确上蹿下跳的往事记忆犹新。当然，蔡确对王安石、对王珪、对陈世儒、对吴处厚等人的所作所为，她肯定也是深深地不耻。

她看透了蔡确。

眼看正面行不通，有人便请哲宗出面向高太后求情。

这真是病急乱投医，当年蔡确谋立哲宗叔叔赵颢为帝，虽然哲宗年幼，事后也有所耳闻。在他心里，说不一定更恨蔡确。果然，哲宗闻之，始终沉默以对，不发一言。

蔡确成了丧家之犬。这位一辈子争强好胜，好赌敢博的人，人生的最后时光，无比凄凉。

据说，蔡确被贬新州时，只有一个女人、一只鹦鹉相随。女人，是他最爱的小妾，名叫琵琶。鹦鹉，则颇有灵性，能说人言。每当蔡确想找琵琶，只要敲一下小钟，鹦鹉就会喊琵琶的名字。

千里岭南，不毛之地。敲敲小钟，听听鹦鹉学舌，有琵琶相伴，这几乎是蔡确人生仅有的乐趣了。

可惜，岭南终是凶险之地。到新州不久，琵琶不幸染上了瘟疫，很快就香消玉殒了。蔡确更是孤苦伶仃了，小钟上也落满了灰尘。一日，蔡确误将小钟敲响，鹦鹉闻声，又呼琵琶名字。

蔡确触景生情，大感悲怆，赋诗一首：

> 鹦鹉声犹在，琵琶事已非。
> 堪伤江汉水，同去不同归。

此后不久，蔡确郁郁成疾。

公元 1093 年，蔡确死于岭南，时年五十七岁。

乌台诗案，苏轼逃出升天。

车盖亭诗案，蔡确身死贬谪之地。

实际上，车盖亭诗案是北宋开国以来最大的文字狱。其力度之大，牵扯面之广，远超乌台诗案。

乌台诗案，新党主要打击苏轼一人；车盖亭诗案，旧党几乎放翻了新党所有人。就在蔡确被贬新州时，旧党将司马光、范纯仁和韩维誉为"三贤"，而将蔡确、章惇和韩缜斥为"三奸"。他们将新党名单张榜公布，诏示天下人。同时，将早已被司马光驱逐的新党领袖，如章惇、韩缜等再加以重贬，并将在朝的新党人物一律降职贬斥。

大宋朝，以厚待仕人为祖宗家法，却接连发生两起文字狱。这是相当罕见的。追根溯源，是王安石变法之后，朝堂的空气迅速浑浊，朝臣的操守急剧下滑。

至此，新旧党争，已没有一丝温情，只有腾腾的杀气。

之后，随着高太皇太后去世，哲宗亲政，局面又来了一次大反转。这次，轮到新党上台，凡高太皇太后垂帘时，弹劾新党和罢黜新法的官员，均遭到打击报复，几乎无一人幸免。

蔡确尽管已经身死，也借着党争，再度还魂。

哲宗亲政后，大臣冯京去世，哲宗亲临祭奠。蔡渭，蔡确的儿子、冯京的女婿，在丧礼上向哲宗哭诉父亲的冤情。

在当时炽热的政治氛围下，哲宗不计前嫌，下诏恢复了蔡确的名誉。后来，还追赠他为太师，谥号"忠怀"。徽宗继位后，在其族弟蔡京的运作下，徽宗还给蔡确亲笔题写了墓碑，追封蔡确为王，他的儿子和弟弟，也都有所封赏。

到了南宋，高宗继位后，政治气氛再次变化。朝廷追贬蔡确，将其所有追赠、赏赐全部剥夺，其儿子、弟弟也都被贬谪。据说，天下人闻之，无不拍手称快。再后来，元人修《宋史》，蔡确名列奸臣传，且排第一。

兜兜转转，蔡确终被永久地钉在了历史耻辱柱上。

真可谓，人间正道是沧桑。

历史，已经对蔡确做出了评判。

作为一个政客，他这个案，应该永远翻不了了。

不过，作为一个人，蔡确还是值得多说几句。

这是个有才气的人。他这一生，由科举入仕，才华横溢，每每关键时总能柳暗花明，才气是很大的原因。很多人，如薛向、韩绛，甚至神宗、王安石，都是爱他的才气。

可惜的是，才和德，在他身上，完全分离了。

同为文字狱大案，乌台诗案，朝野内外、不分党派，甚至两宫太后都出面为苏轼说情；而车盖亭诗案，蔡确却鲜有同情者。这是为何呢？

说来说去，党争之外，还有德，还有人品。

苏轼为人正派，官风清正；而蔡确的人品，确实差了些。

有才无德，蔡确是个典型。

这是个不择手段的人。他出生寒门，少时家贫，不仅没能磨砺出好的道德，却生出了心胸狭隘、睚眦必报的性格，为了升官，不择手段地往上爬。只要对自己有利，见风使舵，就地割席，背后捅刀，罗织罪名，做事完全没有底线。一朝大权在手，任意挥洒，没有起码的敬畏和审慎之心。这样的人，不要说予社稷不利，就是对朋友、家人，也是一个巨坑。

这是个没有灵魂的人。他出仕之后，正赶上王安石变法。这场千年变法，就像个巨大的吸盘，将那个时代形形色色的人，都吸了进来。

其实，变法这件事，有人支持，有人反对，这很平常。支持也好，反对也罢，只要出于公心，并无太多可指摘之处。对蔡确来说，他虽名为新党，可新党予他不过是件外套。他穿着这件外套，邀名获利，打击政敌，公报私仇，所为的根本不是新法，而是他的私心、私利。

一个才华横溢，却道德败坏的人；一个心思缜密，却不择手段的人；一个位高权重，却没有灵魂的人。这样的人，无论一生如何风光，取得所谓的什么成就，终究是行尸走肉而已。

蔡确，即是如此。

当他被贬新州，深夜自处，回望一生行止，会想起什么呢？或许，是陈执中的府衙外，老父亲的老泪纵横；或许，是陈州郊外寺庙里，不畏人言的熬夜苦读。

每个人的路，都是自己走的。

每个人，都是一辈子，都是一把牌。

有人，遗臭万年，比如，蔡确。

有人，千古流芳，比如，王安石。

# 王安石的是与非

在赵佶登基前的三十余年里，皇位更替了三次。爷爷英宗在位四年、父亲神宗在位十八年、哥哥哲宗在位十五年。

王安石变法，发生在神宗年间。新法时断时续，总体推行时间并不长，但对北宋朝政的影响，却是怎么说都不过分。

事情还得从英宗说起。

英宗与仁宗不同，这是个有想法的人。他有着强烈的改革冲动，虽然在位时间很短，只有四年，但改革的种子却在此间种下。

富国强兵，是改革的目标。

对内，要控制住日渐庞大的官僚机构和政府常备军。冗官、冗兵已成为朝廷财政的黑洞。老牛拉车，早就不堪重负了。

对外，要左右开弓。

首在遏制辽人南侵的野心。虽然辽、宋大体和平，但辽人始终保有草原民族的攻击性。在军事讹诈之下，仁宗时期，宋朝付给辽国的岁币，已经由三十万两升到了五十万两。

钱是个问题，但被威胁的感觉更是羞辱。

何况，辽人占有燕云十六州，始终居高临下、处于战略上的优势。这对任何一个头脑清醒、想要有所作为的宋朝皇帝来说，都是如芒在背、如鲠在喉。

其次，就是西夏问题。这是个老问题，但苦宋久矣。

尽管从人口、疆域、国力等方面，党项人并没有向大宋叫板的实力。但他们就是持续地骚扰、顽强地战斗。

百年来，在这场以大博小的游戏中，宋人用尽各种办法，军事上强攻、利益上诱惑、道义上感召、外交上斡旋等。能想的都想了，党项问题始终没能解决。

既然灭不了，那就不打了，放下大国面子，主动与西夏讲和，可不可以？不可以。这些年，西夏国内朝政跌宕，外戚后党屡屡专权，对宋战争是这些政治新贵巩固权力、威慑国内政敌的灵丹妙药。你不打他，他来打你。让宋人徒呼奈何。

不过，对夏战争也不是一无是处。

百年用兵西北，大宋花了大价钱，朝廷府库为之一空。唯一的成绩就是练就了北宋唯一能打的野战部队，西军。

北宋自太祖始，对武人的忌惮之心就深入骨髓。抑武崇文是铁打的国策。武将地位低下，文人地位崇高。即便矫枉过正，也在所不惜。以至后世多是文人领兵，甚至太监领军。

有宋一代，名相辈出，名将却少有。

和平时期，这只是一种尴尬。战争来临，就是灾难了。

宋人用兵，主要在北方和西北。北方对辽，承平日久，边疆常备军日渐废弛。西北对夏前线，由于长期作战，西军保持了较高的战斗力。北宋中后期的名将，也几乎都出自西军。比如狄青，还有种氏祖孙三代。

军刀要磨，不磨则锈蚀。军队要战，不战则骄惰。

英宗想法挺多，也挺好，可惜，天不假年，很快就驾鹤西去了。不过，他有个孝顺儿子，神宗皇帝。

他的这些想法，将在儿子神宗手里，努力变成现实。

神宗十九岁继位。

表面上，大宋繁华锦绣，实际上却是外强中干、危机重重。

青年天子，血气方刚，踌躇满志。深受父亲的影响，他早就跃跃欲试了。只是，面对这庞大的帝国，从哪里入手呢？

当然是人。做事，最重要的就是人。

一个和他有千古君臣之遇的人。

这个人是王安石。

只不过，王安石等待的时间更久。

终于等到了。君臣相遇，胜却人间无数。

这君臣二人，很难说，谁影响了谁，谁又左右了谁。

但那份默契、那份心灵相通，却让彼此都陶醉。

公元 1069 年，赵佶出生的十三年前，王安石变法开始。

这是项庞大的系统性的改革。体系庞杂，内容丰富，涉及帝国政治从农业到商业，从百姓到官僚，从科举制度到百姓差役，从地方到京城等。

这是一场彻底的、全面的改革。放在大历史中看，这或许是宋之前历代的最强变法，程度彻底、烈度空前，往前或许只有先秦的商鞅变法可比。后续的元明清三朝，或许只有晚清的洋务运动、戊戌变法可比。

这是一场雄心勃勃的改革。这里面，有神宗的雄心大志，他要比肩唐太宗，做一代大有为之主。王安石则又拔高了神宗的目标，要比肩尧舜，做千古名君。

这里面，有王安石的远大抱负，融合了他在基层摸爬滚打的经验和思考。他卧薪尝胆数十年，多次拒绝朝廷入京的要求。

有人说，他是沽名钓誉，自抬身价。或许，有这方面考量。但我们更愿意相信他是在积蓄能量，就为这场人生最精彩的演出。

然而，个人的精彩，未必是王朝的绚丽，更未必是国运的辉煌。

辉煌，从钱开始。

富国强兵的宏大目标，首要任务就是要搞钱。

王安石的办法，是让政府直接赚钱。

这条办法，司马光这样的老夫子，一辈子也想不明白。

在他们看来，朝廷的责任在于教化民众，让人民有道德。人人有道德，人人讲道德，自然天下太平。让政府直接去赚钱，与民争利，怎么看都不是君子所为，也不是国家该干的事。

听上去很正确。可是不解决问题。政府财政早就左支右绌、不堪重负，出现了巨额赤字。道德是个好东西，但能变成前线的军费、官员的工资吗？

司马光也想解决问题。他认为，朝廷法度没问题，祖宗之法也很完备。之所以出现问题，是人的问题，是歪嘴和尚把经念歪了。只要用人得当，问题自然解决。那用什么人呢？用有道德的人。

转了一圈，又回来了。

王安石是个干实事的人，他想把问题踏踏实实地搞定。

这就不容易了。在任何时候，想干事，都是不容易的。真正做事的人，永远值得尊敬。

把事情做成，讲究天时、地利、人和。

人和，王安石就免谈了，谁都知道他那臭脾气。

地利，无所谓有无。

好在，他有天时。

时代给了他解决问题的土壤。

这就得说说宋朝的商业发展。

有宋一朝，或许是中国古代商业文明发展的最高峰。

宋人重商、爱商、敬商。

商人地位前所未有之高。就连郑屠卖个猪肉，也能称为大官人。西门庆开个药铺、当铺等，也能称为西门大官人。至于穿绸、乘轿、参加科举，更是不在话下。

政府甚至鼓励高官、军队、士大夫经商，公务员里面的投资高手也是比比皆是。不考虑可能涉及的贪腐和滥用职权，就是这份宽容，也让人难以想象。

对于民间商业，政府更是宽容、支持、默许，乐得其成。

商业在国家生活中举足轻重。

北宋中后期，无论经济繁荣程度、城市化率、商业税收占国家收入比例、海外贸易、商业行会等，都是前所未有。说宋人以商立国，似乎也没问题。比如海外贸易，就是空前的繁荣。

大宋国的海岸线，北至胶州湾，中经杭州湾和福州、漳州、泉州，南至广州湾，再到琼州海峡，都是自由贸易港，完全对外开放，没有任何政策性限制。

政府按照港口大小分别设立市舶司、市舶务，类似海关，管理外贸秩序和收取关税。每年多少钱呢？北宋末年，海上贸易每年税收二百万贯，折合白银近一百万两。要知道，几百年后的明代隆庆年间，海关税收仅几万两而已。

这就是王安石当年面对的国内经济环境。

看着民间经济繁花似锦，海外贸易兴旺发达，再看看那些巨商大贾如鱼得水、富得流油，政府财政却捉襟见肘。王安石能没有想法？当然有想法。敢想敢做。王安石的做法就是，出动国家队，让政府直接进场。

比如青苗法。简单地说，以前青黄不接时，农民是向商家大户借贷，利息高不说，钱都让大户赚了。变法，让农民直接向政府借贷，不仅利息低，而且钱进了国库。

农民反正要借贷，利息低点不好吗？政府还增加收入。两全其美。王安石在地方做官时，就试行过此法，深受当地百姓欢迎。

为了变法，王安石说破了嘴皮子。

可惜，保守派就是不领情。

这是世界观的问题。

这就得说到北宋的儒学复兴和士大夫精神。

汉武帝"罢黜百家，独尊儒术"之后，儒家也只是位尊而已。后来又受道家、佛教的冲击，再经东晋十六国，历南北朝，儒家并没有迎来真正长足的发展，前后徘徊而已。

唐朝建立，李家天子自称老子后人，尊道教为国教，儒家的发展再次受到牵绊。

北宋以来，随着程颢、程颐、范仲淹、欧阳修、王安石、陆九渊、张载、司马光、苏轼等一批大儒的出现，他们重回千年前的孔孟之道，重新阐释经典，发扬革新经典。

儒学迎来了真正的高光时刻。

为天地立心，为生民立命，为往圣继绝学，为万世开太平。张载的横渠四句，震古烁今。每每读来，都让人心潮澎湃。这几句话，把那个灿烂时代，那群大儒们的精神世界挖到了根上。

这些士大夫，精神上高贵得一尘不染。

对于商业，士大夫更多主张宽容、包容、不干预。对于百姓，他们坚持不能打着改革、新政、为民谋利的幌子去骚扰，更不能容许政府与民争利。站在官的立场，即便大户也是民。吃大户，一样也是扰民。

在旧党看来，王安石的变法确实能搞到钱，会在短期内让国库充盈，解决政府的财政危机，一定程度上可以实现富国强兵。但这样的富国强兵，不是他们要的富国强兵。

他们认为，代价太大、成本太高。

首先，扰民乱民、与民争利，会破坏民间的市场基础，打击民间的商业繁荣，让百业凋零、百姓困顿、民不聊生。其次，国家利字当前，会混乱人们的思想，错乱人们的价值，让整个社会脱离儒家的精神轨道。长此以往，危及国本。

如此选择，实乃舍本逐末。

对于变法，即便有天子全力加持，宰相铁腕推行，以司马光、苏轼兄弟等为代表的旧党，依然不屈服、不支持、不配合。即便罢官、贬谪，也在所不惜。

在他们眼中，王安石已背离儒家治世之学，是离经叛道，会将大宋带上不归路。

王安石欲哭无泪。心中惆怅谁人知？

新法，受到旧党的强力抵制。

而基层百姓，甚至农民兄弟也不领情。

这让王安石困惑不已。当年，他在基层曾经试行过，效果很好。如今，这又是为何？这就得说到王安石的用人之道。

在神宗的坚定支持下，面对朝臣的抵制，王安石重拳出击，铁腕治吏。他左右开弓，对司马光、苏轼兄弟等旧党领袖毫不手软，统统赶出朝廷，或调离京城，或徙徙岭南等。

司马光还行，看在给帝国编书的分儿上，打发到洛阳了事。就是那本皇皇巨著《资治通鉴》。苏轼兄弟就没那么好运了。苏轼从此走上漫漫搬家路，一路上，倒留下了东坡的美名和更多脍炙人口的诗词。

对章惇、蔡京等所谓青年才俊，王安石不拘一格提拔、重用。

确实，改革就得用人，用新人。新人没负担，敢干；新人没资历，得干；新人没靠山，苦干。这没问题。

问题是，新人未必就是对的人。再好的改革、再好的政策，也得人去落实。人对了，好政策能好上加好；人错了，好政策分分钟变成恶政。

人，是个大问题。而在识人、用人上，王安石是有问题的。

他选的新贵中宵小之徒不乏少数。他们对上恶意逢迎，推行新法急切、激烈、蛮横，一味地求快求好，树典型，出经验；对下如狼似虎，就拿青苗法来说，直接搞成摊派，百姓不借也得借，借少了还不行。一旦还不了，牵牛拆房的事也没少干。

横竖国家得挣钱。

如此新法，弄得民不聊生。岂非南辕北辙？

还有更恶劣的，那就是种下了党争的祸根。

党争，并不是个新玩意。远的不说，晚唐的"牛李党争"就弄得乌烟瘴气，把大唐折腾得七荤八素，只剩半条命。

殷鉴不远。北宋朝廷对这个是有戒备的，也是有成效的。北宋前期，朝政尽管有得有失，至少政治上还算清明。

变法，则开了个坏头，渐渐毁掉了这一切。

从此，朝臣之间拉帮结派，党同伐异。变法派和保守派，你来我往，攻防转换，好不热闹。

我们按照时间顺序，来大体上捋一捋。

神宗时期，新党主政，重拳打击旧党，将旧党撵出京城。

哲宗朝前期，高太后摄政，反对变法。旧党回京掌权，史称"元祐党人"，重拳还击新党，将新党撵出京城。新法被无差异地全部废除，神宗朝建立的财政体系几乎全被推翻。

哲宗亲政后，继承父志，新党回京掌权，再次重拳打击旧党，不仅将旧党撵出京城，而是置之死地而后快。

新旧之间已势同水火。

王安石、司马光当年那点惺惺相惜之情，已经荡然无存。

比如，居然有人奏请要追夺司马光生前一切封赠，还要挖出来鞭尸；即便是《资治通鉴》，若非有神宗作序否则也要毁版灭迹。更有甚者，直指高太后"老奸擅国"，要追废其太后名位。

章惇、蔡京是其中的活跃分子。

党争，已无底线。

难道都是小人？莫非都是不学无术？

当然不是。

即便章惇、蔡京等人，也都是两榜进士出身，说他们是俊才俊杰、人中龙凤也毫不为过。为何一旦陷入党争，就变得六亲不认，面目狰狞，没有是非，没有底线呢？

权力，名利。

有的人，自诩为天下苍生计。无论苍生愿不愿意，都得给你做主请命，为你谋福利，行也得行，不行也得行。说到底，还是为了权力。大权在手，睥睨天下。权力的快感，让人疯狂。

有的人，自诩是为了理想。他们包装理想，人挡杀人、佛挡杀佛，即便惊世骇俗，也坦然自处。一将功成万骨枯，为功名尔。名利、名利，名在利前。

至于假托名义，为己谋利的熙熙攘攘之徒，如过江之鲫，更不足道矣。

权力让人膨胀，名利让人沉迷。

有没有正道？有。只不过，人间正道是沧桑。


人是会变的。

首次罢相后再回京，有人说王安石变了，不似以前那般霸道了。而在王安石眼里，神宗似乎也变了。至于变在哪里，他却说不好。看上去，神宗还是一如既往地支持他。但，也只是看上去。

他们之间没有了默契，君臣二人也不再不像以前那般无话不谈。交流时，也总会有停顿。而每有停顿，彼此都多少有些手足无措，有点尴尬。

王安石不喜欢这种感觉，神宗似乎也不喜欢。他们都想恢复到过去，并尝试去努力，可惜都不成功。

王安石知道，再次离开的时间不远了。

果然，二十个月之后，王安石再次罢相。

在罢相前，按照朝廷礼仪，他应该和神宗见过面，也有过非正式的告别。不知道，他们彼此又是怎样的心情，有没有想起君臣初见的情景？

罢相两天后，王安石的爱子王雱去世。丢了相位，白发人送黑发人。王安石的内心，又是怎样的苍凉？

十月的东京，天已经很凉了。

那日清晨，王安石在汴河码头登船，知道的人很少，来送的人更少。他最后凝望东京城，大宋的首都，曾经倾注一生心血的舞台。他倔强的脸上，没有任何的表情。

这年，王安石五十五岁。此时，距离他进士及第，已经三十四年；距离他首次见到神宗皇帝，不过八年。

王安石离开了东京，再也没回来。

他和神宗，也再没见过面。

这多少有些令人意外。至少，对王安石是这样的。

毕竟首次罢相后，不过十个月，神宗就急召他回京。

这次，他则在江宁住了足足十年。

时光流水，王安石采菊东篱下，悠然见南山。他读书、访友、会客。其中不乏当年的政敌，比如苏东坡，唯独没有来自神宗的消息。直到神宗驾崩，新法俱废。

次年，王安石郁然病逝江宁。

司马光，王安石最大的政敌。他们交往了一生，也斗了一生。

王安石去世的消息传到东京时，司马光已病入膏肓，但仍大权在握。他挣扎着从榻上起来，老泪纵横之余，亲自上书太皇太后，请求朝廷以最体面的礼仪厚葬王安石。针锋相对了一辈子，对于王安石的道德修为，他仍赞一句，正人君子。

在司马光的力争下，王安石的葬礼，备极哀荣。


公元 1021 年，王安石出生于江西临川，他比蔡襄小九岁，比司马光小两岁，比苏轼、蔡确大十六岁。

公元 1086 年，王安石病逝江宁。

相比同时代的那些大人物，王安石的争议更大，非议更多。

这是个宋史无法越过的人，甚至是中国历史无法越过的人。

这也是个毁誉参半，誉满天下，谤满天下的人。

他才高八斗，唐宋八大家有其一，诗词文章冠绝天下；

他脾气极大，清高自傲，固执己见；

他不修边幅，衣着邋遢，我行我素；

他胸怀大志，意志坚定，事不避难；

他心胸狭窄，睚眦必报，疾恶如仇；

他重情重意，待人真诚，直来直去。

这就是他，王安石，一个充满矛盾的人。

爱他的人，把他捧上云端。

恨他的人，把他踹入地狱。

千古功过，任凭后人评说。

王安石变法，已历千年，虽已盖棺但仍未定论。各种声音、各种论调都有，而且都言之凿凿，似乎也都言之有理。

如果从富国强兵来说，变法是失败的。吃了这剂猛药，大宋不仅没能康复，更没能崛起，可能还加速了灭亡。

如果，从变法本身来看，则充满了前所未有的想象力。先进的商业理念，积极的财政扩张、金融刺激政策等。变法者对政府和经济两者关系的理解，让人叹为观止。

王安石，似乎是从现代穿越回宋代的改革家。

而实际上，做人做事，最忌讳不合时宜。

无论是超越时代，还是落后时代，都是不合时宜的，最终都会遍体鳞伤。或许，这是王安石变法注定失败的根源。

王安石，似乎看明白了一切。

可惜，他却无法叫醒一个时代的人。

众人皆醉我独醒的人生境界，本质上是一种悲剧。


宋神宗、王安石，有时候，会被称为君臣之遇的典范。

可他们相处的时间，不过数年。

更多的时候，是老死不相往来。

很显然，这场变法，虽然由王安石冠名，但幕后的真正主宰，却是神宗本人。那么，这场变法，神宗又收获了什么呢？

可能最直接的，就是这个庙号了。

庙号神宗，就是后人无法评价的皇帝。

如果，他泉下有知，定然会为此伤心。他会觉得很无辜，很委屈，也很无奈。登基以来，他想做的，不过是继承父皇的志向，改革弊政，富国强兵，重现祖宗的荣光。

不错，他是用了王安石。王安石也确实有很多毛病，这点他当然心知肚明。可不用王安石，他又能用谁？面对那帮仁宗、英宗的老臣子们，他想动动胳膊、动动腿都难，又何谈变法？

只有王安石，敢说"天变不足畏，祖宗不足法，人言不足恤"。

全天下的人，都在抱怨他过于宠信王安石。可谁又知道，为了变法、为了国家，他也在忍耐。要不，怎会有王安石的初次罢相。他希望王安石能有所改过。可惜，他失望了，以至于绝望了。

后来的日子，没有王安石，少了很多的纷扰。虽然，变法仍在继续，但没有灵魂人物的变法，已经有些变味。他应该很多次，动过心思，召回那个人。

可是，那个人会改吗？他没有信心。

最后，带着深深的遗憾和世人长久的不解，神宗驾崩。

有人说，他是一代英主。

有人说，他志大才疏。

有人说，他所遇非人。

或许，他最想问问王安石。

# 活成一把刀的章惇

神宗驾崩，王安石离世。朝堂纷扰依旧。

司马光去世，高太皇太后离世，哲宗驾崩。朝堂依旧纷扰。

纷扰的关键，在于新法。或废，或兴，反反复复。

这其中，有个人是关键。

章惇，在后王安石时代，他是王安石变法的旗手。

章惇，也是福建人。

有宋一代，福建人才辈出。若论有性格，以章惇为最。

章惇生于世家大族。有种说法，他父亲生性风流，与他人有染，章惇是个私生子。但这丝毫不影响他博学善文、相貌俊美，年纪轻轻就闻达乡里，是有名的大才子。

二十二岁时，章惇和侄子一同赴京赶考。放榜之日，两人同时高中，金榜题名。这原本是皆大欢喜的事。叔侄同登科，也是一段佳话。

更何况，二十二岁中进士，已经非常牛了。比比看就知道。欧阳修二十三岁中进士，李鸿章二十四岁中进士，曾国藩二十七岁中进士。

可是，章惇不这么想。因为侄子中了状元，他耻于名列侄子之后，一气之下，章惇竟在皇宫金殿之上，当众退还了朝廷的敕书，扬长而去。众人愕然。要知道，侄子比他还年长十岁。

再看看他的考场对手吧。有苏轼、苏辙兄弟，还有唐宋八大家之一的曾巩。真正的强手如林。

两年后，章惇二十四岁，再中进士，名列开封府试第一名。

科举之路是异常艰难的。很多人皓首穷经，一生难中个秀才。范进不过中个举人，竟然疯了。章惇考科举，两中进士，易如反掌，真正的才华横溢、才高八斗。在当年就有人评价，天下人论才华，程颐第一，章惇第二。章惇听后，不置可否。

章惇，昂然入仕。

他少年得意，才学高远，本以为就此大展宏图，无奈仕途艰难，跌宕起伏，盛衰荣辱，几起几落。他先是任职地方，政绩显著，进京参加王安石变法，成为变法派大将；反对派上台，被贬谪地方；哲宗亲政，被召回京城，任宰相，直至徽宗继位。

纵观章惇的政治生涯，一直和几个大人物紧密相连。而后世对他的记忆，也多和这几个人捆绑在一起。

先说说苏轼，章惇年轻时的挚友。

章惇、苏轼，同年进士出身，同样才华横溢，同仕于陕西，常结伴出游。

一日，两人来到终南山仙游潭。悬崖峭壁，潭深千尺，风景绝佳。章惇感慨莫名，便邀苏轼到对面石壁上题字留念。眼见只有独木相连，苏轼连连摆手，太危险了。

章惇系好衣衫，抓住藤蔓，踏上独木，边走边荡，来到对面石壁。左手执藤，右手拿笔，在石壁上写下五个大字，"苏轼、章惇来"。不一会儿，返回原处，气色如常。

苏轼则惊出一身冷汗，不禁脱口而出，你这个人，以后一定会杀人。章惇有些茫然、疑惑。这番潇洒，没赢得好友掌声，却换来如此评价。不知为何？

苏轼说，一个人连自己的命都不在乎，还在乎别人的吗？

这就是，见微知著。苏轼还是很有眼力的。章惇这种做人做事的狠劲，在他后来的从政生涯中，被展示得淋漓尽致。

不过，苏轼虽这样说，但绝不会想到，若干年后，他自己竟成了章惇下手的对象。虽不至于要命，也不过是命悬一线。

而这一切，都是王安石变法惹的祸。

道不同，不相为谋。自王安石变法开始，章惇、苏轼这对年轻时的好友，因为政见不同，渐行渐远。

神宗朝时，新党主宰朝堂，章惇位高权重。苏轼作为旧党的代表人物，因言获罪，被下了大狱。朝堂之上，一片喊杀之声，形势非常危急。连王珪都跑来落井下石。他是出了名的和事佬，贵为宰相，朝堂之上几乎没有自己的意见。

王珪落下的"石头"，也是首苏轼的诗。

根到九泉无曲处，世间惟有蛰龙知。

他将苏轼这首写桧树的诗，列为苏轼犯上的证据。就因为其中有龙。而这招可是能致命的。

神宗看到王珪都已出手，大为诧异，竟不知如何答复。站在一旁的章惇则轻蔑地说道，此诗不足为凭，无论是君是臣，都可称龙。徽宗也缓过神来，说道，确实如此，诸葛孔明就号卧龙。

靠着章惇的解围，苏轼侥幸躲过人生最凶险的一刻。

事后，苏轼被贬湖北黄州，亲朋故友唯恐避之不及，唯有弟弟苏辙和章惇时常写信宽慰他。正是黄州的岁月，苏轼成了苏东坡，还留下了前、后《赤壁赋》和《念奴娇·赤壁怀古》等千古名篇。

这时候，章惇对苏轼还是留有余地的，还是念旧情的。

时过境迁，哲宗亲政，章惇当宰相时，情况有了很大的变化。

多年残酷的政治斗争，受贬谪的艰难时光，似乎耗尽了章惇的温情。对于政敌，他的心冰凉，没有了温度。

苏、章二人年纪相仿，此时都年近花甲。但章惇没有怜悯老友，而是将苏轼直接发配到了岭南，即今天广东惠州。章惇把这把年纪的苏轼贬到岭南，该是这辈子都不想再见到他了。

苏轼一住三年。

他一如往常，洒脱自在。乐观的性格，看山乐山，看水乐水，居然活得有滋有味。那就写诗吧。

> 日啖荔枝三百颗，不辞长作岭南人。
>
> ……
>
> 为报先生春睡足，道人轻打五更钟。

东坡先生有诗，京城很快流传。章惇阅之大怒，苏子瞻居然如此快活。看来，贬得还不够远。他在苏轼的字上做文章，"瞻"和"儋"字相近，那就去儋州。似乎是恶作剧，但却足以致命。

儋州，真正的天涯海角。千年前的海南，作为大宋孤悬海外最蛮荒的国土，路途遥远，气候炎热，野蛮土人，毒虫怪兽，被发配到那里，就是置之死地了。

六十二岁的苏轼，须发如雪，背起书箱，带着幼子，驾一叶扁舟，闯过惊涛骇浪，来到了儋州。登船的那一刻，他一定无数次地回望内陆，他知道回不去了。

章惇，这次是要杀人了。杀老朋友。

东坡先生，似乎在劫难逃。他是知道典故的。

唐朝的宰相李德裕，是牛李党争的核心人物。风光时，官居太尉，封魏国公，一朝失势，被贬海南崖州，级别从八品下。由云端坠入烂泥塘。

据说，李德裕整日登高遥望长安，望眼欲穿，老泪纵横。不可能再回长安的他，孤独地流连于崖州的山水。有次，路过一座寺庙，见到墙上挂了一排葫芦，便好奇地问方丈，葫芦里卖的是什么药。方丈一声叹息，哪有什么药，是骨灰。这些人都来自长安，被贬到此地，回不了故乡，只能栖身在葫芦里。

李德裕，骇然。当夜，卒。

不知东坡先生，是否见过那些葫芦？

谁料，世事如棋局。

当苏轼绝了再回内陆之念，抱老死海南之心时，朝局再次发生逆转。哲宗驾崩，徽宗继位。苏轼被赦。

苏轼居然活着跨过了海峡。而章惇则是摇摇欲坠了。苏轼路过金陵时，章惇的儿子在此为官。对于老父亲和苏轼之间几十年的恩恩怨怨，做儿子的当然心知肚明。他无颜去见苏轼，便写了一封长信，托人送给苏轼。

信写得哀婉动人，核心意思就一条，希望重回政坛的苏轼，能够放他父亲一马。儿子救父心切，固然可以理解。但他以己度人，还是小看了苏轼。

苏轼修书一封，深情回忆了与章惇四十年的交往，言辞恳切，宽厚有爱。章惇曾经拳拳到肉、刀刀致命的往事，被风轻云淡地一笔带过。

章惇、苏轼，相知一生，相交一生，相争一生。一生功过，后人自有评论。至少在对待朋友上，高下立分。

苏轼，跨过了海峡，渡过了长江，还是回不了东京。

他驾鹤西游，随风而去。

千古东坡。

苏轼，是章惇的朋友。

王安石，是章惇的伯乐。

　　章惇很牛，二十二岁就中进士。不过，王安石更牛，二十一岁中进士。而且，他原本是状元人选。只不过，因为皇帝咬文嚼字，丢了状元的头衔。

　　章惇虽然狂妄，但对王安石，则心悦诚服。毕竟，千里马常有，伯乐不常有。王安石这样的千古名臣，更是伯乐中的伯乐。

　　如果没有王安石，以章惇的才学和政声，日后进京，甚至担任宰执，也是大概率事件。至于，他能否走出自己的为政之道，成为"不是王安石的王安石"，我们无法去假设。不过，以他的性格，他注定不会默默无闻的。

　　毫无疑问，王安石和变法新政，给了章惇更大的舞台，让他走入了大历史。后人谈论王安石变法，注定无法绕过章惇。

　　王安石先派他任职地方。

　　章惇去了湖南。北宋时期，湖南的部分地区还是蛮荒之地。这些地区，名义上奉宋为正朔，实际上处于自治的状态。当地少数民族杂居，刀耕火种，打鱼行猎，相互攻伐，战乱不止。

　　民族问题，在历朝历代都是棘手问题，也最能考验为政者的智慧。章惇到任后，刚柔并济，恩威并施，刚的更刚，柔的更柔，最终让这些人民献图纳土，完全归顺了大宋。此为大功一件。

　　东京的王安石，都看在了眼里。

　　变法急需用人。很快，章惇再进京。自此，追随王安石左右，开始了变法大业。他跟的是彪炳千秋的人，干的是千秋议论的事。

　　时势造英雄。

　　章惇的人生，从此波澜壮阔。

　　然而，变法何其难。纵有满腔热血，纵有皇帝支持，变法也是步履维艰。艰难的历程，从来都是检验人心的尺子。

　　王安石如日中天时，投其门下者，何其多也？至于是为了变法，还是为了前程，是为了新政，还是为了官帽，又有谁说得清呢？如果厚道地去想，更多的人应该是兼而有之。毕竟，又推了新法，也做了高官，何乐而不为呢？

　　这点就不能苛刻了。毕竟，不是每个人都像章惇那样，是拿政治理想当饭吃的。因为有理想，所以有忠诚。

　　章惇，对王安石就是忠诚的。

　　不错，章惇很自负，也很清高。就连苏轼他都未必服气，但对王安石，他始终恭恭敬敬。哪怕王安石的臭脾气，让几乎所有人都难以忍受。忍受，也是一种忠诚。

他坚定地支持王安石，任其驱使，冲锋陷阵。变法中，王安石饱受用人不淑的指责，但章惇的忠诚和能干，还是为他挽回了一些颜面。在变法后期，章惇已是王安石的左膀右臂、新党的大将，左冲右突，不可阻挡。

后来，王安石被两度罢相，身边人临阵倒戈者不知几何，章惇是少数坚定的追随者。不离不弃，更是忠诚。

忠，是忠于人，更是忠于事业。忠于人，会变、会盲目、会浅薄。忠于事业，会实、会理性、会深刻。对事业的忠诚，才是更大的忠诚。

王安石黯然下台，变法受到重挫，一时间人心思动，神宗皇帝也一度态度暧昧。章惇依然选择了对事业的坚守。

王安石离世，章惇失去了人生的伯乐。他接过旗帜，成了新党的领袖人物。

政坛之上，有伯乐就有政敌。伯乐和政敌，往往也是棋逢对手。若是伯乐没分量，爬得不够高，政敌的成色也不会足。

章惇的伯乐是王安石，政敌就是司马光，都是一等一的人物。

随着神宗驾崩，司马光复出，旧党全面当政。

章惇成了司马光的眼中钉。

再来看看他们中进士的年纪，章惇二十二岁，王安石二十一岁，司马光十九岁，都是震古烁今的大才子。

如果说王安石是新党的教父，那司马光就是旧党的大佬。他们是同一辈分的人物。正因为如此，司马光和王安石之间，争斗不止，斗而不破，双方始终留有余地，彼此惺惺相惜。

司马光对章惇，就不同了。章惇是小字辈。司马光长章惇十六岁。司马光金榜题名，誉满京华之时，章惇还在福建老家咿呀学语。再加上章惇为人嚣张，司马光就更不客气了。

何况，政见大为不同。除了新法之外，还有西夏问题。

司马光为相后，内政上，无差异地全部废除新法；外交上，也一反神宗朝对外开拓的国策。为消弭西夏之患，司马光提议将神宗时期，耗尽无数军费，牺牲无数将士所占领的西夏领土，全部还给西夏。他希望以退还领土的方式，换取边疆的和平。

进而，降低军费开支，缓和政府财政压力。废了新法，政府财政收入减少，相应地削减军费开支似乎也是合理的配套措施。

怎么说呢？书生意气，天真无邪。司马老夫子，编书是把好手，但对于军政，确实有些让人无语。

此事引起变法派强烈反弹，在朝堂内外吵得一塌糊涂。章惇与司马光你来我往，唇枪舌剑，争得不可开交。有没有党同伐异？一定有。但更多的还是，章惇刚烈的性格和强硬的外交思维使然。

大权在手，司马光直接将章惇撵出东京。

这是一次疯狂的政治清洗。

司马光掌权时，身体状况已经很糟糕。或许，他自知时日无多，所以出手又快又狠。至于，这其中有多少是理性的思考，有多少是权力的膨胀，没人说得清楚。

回顾北宋晚期政局，司马光此时的表现，让人扼腕叹息。

如果说，王安石性格强势，铁腕推行新法，不惜与整个反对派阵营决裂，造成了朝堂之上新党、旧党泾渭分明。作为当年受排挤打压之人，司马光对此应有切肤之痛。他所编写的皇皇巨著《资治通鉴》，更是汇集古今智慧，是所有治国者的镜子。可惜，当他自己大权在握，拥有了最锐利的权力武器时，他忘了当年的伤痛，也没想着照照镜子。

或许，他想了，也照了。只是，没有战胜权力和人性。

这是千古难题。如果是一般人，我们也不想苛责了，但是对于司马光，还是忍不住多说了几句。一次宝贵的机会，被司马光轻易地放弃了。

大宋在党争的泥塘中越陷越深。

章惇被一贬再贬，越贬越低。

贬到后来，堂堂副宰相，居然成了杭州一处道观的管理员。上得朝堂，入得道观，倒是能屈能伸。如果就此停下，也可以接受。毕竟，杭州风景优美，道观清净怡人。

旧党当然不满意。他们再出手，将章惇贬至岭南，那里瘴气满地，条件恶劣。这里面的意思，已是杀气腾腾。

毕竟，章惇已年过半百，叫天天不应，叫地地不灵。在天荒地老的岭南，清高孤傲、性格刚烈的章惇，能熬得住吗？能。

靠着对理想的坚守，还有对司马光的刻骨仇恨，贬谪岭南的艰难时光，章惇愣是咬着牙，挺住了。

不得不说，有时候，仇恨确实比仁爱更有力量，更有让人活下去的动力。尽管，司马光已死去数年，但章惇的仇恨未减半分。

苦熬中，他等来了太皇太后驾崩，哲宗亲政。

王安石把章惇领上舞台。

哲宗则给了他真正当主演的机会。

哲宗和章惇，似乎就是神宗和王安石。

当然，只是似乎而已。


哲宗亲政，时年十六岁。

他八岁登基，太皇太后摄政，总揽国事。

大殿之上，他与太皇太后对坐，大臣们从来都是面向太皇太后禀告。而他，只能无聊地看着对面不同的屁股。看了八年，也苦熬了八年。这是个被压抑了许久的年轻人。

少年天子，血气方刚。哲宗亲政，要立威，要改革，要推行新政。而实现这些最好的办法，就是废除旧法，全面恢复父亲神宗的新法。

这是非常之事，自然需要非常之人。

哲宗选中了章惇。至于原因，则在多年前就已种下。

当年，神宗病危，皇位悬而未决。朝堂之上，蔡确等人投机富贵，串联谋立神宗的弟弟为帝。太后也一度态度暧昧，那个儿子也是她亲生的，未尝不可。

刻不容缓。情急之下，是章惇将写有哲宗名字的立储诏书，送到了气若游丝的神宗榻前。神宗看罢，口不能言，泪如雨下，唯有艰难点头。就这样，哲宗当了皇帝。

这份拥立之功，哲宗自然难忘。何况，要恢复神宗新法，章惇作为王安石之后的变法派领袖，更是不二人选。如此公私兼顾，岂不两全其美？

年轻人做事，雷厉风行。哲宗亲政不足月，就任命还远在岭南的章惇为宰相，并要求他即刻进京。

咸鱼翻身。章惇由蛮荒之地贬谪小吏，一跃而成帝国宰相。

半生浮沉，正在苦熬中坚守的章惇，接到诏书时，该是怎样的心情？若再回头想想，这些年的心酸，受过的委屈，看遍的白眼，又是何其愤懑？

是该痛哭流涕，感谢苍天垂怜；还是仰天大笑，夸赞老天有眼。估计，章惇是大笑的。

转眼间，草堂之上高朋满座。前来送别的人，更是不绝于道。不过，历经世事沧桑，章惇傲气依旧。对很多人，他连正眼都不看，更别说给个笑脸。

当然，他并非目中无人。行前，他专程向一位名士请教治国之策。尽管章惇态度端庄，言辞恳切，但名士感受到的却是踌躇满志，杀气腾腾。

名士与章惇纵论为相之道。身为宰相，调理阴阳，最大的智慧就在于居中，不偏不倚，不能偏废。这话说得已经很直白了，就是希望章惇能放下党争，摒弃意气，不要报复，要团结。

章惇沉默不语，心中大不以为然。不偏不倚，别人或许可以，但章惇做不到。

如果历史就此停止，章惇或许会作为能臣，甚至功臣，被后人记住。然而，后来几年，他的磨刀霍霍，他的睚眦必报，他的歇斯底里，让他彻底走向了疯狂，死后也被列入奸臣传。

几年前，司马光已错过了一次机会。或许，是北宋的富足，东京的繁华，让老天不忍，又给了大宋一次机会。

遗憾的是，章惇不仅视而不见，还身怀利刃回到了东京。


章惇，再见到哲宗。

两人都有恍如隔世之感。

哲宗有些失望。他没想到，章惇那么老了。在他印象中，章惇还是金刚怒目，雷厉风行的盛年模样。可如今的章惇，头发化白、满脸沧桑、脚步迟滞。只有依然锋利的眼神，让哲宗多少有些安慰。

章惇则很开心。

昔日娃娃天子，已成少年君主，身材修长，器宇轩昂，脸上的光泽、说话的语速、急迫的心情，无不显示这是一个充满激情、富有活力的年轻人。恍惚之间，似是多年前的神宗。最重要的是，章惇能切实感觉到，哲宗对他的敬重和依赖。

自始至终，哲宗没提当年拥立之事。但毫无疑问，这是所有一切的基础。

凡事都有因果。哪有无缘无故？

有了哲宗无条件的支持，章惇怀中的利刃，终于出鞘。

连出四刀，刀刀见血，刀刀要命。

第一刀，要将老贼掘墓鞭尸，挫骨扬灰。

老贼，就是司马光。

第二刀，要将擅国的老奸追夺封号。

老奸，就是刚刚去世的太皇太后。

第三刀，罢黜当朝权奸，流放岭南，途中追杀。

权奸，就是旧党。比如，苏轼等人。

第四刀，全面恢复新法。

就是神宗、王安石时期的新法。

亮起刀时，章惇的眼神锋利过刀刃。这让哲宗也有些不寒而栗。他确实想效法父亲，建功立业，开疆拓土，但对于踏过千万人的尸骨，年轻的哲宗依旧难以接受。

何况，还有不屠戮大臣的祖宗家法。

哲宗同意全面恢复新法，但驳回章惇对人的那几刀，为大宋朝留下很多人头，也留下了很多千古名篇。比如，苏轼。


再回到东京的章惇，应该很想念王安石。

或者说，他把自己比作了王安石。成为王安石，应该是他内心隐藏很深，绝不可示人，但确实存在的念头。因为，我们总能在他身上，看到王安石的影子。

可惜，章惇就是章惇，他不是王安石。

为了变法，王安石可以得罪所有反对的人。但，即便道不同，依然以礼相待，惺惺相惜。抛却政见之争，依然可以谈古论今，把酒小酌。

为了变法，章惇则不惜杀了所有反对他的人，哪怕故交旧友、国之栋梁，也在所不惜。道不同，甚至连死人都不放过。

所有的变法，最终都应该使人过得更好。为了这个更好，需要牺牲一些东西，比如时间、精力、青春，甚至是生命，用这些去奋斗，来换取变法的成功。如果牺牲的是社会的宽容、道德的厚重，人人急功近利，个个唯利是图，庙堂之上噤若寒蝉，江湖之远人人自危，那这样的变法，意义何在？

　　王安石、章惇，都是以变法新政之名，目标都是富国强兵。一个充满理想主义的情怀，一个充满政治权谋的算计。

　　有人为章惇鸣不平，认为他治理地方有绩，评定边疆有功，为官清贫自守，不为家人徇私。不错，这些都是他人生的闪光点。但他大权在握时，面对政敌残酷打击，面对故人刻薄寡恩，让北宋朝堂之上百年熏陶而成的宽容、宽厚之气，清明、开明之风，荡然无存。就此一点，他就罪无可赦，无可辩驳。

　　如果再多问一句，他的那些大道理中，就当真没有私心？就当真没有以恢复新法为名，干过挟私报复的勾当？估计他自己都很难回答。

　　千年之后，王安石依然是圣贤，而章惇依然是奸臣。

　　徽宗继位前，章惇有过人生最后一次闪光。

　　这也是老天再次送给大宋的机会。

　　错过了前几次，固然可惜。如果抓住这一次，或许还有力挽狂澜的可能。章惇的动机，我们姑且不去猜度。但他公开反对立赵佶为帝，却是一次为自己，也是为大宋的救赎。

　　可惜，他的努力失败了。就像一个赌徒，在赌场玩了一辈子，却在最后关头，错过了翻盘的机会。


　　哲宗驾崩，身为宰相的章惇，兼任山陵使。

　　他负责筹备哲宗葬礼、修建哲宗陵墓。从情感上，他愿意为哲宗的身后事全力以赴。对哲宗，这个他亲手扶上皇位的皇帝，他充满了感情，甚至寄托了全部希望。

　　原本，他可以通过哲宗做成人生赢家。他也几乎成功了，哲宗朝的后半期，他是唯一的独相。朝廷内政外交，几乎决于他一人之手。可谁能想到，哲宗二十三岁便驾崩了。哪怕再有十年，章惇或许也有机会创造属于哲宗和他的时代。

　　据说，哲宗灵柩到达皇陵的时候，电闪雷鸣，大雨滂沱，连日不止。不知，这雨是为谁而下？是为英年早逝的哲宗，还是为壮志未酬的章惇？还是为屡屡错过良机的大宋朝？

　　那日，哲宗的灵柩陷于泥沼，在荒野之中过了一夜。那一夜，白发苍苍的章惇就守在灵柩边，任凭大雨淋透了全身。

　　即便如此，朝中仍有大臣乘机弹劾章惇，说他办事不力、举止不恭。章惇只好自行请罪贬谪。初登大宝的赵佶，装模作样地驳回了几次，终将章惇撵出京城。

一贬再贬。

几年后，章惇在浙江湖州去世，时任湖州团练副使。

这年，苏轼已去世四年，司马光、王安石都已去世十九年。

章惇，终年七十岁。

苏轼终年六十五岁，王安石六十六岁，司马光六十八岁。

章惇的死，是一个时代的结束。

回顾章惇一生，科举考场上的青年俊才，仙游潭前的豪气俊杰，为政地方的能员干吏，新党里冲锋陷阵的大将，贬谪岭南的失意政客，朝堂之上的揽权独相，大雨中哲宗灵柩旁的花甲老人，被贬湖州的老朽之躯。

这都是章惇。这些似乎矛盾的经历都属于他，共同构成了他毁誉参半、诽谤满天下的人生。

为章惇可惜，他有王安石之志，却无王安石之才，更无王安石之德。为章惇可怜，他一生奋斗不止，不服输，不任命，做事执着，倔强前行。

人生一世，草木一春。百年岁月，匆匆而过。

有的人生命短暂，如同朝露，却历经千年而不朽。有的人长命百岁，富贵白头，却好似从没有活过。

我们都害怕被遗忘，都希望留下活过的痕迹。可惜，这非人力所能控制。有的人，费尽心机把名字刻在泰山上，风吹雨打也没了印记。有的人，密室中不经意的一句话，却也流传千古。

历史就是这么吊诡，就是这么不讲道理。

历史，给了章惇大展身手的机会。他却用这样的机会，将自己写进了《宋史·奸臣传》。

地下有知，章惇是该哭，还是该笑？

估计，章惇还是笑的。就如同当年在金殿之上，封还朝廷敕书，仰天大笑出门去。

那一刻，人生多美好。

第四章

大辽往事

大辽，雄踞大宋北方。

辽、宋，是那个时代天下的双子星。辽、宋关系，是天下最重要的双边关系。宋、夏关系，辽、夏关系，都依附于此。

辽、宋关系，也互为双方经济社会发展稳定的压舱石。

按照和平协议，宋、辽约为兄弟之邦。

哲宗归天、徽宗继位，这是重要外交事件，宋、辽两国都会马上遣使通信。一方履行告知义务，一方表示哀悼慰问，并祝贺新君登基。

向大宋遣使的正是辽道宗。这年他六十八岁，在位的最后一年。

道宗耶律洪基，辽国第八任皇帝。之前依次为太祖耶律阿保机、太宗耶律德光、世宗耶律兀欲、穆宗耶律述律、景宗耶律贤、圣宗耶律隆绪、兴宗耶律宗真。

辽太祖、太宗，作为开国奠基之君，英明神武，自无须多言。以后诸帝，各有各的人生际遇，就不一一介绍了。

若论对宋、辽关系影响之深远，首推辽圣宗时期。

那就从圣宗开始讲起吧。在辽国皇帝中，他也确实很不一般。

# 萧燕燕的爱情政治学

不过，介绍圣宗，还得从他母亲说起。

没办法，母亲比儿子名气大，也更有故事。杨家将故事中的萧太后，就是这位了。历史上，辽国的太后几乎都姓萧，但这位名气太大，以至于"萧太后"几乎成了她的专属。

萧太后，乳名燕燕。大名，萧绰。

萧燕燕，名字很婉约，但却是位杰出的政治家、军事家。

并未虚言，事实如此。

是个人物，更是个传奇。

燕燕，出身名门。父亲是萧思温，辽国重臣，北朝宰相，驸马。母亲是辽太宗的女儿，燕国大长公主。皇亲国戚，金枝玉叶。

自幼聪明伶俐，稍有长成，更是姿色绝美。更难得的是，虽出生高贵，却毫无娇惯之气。小小年纪，便做事沉稳细致。

萧思温一生无子，只有几个女儿。要说人生没有遗憾，那是骗人的。不过，看到燕燕，他又很知足。时常感慨，此女必成大事。

父亲爱女儿，自是无原则。不过，这位萧父亲，确实眼光毒辣。他若能知道女儿以后的成就，更当人生无憾。

景宗继位，萧思温因有拥立大功，燕燕进宫为妃，很快就被封为皇后，时年十六岁。十六岁正值豆蔻年华。但萧皇后却不是怀春少女，她怀的是天下。

景宗因为幼年时，在皇族政变中受过惊吓，体弱多病，经常无法上朝，军国大事多由萧皇后代理。

萧燕燕，不，萧绰，走上政治舞台。

我们不知道，到底是遗传基因好，还是父母培养得好，还是天赋异禀。总之，面对着庞大的帝国、理不清的政务。十几岁的皇后运筹帷幄，杀伐决断，长袖善舞，游刃有余。

草原多豪杰，巾帼不让须眉。皇后干得实在太好。六年后，皇帝直接告诉群臣，以后在写到皇后的言论时，可以直接用"朕"。

自秦始皇以来，"朕"就是皇帝专属。称"朕"，意味着萧绰可代行皇帝职权。辽国，二圣并立。实际上，朝政多决于皇后。

公元 982 年，景宗驾崩，十二岁的长子隆绪继位。萧皇后，变成了萧太后，临朝称制，统领朝政，时年二十九岁。

萧太后，走上了更大舞台的中央。然而，上台容易，唱戏难。为何？身旁无人，独角戏怎么唱？

父亲萧思温虽是重臣，却早在她当皇后的次年，就被政敌所猎杀。她又没有兄弟可依靠。孤儿寡母，身无外援。诸王宗室虎视眈眈，宋、夏狼伺在侧。一时间，已是险象环生。

太后召群臣问计。哭着说，该怎么办啊？

大臣们多沉默不语，估计很多人心里乐开了花，就等这一天呢。太后的眼泪，更让他们觉得新鲜和解恨。

太后，似乎又变成了燕燕。燕燕一边哭，一边用眼角的余光扫视着大臣们。她在等待。

这时，殿中走出一人，朗声说道，太后只要信任我等，国事无忧。太后闻之，收住眼泪，转忧为喜。就在等他表态。

此非他人，正是韩德让。


这原本也是个老熟人。杨家将故事里那个让很多人恨透了的韩延寿的原型，就是他。只不过，韩德让可比小说里厉害多了。他们韩家更不得了。在大辽国，除了皇族、后族，就属韩家。

有辽一代，论汉人贵族，韩家无人出其右。

韩德让爷爷，六岁时，由汉地被辽军掳去。以奴隶的身份，深受皇帝信赖，一步一步在政坛攀升，成为汉臣中的佼佼者。辽国所确立的汉家典章制度，其大功不可没。

韩德让父亲，官居南京留守，封燕王。奴隶封王，厉害！

这是一个奴隶在异乡、异族奋斗，并功成名就的传奇。

父祖两代的积累，让韩家在辽国树大根深。但是，真正让韩家枝繁叶茂、权倾朝野、青史留名的，是韩德让。

靠的是祖宗的庇护？当然不是。

契丹人眼里不揉沙子。当年，宋太宗北伐，高粱河之战，被打得丢盔卸甲，最后坐着驴车狼狈脱险。谁干的？就是时年三十八岁的韩德让。由此，德让成为辽国汉臣中的第一人。

不过，想更上层楼，他依然需要贵人相助。

不错，贵人就是萧太后，或者说，萧燕燕。

在父亲和丈夫景宗死后，太后燕燕的乳名，再也无人敢叫，也没人能叫。除了韩德让。

他们关系不一般。是故人，通俗地说，是旧情人。

韩德让长燕燕十二岁。燕燕长成之时，德让已名满天下。一个是皇亲国戚，金枝玉叶；一个是北方豪族，汉臣领袖。

不知道是德让倾心燕燕的绝色容颜，还是燕燕钦佩德让的智勇双全。或者说，这是辽、汉权贵之间的政治交易，又或者兼而有之。总之，他们定亲了。

从后来他们一生相扶相守来看，我们更愿意相信他们是真爱。

谁说，肮脏的政治里，就没有爱情之花盛开？如此的话，景宗倒是第三者。只是，皇帝是天子，燕燕无奈，德让无语，这对鸳鸯就此劳燕分飞。

朝堂之上，虽然常见。但，君臣而已。

皇帝驾崩，太后孤立无援。如此困境，面对旧情人，燕燕又怎能不触景生情，潸然泪下。女人的眼泪，是征服男人的利器。尤其是旧情人的眼泪。

情人还是老的好。

德让，没有让燕燕失望。他勇敢地站了出来。这里面，当然有着复杂的政治算计。德让四十一岁了，已不再是青春少年。他已是韩家这个北方最强汉人家族的大家长，更是辽国汉臣的翘楚。他必须得算计。

但，曾经的爱情，想必也是催化剂。

实际上，还有种说法。当年，景宗病危之际，燕燕就找到了德让。景宗驾崩之后，燕燕更是在德让协助之下，才以迅雷不及掩耳之势，剥夺了各路诸侯的兵权，成功拥立圣宗继位。

如此说来，他们早就暗通款曲，德让更是有拥立大功。后来朝堂上的眼泪，不过是两人在给天下人演戏。

不管怎样，非常时刻，德让坚决站在太后身边。太后投桃报李，让德让总理宿卫，即负责太后、皇帝的安保工作。把母子俩性命交给了德让。这就是绝对信任了。

当然，这样的话，德让出入宫禁，更是方便了。

这也是真爱吧。从此，太后临朝听政、德让监国行政。

看上去，大辽国成了夫妻店。史书称，他们出则同车、入则同帐，坐则同席、餐则同桌，形如夫妻。

据说，太后还曾在韩德让帐中摆过酒，宴请过大臣。有人不解风情，当众请教宴会的主题，德让不语，太后嫣然。有人恍然大悟，这是他们俩的喜酒。没人承认，但也没人辟谣。

不仅不辟谣，更毫不掩饰。据说，德让有次去看马球，入场时被一个冒失鬼惊了马，摔了一跤。正好被太后看到，二话不说，立马将冒失鬼斩首。要知道，冒失鬼可是皇族。为了个奴隶，杀皇族。有爱的女人，真可怕。

不错，德让虽然位高权重，但确实是奴隶身份。

这不行，燕燕不能接受。太后直接为其改名。韩德昌是也。再取消奴隶身份，正式封为契丹贵族。契丹人，对汉人分得清楚。可以重用，可以封官，甚至可以封王。但想当贵族，难！

为何？主仆有别。最大的官，也是仆；贵族，就是主人了。

这一刻，德让的祖父、父亲，应该含笑九泉了。

燕燕，满意了吗？不，仍不满意。

爱一个人，到底要多彻底？

接着封赐。太后再赐德让皇族姓氏耶律，赐名隆运，封晋王。更绝的是，这个王属于圣宗的叔父辈。这样，圣宗就得喊德让老叔，执父礼了。再赐铁券几杖，入朝不拜，上殿不趋。

当年曹操也不过如此。

至此，德让拥有了自己的宫帐、属城、万人的私人卫队，和皇帝配置已没太大分别。犹如大辽太上皇。

然而，燕燕对这个男人的爱，还在继续。

她派人毒死了德让的妻子。这是她深爱德让的一个证据。如果只是太后对臣子的宠幸，她犯不着杀人家老婆。只有为爱心生嫉妒的女人，才会这么干。

爱之愈深，忌之愈切。

因为德让无子，太后甚至规定，以后辽国皇帝，每一代都必须过继一个亲王给韩家，替德让延续香火。连死后的事都想得这么周到，真是爱到骨髓里。

在相爱相守二十七年后，燕燕走在了前头，终年五十六岁。入葬景宗乾陵。仅十五个月后，德让归西，终年七十岁。圣宗为他举行了隆重的国葬，并将其安葬在母亲的陵墓旁。

韩德让，大辽唯一入葬皇陵的臣子，更是唯一的汉人。

这是韩氏家族的荣耀，这是生活在辽国成千上万汉人的荣耀，这也是汉文化的荣耀。

燕燕和德让，最后归葬的辽乾陵，位于今天辽宁省北镇市的郊区。那是一片安静的山谷。历经千年战火和风吹雨打，地面上已找不到任何皇陵的痕迹，唯有方圆百里的梨树林。

忽如一夜春风来，千树万树梨花开。

漫山遍野，琼枝玉朵。

在这万千缤纷中，想必有一朵是德让、一朵是燕燕。

谁知道呢？

如果，你以为萧太后只是个情种，那你就错了。

她是个政治家。

即便对韩德让，感情自然有，真爱也不缺，但仍然是政治的延续，充其量不过是夹杂着感情的政治而已。

这不，刚刚拉住德让的手，宋太宗就打上了门。

上次，高粱河一战，太宗损兵折将，颜面尽失。如今，辽国新君继位，太宗看到他们孤儿寡母，以为有机成乘，可以一雪前耻，收复失地，便再度北伐。或许是上次箭伤未愈。太宗没有亲征，而是坐镇东京，指挥三路大军。

其中就有杨业，杨无敌。千古杨家将。

兵来将挡。萧太后率圣宗御驾亲征，德让披挂冲锋。

两军对垒。辽国上下同仇敌忾，母子同气，君臣一心。最终，宋军大败，北伐成空，杨业身死，只留下了杨家将的故事流传千古。而胜利者萧太后，也借着这段历史，在后世家喻户晓。不过，形象却相当糟糕。

历史就是这么无厘头。

自此，宋人肝胆俱碎，不敢北顾也。宋太宗，一代雄主，也在郁郁之中，十年后驾鹤西去。

来而不往，非礼也。待宋太宗去世，真宗继位，萧太后马上还以颜色。她多次率兵亲征，打得宋人丢盔卸甲，闭门不出，太祖、太宗时的锐气几乎丧失殆尽。

宋军的胆怯，给了萧太后更宏大的构想。公元 1004 年，萧燕燕带着圣宗，还有德让，再度御驾南征，大举伐宋。这次军容更盛、规模更大。这是场灭国之战。

绕过宋军防守坚固的城市，辽军一路向南，剑指东京。宋军肝胆俱裂，拔腿就跑。转眼，辽军就攻到了东京的门户澶渊。

萧太后似乎想重温当年辽太宗攻入开封的荣光。看上去，目标并不难实现。澶渊到东京，不过百里而已。

虽是百里，辽军却也是强弩之末。辽军一路狂奔南下，进军速度很快。不过，辽军攻下的坚城并不多，更多的是绕开了。如此，不仅拉长了补给线，让辽军苦不堪言。更重要的是，宋人坚城在后，辽军时刻有腹背受敌，后路被断的危险。

萧太后有些忧虑了。雪上加霜的是，就在澶州城下，前锋悍将萧挞揽被宋军射死了。辽军士气受到重挫。千军易得，一将难求，太后岂能不明白这样的道理。

这个节骨眼上，宋真宗又来到了澶州城。宋军士气大振。战场形势瞬息万变，胜利的天平正在向宋军倾斜。

是战？是和？考验政治家成色的时候到了。

有人，豪气冲天，只进不退，自以为天命所在，无所不能。结果，一战而败，功业化为乌有，国灭身死。比如符坚。

有人，审时度势，能屈能伸。既能乘势而上，又能苦捱待变。能进能退，收放自如。比如，萧太后。

萧太后政治家的地位，就此奠定。

她主动派人与宋人密议。几次虚张声势，几番折冲樽俎，最终达成和谈条件，与宋签订澶渊之盟。算起来，她既拿到了实惠，得到了岁币；又拿到了面子，真宗称她为叔母。

百年和平，就此一锤定音。

这里，也得说说韩德让。

这场仗，虽然是太后带着圣宗御驾亲征，但德让的分量不言而喻。萧太后最终能接受条约，德让功不可没。在这件事上，也再次体现了德让的政治眼光。

太后对德让的恩宠是有道理的。

不过，这里面有个问题。那就是，无论德让在辽国做多大的官，享有多高的荣耀，他是汉人，这点是改不了。这是他的标签，无论怎么撕，也是撕不掉的。那么，作为汉人，当他率军面对故国时，又是怎样的心情？

宋人又该如何面对这样的汉人？

骂他们汉奸，认贼作父，数祖忘典，是容易的。可是，这样能解决问题吗？再说，宋人是否有理由骂他们呢？是否应该要求这些生活在异邦、异族的汉人们，永远心向大宋？而他们又该怎样做，才能证明自己的确是心向大宋呢？

这是个值得深思的问题。

据说，德让死后，闻讯的真宗皇帝感慨万千。他称赞德让才智过人，辅佐幼儿寡母，鞠躬尽瘁。称他一向与大宋交好，不仅力主签订和约，还是和约的坚定守护人。即便古之贤臣名相，也少有超过他的。

来自对手的称赞，才是真正有分量的。

那么，德让获得真宗如此高的评价，汉人身份有没有加分？

应该是有的。在真宗心里，或许韩德让并没有数典忘祖，相反，作为生活在辽国权倾朝野的汉人，他对故国是有贡献的。

除和约之外，至少在推动辽国汉化上，德让也是有功之臣。

文化的认同，才是深入骨髓的身份认同。

说到文化，辽的独特政治文化值得一提。

早在北魏时期，就有了契丹这个名称。契丹是草原民族，鲜卑族的一部，主要由八个部落组成。长期在潢水流域和土河流域生活繁衍，位于今天内蒙古境内。

在阿保机建国前，契丹人的活动区域主要在长城以北，过的是逐水草而居的畜牧游猎生活。随着实力不断强盛，又逢唐末五代之乱，契丹不断入侵中原，掳掠了越来越多的汉人。汉人多了，情况渐渐起了变化。

历史上，少数民族抓来汉人，多数都是充作奴隶，少数聪明伶俐有文化的汉人，会被当作政治顾问。契丹也不例外。

这其中，有个叫韩延徽的汉人，但他与韩德让家族没有关系。

韩延徽跟皇帝说，北人善骑射、南人善耕织，自古如此。最好的办法，是把抓来的汉人集中起来，为他们筑城，让他们继续耕种。这样，更能发挥南人的优势，更好地为契丹服务。

考虑到这些汉人思念家乡，韩延徽还建议，这些人从哪里抓来，新筑的城市就叫什么名字。比如，从云州掳来一批人，新筑的城也叫云州。

韩延徽作为一个汉人，给辽国皇帝出这样的主意，无论其出发点是什么，毕竟还是念及了同胞情义，充满了人性。这些被掳的汉人们，和亲友族居一城，总好过去草原为奴吧。

韩延徽的建议，让辽国皇帝大为赞赏。这对契丹的意义，也是无与伦比的。从此，在契丹人管理下，有了以汉人为主的城市。

这在北方草原民族中，是很罕见的。比如，匈奴人永远只有帐篷，即便是王庭，也不过是大点的帐篷。搬家时，几辆大车就拉走了。

尽管这些汉人的身份仍然是奴隶，但这不妨碍这些居民区很快就成了辽国的繁荣市集。辽国的经济实力与日俱增，辽人尝到了甜头。

可惜，长城以北，可以筑城的地方毕竟有限。这时候，契丹皇帝的好儿子，石敬瑭出现了。为了帝位，他大手一挥，把燕云十六州送给了契丹。

大辽，如虎添翼。从此，契丹人的主要活动范围，变成了长城南北。长城以北，以契丹等草原民族为主，过的还是游牧渔猎生活。长城以南，是为数众多的市镇，以汉人为主。

长城内外，皆大辽。

辽国，成了游牧加定居的混合王朝。这是质的变化。

自古，草原民族对垒中原王朝，大体有三种结局。

被中原王朝打垮。比如西汉之匈奴。后来，一部分匈奴人西迁避祸，一部分内迁融入中原。

把中原王朝打残。比如鲜卑北魏。后来，与中原王朝长期对峙，最终融入汉文化，民族消失。

把中原王朝吞并。比如元、清。后来，蒙古人退回草原，满人融入华夏。

辽的时代，还没有后来蒙古、满人的经验。所以，契丹人可以借鉴的主要是祖先鲜卑人。北魏孝文帝迁都洛阳的旧事，他们应该熟悉。鲜卑人建立的北魏，国势强盛，喧嚣一时，但是作为一个民族，在融入中原之后，很快便彻底消失了。

契丹人明白，想要保持民族特性，就要拒绝内迁，拒绝汉人的生活方式，拒绝汉化。可是，长城以南的大片土地，无数的汉人，富庶的城市，繁荣的市集，难道都不要了？

吃下去的肉，不可能吐出来。可又怕消化不良，腹痛难忍。

怎么办？不用担心。古人远比我们想的聪明，哪怕是少数民族。契丹人天才地推出了大辽版的"一国两制"。

简单地说，以契丹为主的少数民族，依旧生活在长城以北，过着秋冬违寒，春夏避暑，随水草、就畋猎的生活，以保持契丹人勇武善战、精于骑射的优点。而农耕织造、冶铸工商，则主要由长城以南的汉人来做。

两全其美。

为了优化分类管理，契丹还实行两族分治的两种行政体系。简单地说，就是以契丹旧法治理契丹人，即"北面官"系统；以汉人法度治理汉人，即"南面官"系统。

北面官，长期由契丹贵族担任，主要管理契丹军备，日常法度，也是按照部落管理的旧制。

南面官，则是仿照唐制，设有宰相、枢密使，下设有六部、御史台、监察院等。完全是汉人的管理体系。主要官员也大都由汉人担任。

换个角度来说，北面官主要负责军事，南面官主要负责经济。从实际效果来看，在北面官管理之下，契丹人的军力是逐步下降的。当然，这里面因素很多。确定的是，南面官管理的区域，则是城郭相望，富庶繁华，是大辽国的经济中心和经济命脉所在。

如此说来，无论制度设计的初衷是什么，在历史演变中，最终是先进的制度文化同化落后的制度文化，是必然的。

武力可以征服疆土，文化才能征服人心。

开国近百年，辽国的汉化已渐成趋势。对萧太后来说，这也是考验她政治智慧的大问题。她该如何去选择？

她是可以扭转乾坤、一锤定音的。

澶渊之盟之后，以萧太后的权势，她自可以一言兴邦，也可以一言乱邦。

在辽国汉化的问题上，亦是如此。

政治家的远见更多地体现在审时度势上。

历史上，很多手握乾坤的人，自以为可以超越时势，或者凭借强权，逆时势而动。结果，强权化为了灰烬。比如袁世凯。

对萧太后来说，她当然可以用铁腕来阻止汉化，至少可以迟滞汉化的进程。但是，她没有这么做。

我们不能假设，萧太后作为契丹贵族，内心会无比地认同汉化，去主动地推动汉化。但是，作为政治家，在她认识到汉化有利于国家长治久安，汉化更是一种时势之后，她没有用手中的权力去对抗，而是选择了顺应。

识时务者为俊杰。

甚至可以说，在她当初决定紧紧抓住韩德让的时候，她就认识到了这一点。她看到了韩德让在朝廷的权势，看到了韩家在辽国的威望，更看到了众多汉臣和无数汉人的力量。

她赐予韩德让的荣誉和地位，绝不仅仅是给他个人，应该是对韩德让背后汉臣、汉人力量的安抚、褒奖和激励。

站在政治角力的角度，她选择韩德让，就是选择了汉化、汉人。在没有强力外戚援手的情况下，她需要借助汉人的力量，来制衡契丹贵族。这岂是简单的男欢女爱，这是一种政治智慧。

如此揣度，是否异化了萧太后和韩德让的情感？与前文所说的种种，是否有矛盾呢？不矛盾。

对于政治家来说，政治考量永远是第一位的。当然，政治也是有人情的。有人情的政治更长久。韩德让是否心中有数？当然有数。

作为汉人，他能成为辽国汉臣之首，站在千千万万的辽国汉人的最高处，他能看不清自身的分量、汉人的价值？

他看得非常清楚。

很多时候，一个成熟政治家和轻浮政客的区别就在于，政治家永远知道自己的斤两，而政客总是搞不清自身轻重。

韩德让，一个奴隶的子孙，如果没有这样宽宏的视野、察己的智慧，能在异国、异族中爬到那样的高位？他深刻地认识到了本质，进而，毫不犹豫地与萧太后牵手。

对精明的政治家来说，只要政治利益一致，即便素昧平生，也能合作得亲密无间，这是基本技能。何况，太后和德让还有感情基础。这就是天作之合了。老天都帮忙。

不知道这两位契丹和汉族政治家，在男欢女爱之外，是否曾严肃地探讨过契丹汉化的问题。至少，他们是有默契的。

本质上，他们的牵手，就是契丹贵族和汉人新贵的深入融合。

牵手的双方，都带着满满的诚意。

有投入，就有收获。

韩德让的投入是，全力保护太后、皇帝安全，为契丹浴血奋战，对朝政兢兢业业，保着大辽江山。

萧太后的回报是，在辽国推动深层次的汉化改革。

比如，同罪同罚。简单地说，法律面前族群平等。将以前汉人同契丹人发生纠纷，必优容契丹人，重罚汉人，改为一视同仁。

比如，确立科举制度。

契丹传统上实行世选制度，政府高级官员，在皇亲国戚和功勋贵族子弟中选拔产生，保证契丹世代人才辈出。

世选不是世袭。世选是在一帮人中择优，世袭是父子相继。显然，世选制度使绝大多数汉人连边都摸不到。韩德让家族的故事只是个案而已。

科举则不同了。汉人读起儒家经典，孔孟之道、子曰诗云，就是顺畅。没办法，基因里就有。通过科举制度，汉人批量、有序地进入国家政权。不过，朝廷禁止契丹人参加科举。科举主要是汉人的通道。

显然，科举比世选更有说服力。科举出身也越来越受到全社会的尊重。以至于，契丹贵族和汉人同僚共事，内心都有点酸溜溜的。后世，还有契丹贵族冒名顶替参加科举的，就是要这份荣耀。这也侧面说明了，科举的深入人心和契丹贵族的汉化程度。

这些汉化制度上的变革，深刻地改变着辽国。

从另一个角度，这也能给辽、宋百年和平做出一些解释。

加速汉化，让辽人在心理上对中原王朝有了亲近感。双方在国书上自称南朝、北朝，就是一种很好的心理暗示。他们甚至觉得辽、宋之间，不再有别，而是一样的，都是中华。

这也是有证据的。萧太后的孙子辽道宗就说，吾修文物，彬彬无异于中华。

说了这么久的萧太后和韩德让，似乎把圣宗淹没了。

这正是圣宗厉害之处。

萧太后这样的女人，在辽国两百多年的历史上，可能也就太祖的述律皇后可比。比较而言，萧太后王道多一些，述律皇后霸道多一些。萧太后还是棋高一着。

包括，萧太后对韩德让的驾驭。

韩德让位尊似太上皇，却依旧对太后、皇帝、大辽忠心耿耿、死心塌地。这很难得。从人性的角度看，人的权势越重，越容易生出非分之想。韩德让的表现，应归功于萧太后的高超手腕。

有如此超级厉害老妈。对儿子来说，是幸福；对皇帝来说，则未必。即便亲生母子，也没用。

皇权面前，无父子，也无母子。

想想武则天的几个儿子，在母亲的强大气场面前，是如何艰难喘息的。可以读读章怀太子李贤的《黄台瓜辞》。

种瓜黄台下，瓜熟子离离。

一摘使瓜好，再摘使瓜稀。

三摘犹自可，摘绝抱蔓归。

可谓字字带血。即便跪求老妈给条活路，最终也难逃一死。

和这样的母后相处，圣宗皇帝得有怎样的智慧？

这可非同小可。

圣宗十二岁继位，三十八岁亲政。这中间，经历了漫长的二十六年。这二十六年，他无时无刻地不活在强势母亲的阴影之下。这对一个皇帝来说，意味着什么？

但是，我们在历史中，看不到圣宗任何的情绪。这是一种怎样的修为？怎样的忍耐？怎样的智慧？还有，他对韩德让的态度。

母亲和德让的关系，天下无人不晓。

而圣宗精通汉学，晓音律、好绘画，俨然汉家天子。对汉家的礼仪伦理，他自然了然于胸。这种事，若是发生在契丹早期的部落时代，可能没什么，大家也都能坦然接受。可这时，辽国已建国近百年了，皇帝的母亲和汉人大臣关系不清不楚，天下皆知。

圣宗皇帝该如何去做？

打个比方，康熙号称千古一帝，如果他的母亲和张廷玉如此这般，康熙会怎样？母亲一死，必灭他九族。

看看圣宗是怎样做的吧。当年，母亲封德让为王，叔父辈的，圣宗得喊韩德让老叔。圣宗则再进一步，执父礼，就是把德让当作亲爹一样供着。即便普通再婚家庭的小伙子们，也未必做到这么好，何况一个天子。而且，这还没完。

母亲死后，圣宗不仅没灭德让全族，反而更加优待。在德让病重期间，他和皇后更是亲自在榻前，给德让端药端水。亲生儿子也不过如此。德让去世，更是让他陪葬乾陵，就在母亲身边。

试问，圣宗做得如何，是不是无懈可击？

这个"圣"字，他是否能担得起？

可是，这总给人一种过于完美的感觉。太完美的东西，总透着过度的修饰，让人觉得虚伪。有所缺憾，才更真实。

或许，圣宗是在演戏，没准是一个超级影帝。

让我们回到圣宗继位的时候。

那年他十二岁。

皇家的孩子更早熟。作为皇太子，他对本朝典章制度、历史掌故，定会有所涉猎。一定很清楚，先祖们为了他屁股下的皇位，有过多少次血腥的政变和残忍的屠戮。父亲景宗就是幼年目睹血腥政变，留下了身体和心灵的创伤。甚至，他父亲的继位，本质上也是一场政变。

政变，似乎是辽朝的一种基因，血腥的基因。

而他本人，若没有母亲的果敢、韩德让的力保，也很难讲能否顺利登上帝位。作为至高无上的皇帝，光耀的外表之下，他是所有皇族野心家们的猎物。

他不知道，在那些漆黑的夜里，有多少针对他的阴谋，正在酝酿；有多少把屠刀，正在磨得锃亮。

这时候，他除了寻求母亲的保护，他还能依靠谁？万幸他母亲不仅是个杀伐决断、做事麻利的狠角色，还有个厉害的汉人帮手。这简直太好了。

此时，相比温柔可人的母亲，他更需要政治盟友。即便是母亲，在这个风雨飘摇、杀机四伏的险境，更多的也是盟友。韩德让就更是盟友了。

那这两个盟友有点特殊关系，行不行？

这还重要吗？在生死安危、在皇位权力面前，这简直不值一提。圣宗熟读史书，自然明白忍耐的道理。即便贵为天子，也要忍耐；即便面对母亲，也要忍耐。

忍耐，人生的必修课。无论你是谁。

只是，圣宗没想到的是，这一忍就是二十六年。当然，这些年母亲的文治武功，都是以他的名字青史留名。算起来，他不吃亏。

我们相信，作为政治盟友，圣宗和母亲之间，是有政治默契的。比如，在推行汉化上，母子就是一致的。

那母子俩有无纷争呢？肯定有。只是，在史官的修饰之下，早已没了踪迹。说起来，这又是母子二人共推汉化的客观效果。事情总是互为因果。

在加速的汉化中，辽国君臣上下，普遍接受了中原的孝道文化。即便谈不上"以孝治天下"，但母慈子孝的母子关系，他们已经完全认同了。史笔之下，就留下了这对母子的千古好形象。

经过汉化的辽国人，也意识到在前几代的纷争之后，辽国迫切需要一位圣君的出现。而圣宗，恰当地出现了。

历史选择了圣宗。

当然，走出母亲阴影的圣宗，也称得上是位有为之主。内政、外交，文治、武功，都是位好手。对内，他延续了母亲的汉化政策，辽国政治清明，经济繁荣，社会稳定，颇有盛世的景象。对外，在辽、宋、夏的外交关系上，圣宗也玩得炉火纯青。

我们知道，对宋来说，西夏就是个打不死的"小强"。党项人固然彪悍善战、足智多谋。但更重要的，是他们始终依附着大辽。

圣宗的策略，就是养着"小强"撩"大象"。

"小强"是夏，"大象"是宋。

澶渊之盟之前，宋、辽之间有过几十年的军事冲突，大战不断、小仗连连，双方都是苦不堪言。即便辽占有上风，但认真算起来，辽人也不划算。

盟约签订，双方握手言和。

不过，圣宗可不似宋真宗，就此高枕无忧。

　　尽管签订了和约，但宋的富庶、强大，依然让他难以安枕。本质上，赵匡胤的那句"卧榻之侧岂容他人鼾睡"，对于任何有为之君来说，都是至理名言。

　　圣宗收了宋人的岁币，拿人家手短，不好意思直接动手了。如此，他便在背后支持党项人出击。

　　圣宗知道，西夏人少地狭，伤不了大宋的国本，但足以疲敌。党项人任务完成得很好，让宋人不堪其扰。以至于好几次，把宋朝这只大白象惹毛了，想一鼓作气灭了党项。

　　每每这个时候，圣宗就会及时出现。两手牌、轮流打。

　　一手牌，应党项人之邀，在辽、宋边境或宋、夏边境调动兵马，做出随时进行武力调停和军事干涉的姿态。

　　另一手牌，派使者入宋，做和事佬，和稀泥。

　　西夏人转危为安，消停一段时间，游戏再玩一遍。

　　圣宗这手牌，愣是玩得宋人愤愤不平，又无可奈可。

　　估计，圣宗想想都得乐。

　　对宋，年年有大把的岁币可收，坐发横财。宋人，若是不老实，就让党项人出动骚扰。宋人那点原本就可怜的战力，从此就被牢牢地锁定在西北对夏前线。

　　对夏，给个封赐，做个声势，帮着壮壮胆，党项人就感激不尽，整日把辽人当祖宗供着。

　　这么说，好像显得党项人很白痴，愿意被辽人当猴耍。他们精明着呢。自古以小事两大，就得积极主动，依附一方，撩着另一方，彰显自身价值，才能夹缝里求生存。

　　看上去，是辽在玩夏。不定谁在玩谁呢。

　　当然，圣宗肯定认为他才是主宰者。把宋、夏制得服服帖帖之余，他还能腾出手来，数次对高丽、女真、回鹘用兵，大体上都是高歌猛进。

　　这个"圣"字，他确实当得起。

　　圣宗在位四十九年，是辽朝在位年头最长的天子。灿烂文治，赫赫武功。辽国的疆域和国力，也正是在圣宗年间达到了巅峰。

　　圣宗在位期间，横跨宋朝太宗、真宗、仁宗三朝。这段时间，宋、辽都进入了各自的黄金年代，那是一段美好的时光。而有幸生活在这百余年的宋人、辽人，无疑是幸福的。

# 两个版本的宫斗剧

国事无忧，外交无虞。

晚年的圣宗可谓志得意满。不过，家家有本难念的经，皇帝不例外，圣宗也不例外。有两个女人，让他有些忧虑身后之事，即萧皇后和萧元妃。

这个故事，说来话长，有两个大相径庭的版本。

我们先说说萧皇后的版本。

这个萧皇后，名菩萨哥，萧菩萨哥。

她的身世不简单。父亲是萧绰、萧太后的族弟，萧绰是姑妈。母亲是韩德让的妹妹，德让是舅舅。

按照萧绰和德让在辽国的权势，这位萧菩萨哥，是含着金钥匙出生的。一出生，就富贵之极。生下来，就注定要进皇宫。而她，更是生的绝色之姿、倾城倾国。

十二岁那年，她进宫成了圣宗的妃子。不过，这时圣宗已经有了皇后。只能说，这个也姓萧的皇后，是个很不幸的人。翻遍史书，关于她的寥寥记载，就是她因罪被降为妃。至于什么罪，史官都懒得写。八成是莫须有，给人腾位子罢了。

从来只见新人笑，有谁记得旧人哭。

四年后，菩萨哥被立为皇后，尊号齐天皇后。辽国的皇后、太后们，都中意这个"天"字。她姑妈萧绰，承天皇太后。

十六岁的齐天皇后，豆蔻年华、青春灿烂，不仅有"承大"的姑妈和"擎天"的舅舅，还有恩宠不衰的皇帝。生在人间，胜似天堂。

即便姑妈和舅舅去世，也丝毫没影响到她的地位。她依旧是那么的美丽，那么的高贵，那么的高不可及，那么的超凡脱俗。后宫佳丽三千，她独享人世间万般美好。

皇后还心灵手巧。她用草茎制成的宫殿模型，十分精巧，交给工程部门，依样就盖成了三座宫殿。就连她和皇帝出行的车驾，也是她自己设计的。

这样的皇后，岂非天上人？

可惜，即便是神仙，也有烦恼，萧菩萨哥也不例外。这样的皇后，能有什么烦恼呢？很多人，应该能猜出答案。她没儿子。准确地说，她有过两个儿子，但都夭折了。

进了皇宫，即便是真仙女，也得有儿子，才能常保富贵。怎么办？她只能抱养宫女生的皇子，视如己出，倾注了最大的心血。

圣宗驾崩，萧菩萨哥抚养的皇子继位，是为辽兴宗。

看上去，如愿以偿。实际上，危机四伏。

圣宗是个睿智的人。临死之前，他最担心的，就是皇后的安危。他知道兴宗的生母，是个狠角色。

弥留之际，他把兴宗和他生母叫到榻前，让母子俩指天盟誓，不得伤害皇后。并留有遗诏，立萧菩萨哥为齐天皇太后，立圣宗的生母为皇太妃。

看着气若游丝的父亲，兴宗泪如雨下，不停地磕头，定当奉诏。原本，他与皇后养母的关系，也非常亲近。

圣宗转向儿子的生母，这个曾经地位低下的宫女。尽管，皇帝的眼神中流露出哀求，但却没有得到任何的承诺。带着深深的不安，圣宗驾崩了。

这位曾经的宫女脸上没有丝毫的悲戚，而是狠狠地骂了一句："老物宠亦有既矣。"翻译过来就是：老家伙，你的恩宠到头了。她骂的就是皇后，萧菩萨哥。

我们该介绍下这位宫女了。

她也姓萧，祖上也显赫一时。先祖是太祖述律皇后的弟弟。经过几代人，到她时已家道中落。靠着姓萧，她虽也进了皇宫，却是最低级的宫女。

靠着手脚勤快，她被安排在萧绰的寝宫，伺候太后的日常。

太后身边，是有大把机会的。至少，见皇帝的次数比较多。

不过，对萧宫女来说，**次数再多也没用**。皇帝不会多看她一眼。

因为，她生得五短身材、皮肤黝黑、面目丑陋、目露凶光。对普通女孩来说，这都是令人绝望的。宫中更是如此。

萧宫女应该时常能见到萧皇后。

一个似飘落人间的仙女，万人瞩目，万千宠爱，倾国倾城，气质高贵。一个似路边的野草，无人关注，无人驻足，卑微低贱，微不足道。

萧皇后可能从没注意到萧宫女的存在。一个站在云端的人，又怎能看到路边的一株野草？在野草看来，这就是傲慢吧。如果野草也有颗敏感、不安分的心呢？

可以想见，萧宫女的心情。

羡慕，嫉妒，恨。

越见，越羡慕，越恨。越想，越嫉妒，越恨。

如果没有后来近乎传奇的故事，这位萧宫女所有的情绪，都没有任何的意义。谁会在乎一位宫女的任何情绪？

据说，萧宫女在替萧绰收拾床榻的时候，捡到了一只金鸡。她正在好奇的时候，萧绰进来了，情急之下，萧宫女将金鸡吞了下去。奇迹出现了。很快，萧宫女皮肤变白，容光焕发，目光如水，含情脉脉，顾盼生辉，娇艳动人。萧绰亲眼看见了这惊人的一幕，大为诧异。她对萧宫女说，你非凡人，将来必生贵子。

马上安排她给圣宗侍寝。

对蜕变的白天鹅，圣宗来者不拒。萧宫女也不负重托，接连生下了两位皇子。长子宗真，就是后来的兴宗；次子重元。萧宫女也晋升为萧元妃。

她应该能更多见到萧皇后了。一个是后、一个是妃。她还是要向皇后行大礼的。皇后对一个暴发户宫女，能有多少发自内心的重视呢？

或许，确实有过对她的轻慢。这让后宫新贵萧宫女怒火中烧，可恨。何况，皇后还抱养了她的长子，让他们母子分离，可恨。后来，亲生骨肉居然跟皇后更亲近，更加可恨。

仇恨，也是动力。

与皇后钟情于建筑和车辆设计不同，萧宫女更钟情于权力。或许对皇后来说，她从小就生活在最有权势的家族，权力对她来说，就如空气一般廉价，她没有追求权力的冲动。

萧宫女则不同，权力对她是奢侈品。她是苦出身，她喜欢奢侈品，需要用奢侈品来装点自己，越多越好，越贵越好。她不断地向圣宗讨官，为她娘家的兄弟们。这些兄弟们，再出去拉帮结伙。短短几年，一个依附于萧宫女的权力新贵集团俨然成型。

皇后，钟情设计创造，清心寡欲；元妃，钟情权力，野心勃勃。圣宗的忧虑是有道理，能在弥留之际说出那番话，说明他早已看出潜在的危机。

活着的皇帝，一言九鼎；死了的皇帝，遗诏犹如废纸。

萧宫女废了圣宗遗诏，宣布自己为皇太后，上尊号法天皇太后。她临朝称制，掌握了最高权力。第一件事，就是处理皇后萧菩萨哥。这口恶气憋了几十年了，迸发出的杀伤力也是惊人的。

萧宫女，不，从现在起，就要称法天皇太后了，让家奴诬告萧皇后和两个高官弟弟谋反。说你谋反，就是谋反。其实，理由都是多余的。

十五岁的兴宗皇帝，去向母亲求情。他和养母感情深厚，何况还有父亲的临终嘱托。可是，这么多年的恨，岂能轻易化解。何况，这不仅仅是恨，这是你死我活的政治斗争。

这些年，法天太后精心培养的权贵集团正摩拳擦掌，跃跃欲试，他们要的不是人头，而是位子和权力。这样的出手，最狠，也最彻底。

对萧菩萨哥亲属和追随者的大清洗，血腥而残忍，宫廷内和朝堂上的屠戮持续了好几个月。萧菩萨哥也被迁居上京，囚禁。

一个多年风花雪月，一个多年工于心计。在最终摊牌时，那种惨烈感，不知会让当事人生出怎样的感慨？而这样的场景，对后来人，又会是怎样的刺激？

行走在权力之巅的人，到底该如何自处？

强忍九个月后，趁着兴宗外出行猎，法天太后派去的夺命使者，站在了萧菩萨哥面前。菩萨哥泪流满面，她对使者说，我是无辜的，天下人都知道；今日之死，自知难逃，能否稍候片刻，容我沐浴后再赴死？

使者默然。

这位飘落人间的仙女，就此香消玉殒。时年五十岁。

感慨之余，我们再看看另一个版本的故事。

萧宫女的版本。

萧宫女，自幼生得国色天香、肤如凝脂、艳若桃花，无奈家道中落，虽然进了皇宫，也只能是最低级的宫女。几乎同时，萧菩萨哥也进了皇宫，被封为妃。她们年纪相仿，同时进宫，境遇却是天壤之别。

入宫之初，她们应该在宫中经常遇见。一个众星捧月，一个无人问津。萧宫女甚至不敢抬头多看几眼，卑微得如同尘土。

没有后援的努力，是艰辛且曲折的。

进宫后，萧宫女把宫里的苦活、累活、脏活，几乎干遍了。看多了白眼，赔尽了笑脸。还好，也有收获。

她被安排到了萧绰萧太后的寝宫。不过，依然是宫女。萧菩萨哥则在几年无忧无虑、富贵悠闲的幸福生活之后，当上了皇后，尊号齐天皇后。

人比人，得死。萧宫女可不想死。家中的弟弟们和亲戚们，都眼巴巴地看着她呢。听说她被安排进太后寝宫，他们兴奋异常，似乎看到了命运的转机。

转机，会有转机吗？

艰难的生活，让萧宫女成长。越成长，越认识到这个世界的残酷。有人含辛茹苦，难求温饱。有人不劳而获，富贵终身。说起来，认识到生活的残酷，是件好事。认识得越早，对人生或许帮助越大。

至少，让萧宫女明白，在皇宫里，苦干、实干是没用的。想改变命运，只能抓住权力。想要抓住权力，就得先接近权力。这需要资本。而她最大的资本，就是沉鱼落雁的容貌。

可惜，在皇宫里，美貌不是核心竞争力。毕竟，美女太多。

萧宫女和萧菩萨哥同时生活在皇宫的一小片天空下，却宛如两个平行时空。她为生活的不公而感到气愤，却只能忍耐，再忍耐。

她甚至都没使出围猎皇帝的套路。在太后身边见皇帝的次数应该会很多。又或许，她用过了，但没有效果。就在她希望渐渐破灭，心气渐渐消磨殆尽的时候，有人为她创造了机会。是皇后，萧菩萨哥。

备受皇帝万千宠爱的皇后，接连生下两位皇子，却都夭折了。而皇后为了恩宠，又几乎独占了皇帝。这让急着抱皇孙的萧绰萧太后大为光火。江山社稷，岂能后继无人？

不知道萧绰是重新发现了萧宫女的美貌，还是基于对身边人的放心。萧绰借口萧宫女有富贵之相，安排她去给皇帝侍寝。为了平息侄女皇后的不满，细心的姑妈甚至编了个金鸡的故事。

皇后当然千般不乐意，只是顾忌太后姑妈的权势，忍下了。不过，私下里萧宫女应该是没少被穿小鞋、受窝囊气。

好在，肚子争气。很快，萧宫女生下了皇子。

太后、皇帝，自然喜不自禁。

萧宫女出头在望。

皇后萧菩萨哥却是恼羞成怒。她怎么能容忍，一个粗手粗脚的宫女分享了她的恩宠，居然还生下了皇子。

她决定釜底抽薪。她以皇后的名义，直接将初生的皇子抱走领养。皇后面前，刚刚想喘口气的萧宫女再次卑微得如同尘土。作为女人、作为母亲，她怒火中烧，却也只能隐忍。

好在，她又生了个儿子，终于可以体会做母亲的喜悦。

母以子贵。接连生下皇子，萧宫女成了萧妃，在宫中的权势也越发见涨。皇帝似乎也很喜欢她。与那个高高在上、不食人间烟火的仙女比较，萧宫女似乎更柔顺、更体贴。

浮浮沉沉之间，萧宫女并没有懈怠。宫廷争斗让她更加成熟了。她越来越清楚，她和皇后之间必有一次终极对决。圣宗临终前的那番话，只能说明他看出了问题；但是，却没有看懂女人。

女人间的仇恨，远比男人间的更浓，更难以化解。

皇帝驾崩，太子年幼，必是太后临朝。萧菩萨哥做了太后，会容忍皇帝的生母做太妃？怎么可能。即便她愿意，她的族人们，那些高贵的贵族们，也不会甘心。而对于萧宫女来说，一路艰难走来，如果最后一步踏空，一切成空。

她选择先下手为强。

这是被压抑多年的反戈一击。这是女人间的战争，没有对与错。萧宫女如果手软，就会像当年被夺去儿子一样，失去一切，包括生命。

两个版本，两个不同的故事。

哪个是真，哪个又是假？

不管怎样，萧宫女已是法天太后。

大权在握的法天太后，再也不是当年角落里的萧宫女。她走上了大辽舞台的中央。旺盛的表演欲望和强烈的权力欲望，相伴相生。演出一场接着一场。

第一场，搞定了萧菩萨哥，一解多年恶气。

第二场，将自己生日改为"应圣节"。这是大事件。按照大辽与大宋、西夏、高丽等国的外交礼仪，太后的生辰，邦交国和藩属国都要派使节恭贺。法天皇太后坐在高高的大殿之上，正式接见各国使节。她走出大辽，登上了国际大舞台。

第三场，封官。将那些眼巴巴看着她的弟弟们，全部封王。就连家里的四十多个家奴，也都人人高官得做，骏马得骑。真是一人得道，鸡犬升天。

法天太后肆意挥洒着权力，享受着最高权力带来的快感。这应该是她人生最肆意的阶段。不知，在这人生的巅峰，她有没有想起当年入宫时的艰难岁月。

功成名就的人，在人前总是愿意回忆当年的苦涩。但是，也只是人前。说到底，这不过是圈粉的手段而已。而且，这事只能他们自己提，别人提，搞不好连命都保不住。想想朱元璋，当了皇帝后，别人在他面前连秃子都不能说。

法天太后没那兴致。兴奋狂喜过后，她有了些担忧。

这些担忧来自兴宗皇帝。这个儿子，是她的·块心病。虽说是她亲生骨肉，但毕竟由萧菩萨哥带大。怎么瞅，兴宗身上似乎都有菩萨哥的身影。爱屋及乌，恨屋也及乌。

更重要的是，在处理萧菩萨哥的问题上，母子关系有了很大的裂痕。法天太后肆意挥洒权力，又让裂痕加深。要知道，兴宗继位时，已经十五岁了。对于草原民族来说，这几乎已是成年人。

兴宗的不满，加重了法天太后的心病。

心病得治。

治病的方法，有治标，有治本。

治病的医生，有庸医，有神医。

法天太后，是位庸医，却想治本。结果，自然出了问题。

她左看右看，越看越觉得兴宗不顺眼。于是，召那帮王爷弟弟们商议。人多点子多，很快就有了主意。不过，是个馊主意。

他们建议，废了兴宗，改立法天太后的二儿子，耶律重元为帝。法天太后一听，很满意。这个儿子，是她一手拉扯大的，对老妈言听计从。如果，再将他扶上皇位，那更是会服服帖帖。

众人招来重元商议。重元一听，乐开了花，跪在地上，一个劲地给老妈和舅舅们磕头。感谢给机会啊。众人，一片祥和。

谁料，出了门，重元直奔皇宫，向皇帝哥哥和盘托出老妈和舅舅们的计划。听得兴宗一愣一愣的，觉得有些恍惚。

恍惚过后，马上派兵将太后软禁。舅舅们全抓。

法天太后的人生高光时刻，至此结束。大概亮了有三年多吧。毕竟是亲妈，兴宗也没辙，只能送到圣宗的庆陵圈禁。让老妈对着老爹忏悔吧。对舅舅们也没怎么着，罢官了事。

得说说重元。他的行为很有意思。母亲权势熏天，他却选择站在哥哥一边，似乎有些不合逻辑。如果老妈成功，他就能登上帝位。这该是多大的诱惑啊。

重元后面还有故事，再说吧。

看上去，兴宗是个还不错的皇帝。

从对母亲和舅舅的处理，兴宗至少是个不嗜杀的帝王。换了别人，即便母亲不死，舅舅们肯定得满门抄斩。这点，看看隔壁的西夏就知道了。或许，是受了圣宗时代繁华盛世的熏陶。兴宗出生、成长在大辽盛世，政治清明、四海归心。

别小看这点。所谓盛世，就是人和仁的盛世。仁者爱人，仁者无敌。很难想象一个睚眦必报、心胸狭窄的人，能建立盛世？比如，所谓盛唐气象，更多的就是人的气度和胸怀。

当然，还得感谢一个人，萧菩萨哥。她一手把兴宗带大。不是生母，胜似生母。她脱俗、高贵的气质和淡然的性格，对兴宗应该也有很大的影响。

在汉化政策上，兴宗萧规曹随。他本人的汉化程度很高。据说，有次他在读《报恩经》的时候，感念母亲养育之恩，心生愧疚，便让人带着皇太后全套仪仗，把母亲从父亲那里接了回来。

无论作为皇帝，还是儿子，兴宗做得够意思了。可惜，皇陵的几年生涯，母亲没有丝毫的改变。她并不领儿子的情。相反，那颗蠢蠢欲动的心依旧。

兴宗彻底没辙了。余生的时光，无论在京城，还是出猎，他都不敢住得离母亲太近，以备不测。

权力是没有了，但生活上，法天太后依旧是顶级待遇。有待遇、有仇恨，太后很硬朗。终于，她熬死了儿子兴宗。

兴宗驾崩。

皇后哭得死去活来。法天太后却对儿媳说，有什么好哭的，你这么年轻，就要当太后了，这是好事。听听这话，里面可有母亲对儿子的情意？恐怕更多的是仇恨，以及政敌去世后的快意。

兴宗的长子继位，是为辽道宗。法天太后被尊为太皇太后。她又活了两年，才离开这个世界，时年七十岁。

孙子道宗皇帝，给她上的谥号是钦哀皇后，入葬庆陵。

从个人际遇上来说，她十二岁进宫，从宫女到元妃，到太后，到临朝称制、手握天下大权，再到被圈禁，从青春年少、懵懂无知，到铁面冷血、骄横跋扈。一生跌宕起伏、大起大落，一生精彩纷呈、九曲回环。人生百味，又有几人能知？

从政治上来讲，她的人生横跨圣宗、兴宗、道宗三朝，几乎是辽国最强盛的时期。她是皇帝的爱妃、皇帝的母亲、皇帝的祖母，还曾经是大辽最有权力的女人，站在舞台的最中央，以自己独特的方式，深深地影响了这个王朝。

她就是那个受了委屈，只能躲在角落里，满脸泪痕的小姑娘、小宫女。

有意思的是，她的故事，还有个后续现代情节。据说，民国时期，有盗墓贼从庆陵盗出一块石碑，上面有关于她的内容。不过，写的却不是正史里记载的钦"哀"皇后，而是钦"爱"皇后。

哀与爱，一字之差，意境天壤之别。

她的故事，到底哪个版本才是真呢？那个历史深处的萧宫女，真正的人生又是怎样的？

兴宗是胜利者，是写史的人。

我们看到的一切，都是他愿意让我们看到的。那些书写历史的人，总喜欢把自己与政敌的斗争，描绘得很被动，很不情愿，非常的不得已，是被迫的自卫。这样的例子，比比皆是。比如，李世民的玄武门之变。

兴宗和母亲之间，或许也是如此。

真实的历史，会不会是另外的情形？

圣宗驾崩，十五岁的兴宗继位。按照遗诏，应该是齐天皇后萧菩萨哥总摄朝政。他是兴宗的养母。

生母和养母之间，多年的恩恩怨怨，兴宗心知肚明。对双方的火并，兴宗真实的心态究竟如何？会不会是乐观其成？毕竟，站在皇帝的角度，无论谁摄政，对他都是巨大的制约。

至少是袖手旁观。

我们看到，兴宗替养母求情，但也仅此而已。当生母对养母势力血腥屠戮时，兴宗毫无作为。当生母逼死养母时，正是兴宗外出打猎的空当。是巧合，还是他主动离开，为生母创造机会？

火并后，生母胜出。

这个结果，对兴宗如何呢？一个总比两个好对付。

如果再从政治斗争的角度考量，相比萧菩萨哥背后庞大的政治势力，生母背后那几个穷亲戚，显然更好对付。

不过，生母那种近乎疯狂的掌握权力、把控权力、运用权力的欲望，他可能大大低估了。在生母肆意挥洒权力的时候，兴宗也只能避其锋芒，仍由其挥洒。

他在积蓄能量，也在寻找帮手。弟弟重元，被选中了。

如果重元是兴宗的盟友，那他当晚的举动，就合乎逻辑了。甚至，母亲和舅舅们有没有那样的阴谋，都是存疑的。不管怎样，兴宗抓住了机会，将母亲圈禁、舅舅们罢官。

至此，养母身死、生母圈禁。两个挡在圣宗前面最有权势的女人，都黯然离场。圣宗独揽大权，君临天下。

再后来，兴宗坐稳了江山，又借着读《抱恩经》的名义，将母亲由庆陵押回京城附近圈禁，为自己博取孝顺的贤名。至于给母亲点生活待遇，这对皇帝来说，又算什么呢？

这样说起来，兴宗死后，母亲依然愤愤不平，就合乎逻辑了。

她知道，自己不仅被儿子算计了，还被用来博取孝顺名声，彻头彻尾地被耍了。

焉能不恨？

是不是还可以再假设，生母对萧菩萨哥的打击，背后的盟友正是兴宗。他以骨血亲情，打动了母亲。而后面的故事，不过是俗套的分赃不均，又起的内讧。

这样推测，是不是显得过于腹黑？但皇权之下、皇宫之内尔虞我诈，这样的例子少吗？

读史时，我们需要不断提醒自己，兴宗是最后的胜利者，也是历史的涂抹者。他像一个粉刷匠一样，站在一堵白墙前，哪里涂深些，哪里涂浅些，哪里轻描淡写，哪里浓墨重彩。他说了算。

那些在斗争中失败的人，没有任何机会为自己辩解，只能被涂抹得面目全非。而胜利者们，却因为将自己涂抹得过于完美，反而让人心生怀疑。后人读史，有些许存疑之处，对那些早已面目全非的人，或许也是一种安慰吧。

道宗是兴宗的儿子、法天太后的孙子。

对于父亲和祖母间的曲折，他心中有数。或许他知道，祖母的很多是非都是子虚乌有，但顾忌父亲的名声，只能隐忍不说。不过，钦哀皇后的谥号，还是表达了他对祖母的心意。

在萧菩萨哥的问题上，道宗做得也比较厚道。作为后人，他并没有给这位前朝皇后泼什么脏水，如此我们今天才能想象她的绝世容颜。或许，这位神仙姐姐，实在是太过于美好，而结局又太过于凄凉，让所有的人，包括史官在内，都不忍再伤害她。

颜值永远不过时，历史有时候也要刷脸。

在母亲的问题上，兴宗涂抹得很好。但在其他方面，他还是露出了马脚，就显得没那么游刃有余、英明神武了。

对外，烽火连天。

在西夏的问题上，无谋无勇。

圣宗一朝，将西夏玩弄于股掌之间。党项人纵然彪悍，也无可奈何。兴宗并没有老爹的手腕，却想要老爹的成就感，党项人就不干了。兴宗为找回面子，两次御驾亲征西夏，都损兵折将，大败而归。党项人虽审时度势，继续臣服于辽，但辽人的威信已大大降低。

在北宋的问题上，玩火弄险。

宋、辽关系，互为双方最重要的外交关系。澶渊之盟后，双方敦睦几十年。兴宗见到宋、夏打得难解难分，便见利忘义，趁火打劫，借口两国边界领土纠纷，陈师国境，做出大举攻宋之态。

不过，事不机密。宋方提前获得情报，宋仁宗派富弼出使辽国。一番唇枪舌剑，以宋增加岁币的方式化解了这场危机。和平虽然得到继续，但这次事件中兴宗的小人嘴脸，正是后世宋人伺机报复的重要原因。

对内，乌烟瘴气。

事情，还得从重元说起。

兴宗居然封重元为皇太弟。这不仅是天大的荣耀，还隐含着让他继位的意思。有次醉酒之后，他明确对重元说，百年之后，由他继承大位。不仅有口惠，还有实惠。兴宗还让这位皇太弟，担任全国军事总负责人。

有身份，有军权。重元在辽国，一人之下、万人之上。

在契丹部落时代，兄终弟及的传承方式，是很普遍的。但在汉化百年后，父死子继的观念早已深入人心。兴宗此举，若非做贼心虚，作为当年重元政治投靠的回报，就是政治上的昏聩。

因为，他是有儿子的。

这就让后来继位的道宗皇帝，始终惶恐不安。

对于王朝来说，继承人是最大的政治。在这个问题上头脑不清醒、出昏着儿，稍有不慎，就是祸起萧墙，甚至流血天下。

兴宗才不管这些，就是宠着弟弟。他喜欢赌钱，每次醉酒就拉着重元赌钱。天子赌钱，筹码自然不一般。以城为筹。

兴宗是喝多了赌，重元可精明着呢，每次都能赢好几座城池。急得兴宗身边亲信冒死劝谏，兴宗这才有些醒悟。要不，整个国家都快输光了。

好个糊涂天子。

他对重元无原则的恩宠，后来终于造成大祸，祸及子孙。

公元 1055 年，兴宗驾崩，时年四十岁。

道宗继位，兴奋劲还没过去，就觉得后背发凉。

为何？那个权倾天下的叔叔耶律重元，正在一旁虎视眈眈。

兴宗晚年时，可能也意识到对重元的恩宠有些过头。他曾不无忧虑地对大宋使节说，我这个弟弟比较顽劣，他日如果当国，估计你们大宋就睡不好觉了。

虽然看出问题，但他并没有采取任何措施，只是把帝位传给儿子了事。他或许认为，儿子和弟弟一定能和睦相处。

既天真，又糊涂，且不负责任。

道宗刚刚继位，地位不稳、根基不牢，只能一面好言宽慰、好话说尽，一面高官厚禄、赏赐不绝，全力笼络叔叔。他封重元为皇太叔，天下兵马大元帅，赐免死金券，免拜皇帝，可谓尊贵之极。除了皇位，能给的，都给了。

重元，满意了吗？

不满意，窝火，生气。

站在重元的角度想想。作为皇帝的胞弟，原本这辈子当个潇洒王爷，也挺好的。偏偏母亲和哥哥，非得把他拽进来玩皇位游戏。先是母亲说，让他当皇帝；后来是哥哥说，让他当皇帝。结果，说了很多年，侄子当了皇帝。这是什么感觉？愚弄。

兔子急了还咬人，何况是权倾天下的王爷。

重元也是有儿子的。他这个儿子，比老爹野心还大。天天眼巴巴地等着，希望老爹早日登基，这样有朝一日，他也能君临天下。父子俩，抓心挠肝、盼来盼去，盼来这个结果。

是可忍孰不可忍。几壶老酒下肚，他们决定奋力一搏，人生能有几回搏？干就干吧。

在重大历史关头，那些义无反顾投入其中的人，都有一种强烈的使命感和神圣感。只不过，结局大相径庭。

有的人，建功立业，名垂青史。

有的人，功败垂成，虽败犹荣。

还有的人，就是来搞笑的。

很不幸，重元父子就是来搞笑的。父子俩，瞅准道宗外出行猎，便率领叛军深夜袭营。按说，这种事应该绝密才对，可他们还没出发，道宗就收到信了。搞笑水准可见一斑。

好吧，箭在弦上，那就放手一搏。偷袭不成，就强攻。毕竟，还有人数上的优势。只是，一场强攻下来，不仅没攻进营帐，儿子竟被射死了。还是流矢，就是被不知道哪地方冒出的一支箭，给射死了。没准是自己人干的，也说不定。

重元的军队，士气大挫，一哄而散。重元带领残兵跑了。

越跑越生气，越跑越伤心。重元便重整人马，又纠集了一支军队，再次攻打道宗的营帐。这次，道宗都没派兵迎战，只是派了员大将，在阵前做了一番劝降讲话，重元的军队就作了鸟兽散。

重元又跑了，越跑越难过，越跑越绝望，最后自杀了。

重元这一生，有意思。

不知道，他在地下，遇到了母亲和哥哥，该说些什么呢？

估计，道宗也觉得有些恍惚，这么多天，食不甘味、夜不能寐，真是没必要。看着张牙舞爪的老叔，竟如此不堪一击。或许，有些防卫过当了。

还是那句话。权力和地位，会让人迷失。

无限放大自己的能量，而又极大低估了自己的无能和愚蠢。

人生再来一遍，或许，重元会选择当个潇洒王爷。

忘了介绍，《天龙八部》里，那个被萧峰协助皇帝镇压的叛乱王爷，正是耶律重元。

重元的叛乱，虽然是父子二人利欲熏心、利令智昏。但是，站在更高的政治层面，他们是有一定力量基础的。在契丹贵族中，有一伙铁杆支持他们。

支持的理由很多。很重要的一条，就是他们希望把重元抬出来，借助这个最有权力的王爷，来维护契丹贵族的传统利益。

自萧绰、圣宗、韩德让大力推行汉化政策以来，汉人地位上升，契丹贵族利益受到了强烈冲击。

原来，契丹人骑在汉人头上，是一种平衡。现在，契丹人、汉人相对而立，就需要建立新的平衡。这对原先骑在上面的人，是痛苦的人，难以接受的。反弹是必然的。

兴宗朝，在继续汉化的同时，也采取了很多措施来限制汉人、安抚契丹人。比如，在重元的强烈建议下，契丹在五京建立了特别的警巡使，以保护契丹人的利益。禁止契丹人将奴婢卖给汉人臣民。甚至，所有居住在长城以南的汉人，都不容许持有弓箭。

尽管如此，契丹保守派贵族依然不买账。这不仅仅是面子问题，还是实实在在的权力和利益。

这涉及一些根子上的问题。

对少数民族政权，汉化就是封建化、中央集权化的过程，国家日益行政化、体制化、法制化，权力集中到官员手里，再通过一套复杂的官僚体系，最终汇聚到皇帝手中。

汉化的过程，破、立并举。

辽国的汉人欢欣鼓舞，捡起旧时祖先的荣光，换上宽衣大袖，捧起经史子集，读出子曰诗云。

契丹人，尤其是那些"有识之士"，则是忧心忡忡。

在汉化过程中，契丹民族文化逐渐势微，部落管理逐渐松散。与之相对应的，部落首领的权威和权力逐渐下降。当然，部落的凝聚力和战斗力，也在走下坡路。

站在民族和部落的角度，保守派站出来反对，似乎也有道理。

可惜，只是小道理，不是大道理。

毕竟，交流、融合，迈向先进文明是大势所趋。

话虽如此，但汉化过程，对契丹人的冲击还是非常剧烈的。对契丹贵族来说，不仅骄傲的民族自尊心受到伤害，他们手中的权力，尤其是特权空间被大大压缩。这点，最让他们难以忍受。

契丹人和汉人之间，随着双方力量的此消彼长，冲突几乎是难以避免的。从这个角度说，重元的叛乱几乎是必然的。

只是，重元不识大势。他不仅高估了自己，高估了可以动员的契丹保守贵族的力量，也低估了对手，那些坚定拥护汉化的力量。

这么说起来，重元的失败好像也没那么不堪了。毕竟，所有在历史大势面前螳臂当车的人，最终都粉身碎骨。无论雄才大略，还是跳梁小丑，莫不如此。

# 名字叫观音的皇后

在剿灭重元叛乱中，有个人立了大功。

这个平叛功臣，在后来若干年里，掀起了辽国的滔天巨浪。因为他，无数人命丧黄泉，人头滚滚，血流成河；无数家庭支离破碎，妻离子散，阴阳相隔，甚至包括道宗皇帝自己家。大辽国被折腾得七荤八素，元气大伤。

他就是，耶律乙辛。

这是个有传说的人。据说，他母亲怀孕的时候，做了个奇怪的梦。梦见她和黑色的公羊搏斗，还拔去了羊的犄角和尾巴。

母亲觉得诧异，就去找人解梦。术士告诉她，这是大吉之梦。看着妇人疑惑，术士便在纸上写个"羊"，去掉上面两点、去掉露出来的一竖。乙辛的母亲恍然大悟，是个"王"。术士肯定地说，你儿子将要是要封王的。

哪个母亲听了这样的话不高兴呢？可是，乙辛的母亲只能苦笑不已。还封王，能吃上饭就不错了。虽然，他们也姓耶律，但却和王族八竿子打不着，家徒四壁、穷困潦倒。

乙辛的童年以牧羊为生。苍天为被，大地为席，累了就躺在草地上睡觉。有一天，日头偏西，乙辛还没回家，父亲找来后，他还在睡熟，羊群早已不知去向。

父亲生气，一脚踹醒儿子。乙辛不仅不害怕，还埋怨父亲扰了他的好梦。他说，梦中正在吃月亮和太阳，月亮已下肚，太阳刚吃一半。父亲听完，惊诧莫名，觉得儿子真不是一般人，再想想当年术士的话，越发坚定了这个想法。

乙辛从小就聪慧机敏，口若悬河，长大后更是能言善辩，多谋善断。而且，风度翩翩，仪表堂堂，是个大帅哥。

人帅，嘴甜，又姓耶律，乙辛还是捞到了进宫做官的机会。兴宗和皇后都很喜欢他。兴宗还经常召他商议国事，乙辛对答如流，应对有据。

到了道宗朝，乙辛依然受宠，任南院枢密使，封赵王。终于实现了当年的术士之言。不知道，此时他的母亲是否还在人世，又是否会找到当年的术士，重重赏赐。

民间确实有高人。乙辛虽然封王，但离呼风唤雨，还有很长的路。中间隔着一件事和一帮人。

这件事就是重元叛乱。乙辛在平叛过程，有勇有谋，敢断敢决，发挥了重要作用。事后，被授北院枢密使，进封魏王。看似平级任命，但是正如前文所说，北院枢密使管理契丹军队，权力更重，魏王也比赵王更有分量。

朝堂之上，乙辛成了道宗最信任、最倚重的两个人之一。而乙辛想的，就是除掉那个和他并列的人。

那个人就是耶律仁先。

仁先，辽国一代名臣。在平定重元叛乱中，他出力最多、贡献最大，事后被尊为尚父，封宋王。后又被封为"于越"，封辽王。于越是辽国的百官之首，大之极也，没有品。辽国两百余年，仅有十人被封于越。

这二人的不和几乎是必然的。仁先是贵族出身，岂能看上乙辛这样的政治暴发户。当然，对暴发户来说，更是眼里不揉沙子。

贵族的特点是傲慢，傲慢的骨子里是骄傲，是秩序，也是底线和原则。暴发户的特点是狂妄，狂妄的骨子是欲望，是野心，是无所顾忌、无所畏惧。

贵族和暴发户的争斗，贵族往往落于下风。

古之项羽如此，仁先也不例外。

随着乙先不断无底线的揭发、诬陷，仁先被排挤出京城，离开了权力核心。乙辛去掉了之一，成了朝堂上的唯一。

搞掉仁先后，乙辛大权在握、风光无限，要风得风、要雨得雨，人生好不快活。皇帝让他署理太师，昭告天下，凡有军国大事，乙先可斟酌事态自行处置。

一时间，乙辛权势熏天，府邸门前，蝇营狗苟之徒，不绝于道；朝堂之上，忠信耿直之人，废弃贬逐。

辽国内政，乌烟瘴气。

对于野心家来说，外表的风光之下，内心永远不会安宁。在他们看来，敌人永远是不断出现的。

接下来，乙辛便遇到了更强劲的对手，也几乎是难以战胜的对手。那个人就是太子，耶律濬。

太子，道宗唯一的儿子，皇后萧观音所生。

太子，文武双全，能言善辩，好学习，通诗文。七岁时，陪道宗出猎，就能三射三中。道宗大喜，特意为其设宴，夸奖太子是上天所授。

随着太子年岁渐长，道宗让他逐渐参与朝政。朝堂之上，太子深得百官拥护。如此，乙辛不敢再肆意妄为，人也收敛了很多。他放下身段，使出各种招数意图交好太子。可惜，太子看不上他，而且眼神里有杀机。

乙辛惶恐不安。他身边那帮人更是如坐针毡。

太子是什么人？未来的皇帝，所有臣民的生杀主宰。如果太子继位，自己会怎样？乙辛不敢去想，索性也不去想。他决定干掉太子。

更疯狂的是，这还是个一石二鸟的计划。先干掉太子的最大保护人皇后，再干掉太子，一了百了。

这个从小就吃太阳、吃月亮的人，最不缺的就是野心。

这个计划有难度有多大，取决于皇帝对皇后有多爱。

而皇帝，至少曾经是深爱着皇后的。

如果抛去民族之见，论中国古代的才女，这个皇后应该能榜上有名。如果单就契丹民族来论，她排第一，应毫无争议。即便那位神仙姐姐萧菩萨哥，也得甘拜下风。

她就是，萧观音。

名门之后，大家闺秀。

她的父亲，是法天皇太后的弟弟。当年，兴宗对舅舅们手下留情，没有因为他们意图叛乱而灭族。萧观音锦衣玉食，荣华富贵，聪明伶俐，人见人爱。稍有长成，更是颖惠秀逸，娇艳动人。她精通诗词音律、琴棋书画，弹奏琵琶，人称辽国第一。

如此佳人，又是骨肉至亲，兴宗便做主，将观音嫁给了儿子、后来的道宗皇帝。算起来，萧观音还大道宗一辈。还有种说法，观音四岁就嫁给了道宗，道宗大她八岁。

看上去，有点乱。不过，这不影响夫妻二人琴瑟和鸣。两人恩恩爱爱，如胶似漆，诗文唱和，心有灵犀。道宗赞誉观音为"女中才子"。

道宗继位后，观音被封为皇后，很快又生了太子，道宗唯一的儿子。看上去，所有的美好，都在前方等着。

不过，只是看上去而已。

在这个世界上，如果选几件最难的事，让皇帝的恩宠持久，定是其中之一。面对着后宫三千粉黛，姹紫嫣红，千娇百媚，道宗对观音也就渐渐冷落了。

如果，观音就此乖巧沉默，或许道宗还能有些内疚。偏偏观音见到道宗整日游猎无度，朝政交由耶律乙辛把持，便多次上书苦谏。这就让道宗更烦了，更是疏远了观音。

寻常的皇后可能也就暗自垂泪，最多发发牢骚罢了。但观音是才女，她写词，希望皇帝能忆起旧时光，回心转意。

观音联想唐玄宗和梅妃的旧事，创造了新词牌名《回心院》，并填词十首。

一出手，就是千古绝唱。

其一

扫深殿，闭久金铺暗。

游丝络网尘作堆，积岁青苔厚阶面。

扫深殿，待君宴。

其二

拂象床，凭梦借高唐。

敲坏半边知妾卧，恰当天处少辉光。

拂象床，待君王。

其三

换香枕，一半无云锦。

为是秋来辗转多，理有双双泪痕渗。

换香枕，待君寝。

其四

铺翠被，羞杀鸳鸯对。

犹忆当时叫合欢，而今独覆相思袂。

铺翠被，待君睡。

其五

装绣帐，金钩未敢上。

解却四角夜光珠，不教照见愁模样。

装绣帐，待君贶。

其六

叠锦茵，重重空自陈。

只愿身当白玉体，不愿伊当薄命人。

叠锦茵，待君临。

其七

展瑶席，花笑三韩碧。

笑妾新铺玉一床，从来妇欢不终夕。

展瑶席，待君息。

其八

剔银灯，须知一样明。

偏是君来生彩晕，对妾故作青荧荧。

剔银灯，待君行。

其九

爇熏炉，能将孤闷苏。

若道妾身多秽贱，自沾御香香彻肤。

爇熏炉，待君娱。

其十

张鸣筝，恰恰语娇莺。

一从弹作房中曲，常和窗前风雨声。

张鸣筝，待君听。


这十首词，几乎同一个格调，从日常生活的细节入手，层层递进，环环相扣，构成完整的整体。说来说去，就是一个意思，通过对往日点滴生活的追忆，希望皇帝能回心转意。情真意切，感人肺腑。千年之后读来，犹让人唏嘘。可惜，道宗无感。

词，是用来唱的。观音遂命宫廷乐工赵惟一谱曲。作为宫廷第一乐师，受命后，赵惟一殚精竭虑，终于谱成一曲，将《回心院》词中的缠绵、幽怨、期盼、娇羞，演绎得淋漓尽致。

曲成之日，观音弹琵琶，赵惟一吹箫，两人珠联璧合，共同演绎这首词曲。

两人沉醉其中，由朝到暮，由暮到夜。听者无不暗自垂泪。

或许，他们两人过于沉醉了，忘记了这是皇宫大内，皇后寝宫。很快，就有了谣言。造谣最起劲的，是个叫单登的宫女。

她原是耶律重元的嫔妃，重元叛乱失败后，被没入宫中。生得国色天香，也精于弹琵琶，据说甚至好过皇后萧观音。道宗得知后，听她弹上一曲，果然不同凡响，再见其姿色过人，便有意纳之为妃。

萧观音出面阻止。理由是，单登是重元的旧人，重元叛乱被平，单登必怀恨在心，纳之为妃，恐不妥当。道宗闻之有理，便作罢了。

单登失去了人牛逆袭的机会，怀很在心。她见皇后失宠，便借机造谣生事，落井下石。巧的是，她有个妹妹正是乙辛的情妇。

如此，这等宫禁秘闻，乙辛很快便知道了。

乙辛大喜。真是想啥来啥。

他决定借力打力，抓住这件事大做文章，向皇帝诬告萧观音和赵惟一通奸。这是条蛇蝎之计。

捉贼捉赃，捉奸捉双。捉双固然没有机会，乙辛便炮制了一条铁证。这条证据，还是依着观音量身而做。

他找人也写了首词，名叫《十香词》。何谓十香，就是身体十个部位的描写。显然，这是首艳词。

这也从侧面说明辽人汉化程度之高，连艳词都能写好。

词写好后，交给单登，谎称是宋朝皇后所作，请萧观音抄录一遍。辽、宋乃兄弟之邦，双方皇后，名分如姐妹。观音读完词后，不禁面颊绯红，一笑莞尔，也没多想，便誊抄了一份。或许是意犹未尽吧，又在旁边写下一首七言绝句《怀古》。

> 宫中只数赵家妆，败雨残云误君王。
> 惟有知情一片月，曾窥飞燕入昭阳。

诗里说的，是当年汉宫赵飞燕的旧事。不过，乙辛有不同的解读。

这就要命了。

乙辛获得观音的手书，如获至宝。马上带着单登，向道宗报告，揭发萧观音与赵惟一通奸。人证、物证俱在。

道宗，是个深度汉化的辽国皇帝。他读完《十香词》，再读完《怀古》，马上就明白怎么回事。显然，前者粗俗鄙陋，不会是观音所作，乙辛说是赵惟一写给观音的；那《怀古》就是观音的回赠了，要害就在前三句，里面有"赵惟一"三个字。

道宗震怒，叫来萧观音，没给她任何解释的机会，直接拳脚相加，当场打晕死了过去，再命乙辛彻查。

可怜观音千娇百媚之躯，经历了最残酷、最冷血的酷刑。只是，这位娇弱的女子却有着铮铮铁骨，纵是乙辛的刑讯花样百出，观音就是咬牙不招。

赵惟一则被屈打成招。这也怨不得他。一个乐师而已，又有几人能受得了那般酷刑。

这就够了。

赵惟一被凌迟处死，灭族。

萧观音被道宗赐死。

接到诏书，观音提出见道宗最后一面。不知道，她是对道宗还抱有一线希望，又或者是想当面澄清？

道宗不允。好个无情的君王。当年的琴瑟和鸣，恩恩爱爱，只怕早已忘得干净。痴情女子负心汉。自古亦然。

催命的宦官，倒是来得很快。

观音领旨，神色平常。她又请求见太子，做临终托付。不许。

时辰到，传旨的宦官，纷纷跪下，恭祝皇后升天。观音一一还礼，不失皇后礼数。

尽管观音礼数周到，仪态万方，然而自缢毕竟是苦事。众人面前，引颈入缳，观音初时还勉强克制，保持着皇家的仪态。稍后，便双脚乱蹬，两手乱抓，口中欲言，断续有声，面颊惨白，涕泪交流。高挂梁上，苦苦挣扎良久，方气绝身亡。其状凄美惨烈，大异生时。

一代佳人，香消玉殒。时年三十五岁。

死讯传回，道宗不为所动。他下诏，除去观音所有衣物，以赤裸之身，裹上草席，送回观音的娘家，也就是他祖母之家，以示羞辱。萧家只能含泪将观音草草下葬。

数十年后，观音的孙子天祚帝耶律延禧继位，给奶奶平反。将她从坟冢挖出，以皇后礼仪，与道宗合葬于庆陵。只是，孙子的这片好意，让观音又遭了一遍罪。金灭辽时，大肆捣毁辽国皇陵，观音尸体被从陵墓中挖出，剥去衣衫，任由牛马践踏，零落成泥碾作尘。

这个取名观音的女子，真不知前世有何般因缘，此生竟有如此富贵，又有如此惨烈的下场。

让人唏嘘不已。

关于观音与赵惟一究竟是否有私情，历来说法不一。

乙辛，作为一代权奸，早已被钉在历史的耻辱柱上，永世不得翻身。所以，把他对观音的告发，列为诬陷，是各方都愿意看到的。

不过，这事有个疑点。

若干年后，乙辛集团覆灭，其作恶多端，大白于天下。道宗皇帝却没有给观音平反，恢复名誉。我们可以说是道宗无情。但会不会道宗确有实证，所以至死不原谅观音。

观音去世的时候，时年三十五岁，正是盛年。深宫之中，饱受道宗冷落的她，遇到赵惟一，在彼此的交往中，暗生情愫，并非没有可能。草原民族的儿女，敢爱敢恨。

观音和赵惟一的悲惨结局，倒让人宁愿相信，他们之间确实有过真情。这样，他们起码死得不冤。观音在最后的寂寞岁月，面对着无情的道宗，也有个感情上的寄托。

其实，在契丹早期，这样的事情稀松平常。即便有，也不至于是个死罪。但到了萧观音的时代，辽国已高度汉化，道宗更是以汉家天子自居，这样的宫禁丑闻，他已是万难接受。

更重要的是，萧观音被卷入了政治斗争。她是被乙辛锁定的，必须定点清除的对手。有了乙辛的上下其手，煽风点火，观音的悲剧，就已注定了。

# 耶律乙辛的两步走

除掉皇后萧观音。

这是乙辛的第一步。下一步，就是除掉太子耶律濬。

太子眼睁睁地看着母亲死于非命，却无能为力。他曾长跪在道宗面前，声泪俱下，称愿意替母亲去死，却被父亲冷冷地拒绝。

太子知道，乙辛是所有问题的根源。他甚至不再掩饰对乙辛的仇恨。虽然，对力量尚不够强大的太子来说，这是不明智的。但他毕竟是太子，道宗唯一的儿子。这是他自信的底气。

杀母之仇，不共戴天。

事实上，到了这一步，双方都已经没有退路。他们之间，注定只有一个人能活下来。他们都在积蓄能量，等待时机，希望给对方终极一击。

机会说来就来。不过，是乙辛的机会。

朝堂之上，有政敌刺杀耶律乙辛。事不机密，凶手未能得逞，反被乙辛抓住。他借机用如簧的巧舌，向道宗污蔑太子谋反。

诬告谋反，实在是权臣最爱用的武器。屡试不爽，屡试屡胜。这个武器的厉害之处，就在于它能直接挑动皇帝最敏感的神经。多数皇帝对此，都是宁可信其有不可信其无。

道宗亦然。不问缘由，下诏彻查。

不过，乙辛这次的功课做得不够扎实。查来查去，实在是捕风捉影，不了了之。乙辛岂能甘心？他耐心地寻找再出手的机会。

一晃两年。太子文武兼备，政务处理得有板有眼，赏罚分明，上下归心，内外咸服。眼看太子政声日隆，羽翼渐丰。乙辛坐卧不安，便故技重演，再次诬陷太子谋反。

汲取上次教训，这次纠结的人更多，搜罗的"证据"更足。

道宗再次中招。盛怒之下，将太子下了大狱，交由乙辛审讯。

可怜的太子，龙子凤孙，金枝玉叶，被一帮污糟牢头折磨羞辱，几番死去活来。只是，太子和母亲一样刚强，任凭严刑拷打，宁死不屈。

道宗不满，遂派亲信大臣，去狱中亲自讯问。不幸的是，这位亲信早已是乙辛的臂膀，只是道宗和太子浑然不觉而已。

太子见到这位大臣，如遇救星，向他哭诉冤情。主要有两点，已是储君，有何必要谋反？身为皇帝独子，谋反动机何在？大臣听完连连称是，承诺会向皇帝禀明真相。

太子千恩万谢。送走来人，便一心等待赦免诏书，望穿秋水。大臣回去后，却按照乙辛的安排，对道宗说，太子已认罪谋反。

赦免诏书，没有等到。废黜的旨意，倒来得很快。

道宗下诏，废太子为庶人，押往上京圈禁。

太子离京那天，京城父老夹道送别。太子回望京城，想想死去的母亲，想想深宫中的父亲，想想茫茫的前程，不禁悲从中来，放声大哭。

太子哭，百姓哭。京城一片哭声。

乙辛开怀大笑。他没想到，太子竟如此不堪一击。为斩草除根，太子刚到上京不久，便被乙辛派人暗杀。回头报给道宗，就说病死了。

道宗听完，不置可否。

过了几日，道宗似有感悟，把乙辛找来，让他把太子妃召来问问情况。道宗的这点怜悯之心，不仅于事无补，搭上了太子妃的命。乙辛派人提前暗杀了她。

道宗闻之，再次不置可否。

至此，耶律仁先、皇后萧观音、太子，全部被乙辛斗倒、斗死。朝堂之上，他再无对手，环顾四周，整个大辽已匍匐在脚下。

牧羊娃登上了人生的巅峰。


回头来看乙辛的路，会有些疑惑。我们想知道，到底是什么，让乙辛如此的不择手段，没有底线。

最开始，应该是为了生存。一个穷小子入了皇宫，靠着头脑灵活，人俊嘴甜，能说会道，好不容易站稳脚跟。这时候，更多的想法或许只是谋个一官半职，养家糊口而已。

质变，在于权力。

尝到了权力的滋味，体会了深入骨髓的快感，在升官的道路上，就欲罢不能了。有了快感，还想体会更大的快感、更持久的快感。

唯有，继续追逐权力。

位列三公，封王封侯，已是人臣之极。这时候，他依然四处出击，击败挑战者，固然是为了巩固权力。但更重要的是消弭恐惧，对失去权力的恐惧。

恐惧比欲望更加强烈。站在人臣之巅的乙辛，就体会到了这种恐惧。恐惧源于道宗对他的疏远。这不是个好兆头。

说起来，这还是他搬石头砸了自己的脚。当年，逼死萧观音后，乙辛便安排亲信的妹妹入宫做了皇后。这位新皇后的妹妹，还嫁给乙辛的儿子。这是乙辛设的双保险。

可谓机关算尽，但是没算到一点，就是皇后始终无子。莫非是天意。乙辛不信邪。回家让儿子离婚，把皇后的妹妹也送给了道宗。无奈，还是没能生下一男半女。

这让道宗颇为不满。当然，这只是个由头。乙辛的专权乱政、飞扬跋扈，道宗已有所察觉。尤其是太子的事，道宗回过味来，越发觉得蹊跷。太子谋反，确实没道理啊。

毕竟，父子情深。太子死时二十岁，道宗已人到中年。中年丧子，白发人送黑发人，终究是人生的莫大悲剧。皇帝也不例外。

道宗越想越疑，越疑越恨。

乙辛则感到了恐惧，彻骨的恐惧。他太清楚，以他的位置，一旦从高处坠落，那将会是什么。粉身碎骨，也不为过。

野心，让人狂热。

恐惧，让人疯狂。

野心加上恐惧，那就是要逆天了。

乙辛有了终极目标。谋反，自己当皇帝。他也姓耶律，他更想起当年的那个梦，月亮已经吞下，太阳已经吃了一半。

看上去，放手一搏，至少有一半的希望。他是这么想的。

还是老规矩，分两步走。

首先，干掉皇太孙。

不错，皇太孙正是太子耶律浚的遗腹子。

当年，乙辛百密一疏，让这个孩子逃脱了屠刀。再想动手的时候，已经没机会。道宗只有独子，对这个独苗的孙子，自然视为掌上明珠，日夜带在身边。

这年冬天，道宗要外出冬猎。乙辛一看有机可乘，便向道宗进言，天寒地冻，道路泥泞，皇孙年幼，不如就留在京城。狼要吃羊之前，总是含情脉脉。

朝堂之上，仍有耿直的聪明人。有大臣当即反对，认为这样会让皇孙失去皇帝庇护，会随时处于危险之中。这回，道宗终于听明白了，最终带着皇孙出猎。

经过此事，对于乙辛的阴险狠毒，道宗有了切身感受。皇帝决定出手了。先是贬官，再是削爵。

再抓件件小事，说乙辛参与走私马匹到宋朝，判其死刑。这就是纯粹找借口。以乙辛多年积攒的财富，早已富可敌国，怎么可能去干这种偷鸡摸狗的事。

毕竟是莫须有，道宗顾忌影响，便改判了流放。正当道宗谋划怎么杀他的时候，乙辛自己送上了门。他在流放地不老实，天天造船，准备浮海逃亡大宋。

叛国罪，杀！

一代权臣，辽史排名第一的大奸臣，身首异处。


在乙辛的故事里，后半段的剧情发展，让人有些大跌眼镜。他苦心经营几十年，结党营私，培植势力，朝廷内外，广布党羽，俨然一个权贵集团。

辽国上下都知道，宁逆天子，莫违魏王。乙辛就是爵封魏王。

就是说，在辽国，要想混得好，天子的诏命可以不执行，但绝不能拂逆了魏王的意思。乙辛的势力，可见一斑。

如此权臣，在道宗的打击下，居然毫无还手之力，节节败退，以至于最后束手就擒，引颈待戮。为何？

这是个很有意思的问题。

历史上，这样的例子并不少见。比如，明代的胡惟庸、魏忠贤。他们掌权的时候，威风八面，张牙舞爪。可一旦皇帝出手，他们精心构筑的集团，瞬间灰飞烟灭。

当然，权臣们之所以弄权，是因为有成功的榜样。比如，曹操、朱温。同为权臣，为何他们能开创一个朝代，而乙辛、胡惟庸、魏忠贤等，则会被皇帝轻易地击倒？

这里面，至少有三个原因。

　　时代背景。曹操、朱温，都身处乱世，一代枭雄。他们在血雨腥风中成长。通俗地说，就是在全天候政治环境下历练，什么都经历过。曹操、朱温更是征战多年，从死人堆里爬出来的。

　　军事实力。曹操、朱温，都是武将出身。身处乱世，手中有兵就是草头王。他们牢牢控制着军权，有一支名义上属于朝廷，实际上听命于己的私人军队。这是他们最大的本钱。

　　政治体制。乱世，征战不断，曹操、朱温所服务的政权，虽然是个王朝，但却没有健全完备的行政体系，他们有很大的空隙来发展自己，而朝廷对他们的约束和分权也很难做到。

　　相比之下，乙辛、胡惟庸、魏忠贤，都是文臣、宦官。虽都是弄权的高手，却无沙场点兵的能力，更没有听命于己的私人军队。最重要的是，他们掌权的时候，王朝的行政体制已日趋完善。他们虽是权臣，但终究是体制内的权臣。体制本身，对他们依然有着巨大的约束力。而作为体制最高端的皇帝，则始终有着最终裁决权。

　　如此，皇帝的一纸诏书，就要了卿卿性命。

# 辽道宗是什么道

重元叛乱，乙辛专权，皇后冤死，太子被诛。政治上的不断内斗、反复清洗，血流成河之外，把原本就已走下坡路的大辽国，折腾得更加虚弱不堪。

姑且抛去其他不谈。单单就是妻了赐死，儿了被杀，孙了险遭不测，很多人一定会问，这些年，道宗在干吗？这又是一个怎样的皇帝？

耶律洪基，庙号道宗。看上去，他这个"道"，既不是天道，也不是人道，更不是公道。除去后世子孙们的恭维，究竟又是什么道？

或许是佛道？是的，道宗是个超级佛教迷。

辽国，最晚在圣宗朝，佛教就已经兴盛。兴宗晚年，便沉迷于佛教。道宗继承了父亲的爱好，有过之而无不及，信得神魂颠倒。朝政、军备、农桑，在求神问道面前，统统让路。

据说，在道宗朝，每年吃饭的和尚就有三十六万人以上。他还广印佛经、广建寺塔。佛教在道宗朝，盛极一时。

道宗还时常召集高僧，研究佛法。他之所以将朝政托付给耶律乙辛，据说也是为了安心的研究佛法。

全国上下，在皇帝的示范下，从贵族到平民，礼佛成风。前面介绍过的几位皇后，萧菩萨哥、萧观音，名字就是例证。

想想吧，这可是草原帝国。当草原勇士们翻身下马，放下弯刀，念起佛经的时候，那是怎样的场景。这还是我们熟悉的热血彪悍、勇武善战的契丹人吗？

或许是文道？道宗不但礼佛，还崇儒。

经过几代汉化，到道宗时，他对汉家文化的钟情，已深入骨髓。他曾在佛像下面刻上，"愿后世生中国"。"吾修文物，彬彬无异于中华"，也出自道宗之口。

道宗有很高的汉学修养。当年登基时，北宋派大文豪欧阳修出使辽国恭贺。据说，道宗与欧阳修纵论儒家经典，居然也能不落下风。

关于他的汉学修养，有诗为证。宰相李俨曾作《黄菊赋》献给道宗，道宗作诗回赐李俨。

> 昨日得卿黄菊赋，剪碎金英填作句。
>
> 袖中犹觉有余香，冷落西风吹不去。

看看辽国君相，诗词相赠，确实"彬彬无异于中华"。

对推广儒学，道宗不遗余力。在他推动下，辽国科举制度日趋完善，在四年一次的正常科举之外，还增设"贤良科"的恩科考试。道宗还亲自出题。每次录取的进士人数，也由兴宗时的五十人左右，翻倍增至百余人。

道宗在辽的中京，设立国子监。在全国所有州县学校，讲授儒家经典，并按最高礼仪祭祀孔夫子。同时，道宗继位之初，便诏告天下，从皇帝本人，到南北所有官员，在国家重大典礼上，一律穿戴汉家冠冕。

道宗还很爱书。他在全国搜集书本，填充到大辽的国家图书馆。漫步在墨香四溢的图书馆，安静地阅读，似乎是他人生的一大乐事。有时，他带着几位汉臣，在图书馆内切磋诗文，交流心得，乐在其中，乐此不疲。

道宗爱书之外，还编书。道宗建立了国家历史编纂机构，为前面七代帝王编写了皇帝实录。我们今天能读到那么多前朝旧事，追根溯源，道宗功不可没。

他是契丹人，但精通儒家经典，工于诗词歌赋，爱读书，爱编书，重考试，尚礼仪。看上去，确实与中原天子无异。

或许是武道？

看上去，他至少是个不好战的皇帝。对内，除镇压重元叛乱以外，没有太大动作。对外，终道宗一朝，和周边宋、夏等国，基本维持和平。特别是与宋之间，外交敦睦，亲密无间。

据说，苏辙曾出使辽国见过道宗。他评价道宗，在位时间长，与大宋交好，安居乐业，不好征伐。这应该是比较客观的。

道宗晚年，行将就木之时，还特意交代孙子耶律延禧，让他不要生事，务必处理好与大宋的关系。

礼佛、崇儒、尚文。这是一个道宗，但绝不是全部。

否则，我们无法解释很多事情。

应该还有另外一个道宗。

他好畋猎，而且畋猎无度。

道宗整日游猎，不理政务。萧观音失宠，很大的原因，就是她多次劝诫道宗游猎有度，招致了嫉恨。

他好赌博，而且赌瘾极大。

道宗这点，似乎遗传自父亲。兴宗和重元赌城池，道宗则是让官员们掷骰子定官职，都是一样的离谱。就连后来写史的史官，也承认自己的官职是掷骰子赢来的，让人无语。

他耳根软，而且优柔寡断。

当年的重元，可谓司马昭之心、路人皆知。他听了重元几句解释，居然就信了。后来，重元起兵，若非耶律仁先当机立断，结果未可知。乙辛之乱，就在他眼皮底下，他熟视无睹。即便晚年意识到被乙辛蒙蔽，处理得也是拖泥带水。

他很愚蠢，而且愚蠢之极。

太子是他独子，乙辛诬告谋反，他居然也轻信。乙辛害死太子，报个病亡，居然也就轻松过关。这种常识性的逻辑问题，他居然都搞不清楚，不是愚蠢又是什么？

他很无情，而且冷血之至。

萧观音和他夫妻情深，一朝被人诬陷，就被置于死地。死后，还不忘继续羞辱。一日夫妻百日恩，即便对于皇家，也得念点情义吧。对皇后如此，对太子亦然。太子被废，最后求见父亲一面，也被拒。对至亲如此，更别提那些被乙辛害死、迫害的人。除了太子，他有所醒悟，恢复了名誉、重新安葬，其他人包括萧观音，他都无动于衷。

他很昏聩，而且养虎为患。

女真完颜部经过多年蓄势，在道宗年间已呈日益坐大之势。道宗既不怀柔笼络，也不武力弹压，视而不见，听之任之，终将掘墓人越养越肥。

评价一个人很难，评价一个皇帝更难。

道宗，圣宗皇帝之孙，在位四十六年，仅次于圣宗的四十九年。七十岁驾崩。历朝历代，超过七十岁的帝王，少之又少。从这点上看，他是福寿两全。

但，仅仅对他个人而言。对于大辽，则是灾难。经过重元之乱、乙辛擅权，辽帝国千疮百孔、元气大伤。正是在道宗手里，大辽不可逆转地滑向深渊。

辽虽亡于天祚帝，但至少有一大半账要算在道宗头上。就像人们常说，明亡于崇祯，实亡于万历。

都是爷孙俩。历史挺有意思。

大辽，自太祖、太宗建国奠基，历经几代帝王，国势极盛于圣宗朝。圣宗之后，兴宗是守成之主，道宗则连守成也谈不上，大辽国势也就江河日下了。

其中原因，除却皇帝个人资质，不断出现的宗室之乱、贵族争斗和外戚专权，都在持续消耗着帝国的元气。自始至终，辽都没能很好地解决这些问题。

读辽史，几乎就是一部杀戮史。

说起来，这也是有根的。

辽国人以契丹族为主，混合奚族等多民族建立而成。不过，有辽一代，统治者主要是耶律和萧氏两大家族。耶律世代为帝，代表契丹贵族；萧氏世代为后，代表奚族。源头上，契丹族与奚族同脉而生，属于近亲。看似公平合理。

只是如此安排，并没有换来长期的安定团结。且不说契丹原有八部，并非只有耶律，耶律世代为帝，其他部落怎能服气。就是耶律之中，也分太祖一系、太宗一系，不安分、不甘心者，便时常作乱。

而皇家一旦子少母壮，萧氏临朝，外戚专权就不可避免。契丹强时，奚人俯首帖耳、忠心耿耿；契丹弱时，奚人顾盼自雄、蠢蠢欲动。

像圣宗这样的明主，再有太后萧绰、韩德让等辅佐，尚可左右平衡，制约各方。后世之君嬉戏朝政，游猎无度，再有奸臣当道，就很难控制局面了。自此，祸起萧墙常有，骨肉相残无断，直到辽国灭亡。

还有汉化的问题。一方面，它引导着辽国走向富足、强大，另一方面，汉家文化兴盛与旧有部落文化之间的冲突，也是辽国内部各种势力、矛盾对立的重要原因。

凡此种种，都交到了辽国末代皇帝耶律延禧的手里。

在宋徽宗赵佶登基次年，辽道宗驾鹤西去，皇太孙耶律延禧继位，是为天祚帝。

天祚帝是道宗唯一的血脉，他的父亲耶律濬是道宗的独子，可惜被耶律乙辛诬陷谋反，二十岁便含冤而死。

道宗晚年悔悟，追思爱子，爱屋及乌，隔代立耶律延禧为皇太孙。只是，可惜了这来之不易的帝位，耶律延禧最终成了亡国之君，亲手埋葬了大辽二百多年的锦绣江山。

天祚，是他的尊号。末代皇帝，死于非命，没有庙号。后来西辽有过追尊的庙号，但后人记忆更多的还是天祚。

赵佶、耶律延禧，这两个前后脚登上帝位的人，终于开始了同台演出。千秋之后，再千秋之后，他俩的名字，也会被牢牢绑定在一起。只不过，更多的是作为悲剧的主角，口诛笔伐的对象。

这也怪不得后人，他们确有很多相似之处。

论年岁，可算是同龄人。

耶律延禧生于 1075 年，赵佶生于 1082 年，两人仅相差七岁。

论家世，两人同病相怜。

赵佶三岁时父母双亡，由太后抚养长大，最后由祖母推上帝位。耶律延禧是遗腹子，未满周岁母亲死于非命，由祖父抚养长大，最后以皇太孙的身份继承大统。

论富贵，两人同享极乐。

两人先后为帝，统治东亚庞大帝国，享尽人间极乐。

赵佶是汉家天子，书画天子，风流天子，要多奢华有多奢华，好不快活。耶律延禧是马上天子，职业猎手，他的皇帝生涯永远在打猎，要多刺激有多刺激，好不自由。

论结局，两人难兄难弟。

两人先后被俘、客死他乡。帝国社稷倾覆，宗庙蒙尘，百余年基业毁于一旦。两人还都有个替罪羊，赵佶是儿子宋钦宗，耶律延禧是叔叔耶律淳，后者曾在辽南京（今北京）称帝。更绝的是，两人的帝国还都国祚不绝。赵佶有赵构，立南宋百多年。耶律延禧有耶律大石，建西辽百余年。

纵观他们的一生，尤其是作为皇帝，这出人生悲喜剧，会让我们加深对很多词的理解。比如，自作孽不可活、不作不死、天道轮回、国灭身死等。

当然，这都是后话。

在此之前，他们还有二十余年的幸福时光。

第五章

党项崛起

辽，在大宋的北边。

夏，在大宋的西北。

太祖开国以来，契丹人、党项人就始终环绕在侧。若论给大宋带来的麻烦，党项人可能还多过契丹人。到了赵佶登基的时候，党项人的大夏国，已立国数十年了，党项人依然是大宋的心腹之患。

说起来，党项人的崛起之路，也是一段惊艳的传奇。

党项，一个古老的民族，源头最早可追溯到汉代的西羌人。千年来，他们世代生活在青藏高原和青海湖以南黄河附近的山地，与吐蕃人、突厥人、汉人等混杂而居。这里地势险峻，生产落后，气候多变，霜雪期长，狂风肆虐，黄沙满地，生存环境极其恶劣。

党项人普遍身材高大、擅长骑射，既彪悍好斗，又信守承诺。他们有句口口相传的谚语，"宁射苍鹰不射兔，宁捕猛虎不捕狐"，充分表明了他们顽强的战斗精神。特别需要说的是，党项女人同样身强体壮、勇悍好斗。这种尚武、血性的民族精神，成了后来西夏立国的根本。

早期的党项族，只是个松散的部落联盟，直到拓跋部的脱颖而出。拓跋是个高贵的姓氏，他们的先祖曾经建立了南北朝的北魏帝国。至于党项的拓跋和北魏的拓跋有着怎样的渊源，是一脉相承，还是党项人为自己贴金？史书语焉不详，没人说得清。

隋唐时期，党项人纷纷内迁，归附中原王朝，他们的首领也开始接受唐朝的册封。考虑到唐太宗被称为天可汗，大唐对于周边民族多有封赐，党项的受赏或许也没有什么特别之处。

直到唐朝末年，黄巢攻破长安，天下大乱。

# 一代更比一代强

乱世，是英雄的舞台。

对一个民族来说，乱世也是崛起的良机。而民族的崛起，多是由英雄来领导的。风起云涌，党项的英雄是拓跋思恭。

很抱歉，历史没有告诉我们这位英雄的出生年月。我们不知道，这场巨大的变故来临时，他到底年方几何？这也更让我们确定，他和他的民族，在此之前，都是不太入流的小角色。

大唐皇帝在逃离长安的时候，传檄天下军队勤王。

拓跋思恭也得到了消息。作为西北一个弱小部落的酋长，天子的诏书是不会直接发给他的。更大的可能，是经过了唐王朝官僚系统的层层传递。通知他的，或许就是某个边关的小吏。

这是个机会。至少，是去长安的机会。

他向往长安，向往为皇帝陛下建功立业。当然，更向往的是借着乱世，建功立业，甚至恢复祖先拓跋氏的基业。长安、洛阳，正是他的先祖们称孤道寡的地方。

他虽是酋长，但没有擅自出兵的权力。他召集部落长老们开会。会上，有着激烈的交锋。主张出兵的有，反对出兵的更有。有人希望火中取栗，更有人担心引火烧身。

我们不知道，他是如何说服了部落里的长老，又是如何激励党项的男儿，去为千里之外的大唐皇帝效命。或许，还是依托先祖的荣光吧。

为了师出有名，拓跋思恭郑重地给唐朝皇帝上书，请求率兵前往长安协助平叛。逃跑的皇帝或许都搞不清楚这个小小的部落身在何方，但接到这样的奏表，依然感动莫名。他御笔一挥，嘉奖拓跋思恭并赐名定难军。

皇命在手，师出有名。拓跋思恭率领八千党项男儿，向长安开拔。这是一场赌博。拓跋思恭的队伍，几乎是党项人的全部精华所在。黄巢起义军，正如日中天。天下大势，仍未可知也。如果战败，党项或许就将不复存在。

只是，身在乱世，不争行吗，不赌行吗？不行。

历史反复证明，乱世之中，与其苟且偷生，不如奋而一搏。只要能挤上台去，就有演出的机会。即便不是主演，能混个脸熟，也是收获。

唐末，就是个巨大的舞台。

在舞台上亮相的，都是在中国历史上赫赫有名的大角色，黄巢、朱温、李克用等。这些人都是改变中国历史的大角色。拓跋思恭靠着主动争取，甚至是豪赌民族命运，赢得了与这些大人物同台演出的机会。重要的是，他站对了位置。不仅博到了名声，还让他和他的民族青史留名，也得到了壮大的良机。

经过惨烈的战斗，拓跋思恭带着他的党项子弟先败后胜，最终与唐朝联军一起赶跑了黄巢，攻入了长安。

他站在断壁残垣的朱雀大街，望着远处大明宫的熊熊烈火，曾经梦中的长安，彻底地崩塌。或许，正是在这一刻，中原王朝，真龙天子让他失去了敬畏之心。自此，这种心理，代代相传，成为他后世子孙固有的基因。

收复长安，是天大的功劳。皇帝封拓跋思恭为定难军节度使，管辖银、夏、绥、宥、静五州之地，位于今陕西、甘肃一带。党项人拥有了更大的根据地和更富庶的大本营。

其后，拓跋思恭继续为唐王朝征战四方。当黄巢最终被击败时，这位党项英雄，被朝廷任命为夏州节度使，兼太子太傅，封夏国公，赐姓李。

拓跋思恭，党项民族和西夏政权的奠基人。没有他，就没有后来党项人的辉煌，也就没有那个灿烂的西夏王朝。

自此，党项人雄视西北，裂土成藩，俨然一国。拓跋氏，未建国而工其土，成了夏州这片土地的实际统治者。

拓跋思恭，或者说李思恭，去世八年后，朱温篡唐建梁，开启了五代十国的乱世。自此，中原打成了一锅粥，王朝更迭，几家称王，几家称帝，历经五十三年，终归于赵宋。

这半个多世纪，靠着李思恭打下的基业，党项人安居西北一隅，在中原王朝和契丹人建立的辽国之间左右逢源，守着祖宗之地，保持相对割据的位置，代代相传。

具体的传承是这样的。李思恭死后，由弟弟思谏继位，思谏之后，是思恭的孙子李彝昌继位。彝昌死后，由他的族叔李仁福继位。仁福死后，儿子李彝超继位。彝超死后，弟弟彝殷继位。北宋建立时，党项的掌权者正是李彝殷。

这其中，李仁福是关键性的节点人物。

他的身份是个谜。关于他的身世，有三种说法，分别是李思恭的儿子、李思恭弟弟思敬的儿子、族侄。他的继位也是谜，他是血腥政变的受益者。

当时，李彝昌刚继位一年，就被部将暗杀。而且，叛将很快就被搞定，砍了脑袋。这时候，按照正常的逻辑，党项的新继承人主要有两个方向、多个选择。

第一个方向，由李思恭的直系血统继位。其一，李彝昌的儿子，父死子继，天经地义。其二，李彝昌的兄弟，兄终弟及，也符合边疆民族的习惯。其三，李思恭其他的儿子和孙子。

另一个方向，就是由思谏的子、孙继位。如果思恭是太祖，思谏就是太宗，他的儿孙们同样也有继承权。

问题的关键是，李仁福到底是不是思恭的儿子？可能性不大。

在权力的继承中，血统就是合法性，血缘越近，合法性越强，反之，则越弱。正常来说，李仁福作为非正常权力交接的受益者，特别需要证明血统纯正来增强合法性。而且，他的后世子孙们还登上了帝位。尽管如此，在西夏的记载中，他的身世依然语焉不详。或许，实在是无法自圆其说。

另外，当夏州发生政变，李彝昌被杀时，李仁福远在边关，且不过是一员长期戍边的偏将，职位并不高。这个角色，似乎不符合思恭儿子的身份。

如果不是思恭的儿子，那他何德何能在旧主被杀后，被众人迎立作为新主继位？这很可疑。再说，新主刚继位一年，正是人心不稳、基石不牢之时，暗杀就不期而至，是不是有些诡异？而且，叛将又很快被杀，接着就是李仁福被迎立继位。

如果说，这是一个先里应外合，后杀人灭口，再拥立上位的阴谋，是不是更符合逻辑呢？

历史曾有过事实，但今日我们却没有答案。

只能拷问遍地黄沙。

好在，李仁福是个厉害角色。

站在党项民族的角度，选择李仁福，无疑是正确的。因为，党项人割据以来，最大的危机接踵而至。

危机来自强邻。当时，在党项割据之外，还有朱温的后梁雄踞中原，晋王李存勖割据河东，岐王李茂贞割据陕西，等等。

后梁是李仁福紧抱不放的大腿。

晋王、岐王则是朱温的死敌。

眼见党项内讧，晋王、岐王便合兵来攻。图谋夺取党项之地，断了后梁朱温的臂膀。一石二鸟。

李茂贞、李存勖，都是一代枭雄。他们虽未亲征，但其麾下铁骑也是百战之师。五万大军势如破竹，很快就深入党项腹地，将夏州城围得水泄不通。夏州，即党项人的大本营。

数百年来，党项人第一次面临灭顶之灾。

李仁福即便天纵英雄，这时也只有两个办法。

一是请求外援。快马加鞭，派信使火速赶往汴梁请朱温发兵。这么多年，党项人小心翼翼、恭恭敬敬地臣服后梁，就是为了应对可能的危局。

二是固守夏州城。由夏州去汴梁，山高水长，后梁即便出兵，何时能至也是未知数。所以，固守夏州才是根本之策，至少要坚持到援军到来。

那么，夏州能守住吗？

党项人信心满满。因为，这是夏州，曾经的统万城。

此时，李仁福和所有党项将士，都万分感激先祖们取得的这座坚城。当然，他们更应该感激的，是五百年前的筑城人，大夏皇帝赫连勃勃。

赫连勃勃，原名刘勃勃，匈奴人，东晋十六国时大夏国的建立者。其父曾为西单于，督摄河西诸部族，后被北魏所灭。刘勃勃侥幸逃脱，跑到后秦避难。后秦国主见他身材魁伟，姿容清秀，很是喜欢，就让手下一位酋长收留了他。还委任他为安北将军，配以鲜卑族两万余户，镇守朔方。酋长也很喜欢勃勃，把女儿嫁给他为妻。

不过，没几年，贪暴无情的刘勃勃就杀掉老丈人，并领其众，自称大夏天王，自立为国。当了国主之后，勃勃改姓为赫连，意思是他的家族显赫，与天相连。他率军攻入长安，堆积数万人头，号为"骷髅台"。随后，赫连勃勃称帝。

豪气冲天的皇帝，自然看不上已成废墟的长安，他征发十万民众，新建属于新帝国的新都城。为确保城墙坚固，筑城之土皆要蒸熟。城墙完工一段，就以铁锥试验，扎进一寸，就立杀筑墙匠人并把尸体筑进墙内，再换工匠重筑。反之，如果铁锥无法扎进城墙，就杀死铸造铁锥的匠人，同样埋入墙中。如此反复。

这是用累累白骨在筑城。

历经五年，都城竣工。城墙基厚三十步，上宽十步，高六丈余。城郭立四门，东曰"招魏门"、南曰"朝晋门"、西曰"服凉门"、北曰"平朔门"。城内宫墙高三丈余，也用蒸熟土筑成。宫中台榭高大，殿阁雄伟，装饰极其侈丽。

新都启用那天，赫赫勃勃登高望远，万千臣民匍匐在脚下，万岁之声响彻云天。这一刻，他似乎主宰了天地万物，也自以为能与日月同辉。遂取"统一天下，君临万邦"之义，将新都城命名为"统万"，史称统万城。

尽管城池坚固无比，名字大气豪迈，但世事却没有顺遂皇帝的心愿。建城七年后，赫连勃勃驾崩。再六年后，北魏攻灭大夏国。所谓统万，一统万年，不过十三年而已。

这些残暴的独裁者，总是自作多情地与天比高，与地比厚，满心以为帝国天长地久，功业传承千秋，殊不知世间有沧海桑田，漫漫黄沙。千百年后，尘归尘、土归土。所谓功业，踪迹全无。

万里长城今犹在，不见当年秦始皇。这座坚城倒是历经风雨，直到李仁福时代，依然坚固无比，成了党项人最后的依靠。

当年，北魏灭了大夏。北魏拓跋，正是党项拓跋的先祖。五百年后，敌人留下的城池，倒成了子孙后代最后的庇护所。

天道轮回，历史真有意思。

果然，岐王和晋王的联军，虽将夏州城围得水泄不通，却对这座坚城无计可施。加之李仁福带领的党项将士，众志成城、同仇敌忾，战局陷入了胶着。

随着后梁援军到来，围城月余的联军主动撤退，夏州转危为安。党项人有惊无险，度过了一次生死劫。

李仁福向后梁进贡五百匹良马作为酬谢，后梁则赐予李仁福更高官职，直至加检校太师、兼中书令，封陇西郡王。

这是党项首领封王的开始。

不过数年后，天下再次大变，中原又换了王朝。

李存勖灭了后梁，建立后唐。

李存勖，正是前几年发兵攻夏州的晋王。

此一时，彼一时。即便曾经刀枪相见，时移世易，眼见李存勖称帝，李仁福马上遣使，向后唐称臣。李仁福机灵，李存勖也就顺水推舟，封他检校太师、兼中书令，朔方王。

继续封王。无论中原朝代更迭，党项首领的王爵算是固定下来了。几年后，李仁福病故。后唐朝廷追封他为虢王，赠韩王。

李仁福以谜一般的出生，谜一般的继位，登上了党项人政治舞台的核心。其时正值中原大乱，天下嚣嚣，弱肉强食，他能带领族人抗击大军入侵，守住祖宗之地，已实属不易。在中原王朝更迭之际，不以个人恩怨为羁绊，及时转向，继续称臣，让族人休养生息，为自己争来王爵，福泽子孙后代，不愧为一代英豪。

李仁福去世，儿子彝超继位。

按照惯例，李彝超请求后唐皇帝册封。原本就是个走程序的事，这次却出了点意外。后唐皇帝有了新想法。

或许是忌惮党项人盘踞夏州数百年，唯恐尾大不掉，又或许是对于当年联军进攻不利的秋后算账；或者，干脆就是欺负李彝超新主继位，想一举解决问题。

皇帝封他为节度使，不过是延州节度使。延州，就是今天的陕西延安。同时，把延州节度使改封为夏州节度使。简单地说，就是要把老李家调离老巢，把党项势力连根拔起。

想继续高官厚禄，可以。去延州接着当节度使。

不想挪地方，也可以。圣旨说得清楚，诛灭全族。

党项人再次面临生死时速。

圣谕煌煌，后唐延州节度使，带领五万唐军，前来接任，李彝超拒不交还。两军对峙于夏州城下。

坚固的夏州城，再次成为党项人最后的堡垒。围城三个月，架云梯强攻，挖地道智取，唐军费尽九牛二虎之力，夏州城坚如铁石，巍然挺立。唐军力竭，被迫撤兵。

撤兵就是转机。李彝超迅速抓住机会，向后唐上表认错，言辞恳切，极尽谦卑。比起父亲，彝超硬的更硬，软的更软。眼看兵败，皇帝还能说什么，只好就坡下驴了事，封赐依旧。

党项人再次守住了祖宗之地。

李彝超向朝廷献马五十匹。

与父亲相比，他平定了更大的危机，却只献了五十匹马，只是仁福所献的十分之一。这里面至少有两层意思，李彝超更有手腕，更会花小钱办大事；更重要的是，党项实力已今非昔比。

有实力，说话才硬气。自古亦然。

后唐末年，李彝超病逝，遗命弟弟李彝殷继位。

很快，后唐变后晋。

中原王朝更迭，无力也无瑕它顾，党项人正好休养生息。而且，每更迭一次，李彝殷的官位就上升一次。如此，倒也不错。

可惜，无外患，有内乱。

作乱的是李彝殷的弟弟。这次不是宫廷政变，而是弟弟拉开大旗与哥哥争夺党项最高统治权。倒也光明正大。可惜，叛乱这种事，手段如何，公开还是隐蔽，都不重要的，成败是关键。否则，即便有骆宾王那般万古流芳的檄文，叛乱本身也是一场笑话。

党项叛乱就是如此。乱兵很快被击溃，并逃向了后晋的延州。从叛兵行为来说，或许后晋才是这场叛乱的幕后总策划。

内部矛盾，眼看变成了国际纠纷。

这时，摆在李彝殷面前有两条路。要么忍气吞声，接受事实，毕竟也平了叛；要么公开向后晋要人。

自拓跋思恭以来，党项人面对中原天子，从来都是卑躬屈膝，只要守住一亩三分地，话怎么谦卑怎么说，事怎么屈膝怎么办。即便中原天子们经常背后捅刀子，党项首领们也只能选择性遗忘。

挺直腰板，向中原天子要人，这就是变相地问罪。前所未有。

这次，李彝殷决定不走寻常路。他向皇帝上书，虽然口气一如既往的谦卑，但要求很明确，必须把叛将送回党项。

李彝殷并没有头脑发热，丢了祖宗的谋略，他是看准时机的。此时，后晋天子石重贵刚刚继位，根基不稳，还有北方强大的契丹虎视在侧。

果然，石重贵咽下恶气，下令将叛将送还党项。

手起刀落，两百多颗人头落地，包括几名弟弟在内，参与叛乱的族人全部斩立决。铁血李彝殷，锋利如刀。

或许，这正是石重贵作为中原天子，向偏远部落酋长示弱的原因。他需要利用李彝殷这把利刃，来应付更大的危机，对付更危险的敌人——契丹人。

说起来，党项人和契丹人打交道也有年头了。契丹人建立大辽之后，锐不可当。附近的小部落纷纷依附，这就包括一部分党项人。这让党项首领们非常忌惮，害怕整个民族被吞噬。他们始终追求中原王朝册封，就是用来平衡和抵制契丹的力量。

这些年来，他们与契丹之间，并没有太多官方的接触，还是以保持距离为主。尽管如此，中原天子并不放心，他们总是担心党项和契丹联手，造成腹背受敌的局面。到了石重贵的年代，因为对契丹的强硬政策，直接导致了契丹大军压境。

接到天子诏书的李彝殷，再度犯难。是出兵勤王，还是置之不理？思虑再三。党项人出兵东渡黄河，进入了契丹领土，但并没有与契丹正面对抗，而是选择了观望。

这是个中性的选择。

结果，契丹攻破后晋国都开封，俘虏了石重贵，后晋亡。党项人悄悄地撤兵回家。既不负君命，又保全了自己。

设想下，如果党项直接与契丹开战。以两家当时的实力对比，契丹可以轻松屠灭党项。想到这点，李彝殷的后背应该有阵阵凉风袭过。好险！

要知道，党项人这次出兵是四万。近半个世纪前，他的先祖拓跋思恭，搜集党项全部精锐不过八千人。如今，兵力已翻数倍。或许，正是这点给了李彝殷勇气。不过，对于弱者来说，过早地暴露实力，终究不是好事。

李彝殷赶紧收回獠牙，捡起祖宗的谋略，继续韬光养晦。

不过，中原的政局，又给李彝殷出了难题。

超级短命的后汉之后，出现了两个死对头国家，北汉和后周。这该如何是好，抱哪条腿呢？说起来，北汉是后汉的延续，李彝殷还受过后汉的册封。不过，北汉偏居一隅，国小势弱。后周则不然，国都开封，雄踞中原腹地。

在思考和观察阶段，李彝殷是两不得罪，两边下注，两边押宝。拿定主意后，便一头倒向了后周。后周皇帝也很大度，既往不咎，重重有赏，册封李彝殷为陇西郡王，后又加封西平王。

这下，可把北汉彻底得罪了。

北汉夹在辽、宋、党项之间，身处四战之地，原本生存的焦虑感就很强，又被党项背叛，更是怒不可遏，欲出兵征伐。当然，更重要的政治考量，还是为拓展生存空间，辽、宋两个方向没戏，只能拿党项开刀。不过，北汉终究还是雷声大、雨点小，加上党项有后周的撑腰，最终也只能吞下恶气。不过，梁子是结下了。

时间来到公元 960 年，赵匡胤建立大宋。

观察了两年，李彝殷派族侄李光俨为使来到开封。向新朝、新皇帝请求封赐。使者还带来了国礼，三百匹战马。他父亲当年献给后梁是五百匹，他哥哥献给后唐是五十匹，他献给大宋是三百匹。数字，很能说明问题。

核心的问题是国力。李彝殷看到了大宋蒸蒸日上，朝气蓬勃，他必须有所表示，非重礼不可以表忠心，但同时，党项已今非昔比，今日三百匹的分量，或许抵过父亲当年的千匹良驹。

称臣、求封之外，李彝殷还向皇帝奏明，他改名了，改彝殷为彝兴，避赵匡胤父亲赵弘殷的名讳。如此乖巧，让有些憨厚的宋太祖都有点不好意思了。

最后，党项人还有个请求，请大宋出兵灭北汉。赵匡胤一听，更加笑容可掬，连声对使节表示，好说好说。一统天下，原本就是太祖心愿。实现自己的心愿，别人还给你送礼，这等好事，天下难找啊。

只不过，因为"先南后北"的战略，北宋不想马上和北汉背后的主子契丹人撕破脸，灭亡北汉的时间被延期了。

这一延期，李彝殷就看不到了。直到他去世十二年后，宋太宗才发兵灭了北汉。或许是为了弥补他的遗憾，得到彝殷的死讯，太祖废朝三日，赠太师，追封夏王。宋太祖，就是厚道。

李彝殷中途接哥哥班，前后主政三十二年，是拓跋思恭之后，党项在位时间最长的首领。这三十二年，他历经后唐、后晋、后汉、后周、北宋，北方还有契丹和北汉。

他与石敬瑭、刘知远、郭威、柴荣、耶律德光、赵匡胤等数位强人同台演出，虽非主角，但是纵横捭阖，合纵连横，丝毫不落下风。不仅如此，他还以铁腕平定内乱，凝聚力量，带领党项人穿过最混乱黑暗、最弱肉强食的五代十国，让党项民族以更加强大的姿态，进入新的历史时期。

李彝殷，不愧一代雄主。

李彝殷去世，儿子李光叡继位。

这位守成之主非常机灵，眼看宋太宗继位，立即上表改名为李克叡，避太宗赵光义的名讳。如此识趣，太宗自然少不了封赐。后面的日子，无惊无险，大体安然。

光叡主政十一年，去世后儿子李继筠继位。可惜，继筠短命，一年多后就随父亲而去。大名鼎鼎的李继捧终于登上历史舞台。他是李继筠的弟弟。

值得一提的是，党项数代首领，李继捧是首位有明确生卒年份记载的。他的先祖们多数只知卒年，不知生年。所以，我们知道，李继捧继位时，年方十八，正是青春年华。

可惜，政治讲究实力，而不是颜值。

李继捧虽然根红苗正，却得不到族人的支持。这背后，牵扯到对新的天下大势的判断，以及由此而产生的路线之争。

当时，宋太祖已去世，太宗在位。北宋经过近二十年的征伐，已基本平定天下，就连契丹人力保的北汉也已灰飞烟灭。一个强大而统一的宋帝国，出现在党项人面前。这是唐末以来的历史所没有过的。

生存经验告诉党项人，统一而强大的中原王朝，绝非是他们的福气。这样，他们就失去了合纵连横的空间，甚至作为牵制力量的必要性也大大减弱。就如同一场街头混战，眼见周围的人纷纷倒下，即便对方还未向你拔刀。你也会深感恐惧，不知道那把刀什么时候落到自己头上。

生存的焦虑感，紧紧地包围着党项人。

面对新的形势，有人主张全面臣服大宋，不再玩猫捉老鼠的游戏。彻底臣服，就是不给大宋拔刀的机会，以此求得党项民族的生存。比如，李继捧。当然，这未必就出自本心，只不过是形势所迫，出于理性的政治选择而已。

另一群人，包括李继捧的弟弟和叔叔们，则主张保持割据局面，静观其变。万一中原又四分五裂、改朝换代了呢？毕竟，五代十国的故事刚刚落幕。另外，台上还有一个大块头，契丹人的辽国，党项人依然有腾挪的空间。只不过，以前是在一帮国家里面玩，现在只能陪两个大家伙玩。

站在历史的现场，两种观点没有对与错。

所谓的英明神武，多是后人的牵强附会，成王败寇罢了。

李继捧虽然占了名位，但实力不济，眼看不仅无法说服亲族们，还有被轰下台的危险。为免祸起萧墙，遭遇不测，李继捧来了一招惊人之举。

他入朝了，带着妻儿老小。

自唐朝中后期藩镇割据以来，地方节度使入朝觐见天子，这还是头一回。再考虑到他的外族身份，就更少见了。以至于宋太宗听到消息，反复追问了几遍，才敢确认。

太宗大喜。

他这个人，一辈子都在跟哥哥比。比文治，比武功，比人缘，比学问，比功业，比子嗣，边疆治理当然也得比。饶你太祖神武，人家不过就是献了几匹马。如今，李继捧畏服天威举家来投。真是天大的面子。

太宗召集文武，在集英殿设宴，盛情款待李继捧一家。

君臣坐定，继捧开始表演。言辞、举止，就是围绕两个字，吹捧。登基数年、年过四旬、戎马半生的太宗，被哄得特别高兴。

说起来，这几乎是中原天子的通病。虽然表面上、嘴巴上，看不上外族，但是往往又最在意外族的吹捧。似乎他们说一句，胜过汉人说千句万句。唐之李隆基、宋之赵光义，都可谓汉人皇帝的佼佼者，依然架不住安禄山、李继捧之流的吹捧。

这是种病。令人遗憾的是，这病千年难治。

宴会的高潮是继捧献图册，他将夏、绥、银、宥、静五州之地的山川地理、人口住户，当众敬献给太宗。

不费一兵一卒，就拿到党项人百年割据之地，实现了五代至今几代君王的夙愿。还有什么比这更美妙的吗？这点，哥哥也未做到啊。太宗高兴，赏赐继捧白金千两、帛千匹、钱百万。还在东京城，赏赐他一套豪宅，保证子子孙孙安享荣华富贵。

看上去，一切都很美好。似乎，这就是故事的完美结局了。

见太宗兴致特别高，李继捧便讲了他小小的担忧。那就是，他来之前与族人们有过争议，或许有人会因此捣乱，阻止朝廷接受五州之地。

太宗一听，放下酒盅，大手一挥，天兵所至，谁人敢挡？

继捧眼看如此，不再言语，心里琢磨着，话既已说到，再出事，可就别怪我没提醒了。

话又说回来了。如果提醒有用，那人间该少了多少麻烦啊。

很快，宋朝君臣就麻烦上身，而且是无穷无尽的麻烦。直到北宋灭亡，这个麻烦还在，甚至愈演愈烈。

制造麻烦的人，叫李继迁。

# 有一种精神叫李继迁

如果说，拓跋思恭是党项民族的奠基人，那李继迁就是西夏王朝的奠基人。无可争议。

李继迁，是李继捧的族弟。

古人总是那么简洁。这个族弟，到底是什么关系呢？往前倒腾起来，李继迁的高祖拓跋思忠和拓跋思恭是堂兄弟。思忠，与思恭并肩同黄巢起义军作战，臂力惊人、力大无比、勇冠三军，最终因孤军深入，在长安渭桥边殉国。

按中国人的传统，他和继捧已经出了五服。不过，血统虽远，毕竟还是拓跋一族，又有先祖的荣耀荫及，这就够了。

公元963年，李继迁出生在银州无定河，今天陕西榆林米脂县，几百年后的闯王李自成是他的小同乡。李继迁少时即勇敢果断，以擅于骑射，富有智谋闻名乡里。

据说，继迁十二岁时，一次带领几个随从行猎，突然蹿出一只猛虎。他让众人躲藏起来，自己爬上树，弯弓搭箭，正中猛虎眼睛，老虎旋即死去。族叔李光叡听到后，甚为欣喜，当即授其官位，主管少数民族部落事务。

当李继捧臣服大宋，在皇宫献上党项图册的时候，李继迁年方十九。人比人真得死。同样是拓跋，李继捧一把好牌，却主动认输。李继迁除了咽口水，只能骂娘。

眼看朝廷接收人马陆续来到，李继迁急得四处奔走。他联络亲族们，希望共同举事抗宋。结果令人沮丧。那些嘴上横刀立马的糙爷们，在富贵和安稳面前，个个都成了低眉顺眼的小媳妇。

李氏的宗亲们，多数被迁往了东京城。李继迁悲愤不已，却也无力阻止。甚至他自己，也上了被迁居的名单。宋人怕夜长梦多，催得甚急。

没办法，李继迁的奠基者之路，只能从逃跑开始。

主张出自他的谋士，汉人张浦。三十六计，走为上策。先离开夏州城，再去招揽党项其他各部。一句话，留得青山在，不怕没柴烧。

选好日子，瞅准时机，李继迁带着张浦，还有几十名铁杆支持者，诈称乳母去世，抬着装满兵器的棺木，抹着眼泪、痛不欲生地骗过了看守，出了城。

天高任鸟飞。

李继迁在离夏州三百里的地方，建立了大本营。他树起了反抗宋朝的大旗，并光荣地成了旗手。对于党项人来说，李继迁所领导的对抗大宋的游击战争，由此拉开序幕。

这也是大宋噩梦的开始。

当然，最初宋廷并没有拿李继迁当回事。就那么几个人、几匹马，也想成事？而且，就在李继迁刚刚举事不久，大本营就遭到了朝廷大军袭击，好不容易聚集的千把人的小部队，损失五百多人，连母亲、妻子、弟弟都被宋军俘获。

眼看，小火苗就快熄灭了。

还是张浦读书多，讲了一番福祸相依的道理，让李继迁又重新燃起了斗志。而且，这次张浦又有了新计谋。那就是，既然李继迁夫人被俘，正好借机多娶老婆。

顶着拓跋的姓氏和百余年家族的荣耀，李继迁即便落魄流窜，对党项很多部落来说，他依然是奇货可居。而且，党项内部也确实有很多人，对李继捧完全跪低宋朝很不满意。他们从心底里，更钦佩李继迁。每到一个部落，李继迁就将先祖拓跋思忠和拓跋思恭的画像悬挂出来，以拓跋正统自居。众人看到画像，无不泣涕跪拜。

这下，李继迁娶了很多老婆，不管部落大小，来者不拒。既然结了亲家，这些部落自然也就出人出钱出力帮女婿了。很快，李继迁又聚集了一支队伍。

有了本钱，张浦再次提出建议。这次，还是娶老婆，不过档次要高很多。向辽国皇帝提亲，求娶公主。应该说，这是李继迁和张浦谋划已久的重大战略。

看看天下大势，辽、宋两强并立天下。

自北汉被灭后，党项领地就已经与辽接壤。这些年来，两家虽有交往，但官方交流并不多。如今，大宋已有吞并党项之势，李继迁自然得求契丹人帮忙了。

派出使者之后，李继迁和张浦满怀期待，却又严重信心不足。虽然上奏辽天子的奏章，张浦写得文采斐然、洋洋洒洒，将李继迁夸成了一代豪杰、乘龙快婿。但他们心里清楚，只要契丹人稍微打听下，就能搞清楚他们的虚实。

虚张声势的人，内心总是惶恐。

当时的辽国天子正是圣宗皇帝。不过，他当时并未亲政，朝政皆决于皇太后萧绰。萧太后何其睿智，眼看辽、宋两强相争，已不可避免，她岂能坐视宋吞并党项之地？

即便知道李继迁力量不济，她也决定出手相助，希望将其培养成牵制宋朝的有生力量。就这样，李继迁不仅得到了辽国的册封，后来还真娶到了辽国公主，直至被辽封为夏国王。

这是党项首领被辽册封的开始，也可以说是辽、宋、夏三国演义的开始。从此，党项人不再只是宋人的臣属，他们还是契丹人的女婿。乌鸡变凤凰，今非昔比了。

就这样，在宋军的强力打击下，惶惶如丧家之犬的李继迁，转眼成了大辽女婿，夏国王。有着这块金字招牌，李继迁自然身价倍涨，力量也是与日俱增。

眼看局势不妙，太宗皇帝也使出了撒手锏。他派出在东京城内养尊处优的李继捧，让他们兄弟相互厮杀。李继捧还被赐名赵保忠。他先是姓拓跋、后来是姓李，如今又姓赵。虽说雷霆雨露，莫非天恩，但多少还是有些三姓家奴的意思。

临别之际，宋太宗在长春殿设宴，为赵保忠践行，赐袭衣、玉带、银马鞍，真是极尽笼络。希望赵保忠能为大宋尽忠。

不过，这只是太宗的如意算盘。

告别东京安乐窝，回到党项故地，李继捧又重新找到了自己。毕竟流淌着党项先祖的血脉，他当然知道继迁的抗争对于党项民族的意义和价值。

继捧和继迁，默契地玩起了猫捉老鼠的游戏。

双方你来我往，打得不亦乐。然后，各自向天子表功。李继捧报告宋天子，李继迁报告辽天子。其间，还玩了几回逼真的相互诈降。说逼真，是宋太宗不仅给李继迁封了官，还赐了名，赵保吉。而辽国，也给李继捧封了官。他们两头押宝、两头吃。

就这样，夏州地区有了两个党项首领，一个辽国所封、一个宋国所封。都想着以夷制夷。可惜，都是一厢情愿。

对大宋来说，这哥俩是既不忠，也不吉。到后来，就是傻子也能看出来这哥俩的猫腻。看起来打得闹热，不仅没有太大伤亡，李继迁还越打越强了。

宋太宗被要多年，忍无可忍。

走马换将。

他派来了名将曹光实。交手几次，李继迁不仅没占到便宜，还损失了不少兵马。思来想去，还得诈降。官不官的无所谓，关键是有赏赐，就当战地补充了。不过，这次或许是被打疼了，继迁动了别的心思。

照旧，由张浦操刀，写了一封降书，洋洋洒洒数千言。狠狠夸了曹将军，犹如武圣再生，可谓天下第一名将。同时，指天盟誓，这次是真投降。在信的末尾，就投降的形式，继迁提出了小小的请求，希望在离城三十里的山谷，单独向曹将军投降。毕竟是夏国王，投降的地方不好人太多。

曹将军大喜。真是得来全不费功夫。到了日子，他只带着几名小校，如约来到山谷。迎接他的，不是李继迁，而是蝗虫一般飞来的箭雨。曹将军殉国。李继迁拿下城池。

或许，有人会批评李继迁的人品。且不说，李继迁是党项人，根本不理会中原那一套。在他那里，投降、反抗，都是手段，目的就是拿回祖宗之地，并发扬光大。

与宋相比，宋是大象，党项是蟑螂。蟑螂与大象搏斗，能两军对圆，用军阵死磕吗？自古兵不厌诈，何况李继迁前面已有过几次诈降。只能说，曹将军太实在，本质上还是轻视李继迁。

轻视敌人，就要付出代价。这是铁律。

宋太宗只好收起了自大。他派出大将李继隆，力求踏平李继迁，顺便捉拿李继捧。

李继隆、李继捧、李继迁，一字之差，却半毛钱关系没有。李继隆可不是无名之辈，他是太宗第三位皇后，李皇后的亲哥哥。换句话说，他是当朝国舅。

虽是外戚身份，但李将军却是靠着本事上位的。这很不容易。

父亲是开国名将，他也曾追随太祖南征北战，还在平灭南唐的战役中立过大功。太宗继位后，在消灭北汉和第一次对辽战争中，他都随军出战，并立下了汗马功劳。

继迁不是对手，被继隆打得丢盔卸甲。光是浊轮川一战，李继迁就损失五千精锐。虽说有了些家底，但毕竟是靠游击战起家，这让继迁心疼不已。

不过，继迁还是有所收获。他玩了招儿借刀杀人。话说，眼看朝廷大兵将至，继捧念及兄弟情义，赶紧派人通知继迁。可惜，继迁不仅没领情，还趁机发动偷袭，杀得继捧一败涂地，然后带着大批部众，远遁沙漠深处。损兵折将的李继捧，被李继隆轻松地生擒了。

这哥俩真让人无语。

李继捧，也就是赵保忠，被送回了东京。

太宗再见到李继捧，想到赐给他的名字和他的种种表现，哭笑不得。不过，也没杀他，还赐爵"宥罪侯"。东京城的豪宅是不让住了，迁居内地。最后，继捧病死在中原，终年四十二岁。

他应该是郁闷死的。不仅丢了祖宗之地，据说儿子还十分不孝顺。以至于，他在临死前专门给皇帝上表，请求朝廷不要封赏他的儿子。

当时已是真宗在位，接到奏章，几乎笑出了声。

李继捧几乎是用一生在搞笑。

他是拿着一把好牌出场的。哥哥去世后，他在众多弟弟中脱颖而出，顺利接班。完美开局。

接下来，就是步步昏着儿了。

面对天下大势，他想臣服中原的大宋，这原本没问题，毕竟先祖们都是这么做的。只是，他太没有章法了，上来就是直接进京献土归降。如果，他的决定是众望所归，那也没什么。可惜，他是在内部意见相持不下，遭遇巨大阻力，单方面做出的决定。

所以，出了李继迁，也就不奇怪了。

太宗派他重回党项故地，又给了他人生反转的机会。

按说，经过几年东京城的生活，他对当初的决定，应该有所思考。政治上应该更加成熟。可惜，他继续出昏着儿，自作聪明地脚踏两只船，游离于辽、宋之间。

这原本没什么，他的先祖们就是这么做的。但这么做需要两个前提，有能力，有身份。可惜，他都没有。论能力，他文治武功，样样皆无。论身份，他已臣服朝廷，是大宋的赵保吉。这样的身份，再耍两面三刀，只能让人不齿。

玩政治，要么有能力，要么靠忠诚。没有能力，就更需要忠诚。能力不够，还朝秦暮楚，那就是自寻死路。

还有，他对李继迁的态度，就更显政治上的幼稚。

当他再回党项故地时，相比招降，消灭李继迁，重新树立自己党项人独一无二的领袖身份，显然更符合现实的政治考量。可是，他不仅没有借助大宋的军力，一鼓作气拿下李继迁，还和他暗通款曲。这就让人看不懂了。

或许，这个时候，他又念起了手足之情，想到了血浓于水。这就更搞笑了。至少，李继迁是这么认为的。所以，他后来给李继迁通风报信，而李继迁则还给他无情的袭击。

难怪太宗不杀他。这样的人，杀了有什么用？

不知道，在后来的贬谪岁月里，李继捧有没有反思人生，有没有意识到，曾经有多好的机会摆在他的面前。也不知道，他有没有想念夏州老家，大漠孤烟，西风瘦马？

估计他没有，否则怎么还有心思和儿子闹不愉快。

这个人可以用四个字形容，没心没肺。

与他的兄弟比起来，真是云泥之别。或许，他唯一得意的事，就是李继迁死在他前面。

李继捧、李继迁，这兄弟俩同年去世，只相差几个月。

事情还得从头说起。

自从扛起反抗大宋的旗帜，李继迁左冲右突，在宋军的绞杀下，顽强地苗壮成长。这其中，夏州城是焦点。

这座赫连勃勃修筑的坚城，是党项人的福地，他们多次利用此城抵御了中原王朝的入侵。夏州城也是党项人心中的圣城，李继迁就时常围着夏州城做文章，让守在城里的宋军心神不宁。双方围绕夏州，互有攻守多次。

后来，太宗接受宰相吕蒙正的建议，毁掉了夏州城，以绝党项人和李继迁所念。这座历经五百年，依旧坚不可摧的城池，最终被人为毁弃。之后，城池的断壁残垣，又在漫漫黄沙中屹立了千年，遗址在今天陕西省靖边县。

风月无声，黄沙无语。千年往事，如梦如幻。

只不过，宋朝君臣自以为聪明，却让李继迁找到了更大的世界。夏州城被毁以后，李继迁将目光投向了灵州。

黄河九曲，唯富一套。灵州就在河套之地。

灵州，今宁夏灵武，位于夏州西侧，依附贺兰山，面向黄河，自古就是交通要冲之地。在灵州的西面，就是著名的通往西域的河西走廊。灵州还有"塞上江南"的美誉，这里土地肥沃，地饶五谷，水草丰美，农牧两宜。

当年，安史之乱爆发，太子李亨脱离唐玄宗，北上灵州继位，是为唐肃宗。大唐正是依托灵州大都督府，召集天下兵马，最终平定了安史之乱。这是灵州历史上的高光时刻，名垂青史。

唐朝时，由于疆域辽阔，加之对西域各部的有效管治，灵州作为丝绸之路的关键节点，在地理位置上算是内陆城市。这也是李亨选择北上灵州的重要原因。很难想象，如果北宋发生内乱，大宋皇子会跑到那里继位。

时移世易，到北宋时，灵州已是大宋的极边之地，孤悬在国境之外。尽管如此，它依然是联系北宋和西域的咽喉重镇。

如此天赐之城，成了李继迁梦寐以求之地。

灵州保卫战正式打响。

灵州虽然战略地位重要，但孤悬国境之外，中间隔着数百里的沙漠。援军、军需、粮草供应极其困难。加之李继迁的骑兵神出鬼没、没完没了的骚扰，宋军不堪其扰，朝廷苦不堪言。

朝堂之上，关于灵州，两派意见相持不下。

有人主张弃守。这算的是经济账，固守的成本太高，旷日持久会造成极大的财政负担。而且，敌近我远，最终也未必能守住孤城。与其死撑，不如早早弃之。另外，自唐到宋，首都由长安、洛阳，迁到了开封，远离了关中平原。从心理距离上来说，灵州已成了边远之地，更容易割舍。

有人主张坚守。灵州附近，不仅有党项，还有回鹘、吐蕃诸部，大宋占有灵州，就能将各部凝聚起来，共同对付党项，避免党项一家独大。此外，灵州还是贸易重镇，不仅是北宋战马的重要来源地，还是沟通西域的重要通道。更为重要的是，灵州富足，党项一旦据有，无异于如虎添翼。

宋真宗左右为难。

几年前，太宗已带着深深的遗憾驾崩。留在他生命里的最后记忆，是越挫越勇、越战越强的李继迁，还有虎视眈眈、野心勃勃的萧绰母子。

宋真宗接手的是两个巨烫无比的山芋，吹不得，更打不得。面对灵州困局，宋真宗徒呼奈何。站在他的角度，弃守灵州，与李继迁议和是可以接受的，这样至少可以避免两线作战。但他刚刚继位，就要主动放弃祖宗之地，实在难以启齿。

最终，大宋决定坚守。

派去守城的人，叫裴济。

裴济，绛州闻喜人，今山西运城新绛县。祖上荣耀，先祖是唐朝宰相裴耀卿。仕途起步很高，是赵光义的潜邸旧臣。

他为人耿直，仗义执言。当年，赵光义身边有个亲信，为人不堪，屡有不法之事，裴济数次如实向赵光义禀报。光义不以为然，反以为忤，将裴济外放贬谪。后来，亲信果然惹出大祸，光义这才念起裴济当日所言，召回了他并委以重任。

裴济文武全才，在伐辽战役中，护卫太宗左右，困守危城，最终击退契丹铁骑，立下赫赫战功。他与李继隆是亲密战友。

听闻裴济被派往灵州，朝中挚友在城外为他践行。且不说山高水远，灵州危局更是路人皆知，此去赴任，凶多吉少。临别之际，友人见裴济气定神闲，似是胸有成竹，便问其是否有良策。裴济笑而不语，痛饮碗中酒，跨马绝尘而去。

裴济心里清楚，哪有良策，怀抱必死之心而已。走过迢迢千里，穿过戈壁黄沙，来到灵州城下，裴济满脸尘土，不像个上任的知州，倒似个充军的要犯。

裴济骑马绕城三圈。这座塞上堡垒，已是满目疮痍。

城上的吊桥缓缓放下，裴济进了灵州城，再也没有离开。

在此之前，李继迁已经数次骚扰、攻击过灵州。

灵州是李继迁手里的一张牌。

李继迁至少是读过孙子兵法的，或者就是天才的军事家。在灵州，他将围点打援的战术运用得出神入化。

在军事上，灵州是个绝地。属于突出部，三面被围，与后方相连的生命线还隔着重重沙漠。如果说灵州是待宰的羔羊，在灵州附近活跃的李继迁，就如同一个高明的猎人。他不仅要吃掉羊，还要用它来吸引更多的同伴。

果然，太宗去世前一年，为了长期固守，他派大将押送四十万石粮草驰援灵州。猎物上门，猎人心里乐开了花。结果，宋军押粮军队遭遇李继迁伏击，全军覆没，四十万石粮草尽没。李继迁吃了个大饱。消息传到东京，君臣呆如木鸡。

太宗怒不可遏，发动五路大军，分进合击，会师灵州，意图一战屠灭李继迁。面对强敌，李继迁再次证明了自己。他利用熟悉地形的优势，采用灵活机动的游击战术，在广阔的沙漠里往来奔波，神出鬼没，宋朝五路大军被拖得疲惫不堪，加之粮草不继，不得不黯然撤兵。

裴济就是在这样的危局中，接手了灵州。

灵州的百姓很高兴，奔走相告。他们知道裴济是太宗的宠臣，也知道他在对辽战争中的威名。朝廷派来裴济，就是表明了坚守的决心。这些年，灵州被李继迁所扰，城中百姓惶恐不安，他们太需要稳定心神了。

裴济就是百姓的定心丸。

裴济来自京城，自然知道京城的争论，一路上穿过戈壁沙漠，自然也知道军需供给之难。所以，到灵州后，他即着手兴修水利、疏通运河、开垦荒地、兴农种桑，要长期坚守，就得自给自足，降低对后方供给的依赖。

不到两年，灵州焕然一新。裴济真是一把好手。

李继迁坐不住了，不能再给裴济时间了。

机会说来就来。裴济执法如山，有名军校违反军纪，为逃避处罚竟出城投靠了党项。为了立功，他将城中虚实都告诉了李继迁。继迁大喜，以其为先导，亲率大举再次围困灵州。

以往党项来攻，灵州守军都是固守不出，据险死守。这次却不同，裴济主动出击，率军冲出城去，李继迁被杀得措手不及，狼狈而走。这下，李继迁知道了裴济不好惹。

眼见裴济凶悍，强攻灵州难有胜算，李继迁将视线转向了外围。他很有耐心，足足用了四年时间，将灵州外围五座小城逐一攻下。至此，灵州外援完全断绝，成了真正的孤城。裴济也成了真正的孤子。

收拾完外围，李继迁再率全部精锐围攻灵州。这次，李继迁采取围而不攻的战术，屯兵险要，占据灵州周围肥沃土地，命令军队开垦屯田，准备长期围困。

军情如火，裴济以血书上奏，请求朝廷派兵救援。奏章结尾处，裴济向皇帝和朝廷表明，誓与灵州及全城百姓共存亡。

朝中的弃守派，原本整日嚷嚷，但见到裴济的血书后，却都沉默了。这不是救不救灵州的问题，而是救不救忠臣和百姓的问题。没有了忠良，没有了子民，还有大宋吗？

朝廷再遣大将，押送二十万石军粮，星夜驰援灵州。

可惜，又中了李继迁的埋伏，再次全军覆没。

消息传到灵州，全城痛哭。裴济仰天长叹，泪流满面。

收下二十万石军粮的大礼，李继迁终于对灵州露出了锋利的獠牙。五万党项大军，疯狂地扑向灵州城。

城中宋军不足五千人。

输赢没有悬念，双方都心知肚明。但，战争的惨烈，却远远超出想象。充满狼性的党项勇士，也被大宋军民的英勇所折服。宋人战斗到了最后。

破城之日，宋军不过数十人生还。城中百姓，多有殉国者。裴济战至最后，面向东京的方向，拔剑自刎。对裴济将军来说，大丈夫战死沙场，并不足惜。只是，不能马革裹尸归葬故里，却让他死不瞑目。

李继迁被灵州城的惨烈深深地震撼了。即便他已起兵近二十年，经过了无数次战斗，见惯了尸山血海。他命人收殓了裴济的遗体，厚葬在灵州城外。出殡那天，城中残存的百姓，扶老携幼为将军送葬。李继迁率领党项士兵，跟在长长的队伍后面，一脸的悲戚。

英雄敬英雄，英雄惜英雄。

可惜，英雄是落寞的，英雄也是会被遗忘的。

翻遍史书，居然找不到裴济的出生年月，所以我们无法知道将军去世的年纪，令人遗憾。而对于这场惨烈的灵州之战，史书的记载也不过寥寥数语。那些鲜活的面孔，那些满腔的热血，那些赤胆的忠心，都被淹没在了滚滚的黄沙之中。

这样的付出，值得吗？当然。

无论历史怎样演进，无论疆土怎样变化，无论民族怎样融合。一代人有一代人的忠义，一代人有一代人的信仰。为了忠义，为了信仰，为了身后的祖国和亲人，付出自然值得。

哪怕会被历史遗忘，被人们铭记的，是英雄。淹没在历史中的，同样是英雄。

好在，大宋是厚道的。灵州城陷落、裴济身死的消息，传到了京城，真宗闻之愕然，低头久久不语，哀伤嗟叹。朝廷追赠裴济为镇江军节度使，并特旨让其三子皆入朝做官。过了几年，裴济的妻子去世，朝廷还特诏追封为平阳郡夫人。

虎父无犬子。裴济的三个儿子个个争气，在朝中颇有建树，两个弟弟也都进士及第。裴氏子弟没有辱没将军的英名。

这样的英雄，必将代代相传，为后人铭记。

行文至此，不禁想问，什么是英雄？这是个没有答案的问题。英雄的标准，在每个人的心中。

有以弱胜强的英雄，有力挽狂澜的英雄，有扶大厦将倾的英雄，这些是成功的英雄。还有明知不可为而为之的英雄，有功败垂成的英雄，这些是悲剧的英雄。

成功的英雄，让人激昂。悲剧的英雄，让人感伤。

裴济是悲剧的英雄。

殉国灵州，是裴济个人的悲剧；丢掉灵州，则是北宋伤痛的开始。自此，宋朝的西北国防线全面后撤，直至环州、庆州（大致在今甘肃庆阳和宁夏南部一带），陕西关中之地直接暴露在党项兵锋之下。更要命的是，北宋自此面临北方辽国和河西党项的双重威胁，开始了百余年两线作战的历史。

不过，宋人的悲剧，却是党项人的喜剧。历史总是有不同的解读，关键是脚下的立场。

拿下灵州，李继迁号啕大哭，继而仰天大笑。不是伤心，是狂喜；不是狂妄，是开怀。起兵以来，历经千辛万苦，他终于拿下重镇，也终于站稳了脚跟。他梦想恢复的祖业，至此算是有了真正牢固的地基。

李继迁改灵州为西平府，大兴土木修建宗庙、宫室，又迁徙大批党项部落移居于此。党项人虽然还没有建国，但灵州俨然已是首都之地。李继迁霸业初成。

眼见如此，宋真宗为息事宁人，竟将党项的夏、绥、银、宥、静五州故地，一并归还了李继迁，并正式授李继迁夏州刺史，定难军节度使，夏、银、绥、宥、静等五州观察处置押蕃落使等，事实上承认了西夏的独立地位。

至此，西夏俨然一国。李继迁扬眉吐气，这是他人生最高光的时刻。只是，他当然不知道，生命已经开始倒计时。尽管，他正年富力强，脑子里还有着更宏大的蓝图。

在拿回祖先故地和夺取灵州后，李继迁觉得该西征了。

西边，有吐蕃人和回鹘人。党项的西征战略，可以概括为十个字：掠吐蕃骏马，收回鹘精兵。

先说吐蕃。这是个曾经异常辉煌的民族。隋唐之际，吐蕃如日冲天，就连大唐也得让它三分。松赞干布与文成公主佳话的背后，靠的就是吐蕃的硬实力。

安史之乱时，吐蕃人长驱直入中原，二十万吐蕃大军血洗长安十五天，甚至还拥立了一位傀儡皇帝。

当年，吐蕃强盛时，党项人不过马前卒而已。时移世易，吐蕃王朝早已土崩瓦解。留在西北的吐蕃政权，勉强维持着部落联盟的态势，战斗力与过往不可相提并论。

偏偏就是这些吐蕃人，占据着河西走廊的咽喉之地，有着无数的优良战马，掌握着来自西域的先进冶炼技术。他们打造的兵器，让党项勇士垂涎不已。

这样的吐蕃，在李继迁眼里，就如同垂死的病虎。岂能轻易放过？不过，吐蕃毕竟是曾经的宗主，想要反咬一口，李继迁有所顾虑，他在等待一个合适的借口。

对于党项人的膨胀，吐蕃人自然心中不快。无奈，实力不济，只能将希望寄托在大宋身上。可实际上，随着灵州陷落，宋人对西北局势的掌控力已急剧下降。

潘罗支，吐蕃人的首领，他一次次派使节去东京，反复游说大宋与吐蕃合兵共击党项，收回灵州。

对于吐蕃和宋朝之间的眉来眼去，李继迁都看在眼里。为了要个实实在在的借口，他要了个花招儿，故意在一次党项部落集会上宣称，要主动进攻宋朝的环州和庆州。

潘罗支得到情报，信以为真，赶忙给失去了西北马场的宋军送上五千匹战马。同时，他还将党项使节绑起来送给宋朝以示诚意。五千匹良驹对比党项给中原帝国的贡马，吐蕃之心不可谓不诚。

思虑再三，宋真宗还是拒绝了潘罗支。大宋也有难处，北方的辽国大军正跃跃欲试，一场大仗迫在眉睫。当此节骨眼上，宋军实在不便分心西北。

潘罗支不死心，再次派使节去东京。这次，吐蕃人放出海口，说他们能动员六万铁骑，只要大宋肯出兵，立刻就能夺回灵州。

尽管大宋已决定不出兵，但吐蕃人的决心和勇气，还是让君臣上下十分感慨。宋真宗下旨嘉奖潘罗支，册封其为朔方军节度使，并赠送给吐蕃大批武器装备。

不料，敕书和装备在半路被党项骑兵狙击，全部落到了李继迁手里。看到宋朝的敕书，李继迁大喜。还有比这更好的借口吗？他迅速集结大军，剑锋直指凉州。

凉州，今甘肃武威，河西重镇，素有"畜牧甲天下"之称，这是吐蕃人的大本营，也是最重要的后勤基地。自唐朝中叶占据以来，吐蕃已经营数百年。李继迁一出手，就是吐蕃人的死穴。

可惜，吐蕃不复当年之勇。所谓六万铁骑，不过说辞而已。面对党项骑兵，吐蕃人兵败如山倒，丢掉了凉州。

潘罗支只是吐蕃领袖，并不是国王或皇帝，没有一言九鼎的绝对权威。如今，丢了大本营，没了后勤保障，部落联盟随时可能瓦解，他本人也将生死难料。

为挽回败局，潘罗支决定铤而走险。他决定投降。

准确地说，是诈降。

他给李继迁写了封信，言辞恳切，极尽谦卑，完全匍匐在地，似乎党项自古就是吐蕃的宗主。他表示，吐蕃愿意归降党项，而他本人则愿意追随李继迁左右，为其征战四方，任其驱使。信的末尾，他请求单独向李继迁投降，希望保留小小的尊严。

这一幕，何其相似？

当年，张浦就是这样给宋将曹光实写信的。所以，当张浦看到来信，马上就断定其中有诈。他力劝李继迁不要前往，以免中了吐蕃人的奸计。

诈降，是李继迁玩了半辈子的把戏，他最有心得，也最有发言权。只是，大获全胜的李继迁，心态急速膨胀，失去了应有的警惕之心，虽然思量了一番，还是认为张浦过虑了。在他看来，潘罗支早已内外交困、穷途末路，岂能有诈？张浦力谏不止，只能徒呼奈何。

到了约定的日子，李继迁带着亲随，大摇大摆地出现在受降的地点。多么熟悉的场景，只是这次迎接箭雨的是李继迁。尽管将士拼死抵挡，李继迁还是身中数箭。不愧是铁打的身体，他硬撑着回到了大营，痛苦挣扎了几日后，含恨离世，终年四十二岁。

一代枭雄，就此倒下。

从二十岁起兵，到四十一岁战死，李继迁战斗了二十一年。

无论后世给予怎样的评价，他是党项人的英雄，这点毋庸置疑。对于党项民族，他有再造之功。对于西夏帝业，则有奠基之功。毫不夸张地说，没有李继迁，后面近三百年的历史舞台上，党项人或许连露脸的机会都没有。

他是个天生的战士，一生都在战斗。你可以打败他，但你打不服他；你可以击溃他，但你消灭不了他。那么强大的对手，那么多的名将，那么多次的围剿，李继迁越挫越勇，越战越强。

就凭这点，李继迁笑傲历史。

当然，一个人的辉煌，绝非仅靠个人之力，更多的是时势造英雄。从天下大势来看，正是宋、辽两雄相争，给了李继迁左右逢源、纵横捭阖、乘机做大的历史机遇。

我们来复盘下这段历史。

公元 982 年，李继捧入朝，称臣纳降。

此前公元 976 年，宋太祖驾崩，赵光义继位。公元 978 年，吴越王钱俶和割据漳、泉二州的陈洪进纳土归宋。公元 979 年，宋灭北汉。同年，太宗首次伐辽，高梁河一战，惨败而归。

之后 986 年，太宗二次伐辽，再度铩羽而归。

李继迁起兵反宋，正是在公元 982 年。

这是个微妙的时间节点。正值宋两次伐辽之间。

虽然首战惨败，但赵光义依然信心满满，他将帝国的重心放在契丹人身上，紧锣密鼓地准备二次北伐。这期间，赵光义对李继迁是出奇的好脾气，好话说尽，极尽笼络。尽管，李继迁不吃这一套。

回顾历史，这几年是李继迁起兵后最艰难的时期，小火苗一度就要熄灭。这也正是北宋消灭李继迁最好的时期。以北宋当时的军事实力，如果对党项火力全开，李继迁是很难有机会的。是赵光义的战略选择，让李继迁躲过了灭顶之灾。

躲过灾难，靠天时。抓住机遇，靠智慧。

李继迁就牢牢抓住了机遇。

公元 986 年春天，宋、辽大战一触即发。辽国圣宗刚刚继位，太后萧绰临朝听政，政局不稳，自然不敢大意。宋太宗为雪前耻，尽遣宋军精锐主力，力求收复燕云之地。这一仗，对双方都至关重要。

李继迁掐准时机，向辽称臣，并向辽请婚。

这时候，需要简略梳理下契丹与党项的关系。

当契丹人在北方草原强大起来，并在公元 916 年后，契丹与中原王朝亦敌亦友。期间，还出手灭了后晋。出于自身安全考虑，党项人则是向中原王朝臣服，接受中原天子的册封。

对于契丹，党项人小心翼翼，不敢得罪，保持距离。后来，有了北汉这个缓冲地带，双方基本能相安无事。不过，党项和契丹之间，并没有太多的官方联系。

李继迁选择这个关键节点向辽臣服，分量很足。契丹人当然乐观其成，照单全收。幸运的是，李继迁押对了宝。二次伐辽，宋军再次大败。战后，宋军转向战略防御，宋、辽进入了新一轮的整军备战，期间还经常擦枪走火，直到公元 1005 年澶渊之盟的签订。

这期间，部分腾出手来的宋军，开始重点收拾李继迁，包括对辽作战的大将李继隆等，都调到了西北前线。辽人为牵制宋军，大力扶持李继迁，公元 989 年下嫁公主，公元 990 年封他为夏国王。

有了辽的强大后盾，李继迁今非昔比。他不仅越打越强，还再次抓住了宋、辽大战的良机。公元 1001 年，眼看宋、辽大战在即，李继迁围攻灵州，次年攻下灵州。等到宋、辽交战，辽军饮马黄河，双方签订澶渊之盟时，李继迁早已迁都灵州。

宋、辽两虎相争，李继迁这个狼崽子茁壮成长。

李继迁之于党项，不仅建立了帝国的雏形，积淀了这个王朝的气质，也确立了很多立国的原则，为后世子孙垂范。

比如，在大国间左右逢源的外交策略。这几乎成了西夏的国策，后世历代君主们照方抓药，在辽、宋、金、蒙之间辗转腾挪，硬是玩了近三百年。

还有，他的军事斗争策略。李继迁堪称游击战大师。敌进他退，敌退他进，敌休他扰等游击战术，玩得炉火纯青。在他的指挥下，党项军队时而滑如泥鳅，时而猛似群狼，宋朝大军不是被遛得团团转，就是走进埋伏圈，纵是李继隆那样的名将，即便五路大军征剿，也奈何不了他。

作为小国、弱国，这样的军事策略，无疑是正确的。要知道，党项最强盛时，也不过三百多万人，北宋人口上亿，综合国力根本不在一个量级，如果硬碰硬，谁吃亏，不言而喻。

当然，最珍贵的，还是李继迁顽强的斗志。

斗志，可能是一个战士、一名将军、一位政治家最宝贵的素质，想成就大业，必须经得起摔打，经得起失败，才有可能走向辉煌。即便是普通人，面对无常人生，始终保持斗志，也是难得的品质。

历史上，许多身处夹缝中的弱小政权，可以赢一百次，但一次都输不起，一败而亡国。李继迁则是不折不扣的百败将军，在他的军事生涯里，失败多过成功。当所有人都以为他将一蹶不振时，他又舔好伤口，重新投入战斗。

正是这种顽强的斗志、不屈服的精神，让李继迁屡败屡战之后，赢得了尊重，也赢得了帮手。让那些曾经摇摆的党项部落，更加坚定地站在他的旗帜之下，也让契丹人终于伸出了援手。

斗志，不仅能武装自己，更能让帮你的人看到希望。

很多时候，一个人、一个国家、一个民族都需要帮助，都需要"贵人"。但，所谓求人，最终还是求己。只有自身强大了，才会有更多人帮你。这几乎是颠扑不破的真理。

李继迁，一个可以失败，但永远斗志昂扬、不服输的人。

千年之后，犹令人尊敬。

李继迁，西夏王朝的实际奠基人。到他孙子称帝时，追尊他为太祖，谥号神武皇帝。实至名归。

据说，李继迁临终时，再三告诫儿子要臣服大宋，且要态度诚恳，一请不成，要反复再请。人之将死，其言也善。继迁的遗言，应该是可信的。他清楚，可以从宋朝那里争取独立，但想要巩固独立，必须与宋朝搞好关系。当然，与辽国关系也要搞好。

与宋、辽的关系，是党项人立足的基石。继迁的遗命，可以说是老成谋国，但也可以说是对后继之人的担忧。

继迁死后，长子李德明继位。

如果说，李继迁是西夏王朝的奠基人，那李德明就是砌墙的工匠。在他手里，将帝国大厦一砖一瓦地建造完工。

只是，万丈高楼平地起，李德明的第一步并不好走。事实也证明，父亲的担忧并非没有道理。

李继迁骤然去世，党项内部各种势力暗流涌动。特别是那些追随继迁南征北战的勋贵们，对于年轻的李德明多少有些不屑一顾。蠢蠢欲动、伺机作乱者，大有人在。这是内患。

外患上，辽、宋两家，是否会乘虚而入，也未可知。

事情的发展，果然不容乐观。

李继迁刚死，大宋的西北边帅曹玮，立即就向皇帝上书请求发兵，想趁着党项国丧，一鼓作气消灭李德明。曹玮与李继迁打了多年交道，深知李继迁就是党项的灵魂，如今继迁归天，德明立足未稳，确实是难得的战机。

奏章火速报到真宗御案前。只是，刚刚经历了澶州生死时速的皇帝，实在不愿再起兵戈，奏章石沉大海。曹将军仰天长叹，遗憾不已。

这给了李德明喘息的机会。

作为新主，他立足未稳，必须得使好这前三板斧。

当务之急，勋贵们劝他抓紧向大宋称臣，避免被宋人抓到把柄。何况，这也是执行李继迁的政治遗嘱，天经地义，理所应当。这些人拿着继迁的遗嘱压李德明，说到底，还是拿他当黄口小儿，还是在轻视他。

事实上，德明继位时已二十三岁。而他父亲在二十岁就起兵了。

在他出生的次年，父亲就踏上了漫漫的抗争之路。他的成长岁月，就是一部李继迁与宋朝的斗争史。党项这点家底是怎么来的，这些年的苦难是怎么熬得，他再清楚不过了。虽然有着父亲的荫庇，替他挡了一些风雨，但他也绝不是柔弱的王孙。

父亲向宋朝称臣的遗言，他是完全认同的。但他绝不能接受大臣们用这个来压他。他很清楚，政治角力，只要退一步，往往就会收不住。他有自己的考虑。

他反问大臣，和平有很多种，有跪着求来的和平，有站着斗来的和平，哪个更有价值、更长久？再说，没有实力，哪来和平？

怎么证明实力？必须先杀了仇人，吐蕃首领潘罗支。

德明的这个提议，让所有党项人都没法拒绝。毕竟，党项习俗，有仇不报奇耻大辱。李德明一出手，就棋高一着。

潘罗支这边，也早料到党项人不会善罢甘休。

他做了两手准备。一方面，派亲哥哥去东京朝见宋真宗，晓以利害，请求大宋出兵与吐蕃夹击党项，一举消灭李德明。但宋真宗还是温言相劝，婉言回绝了。另一方面，乘着德明刚刚继位，贿以重资对党项部落进行分化、瓦解。还别说，效果挺好，真有一些党项部落投靠了吐蕃。

可惜，潘罗支中计了。投降的部落里，有两个李德明故意埋的钉子。之后，他们谎称德明来攻，邀请潘罗支商议对策。可怜潘罗支刚进入两个部落的领地，就被伏兵杀死，身首异处。

李德明坐镇灵州，未发一兵一卒，就杀了潘罗支。真可谓兵不血刃，杀人于千里之外。这招实在漂亮，不仅报了杀父之仇，也让那些心里有算盘的大臣，悄悄夹住了尾巴。

比起父亲，李德明的出场毫不逊色，甚至更为惊艳。潘罗支则用自己的头颅为李德明垫稳了权力的宝座。

虽是成王败寇，但潘罗支绝非一无是处。

潘罗支，这个在历史中惊鸿一瞥的吐蕃首领，关于他所有的记载不过寥寥数笔。很多人都是因为李继迁才知道他。尽管是他终结了李继迁，但历史却让他成了给李继迁背书的人。

历史，就是这么不讲理。

留在历史深处的他，有两点令人印象深刻。带领实力不济的吐蕃，拼死抵抗党项人，并最终杀了李继迁；一次次、不厌其烦地派使节到东京，请求宋朝出兵合击党项，态度虔诚得令人感动。

这也是个英雄。


杀父之仇已报，该向宋朝称臣了吧。李德明又玩了个花招。他先遣使向辽称臣。被辽册封为定难军节度使、西平王。有了辽的加持，李继迁这才派了个牙将，带了二十匹贡马、一些土特产去了东京，向宋称臣。

就这点东西，李德明也好意思送过去。不过，宋真宗很高兴，大宋很有面子。毕竟，李德明主动来称臣了。

几番讨价还价，北宋景德三年，即公元1006年，双方终于达成和议，史称"景德和议"。这是宋人和党项之间的第一份和约。

大宋封李德明为定难军节度使、西平王。不错，与辽国封的一样。不一样的是，大宋出手更阔绰，封官之外还有岁赐。每年赐给党项白银一万两、绢一万匹、钱两万贯、茶两万斤。

宋朝的条件是，承认宋是宗主国，以宋为正朔。比如，要用宋朝皇帝的年号纪年，接受宋的册封，每年向宋朝贡，等等。这些都是虚的，李德明没意见。

至于，派人质到东京，归还灵州等条款，李德明哈哈一乐就过去了。宋人装装糊涂也就算了。

同时，宋朝还部分取消了对党项的贸易禁令。这是宋夏战争时期，在军事行动之外，北宋对付党项的锐利武器。其实际成效，在某种程度上甚至好过军事打击。

党项人周围多是游牧民族，他们所产的东西，只有卖到中原，才能换回布匹、丝绸、茶叶等生活必需品。司马光曾打比方说，党项好比婴儿，中原则是给他们喂奶的乳母。

孩子没奶喝，能行吗？

马匹和青白盐，是党项最重要的外贸商品。军事对抗期间，马匹属于绝对禁止流向宋朝的军用物资。青白盐作为党项质优而价廉的特产，就成了贸易和走私的重要商品。

食盐在宋朝由国家专卖，是暴利产品。

宋朝掐住要害，在边境地区严控青白盐的贸易和走私，让党项人非常头疼。李继迁多次诈降，所提请降条款，必包括开放青白盐的贸易。杀伤力可见一斑。如今，宋朝部分开放禁令，有限度地允许青白盐贸易，就如同松开了系在党项人脖子上的绳索，李德明终于可以喘口气了。

不仅如此，李德明还抓住一切机会向宋朝进贡。比如，在皇帝和太后生辰、新年等，党项都会派出庞大的使团去东京。宋朝君臣爱面子，通常在岁赐之外，还会有重重的赏赐。每次来回途中，党项使团还大肆走私马匹和青白盐。朝贡让党项人赚得盆满钵满。

短短数年，李德明先后拿到了辽、宋的册封，政治根基越发稳固；有了宋朝的岁赐和朝贡、贸易，经济实力也逐渐增强。李德明在看似不声不响中，让党项的实力一天天壮大了起来。

有的人，做事动作花哨，声响很大，让天下人侧目。结果呢？雷声大，雨点小，甚至一地鸡毛，啥也没干成。有的人，没有惊天动地，只有脚踏实地，看似不声不响，但事办成了。

孰高孰低，自有定论。

李德明就是悄悄办成事的高手。

他不仅擅于办事，治国更是一把好手。

李德明的治国方略，八个字概括：和辽附宋，西征拓边。

对于辽、宋，李德明韬光养晦，恭敬而精明。其统治时期，辽国皇帝是辽圣宗，北宋皇帝是宋真宗。靠着身段灵活、温言软语，李德明将两位大国皇帝哄得很满意。

稳住了辽、宋，向西开拓就成了必然选择。

向西，也是继承李继迁的遗志，实现父亲"掠吐蕃骏马，收回鹘精兵"的愿望。潘罗支死后，吐蕃人的威胁大大降低。回鹘成了李德明的主要对手。

回鹘，又称回纥。唐朝时，回鹘人实力很强大，回鹘铁骑天下闻名。安史之乱，回鹘出兵助唐平叛，立下了赫赫功勋。五代之后，其实力日渐衰落。李德明面对的是盘踞在甘州的回鹘部落，力量最为强劲，对党项的威胁也最大。

甘州，今甘肃张掖，回鹘的大本营。境内水草丰美，宜农宜牧，物产丰富，尤产骏马。甘州还是西域诸国和宋朝贸易的必经之路。如此地方，让李德明好不眼馋。

回鹘人自知实力不济，无法独自对抗党项，所以一直向宋朝示好。无奈，灵州丢失后，宋人已无力西顾，加上宋真宗厌战，对回鹘所求，只好佯装不知了。

为摸清宋人底牌，李德明让张浦率军攻打甘州。出兵不多，只有数千人。这是一次试探性的进攻，想看看各方反应。宋人的底牌马上亮了出来，那就是不闻不问。回鹘人的底牌也亮了出来，打得张浦丢盔卸甲，几乎全军覆没。

张浦多谋善断，是个人才，却非将才。

既然如此，李德明就派遣一员大将，再伐甘州。这次输得更惨，直接中了回鹘人的埋伏，将军只身逃走，粮草丢失殆尽，全军覆没。为了羞辱党项人，回鹘还杀尽了党项俘虏。

李德明怒不可遏，亲率大军征讨回鹘。这是第三次。回鹘坚守不出。德明粮尽，只好退兵。回鹘出兵尾随掩杀，德明抵挡不住，再败而归。

次年，党项人再伐甘州，还是张浦领兵。这是第四次。吸取前几次的教训，张浦稳打稳扎，试图困死回鹘人。眼看计谋奏效，回鹘人组织敢死队，夜半出城，偷袭了张浦的大营。党项人乱作一团，再次饮恨。

不甘心失败的李德明，再次亲率大军讨伐。行军路上，德明在白日看到星星，见如此异象，以为凶兆，引军而还。

至此，德明五次征伐回鹘，都功败垂成。

看来，回鹘精兵确非浪得虚名。无奈之下，德明只好接受张浦的建议，放弃对回鹘的强攻，转而利用占据灵州的优势，掐断甘州与宋朝的商路，抢劫往来的使节和商队，困死回鹘人。

张浦的点子不错，比带兵打仗强。

这也是他为党项李家父子两代首领，献上的最后良策。

几年后，张浦病死。

张浦这个人，值得多说几句。

张浦，汉族，银州人，今陕西榆林米脂。张浦的出生年月，史书没有记载。他一出场，就是策动李继迁反宋自立，还设计让李继迁诈称乳母去世，逃出夏州城。

至于在此之前，他在哪里，做什么，又是怎样成为李继迁的心腹，包括他的出生、家庭、教育等，历史都没有明确的记载。我们也不得而知。

不过，有蛛丝马迹可寻，线索就是银州。继迁的父亲曾任银州防御使，李继迁就出生在银州无定河。张浦也是银州人。当时的银州由党项人管理，是党项、汉人杂处之地。

他和继迁的关系非比寻常，名为主仆，却亲如手足。他对李继迁的忠诚，李继迁对他的信赖，包括后来李德明对他的敬重，都是例证。这样的关系，必有特别的原因。

或许，两人是发小，从小一起长大。只不过，一个是衙门里官员的公子，一个是街巷里汉人的穷小子。

说起来，人与人之间，有三种关系最能培养信任，血脉相连、共同成长、志同道合。他和李继迁，或许就占了后两样。

因为信任，他对于李继迁，绝非谋士那么简单。尽管，继迁几乎所有的重大战略，包括对宋的或战或和或降，对辽的请赐请援请婚，对党项和周围部落的恩威并施，幕后的策划人都是张浦。

他们之间，更多的是手足情深的依赖，更多的是志同道合的战友。看看李继迁的奋斗史，张浦几乎是唯一始终在他身边的人。他们一武一文，一刚一柔，配合得天衣无缝。

当年，李继迁派人向宋请降，宋人吃亏多次，反应比较冷淡。李继迁绞尽脑汁，也不知该如何取信朝廷。张浦说，这个简单，我去东京朝见天子，朝廷必然相信。

果然，当宋太宗见到张浦，大喜过望。他当然知道张浦对李继迁的价值，直接将张浦扣在了东京，赐予高官、豪宅、美眷，更少不了用民族大义来感化他。

一扣就是三年。

三年里，李继迁食不甘味，夜不能寐，事业发展也颇为不顺，身边还总有人有意无意地提及张浦在大宋京城的幸福生活。其实，他们就是想告诉继迁，张浦叛夏降宋了。

换个角度看，这几乎是必然的事。张浦原本就是汉人，回到汉人京城，有天子恩宠，高官得坐，骏马得骑。也许是出于对个人前程的考虑，留在大宋京城，不比回到西北沙漠吃风沙强百倍？更何况，谁又能保证李继迁定有出头之日？

都说众口铄金，但李继迁不信。

他再次向宋朝投降。这次条件只有一个，放回张浦。言之凿凿，日月可鉴，重誓毒誓说了一堆。太宗见好就收，顺势放人。据说，之前征求了张浦的意见。张浦微微一笑，愿意即刻回西北，语气坚定，不容置疑。繁华东京，荣华富贵，则不置一词。

西北故地，继迁、张浦三年之后再重逢。没有客套，没有寒暄，没有责问，没有抱怨，更不可能有矫情和眼泪。君臣二人四目相对，仰天大笑，策马扬鞭，绝尘而去，卷起身后黄沙飞扬。

什么是信任？这就是信任。

信任，不需要解释。要解释的，都不是信任；至少，不是纯粹的信任。继迁对张浦就是信任。

这信任超越了时间和苦难。

时间上，好理解，但异常艰难。几十年如一日地相信一个人，扪心自问，值得这样信任的人，能有几个？

苦难上，他们之间的信任，非比常人，他们经历了太多的坎坷，多少次丢盔卸甲，多少次一败涂地，多少次大败而归，他们依然信任，并肩战斗。

张浦死后，李德明痛哭不已，党项如失巨擘。不过，换个角度说，这也是德明统治的新起点。张浦作为父亲留下的首席辅政大臣，辅佐德明十年整。虽忠贞不贰，但对于德明多少是个制约。张浦死后，德明才真正开始了乾纲独断的为君之路。

对于甘州回鹘，他继续执行张浦的策略，试图困死回鹘人。不料，回鹘人不白给，不仅没有被困死，还在张浦死后两年，乘着凉州党项守将去世、内部混乱之际，发兵突袭，占据了凉州。

这下，德明叫苦不迭。甘州没拿下，又搭上了凉州。回鹘人则将甘州、凉州连成片，成了党项的心腹之患。张浦已去，李德明孤掌难鸣，只能先咽下这口恶气，以待时机。

实际上，他还有更要紧的事。

有人禀报，在怀远镇以北的温泉山上看见了龙。

真龙现身，此事非同小可。德明赶紧派重臣去山上祭祀，再问问天意如何？一套复杂的礼仪之后，党项人明白了天意有二。

一是怀远镇地势险要，西北有贺兰山，东南有黄河，还有西平府（灵州）作为屏障，实为虎踞龙盘的龙兴之地。

二是党项要出天子了。至于天子，当然就是李德明了。

收到天意，大臣们争相上表恭贺。德明顺天应人，派重臣在怀远镇筑城，仿照唐都长安和宋都东京，大建宫阙楼宇、宗庙官署，并将怀远改名兴州，作为党项人的新都。兴州，今宁夏银川。

所谓天机，更多是人意。

背后的总策划，当然是李德明。

灵州是个好地方，但兴州更好。从地理上来说，灵州东南是北宋，东北为辽国，不但向外发展受到很大的限制，而且靠近宋、辽边防重镇，军事上易受威胁。

兴州在黄河以北，不仅地理上远离宋、辽，还有黄河天险。此外，兴州附近，引黄灌溉更为便利，农牧业更加发达。事实上，兴州地区后来一直是党项人最重要的产粮基地。兴州成了西夏王朝一百多年的国都。

历经有年，新都落成。都城整体呈长方形，周长十八余里；城外修有护城河，阔十余丈。南北各两门，东西各一门。城门的名称则是仿照北宋的东京，也有南熏门、宣化门等。城市的内部布局，则是仿照长安，有市有坊，市坊相隔，道路成方格形，街道宽敞，共有崇义等二十余街坊。

都城如此规制，可见德明心中的气魄。

换个角度说，在德明心里，他自比华夏天子。

尽管如此，对于大臣们的劝进称帝，德明依然有所顾虑。非不想，时机不成熟而已。德明是个务实的人。不过，虽无帝号，但德明所居宫室、出行规制、旌旗仪仗，与中原天子实无分别。

李德明已是关门天子。距离称帝，仅一步之遥。

虽然，党项已今非昔比，李德明更是无上尊贵，但心腹之患依旧，那就是盘踞甘州、凉州的回鹘人、吐蕃人。

张浦已去世多年，这次出场的是德明的儿子，历史上最负盛名的党项首领，李元昊。

公元 1028 年，德明派元昊率领精兵三万，攻打甘州。此时，距离德明最后一次攻打甘州，时间已过去近二十年。这二十年，党项人休养生息，国富民强，兵精粮足，国运昌隆。回鹘人则日薄西山，越发衰落了。再加上李元昊如初生牛犊，血气方刚，回鹘人终于败下阵来，甘州被攻下。

消息传到兴州，德明大喜，正式立元昊为皇太子。同时，为元昊向辽请婚。辽国正是兴宗在位，乐见契丹、党项联姻，遂以宗室之女封公主，赐婚元昊，并封他为驸马都尉、爵夏国公。

元昊再接再厉，四年后再率兵攻打凉州。此时，凉州又回到了吐蕃人的手里。这次，元昊玩了个花招，他扬言要进攻北宋的环州、庆州，让宋人着实紧张了一阵，更重要的是也麻痹了吐蕃人。元昊率军兜了个大圈，又折回闪击凉州。吐蕃人猝不及防，元昊拿下凉州。

至此，李德明用兵二十余年，终于拿下甘州、凉州，剪除心腹之患。至此，党项人的势力范围扩大为银、夏、绥、宥、灵、盐、甘、凉等八州之地。帝国的架子，已然成形。

消息传到东京，宋仁宗君臣莫不骇然。为了笼络李德明，避免党项完全倒向契丹，眼见辽国下嫁公主、封官赐爵，宋人也不甘人后，正式册封李德明为夏国王，车服旌旗仅稍低天子一等。

宋朝君臣此举，几乎就是默认了李德明是关门天子。只是，还留有最后一块遮羞布而已。也就是说，只要李德明不公然称帝，只要依然服宋正朔，宋朝就继续装糊涂。

李德明终于走上了人生巅峰。不过，这是后人的看法，德明心中，应该还有一座更高的山峰，登基称帝。

一切，似乎已无可阻挡，除了死神。

就在接受宋朝册封数月后，李德明突然离世。

死因不明。

这位二十三岁继位，终年五十一岁的党项首领，在位二十八年。

李德明，比起父亲李继迁、儿子李元昊，这是个有些被淹没的人，也是个被低估的人。

当年，父亲骤然去世，他被突然推向前台。面对环伺在侧的宋、辽大军和暗流涌动的党项勋贵，他计杀潘罗支，慑服群臣，称臣辽、宋，坐稳了江山；再开疆拓土，击败吐蕃、回鹘，拿下甘州、凉州；又迁都兴州，为即将诞生的帝国兴建了新都。

在位期间，他除了与辽有过一次战争冲突，击败了辽圣宗五十万大军的入侵，总体上与辽、宋保持和睦相处。这非常不容易，直接为党项赢得了近三十年的发展机遇。三十年，对一个民族来说，足够翻天覆地了。特别是与宋达成和议，拿到岁币，开设榷场，互通贸易，让党项经济实力倍增。

创业难，守业更难。从接手一个风雨飘摇的政权，到身后留下一个欣欣向荣、国力强盛、国运上升的国家，李德明不愧是个精明的大政治家。虽是小邦之主，但确实是大政治家。

政治家之所以称大小，不仅在于其背后的国家版图和综合国力，更在于其眼光、胸襟和气度。有此，虽立于小邦，亦可称大；无此，虽国家幅员辽阔，也不过平庸政客。

如果再从大历史的角度，俯视那段岁月。这三十年，辽、宋、夏分别是辽圣宗、宋真宗和仁宗、李德明在位，在各自的王朝，他们都称得上一代明主。他们联手用智慧、气度、隐忍、克制，甚至是谦卑，共同保持了近三十年的太平天下。

这难能可贵。对于黎民百姓、边关将士来说，更是如此。那是一段黄金的岁月。可惜，天下的宁静很快就会被打破，一代狂人即将正式登场。

李元昊。

# 沙州的悲情故事

李元昊，德明长子，太子。

先主去世，太子继位，天经地义。

不过，德明的突然离世，还是让人有些疑惑。说起来，德明五十一岁离世，对于君王来说，算是有福寿了。只是，此前他身体康健，正欲大展拳脚，却突然死去，加之史书对此含糊其词，不由得让人遐想。

李元昊作为最大的受益者，他后来的所作所为，则加重了人们猜疑。如果说，德明死于阴谋，似乎也有可能。

要知道，元昊继位时，已二十九岁。或许，他早就迫不及待了。特别是在率军拿下甘州、凉州，威震四方之后，他更加不可一世。

当然，这一切都是猜测。李元昊这个西夏开国皇帝，他有着绝对的权力，抹去历史中所有不利于他的痕迹。而后世的西夏君主们都是元昊的后代，出于为尊者讳，即便先祖们真有不可告人之事，也会选择性地遗忘。

如此，面子上是好看了。但，总觉得有些对不住李德明。

不过，历史就是历史，该翻篇就得翻篇。

属于李元昊的时代，正扑面而来。

李元昊生于公元1003年，这是一系列大事件爆发的前夜。一年后，祖父李继迁去世、父亲李德明继位，宋、辽签订澶渊之盟。

元昊从小就很有见识，常有惊人之语，德明甚为奇之。据说，他幼读诗书，精通佛学，通晓汉蕃语言，尤其喜好兵书，手不释卷。及至长成，虎背熊腰、目光炯炯、仪态威严，凛然有不可侵犯之态。平时，喜欢着白衣白裤，头戴黑冠，腰系宝刀，身背弓箭，胯下白马，出入带百余骑兵，英气逼人，威风凛凛。党项人莫不畏服之。

时任宋朝边帅曹玮，屡屡听闻元昊之名，便想一睹真容。为此，曹将军不惜屈尊，几次便装前往边境榷场，时人谓元昊常在此出没。可惜，几次都没能遇上。后来，他托人画了一张元昊的画像。见到元昊相貌，阅人无数的曹将军赞不绝口，真英雄也。他更是据此断定，此人必将是大宋的心腹之患。

有了大宋曹将军的加持，元昊更加威名远扬。

儿子厉害，最高兴的是父亲。儿子能得到对手如此评价，李德明心中乐开了花。不过，高兴之余，他还是有一丝担忧。那就是，父子二人对于宋朝的态度迥然不同。

李德明主张对宋称臣敦睦，毕竟党项从中获益匪浅，这不仅是继迁的临终遗言，也是党项综合实力之下的理性选择。李元昊则对宋嗤之以鼻，在他眼里，宋朝不过是纸老虎，一捅就破。甚至对于父亲，他也颇有微词，觉得父亲好比粗陋的乡下农民，别人给点东西，就乐不可支。在他看来，为点蝇头小利，就向人卑躬屈膝、称臣纳贡，不仅非大丈夫所为，更是奇耻大辱。

父亲临终时，虽语重心长，但元昊听不进去。他有大志向。

李元昊在父亲灵柩前继位，表情凝重，有悲伤之色，却没有几滴眼泪。虽是父子至亲，但相对于心中抱负，那个棺椁里躺着的人，对他只是羁绊和阻碍。如今，前方一马平川，任他随心所欲、纵横驰骋。

元昊彻底抛弃了父亲的路线。

他要革新，全面、彻底的革新，文治武功，内政外交，双管齐下，全面出击，开创属于他的时代。


元昊选择让战争先行。

这是强人作风，用战争来凝聚力量，用军功来立威扬名。当然，这是把双刃剑。玩得好，一箭双雕，不仅开疆拓土，更能让国内不服者闭嘴收声，就此巩固权力，为后续的改革扫清障碍；玩得不好，内外交困，容易被人借机掀翻，就此滚下台去。

元昊信心满满。

党项先前拿下凉州后，吐蕃余众逃到青海的湟水流域，与另一支吐蕃部落汇合。部落首领名叫唃厮啰，吐蕃语中是"佛子"的意思，出生高贵，是吐蕃赞普之后。赞普是吐蕃人至高无上的统治者，相当于中原王朝的皇帝。

元昊决定拿唃厮啰开刀。他命大将率两万大军，进攻吐蕃人的重镇猫牛城（今青海西宁北）。结果，党项军队大败，全军覆没，大将被俘。

数月后，李元昊亲率大军，卷土重来，再围猫牛城。攻城一月不克。真不愧是继迁的子孙，元昊诈称和谈，骗开了城门，部下蜂拥而入，攻占了城池。为了泄愤，他下令屠城。自此，这座城就在历史里彻底消失了。

李元昊和唃厮啰结下了血海深仇。之后，唃厮啰迁居青唐城（今青海西宁）。元昊两度发兵，都被打得丢盔卸甲。狂人李元昊自以为天下无敌，唃厮啰则是他踢到的第一块钢板。

不过，这两人之争，李元昊还是笑到了最后。强攻不成，他抓住了唃厮啰父子不睦、君臣不和的机会，从中离间分化，制造内乱。从此，唃厮啰一蹶不振，势力逐渐衰落。这位名字有些奇怪的吐蕃首领，在历史上惊鸿一瞥，便寂寂无声了。

李元昊的大业，则刚刚起步。

虽然，在与吐蕃人的争雄中，他没有占到太多便宜，但却收获了吐蕃人先进的冷锻铠甲技术。之前，党项之所以屡战屡败，和此关系甚大。两军交战，党项人的利箭几乎难以穿透吐蕃士兵的铠甲，这样的仗怎么打呢？

吐蕃人的铠甲究竟有多厉害，宋代著名的科学家沈括，在传世之作《梦溪笔谈》里有详细的记载。据说，西北宋军曾得到一副吐蕃人的铠甲，视若珍宝。后来，名将韩琦曾取出铠甲试验，在五十步开外，用强弓劲弩射它，竟不能射穿，可见其坚固。

有了冷锻甲，党项军队如虎添翼。

李元昊又将目光转向了西北的瓜州（甘肃酒泉瓜州县）、沙州（今甘肃敦煌）。这已经是他的囊中之物，口中之食，他要做的就是把它们咽下去。

虽只是两州之地，但这里却有个割据了百余年的汉人政权。或许是太小了吧，或许是离中原太远了吧，又或许是河西的风沙太大了，这块汉人小小的飞地在历史中籍籍无名，许多荡气回肠的动人故事也被掩盖在了黄沙之下。

故事，还得从唐朝说起。唐朝极盛时，整个河西走廊都是大唐的国境。由长安，一路往西，经灵州、凉州、甘州、肃州（今甘肃酒泉）、瓜州、沙州，直到玉门关。

"黄河远上白云间，一片孤城万仞山。羌笛何须怨杨柳，春风不度玉门关。"出了玉门关，就不是大唐了。

　　河西走廊是大唐和西域各国的黄金商道。那些南来北往的客商，无数次经过这条路，往来于东、西方之间。他们给大唐带来了西域风情，也将大唐的威名传向世界。

　　为了守卫这条财富之路，唐朝设立了河西节度使，治所在凉州。沙州、瓜州等地也都有唐军驻扎。

　　平静，被战乱打破。

　　安史之乱爆发，朝廷急调陇右、河西诸军支援中原战事。河西走廊出现了力量真空，这便给了吐蕃人乘虚而入的机会，他们垂涎已久了。大唐早已半残，根本无暇西顾。从公元758年至公元766年，吐蕃先后攻占凉州、兰州、瓜州等地。

　　唐军节节败退，河西节度使的治所，最后转移到了沙州。沙州不仅与朝廷失去了联系，还深陷吐蕃大军的重围，成了大唐在河西的最后孤城。

　　在吐蕃人眼里，这就是一块嘴边的肥肉。不费吹灰之力。

　　可惜，他们错了。他们低估了沙州军民的顽强。到底有多顽强呢？十一年，沙州军民抵抗了整整十一年。

　　一座孤城，与故国山川千里阻隔。

　　数万军民，身陷吐蕃大军重围。

　　历史的记载，不过寥寥数笔。而历史的背后，那苦苦支撑的十一载，竟是怎样的艰难岁月？又是怎样的惊心动魄？那些立在城头之上，虽然抱着必死之心，但仍痴痴遥望王师的汉家儿郎，又是怎样的心境？

　　杀一个人，只需一刀。

　　征服一群顽强自信的人，千军万马也未必奏效。

　　为了拿下沙州，吐蕃人穷尽了各种办法。开始，他们是垂涎城中的财富；后来，是为了吐蕃军队的尊严。不幸的是，他们虽然兵精粮足，但最后被折服的，却是他们自己。在顽强的抵抗面前，高傲的吐蕃人不得不一次次地让步，最后与城中守将折箭为誓，以绝不伤害城中百姓为前提，换取了城池。

　　大唐的旗帜在落日的余晖中缓缓地落下。

　　那些在大唐旗帜下痛哭的人，早已淹没在了历史的风沙里。千年之后，更没有一丝的痕迹。

死罪能免，活罪难逃。在吐蕃的统治下，那些身陷囹圄的汉人们，开始了漫长的屈辱生涯，直到一位英雄的出现。

英雄的名字，叫张议潮。

沙州沦陷十二年后，他出生在沙州的张府。张家是沙州的豪门望族，汉人的翘楚。为了笼络当地汉人，吐蕃人给予了张家特别的礼遇。张家许多子弟在吐蕃的政权中位列高官。

张议潮作为家中长子，这条富贵之路也是异常平坦。他几乎什么都不用做，荣华富贵唾手可得。当然，这首先得抹平内心作为被征服汉人的屈辱感，心平气和地接受被奴役的角色。

这对很多人，或许不是问题。但，张议潮觉得很难。

从小，他就看着吐蕃贵族们，在家中的厅堂来往出入。平心而论，他们中的很多人并非凶神恶煞，他们一样生活在沙州，一样以沙州为家。对张家的大公子，他们更是礼数周全。但，张议潮却无法在内心里接受他们，更不能接受他们的反客为主。吐蕃人越友好、越友善，他越觉得屈辱，越发对大唐故国心驰神往。

他立志要驱逐吐蕃，光复故土，回归大唐。为了实现胸中大志，他一面与吐蕃贵族称兄道弟、虚与委蛇，一面苦学兵法、勤习武艺，并以万贯家产为军资，招募死士、联络豪强、训练义军。在蓄积力量中，等候时机。

据说，唐朝使节曾出使西域，途经沙州，只见城邑如故，城中百姓口音已混杂少数民族语言，唯大唐衣冠如故。当中原旌节出现在沙州街头时，城中百姓奔走相告、夹道欢呼，直至热泪盈眶。张议潮就混杂在人群中，即便已人到中年，即便衣冠楚楚，一样痛哭流涕。

等了大半辈子的张议潮，终于在五十岁的时候等来了起义的机会。这是公元848年，沙州城已经陷落六十余年了。

此时的吐蕃人已过力量的巅峰期，内部争权夺利，纷争不断，对于河西的统治出现了松动的迹象。沙州、瓜州等地的城防，也越发羸弱。

干，还是不干？这是个生死攸关的问题。

五十岁，已是知天命的年纪。张议潮有着庞大的家族，优渥富足的生活，就这样下去，似乎没有什么不好。而一旦起义失败，不仅富贵如流水，还将拉上整个家族，甚至全城的汉人作为陪葬。

人最难的决策，不是为了自己，而是为了深爱的人。

夜深人静，张议潮却辗转反侧，难以入眠。他索性披上衣服，信步走出房间，在院子里徘徊。院子里有座凉亭，地势颇高。他沿着石阶走了上去，可以俯瞰全城。如水的月光，正洒满沙州。

他有千条理由说服自己，不要轻举妄动，忍耐、再忍耐。可是，总有一千零一条理由，激励自己，要勇敢地站出来，起义。

他终于下定决心。这一刻，虽早已不是血气少年，但热血依然在心中沸腾。

起义在清晨爆发，大唐的旗帜再次飘扬在沙州街头。城中汉人奔走相告，纷纷响应，义军的队伍迅速扩大。张议潮一马当先，披坚执锐，率领义军与吐蕃守军激烈巷战。自清晨战至黄昏，大部吐蕃军队被歼灭，余众逃窜，义军光复了沙州城。

从张议潮到义军将士，再到城中汉人老幼妇孺，无不痛哭流涕，喜极而泣。这一天，他们足足等了六十年，一个甲子。

张议潮派使节向朝廷报捷。

由于道路阻隔，加之山高水长，隔着沙漠、戈壁，还要躲避吐蕃军队的搜捕。为了确保将捷报传到长安，他同时派出了十队使节，从十个不同的方向出发，目的地却都是长安。每个使节所携带的都是一模一样的文书。

或许有人会觉得，张议潮有些小题大做了。且不说，刚刚拿下城池，能否守住尚未可知，就急着报捷是否有必要？即便要报捷，用得着那么浪费人力，派十队使节吗？

这也难怪。毕竟隔着千年，或许我们永远无法理解，他们重回故国的迫切心情。我们也无法想象，那路途中的万般艰难。

不过，历史给了答案。十队使节中，最终只有一队到了长安，其余的九队音信全无。他们或死于敌手，或葬身沙漠，或亡于饥渴，或葬腹野兽。没有人知道他们的名字。

到达长安的这队使节，领队是名僧人。他们从沙州出发，从东北方向，绕过了漫漫大漠，历经千辛万苦，到达了天德军（今内蒙古乌拉特前旗），在天德军防御使的协助下，最终抵达了长安。这时，距离张议潮沙州起义，已经过去了整整两年。

看看地图，我们就知道，从沙洲到天德军直线距离约一千四百千米，其中八成以上的路途是沙漠，包括巴丹吉林大沙漠、腾格里大沙漠和库布齐大沙漠等。从天德军到长安，直线距离约八百千米，其间也是山高水长。可想而知，路途之艰难困苦。

据说，当历经千难万险、满面尘土的使节到达长安时，城内万人空巷。人们纷纷走上街头，欢迎这些大唐的遗民。他们已在外流落了六十余年。使节哭，市民哭，朱雀大街哭声一片。大唐天子亦泪流满面。

张议潮原本计划通知朝廷与其里外夹攻，共破吐蕃，光复河西之地。无奈派出的使节，音信全无，他只能自力更生。在挡住了吐蕃人的疯狂反扑后，他以沙州为基地，修缮甲兵，且耕且战，不断扩大战果。

当信使带回朝廷的诏书后，义军更是士气高涨，乘势向吐蕃发动全面进攻。经过三年的苦战，除凉州外，张议潮收复了河西走廊全境。河西之地，终于重归大唐版图。

大唐在沙州建立归义军，统领瓜沙等十一州，授张议潮归义军节度使、十一州观察使，管内观察处置，检校礼部尚书，兼金吾大将军，食邑两千户，实授三百户。

归义军这个名字，比起高官厚禄，是对英雄更好的褒奖。

几年后，张议潮亲自率军攻下凉州，拔掉了吐蕃人在河西最后的据点。朝廷晋封张议潮为凉州节度使。至此，议潮的声望在河西之地达到顶峰。不过，此时的大唐却已日薄西山。

功成名就之际，有人劝张议潮，乘着朝廷羸弱，留在沙州割据称王，岂不美哉？他不置一词。这些人终究还是小看了他。若是为富贵，他生来就有，又何必一生搏命。他向往的是大唐，思念的是故国，追求的是忠义，想要的是尊严。

公元 867 年，起兵近二十年，经过无数次血战，几乎凭一己之力收复整个河西的张议潮，终于踏上人生最期待的旅程，去一生魂牵梦萦之地，长安。

这年，他六十八岁，已是古稀之年，须发皆白，步履蹒跚。

大唐帝国给予了这位民族英雄最隆重的礼遇。长安街头，鼓乐齐鸣，万人空巷。放弃乘车礼遇，坚持骑在马上的老英雄，不断地欠身、抱拳向市民还礼。此刻，他不似个英雄，更没有冲天的豪气，更像久别故乡的游子。饱经风霜的脸上没有了往日的坚毅不屈，却满是浑浊的老泪。

一生所念，至此，再无所求。

朝廷授议潮右神武统军，晋官司徒，职列金吾，并赐给田地宅第。五年后，议潮在长安去世，终年七十三岁。这位一生梦回大唐的英雄，永远、永远地留在了故国。

张议潮入京后，将河西职务交给了兄长之子张淮深。他们兄弟情深，并肩作战多年，出生入死。或许，他以为，血浓于水的亲情会自然地传承到下一代。

可惜，他错了。而且，大错特错。

在他去世十八年后，其子张淮鼎在沙州发动血腥政变，不仅夺了堂哥的位子，还杀了他的妻子和六个儿子，全家杀绝。至此，这个为收复失地奋斗多年的家族，到底还是没能抵挡住权力的侵蚀，陷入了权斗的烂泥塘。

想想，不过十余年，曾经的热血和梦想，就剩下了至亲的滚滚人头和满地血污，让人唏嘘不已。

权力真是魔鬼。能够驾驭权力的人，实在是少之又少。

可惜，淮鼎的位子还没坐热，两年后就病死了。临终前，他将幼子张承奉托孤给重臣。可惜，淮鼎识人不明，托孤大臣欺承奉年幼，自立为主。

承奉有个姑姑，是位巾帼英雄，眼见侄子被欺负，她联络众亲信，在两年后发动政变，为承奉抢回了政权。史书没有留下她的名字，我们只知道她是张议潮的第十四个女儿，嫁给了一位当年与议潮一同起事的将军。

此时的大唐已是风雨飘摇，但仍然正式任命张承奉为归义军节度使兼敦煌刺史。自此，终唐之世，张承奉始终奉唐为正朔，为朝廷治理河西。如此，倒也没有辱没了祖上的荣光。

公元 907 年，朱温篡唐建梁。张承奉拒绝奉梁为正朔，正式割据一方。他以沙州为都，建立了西汉金山国，以白色为祥瑞，自号白衣天子、圣文神武帝。西汉金山国，对外号称拥有沙、瓜、肃、鄯、河、兰、岷、廓八州，但实际控制的仅有瓜、沙二州。张承奉可谓袖珍皇帝。

乱世之中，有枪就是草头王。可惜，张承奉实力不济，怎么看都是草台班子。几年后，金山国被回鹘人击败。双方签订了城下之盟，又叫"父子之约"。

盟约规定，回鹘可汗为父，金山国白衣天子为子，子向父献城投降，称臣纳贡，结"父子之国"；回鹘退兵撤围，金山国势力不得越出敦煌；如有反悔，敦煌城破之日，鸡犬不留。金山国成了回鹘的附庸，张承奉则成了儿皇帝。

事情至此，或许张承奉自己都不好意思了，索性把西汉金山国更名为西汉敦煌国，取消帝号，改称敦煌国天王。说是一国，不过一城之地而已。先祖的辉煌，已随风而去。

几年后，来自沙州另一个旺族的曹议金，取代张承奉自立，金山国灭亡。张承奉这位白衣天子也走入历史，无影无踪。

从张议潮开始，兄弟子侄、祖孙三代人，在河西之地纵横驰骋了七十余年。虽是方寸之地，但也在历史中拼得了一席之地。只不过，和许多故事一样，绚烂地开始，落寞地终结。

曹氏掌权期间，中原正是五代十国时期、乱成一团，为求自保，他努力改善与吐蕃、回鹘的关系；同时，奉中原王朝为正朔，引为外援，沙州渐渐稳定了下来。议金之后，其子孙相继，凡七代。

如此，时间流去近百年，来到公元 1002 年，归义军再度发生内乱，曹宗寿在兵变中继位，宋朝册封其为归义军节度使。多年的战乱，让曹氏归义军政权实力日渐削弱。

宗寿深感周边强敌环伺，沙州朝不保夕。他命人将沙州、瓜州各处佛教寺院中收藏的佛经经典、佛家度牒、佛画等，以及各类书籍，约有四万至五万件，运送到莫高窟，封存在洞窟中，并在洞口绘制了壁画做伪装，以保护这些文献。后来，随着知情人的离开和离世，这些文献就静静地躺在了洞窟之中。任时间如水而过。

近九百年后，公元 1900 年，因为偶然的发现，这批极其珍贵的文献才重见天日，这就是震惊世界的敦煌藏经洞。这个千年前的地下图书馆，为研究中国及中亚古代历史、地理、宗教、经济、政治、民族、语言、文学、艺术、科技，提供了数量极其巨大、内容极为丰富的珍贵资料。

遗憾的是，由于多国探险家们的掠夺，藏经洞中绝大部分文献流散到了世界各地，仅少部分留存于国内。尽管如此，曹宗寿还是为华夏文明立下了奇功一件。今天，我们之所以能了解到瓜州、沙州，乃至河西的许多故事，原因正在此。

宗寿之后，其子贤顺继位。沙州归义军已是穷途末路。

此时的河西，局势已全然不同。河西走廊的传统强者，回鹘人、吐蕃人等，风流已被雨打风吹去，党项人成了新的强者。李德明、李元昊父子，才是河西走廊真正的王者。

尽管曹贤顺尊北宋为正朔，并且数次派使节去东京朝贡，希望能得到中原故国的庇护。可惜，宋朝君臣除了给点道义上的支持，并没有什么实际的帮助。曹贤顺甚至还亲自到辽国，朝见辽国皇帝，希望得到辽的保护。但在实力和利益的考量面前，辽人还是放弃了沙州政权，他们的新宠是如日中天的党项人。

内外交困，走投无路的曹贤顺只能向党项屈膝。李德明接受了其臣服，但仍令其管理旧地。不过苟延残喘而已。

元昊继位之后，还是发兵将瓜州、沙州收入了囊中。

攻人之城、灭人之国，对于元昊来说，是人生难得快事。即便沙州归义军对其已毫无威胁，他的眼里也容不下这粒沙子。

至此，延绵百余年的归义军，正式走进了历史。那些流金岁月，那些唐代衣冠，那些热血忠义，那些故国情怀，那些汉家儿郎，那些巾帼女杰，都湮没在了茫茫历史之中。

历史，最无情。

在新旧交替的时候，历史从没有眼泪。

汉人的归义军走向了坟墓，党项人的定难军却如旭日初升。

在拿下了瓜州、沙州之后，党项人的统治地域，东尽黄河，西抵玉门，南接萧关（今宁夏同心南），北控大漠，即今宁夏北部、甘肃小部、陕西北部、青海东部以及内蒙古部分地区，号称万里之国。

# 天生狂人李元昊

　　元昊的四方征战，让党项铁骑成了百战精兵，不仅为民族开疆拓土，其个人威望更是如日中天。挟着如此的军威和声望，再推内政革新，更是大刀阔斧、气势凌厉。

　　接下来，就说说元昊的内政革新。相比军事行动，其内政革新更加全面，更加系统，也更加有突破性，对党项民族来说，意义更是非比寻常。

　　李元昊是帝王，更是狂人，他的革新，打着强烈的个人印记。最大的特点，就是全面否定。当然，也可以说是全面创新，求新、求变、求大、求全。大到国防军事、意识形态，小到日常生活、衣食住行，全方位的革新。只有想不到的，没有他不想改的。

　　你可以说他狂妄自大，甚至是不知天高地厚，但必须承认他的勇气、锐气、魄力和胸襟。纵观史册，李元昊并不是唯一，这是一类人。

　　他们往往是帝国的第三代、第四代统治者。靠着祖宗几代人的积累，帝国有了丰厚的家底，这给了他们革新的本钱和保障。他们生来就口大气粗、目光深远，或者说是自带光环、目中无人。一方面享受着祖先的余荫，大手大脚花着祖宗的积蓄；另一方面又对先人的"小富即安"和隐忍克制不满、不屑，嘴上不说，心里却总想着超越祖宗，成为新的巅峰。

　　他们精力充沛，思维活跃，好大喜功，好高骛远。他们迷恋千秋万代，迷恋万古流芳，迷恋彪炳史册。他们始终站在国家的最高点，给自己披上最坚硬的道德和道义的铠甲，让人不敢质疑，不能质疑，更不能侵犯。他们用自己的野心绑架了整个国家，却让千千万万的寻常百姓来为他们的功业买单。

　　这样的革新，注定充满了颠覆和狂妄。

　　秦皇、汉武都是最典型的代表。

　　重要的是，很多时候，他们还成功了。至少在史书里，他们是正确的、光荣的、伟大的。他们被塑造成国家的象征、伟大的缔造者和奠基人。还有个响亮的称号，"千古一帝"。这对于后世的帝王们，是巨大的激励和致命的诱惑。

李元昊不是唯一，更不是最后一个。

只是，苦了那些小民百姓，他们被无处不在的道德感和所谓的千秋功业所裹挟，被驱使，被奴役，如蝼蚁般渺小，或为孤魂野鬼，或为累累白骨；如野草般卑贱，或碾为齑粉，或践踏成泥，无声无息，了无痕迹。

当然，这些不是李元昊们所考虑的。

李元昊正摩拳擦掌，迫不及待地一展身手。

革新，从军事开始。这是亘古不变的开始。

传统的党项军队，以部落为单位，作战时由各部落首领统领。可以说，军权散落在部落手里。这不行，得改。

李元昊打破旧制，在全国实行征兵制，凡国内十五岁至六十岁的男子，都要服兵役。将全国划分为十二个军区。六个军区以夏州为中心，负责国家东半部国防，称为左厢；六个军区以甘州为中心，负责国家西半部国防，称为右厢。左厢、右厢的大首领和各军区负责人，都由国家来任命，特别是前两者必定由君主的亲信出任。这就将军权由部落上收到国家，集中在了君主手里。

元昊时期，党项军队有三十万人左右。

兵源上，按照民族类别，分"族内兵"和"族外兵"。族内兵，顾名思义，就是党项人组成的军队，是西夏军队的主干。族外兵，由俘虏的汉人、吐蕃人、回鹘人中的勇敢善战者组成，取名"撞令郎"。作战时，让族外兵冲锋在前，消耗敌人，以保存党项军队主力。

党项还有女兵。不错，还是正规军。在西夏，女人一样服兵役，这是被写入法律的。女兵部队还有个勇武的名字，麻魁军。麻魁军绝不是点缀和花瓶，她们约占总兵力的两成，一样冲锋陷阵，一样守卫边疆，一样功勋卓著。

临羌寨，西夏的边防要塞，位于今宁夏海原。近年来，考古人员在这里不仅发现了为数众多的人骨、兵器，还发现了很多女性用的梳妆台、化妆盒等。很显然，驻守于此的就是一支麻魁军。

军种上，"铁鹞子"特别值得一提，这是党项的重装骑兵部队，王牌中的王牌，精锐中的精锐。最好的战马、最好的勇士、最好的冷锻铠甲。人数约有三千人，分为十队，每队三百人，每队有队长。每队士兵人、马用铁链相连，士兵也被铁锁固定在马上。作战时，人和马都是全副重甲，按队冲锋，全速冲向敌军，势若排山倒海，锐不可当。

党项的弓弩部队，也很厉害。这源于他们的独门杀器，神臂弓。说是弓，其实是弩。弩箭，源远流长。西北之地盛产牦牛，牦牛角是极好的材料，制成的弓，性能良好，美观耐用。党项的神臂弓，就是用牦牛角制成，是一种用脚蹬发射的劲弩。据说，杀伤力可达三百步，约一百五十米左右，堪称冷兵器之王。

神臂弓、冷锻甲，一攻、一守，是党项军队的两大利器。

党项军队最大的问题，还是兵源不足。

为了解决这个问题，元昊开始训练"血夫"。简单地理解，就是类似于特种兵。他们首先要做的，就是去宋夏边境抢人，目标是小男孩。标准主要有两个，八岁以下、后脑勺平坦。年纪小，好理解。至于后脑勺平坦，可能是出于党项人的某种迷信；又或者是出于实战的考虑，这样利于在格斗中躲避刀剑枭首。

男孩被带回党项后，就被封闭在戈壁深处的军事基地，进行高强度的军事训练。训练的科目，主要是搏斗格杀。训练极其残酷，甚至完全模仿实战进行捉对厮杀，优胜劣汰，强者生存。这些汉家的男孩，经过九死一生，在十五岁左右走出训练营，编入党项正规军。他们体格健壮，格斗娴熟，冷血嗜杀，或冲锋陷阵，或暗杀行刺，或窃取情况，着实是元昊手中的一把利刃。

接下来，就要改革生活习俗。

先从头发开始。

秃发，是古羌人的习俗。党项人的秃发，剃光头颅顶部的毛发，将四周留下来，再蓄起刘海，从前额自然下垂到面部两侧。两耳穿孔，挂上重环。党项男人，秃顶、长发、重环。

隋唐以降，党项人与各民族杂处，尤其受汉文明影响最深，逐渐接受了"身体发肤，受之父母，不敢毁伤，孝之始也"的儒家理念。到了元昊的年代，除了少数人保留着秃发的旧俗，多数人在发饰上已与中原汉人无异。

这不行，得改。

继位不久，元昊就率先把自己头发剃了，并在全国颁布秃发令。要求全体男性国民三日内一律秃发，违者，任何人可对其格杀勿论。这是党项版的"留头不留发，留发不留头"。或许，后世清军入关后的剃发令，正是来自元昊的启发。

剃了头，还要革新服饰。

元昊还是从自己开始，主动脱下汉人的绫罗绸缎，换上党项先人的皮毛服饰；抛弃了汉人宽衣博袖，换上了传统的窄袖紧衣。他随即下令，在全国范围内，改变服饰，恢复党项旧俗。对于文官、武将的服饰，也进行重新规定，穿什么衣服、戴什么帽子、配什么装饰，都规定得特别细致。具体服色上，贵族、官员是紫色，百姓只能青色、绿色，高低贵贱，一目了然。

衣冠是文化的载体、文明的标志。

回望历史，衣冠的变迁就是文明的演变。

穿什么样的衣服，戴什么样的帽子，留什么样的发式，几乎就是一个时代的印记、一种文明的象征。衣冠、文明，自有其演变的路径。有时间的积淀、传统的延续、自然的选择。

当然，在文明的演变中，不乏所谓的强人，他们生生冲入历史之中，无视文明演变的规律，粗暴地将文明的路径切断，蛮横地用自己的意志来创造所谓的新文明。或许，他们可以一时得逞。这个一时，可以是十年，也可以是百年，甚至更久。但终究这些粗暴的、野蛮的闯入者的选择，会被扫入历史的垃圾堆。

李元昊的秃发、易服，也是如此。表面上，这是对党项人古老习俗的回归。台面上的理由，是保持民族的特色、延续民族的传统。实际上，不过是服务政治的手段。他用这种粗暴的方法，来改变文明的进程，来强化自身的权威。

当然，他之所以这么做，还源于其内心深处，对汉文明的敌视，或者说是对汉文明的恐惧。他用这种粗暴、野蛮的手段，以一种倒退的方式，来回避和对抗先进文明，其最终的结果，可想而知。

当然，对元昊来说，这还只是小把戏，他志向远大。

他的大手笔是创造西夏文字，这是元昊最有野心的革新。

党项人自割据以来，数百年所用文字，主要是汉文。李元昊也是读着汉文、讲着汉语长大的。其父亲李德明出于对汉文化的仰慕，在统治期间，将大量的汉文经典引入了党项。在党项之地，汉字、汉文、汉语，几乎有着毋庸置疑的官方地位。

这不行，得改。

李元昊要创立党项人自己的文字。在他看来，周边的民族，无论是中原的汉人、北方的契丹人，就是手下败将吐蕃人、回鹘人，都有自己的文字，作为强势崛起的党项人，岂能没有文字？这不仅涉及民族尊严，更是其梦想成为千古帝王的必要功勋。所谓文治武功，没有文字，哪有文治？

话虽如此，谈何容易？

对党项民族，这可是开天辟地的大事。

秃发、易服，元昊可以身体力行、率先垂范，创立文字，他必须求助于人。野利仁荣，当时党项最负盛名的大学者。元昊将这个最艰巨的任务，交给了他。

这是难度极大的任务，但也注定是青史留名的机会。元昊的选择，让历史记住了野利仁荣。这是个可以称为伟大的人。无论对于党项民族，还是对于中国历史，都是如此。

野利仁荣，来自党项的古老部落野利部。

当年，李继迁接受张浦的建议，向各部落求亲，便迎娶了野利部首领的女儿为妻。后来，野利氏生下了长子德明。德明又将舅舅的女儿野利氏许配给元昊。元昊时代，野利氏先是宠妃，再被立为皇后。

野利家族，一门两后，是党项实力强劲的政治力量。家族人才辈出。野利仁荣是其中的杰出代表，堪称元昊的国师。

在元昊的少年时代，仁荣就是闻名党项的大学者。元昊虽然跋扈傲慢，但对仁荣却非常尊敬，经常向他讨教大政方针。继位之后，元昊立即召见仁荣，君臣二人有过一次深刻的谈话。

元昊问，国家如何才能强大？

仁荣答，商鞅峻法而国霸。

元昊问，军队如何才能百战百胜？

仁荣答，赵武灵王胡服而兵强。

元昊问，臣民如何才能同心？

仁荣答，抛弃礼乐诗书，回归党项旧俗，培养全民虎狼之心。

至此，元昊改革大纲已定。

创立党项文字，也非仁荣不可。

文字的演变，往往需要千年，甚至更久。那么，创立一种新的文字，需要多久？仁荣用行动给出了答案。四年。

接到任务后，在元昊的鼎力支持下，仁荣举全国之力，聚齐党项和汉人精英，不分昼夜，潜心研修。四年后，这群党项境内最聪明的人，终于完成了创立党项文字的伟大创举。新的文字共十二卷，六千余字。

当然，他们有个很好的靶子，那就是汉字。党项文字就是仿制汉字而来，字形方正、结构复杂、笔画较多，但没有一个字与汉字一样。正如后世学者所言，党项文字乍一看，与汉字无异，再仔细看，却无一字可识。

当党项文字最终呈现在面前时，元昊欣喜若狂，党项举国庆贺。他下令尊为"国字"，并强令在国内推广使用，规定国中所有文书档案，从君主的诏书，到乡野的通告，凡有只言片语之处，一律采用党项文字。在对外交往中，也强制使用党项文字。与宋朝交往，是汉文、党项文并列；与其他少数民族交往，则采用双方文字并列。

元昊非常享受党项文字带来的愉悦。在他看来，文字上的平等，就是国与国之间的平等；文字上的尊严，就是民族的尊严；文字上的权威，就是他个人的权威。

文字的创立，将元昊的文治拔高到了新的历史高度。比起他跨着战马、挥舞战刀，拼杀来的城池和领土，党项文字所带来的光荣更为耀眼。

城池和领土都是弹性的，自古以来就没有疆域一成不变的国家。今天属于你的，明天未必还属于你。而文字，则可以穿越时空，让那些所谓的功业和荣光，荣耀千年。

这就是文字的力量。对元昊来说，这是致命的诱惑。

新的党项文字，也被称为番字。为了将番字尽快、更好地推广，元昊在国内设立番学院和汉学院。这是党项最高学府。在野利仁荣的主持下，建立在番字基础上的番学，成为一时之显学，人人趋之若鹜。他们还使用番字翻译了大量的汉文经典，从儒家经典到兵书战策，从生活百科到工程算术，党项人的文化素养得到了迅猛的发展。

党项之地，俨然成了文化之国。


如果说，一个国家如同一间房子，那军队好比是支柱，礼乐习俗好比四面墙，文字就如同房梁。这么说起来，党项的帝国大厦已接近完工。剩下的，就是屋顶了。

这屋顶，就是首都。

继位之初，元昊已将兴州升格为兴庆府。

自李德明迁都以来，就开始大兴土木，兴州已颇具规模。但在元昊看来，这还远远不够。兴庆府要扩建，要更加庞大，更加壮观，更有气势，更有威严。

元昊心中的都城，是大唐的长安、大宋的东京。

借着朝贡和贸易的机会，元昊让国中最好的画师混杂在使节队伍里，去到长安和东京，用他们的生花妙笔，将所到所见统统地临摹了下来。

看完画作后，元昊更觉得兴庆府陋不可言。

在他的要求下，党项的能工巧匠们绞尽脑汁地提出一份又一份新都的设计方案，很多人还因此掉了脑袋。最终让元昊眼前一亮的，是一份整体形似凤凰的新都设计方案。

说干就干，刻不容缓。

举全国之力，耗数年之久，落成后的新兴庆府，金碧辉煌、庄重恢宏，恰似一只展翅欲飞的凤凰。这是千百年来，在西北边陲之地，第一座可以称得上是巍峨、壮观的城市。

凤凰的头部，是都城的正门，大夏门，巍峨高耸，壮观威严。从凤凰的头部往下到尾部，由外而内，分别是外城、皇城、宫城。外城的东南西北各有两门，东西方向还有两座水门。一条笔直的大街将城市分割开来，让整个城市左右对称。城中市坊相隔，星罗棋布，官民分地而居，秩序井然。宫城仿照大宋的东京，分为东西两部，分别是皇帝和太子的寝宫。宫城内，建有一座壮观的宫殿，名叫兴庆殿。大殿主体高三层，是整个宫城的最高点，登楼远眺，可以俯瞰整个兴庆府。

在凤凰的两翼，引黄河水、修运河，形成两条黄金水道。在水道两边，仿照汴河两岸，店铺林立，勾栏瓦肆，繁华异常，喧嚣热闹。在两翼的尽头，修有两座皇家园林。园林里，碧波荡漾，亭台楼阁，垂柳依依，花香四溢，一派江南风光。

千年前的兴庆府，是不折不扣的塞上江南。

党项人，从君到民、由贵到贱，人人信佛、人人崇佛。在新都的郊外，便先后建有戒坛寺、高台寺、承天寺等。寺庙内，晨钟暮鼓，香火鼎盛，佛塔林立，巍峨高耸。

这是座梦想之城。恢宏形似长安，繁盛又如同东京。

元昊梦想成真。

新都落成的那天，李元昊这位党项最伟大的首领，独自登上兴庆殿的最高处，俯视着脚下的兴庆府。这一刻，面对那壮丽的城市、喧嚣的市井、宽阔的街道，他有些恍惚。曾经遥不可及的梦想，成了现实。强烈的不真实感，刺激着他的神经。

当然，更多的是骄傲和巨大的愿望被满足之后的自豪感。千百年来，偏安一隅、陋居乡野的党项民族，终于拥有了一座真正的都城。这是富足之城、恢宏之城、伟大之城。

这一刻，纵是如元昊这般铁石心肠的狂人、强人，也忍不住心潮澎湃、感慨万千，甚至如常人般热泪盈眶。在热泪中，他体验着人生的极致快乐。

那么，人生的极致快乐是什么？或许是梦想成真。

曾经，你有个梦想。可当你说给身边人听时，所有人都不置可否，甚至认为是白日做梦。不仅如此，你还能从人们的表情中，读出明显的轻蔑和不屑。你没有放弃，直到有一天，梦想终于变成了现实。就是这种快乐，在众人惊愕的眼神中。

那么，天底下还有比梦想成真，更美妙的感觉吗？

当然有。实现更大的梦想。元昊就有着更大的梦想。尽管这是个秘密，但几乎所有党项人都能猜出来。

称帝。

这是元昊的终极梦想。他所做的一切，都是为了这个梦想，登上帝位，位列九五之尊。所有的革新，无论是更庞大、更精良的军队，伟大的党项文字，还有巍峨的新都，这些都是元昊称帝的垫脚石。

天时、地利，都已齐备，就差人和了。

有些人吹捧元昊，说他是天命所在，称帝是水到渠成，更是众望所归。然而，事实却远非如此。从他强力推行革新开始，这就注定不是一个人的事，而是一个国家的事。随着革新的深入，反对的力量早已在慢慢聚集。支持者和反对者，已渐渐浮出水面，党项内部隐约出现了两大阵营。

支持元昊的，主要是少壮派军官和贴身近臣。他们也是党项革新的坚决拥护者和坚定执行者。他们在革新中尝到了甜头，食髓知味，更加坚决推动革新往前发展。他们攀龙附凤，希望借助元昊的称帝，更上层楼，好做开国元勋。

而反对元昊的，不是传统的部落首领，就是勋贵重臣，非亲即贵。他们的领袖则多是又亲又贵的大人物。他们反对元昊，更反对元昊推动的史无前例的革新。他们害怕，在这疾风暴雨般的革新中失去权势，黯然离场。他们希望，维护旧有的体制，富贵代代相传。

革新，就是权力的重组，就是利益的重构。革新，从来都是人的事。只要是革新，就有受益者，也会有失意者。越是彻底的革新，涉及的人就越多，权力和利益格局的变化就越大。而这格局的演变，又将是多少人富贵、财富、命运的巨大改变？特别是面对权力的舞台，有的人迫不及待地要登台，而那些正在台上的人，又有几个甘心下台，主动谢幕而去？

党项的新势力和旧势力，都在等待决战的机会。

对反对者来说，如果元昊称帝成功，手握至高无上的皇权，形成泰山压顶之势，他们或许连抵抗的机会都没有了，只能束手待擒、引颈待戮。所以，必须将元昊狙击在皇位之前。

元昊更是心知肚明，成败在此一举，有进无退。不能冲破这一关，不仅他所做的一切，将被迅速地恢复原状，他能否全身而退，都是大问题。更别说功耀千秋了，甚至他的名字，都可能被从历史中彻底地抹去。

对决，已不可避免。杀戮，已不可避免。

兴庆府的上空，乌云密布。腥风血雨，将接踵而至。


元昊决定抢先出手，而且是从身边开始。

具体地说，就是从母亲这边动手。

元昊母亲，卫慕双羊，来自卫慕部落。这是党项的大部落。

当年，李德明娶了卫慕部首领的女儿为妻，生下了元昊。卫慕双羊的弟弟，卫慕山喜，也就是元昊的舅舅，成了德明最信任的外戚重臣。后来，德明做主，元昊娶了舅舅的女儿，也就是他的表妹，继位后，表妹又成了卫慕皇后。

卫慕皇太后、卫慕皇后，一门双后。一时间，卫慕家族风头正劲，满门朱紫，在党项的权势无人可敌。

卫慕双羊，是家族的精神领袖。

台前的人物，则是卫慕山喜。

卫慕山喜，姐姐是皇太后，女儿是皇后，有着元昊舅舅和国丈的双重身份，尊贵无比，傲视群臣。或许是关系太硬，或许是资历太老，或许是实力太强，总之，在他眼里，元昊没有光环，不过是外甥兼女婿而已。起初，对于元昊的革新，他不以为然，甚至有条件地支持。年轻人嘛，爱折腾。

渐渐地，他发现自己错了。元昊的折腾，正在不断突破他的底线。元昊的好大喜功、好高骛远、劳民伤财，让他越发地不满和不屑。在卫慕山喜看来，正是李德明近三十年的韬光养晦、低调务实，才有了党项人的休养生息、逐渐强盛。元昊年少轻狂，不知天高地厚，继位以来，对外煽风点火、四面树敌，对内大兴土木、糜耗国力。如果再贸然称帝，宋、辽必会勃然大怒，到时干戈四起、兵祸连连，别说帝位不保，党项甚至有灭族之忧。

卫慕山喜所思所想，也正是很多党项贵族所担忧的。这背后是个庞大的群体。承平日久，三十多年田园牧歌式的宁静生活，让他们对元昊疾风暴雨的革新之路，充满了忧虑。

更令人担心的是，眼看着元昊一步步地走远，再想拦住已越来越难。而他们自己，如同一座座巨大的石像，正搁置在元昊前进的路中央。与其被人掀翻路边，不如奋起一搏。

这时候，已经没有了舅舅和外甥，只有生与死。

卫慕双羊早已看出弟弟和儿子的巨大分歧。她穷尽了办法，也无法找到两全之策。都是骨肉相连，都是至亲血脉。她夹在中间，左右为难，陷入了巨大的痛苦之中。

这位享尽荣华富贵的女人，似乎看到了富贵之路的尽头。或许是为了自救，又或许是为了延续富贵，她选择了归边站队。只是，她选择站在弟弟这边，让人略有诧异。

选择过后，就是漫长和揪心的等待。

有了太后姐姐的支持，卫慕山喜信心倍增，决定放手一搏。他制定了详细的方案，计划在元昊外出行猎的时候，发动致命一击。关于元昊本人，他给出的指令是，格杀勿论。

元昊被笼罩在死亡的阴影之下。

可惜，这只是舅舅的一厢情愿。元昊早已在卫慕山喜身边下了钉子，对方所有的动作，都尽在他的掌握之中。当元昊最终确认了舅舅的方案之后，他提前动手，发动了雷霆之击。

卫慕山喜自以为天衣无缝，不过是自欺欺人。不仅自己被擒，全家老幼百余口也都被下了死牢。这些金枝玉叶，元昊的至亲们，在阴暗潮湿的牢房里，体验了地狱般的惨烈。

尽管受尽了活罪，他们还是难逃一死。在新都兴庆府的菜市口，这个当朝国丈、太后之弟，党项最炙手可热的重臣，被砍下脑袋，身首异处，满脸血污。其家人，上至白发老翁，下到襁褓婴儿，也都被屠戮殆尽，无一幸免。

元昊用舅舅家族百余口，血祭了刚刚落成的新都城。而这不过是个开始，在后来的百余年里，无数的王公贵族、勋贵重臣，前赴后继地在这里告别繁华人生，走上断头路。

行刑的那天，卫慕太后跪在皇宫的佛像前，泪流满面。她无力阻止这一切，只能祈求佛祖，让杀红了眼的元昊停下脚步。即便这一点，她也知道是奢望。知子莫如母，她太了解元昊了。

其实，面对舅舅全家，元昊并非没有犹豫过。这些亲人们，他太熟悉了，无数个佳节，他们一起在欢声笑语中度过。很多人还是一起读书、一同打猎、一块长大的玩伴。人非草木孰能无情？

只是，这些人的供词，让更多的政变内幕浮出了水面。这让他怒不可遏，仅有的怜悯之心荡然无存。即便杀了舅舅全家，也犹不解恨。一不做，二不休，他派兵抓了卫慕氏的全族，男女老幼上千人。这次连菜市口都省了，所有人被赶到黄河边，一个个都被绑上巨石，扔进了滔滔的黄河。

结束了吗？还没有。

还有两个卫慕氏，母亲、太后卫慕双羊和表妹、皇后卫慕氏。

母亲的选择，让元昊寒心，更让他愤怒。虽然，他无法确定母亲介入政变的程度，但母亲知道舅舅的异心，毋庸置疑。带着雷霆的震怒，他一身戎装地冲进了母亲的寝宫。

卫慕双羊倒显得很平静。这一幕，早在她意料之中。面对儿子一连串的发问，她始终平静如水，并没有为自己辩解一句。盛怒过后，元昊想给母亲找个台阶下，也给自己找个台阶下。他希望，母亲能重新站在他这一边。不管什么理由，只要母亲开口说句话就好了。可惜，母亲只有沉默。

许久，卫慕双羊端起桌上早已备下的一杯酒，坦然饮下。很快，毒酒攻心，气绝身亡，却死不瞑目。这个女人最终用生命作为武器，为族人们报了一箭之仇。她要毁掉元昊的名声，让他永远背负杀母的恶名，千年万年，直到永远。

识破了母亲的用心，愤怒的元昊暴跳如雷，继而又号啕大哭。一个人，就算赢得天下，只要输了母亲，那终究也是输家。

过了母亲这关，元昊已是无关可过。在这个世界上，已经没有人能阻止他举起屠刀。可怜的卫慕皇后，在劫难逃。

不料，正待动手之际，内官报告说皇后已有身孕。皇后死有余辜，不过可能生下皇子，那就另当别论了。元昊暂时收起了屠刀。几个月后，卫慕皇后产下一子。

看在骨肉亲情的分儿上，元昊动了恻隐之心，杀意已渐渐消退。元昊的宠妃野利氏则不愿意错过良机。她借机进谗言，说皇子长得不像元昊，倒似某某大臣。元昊瞬间捡起屠刀。

旧仇新恨一笔清。卫慕皇后与初生的皇子，都被赐死。

卫慕氏，这个为党项民族立下赫赫战功、生养抚育了李元昊的家族，被元昊反手一刀，杀得干干净净。

狠。元昊真是狠人，一代铁血帝王。

有人哭，就有人笑。有人下台，就有人高升。

政治斗争，从来如此。

野利氏踏过卫慕氏的鲜血，顺势上位，被封为皇后。

野利家族进入了黄金时期。他们迅速地取代卫慕氏，成为元昊的新宠、党项的新贵。他们的第一项重大使命，就是协助元昊继续扫清称帝道路上的障碍。这次，依然是个棘手的对手。或者说，是更厉害的对手。

元昊的叔叔们。

山遇惟亮、山遇惟永、山遇惟序。惟亮是三兄弟的首领。

他们是皇亲国戚，更是手握重兵的大将。

当年，在攻取甘州的战役中，初出茅庐的元昊就曾与惟亮并肩作战。叔侄二人同甘共苦、出生入死。在后来席卷河西大漠的征战中，惟亮三兄弟更是战功赫赫、居功至伟。所以，在元昊改革军制的过程中，惟亮、惟永被分别任命为左、右厢军的大首领。兄弟二人，牢牢把持着党项的军权。

在处理卫慕氏政变时，惟亮兄弟坚决地站在元昊这边。可惜，卫慕氏的离场，让元昊、卫慕氏、惟亮兄弟的权力三角平衡被打破。没有了卫慕氏的遮掩，惟亮兄弟就是新的出头椽子，成了元昊最忌惮的对象。

除此之外，在对宋朝态度上，元昊和叔叔们也截然不同。一方主战、一方主和。主和派还手握军权，这让元昊如何安心呢？野利氏就是元昊新拉进来的同盟军。

更要命的是，尽管元昊三番五次，甚至略有些低三下四地寻求他们对称帝的支持，都遭到了惟亮兄弟的坚决反对。他们站在军事的角度，反复强调称帝会引起辽、宋的军事攻击，而党项军队疲弱，不足以迎战，会有亡国之危。

很难说，惟亮兄弟是出于公心还是私心。更多的可能，应该是公私兼顾。他们担心与辽、宋失和，对方发兵攻夏是真；担心元昊称帝后，夺去他们的军权应该也不假。反对元昊称帝，维持现状，才是他们利益最大化的理性选择。

元昊的打击，从分化开始。

山遇惟序，三兄弟中实力最弱、地位最低。元昊就找到了他。元昊开门见山，要求惟序出面诬陷惟亮、惟永谋反。奖励就是，让其取代他们的位置。

诱惑不可谓不大，但惟序还是顺从了良知，他稳住了元昊，并及时将消息透给了两位哥哥。这时候，两兄弟有两种选择。一种选择，利用手中的军权，做殊死一搏，或许有一线生机。但此刻的元昊已是如日中天，军队能否听命，心里没底。即便军队从命，党项也将面临内战和分裂。另一种选择，逃亡。

他们选择了逃亡。带上妻儿老小，两兄弟逃往了大宋。

这给宋朝出了个大难题。

党项军队最高指挥官逃亡来投，史无前例。按照宋夏协议，双方不可以招降纳叛。所以，这就是两个极其烫手的山芋。收下吧，等于直接给了元昊出兵的理由。遣返吧，又有损大国气度。

宋仁宗君臣绞尽脑汁，商量再三，还是决定将惟亮兄弟送回党项。至于，他们带来的元昊即将称帝的绝密情报，朝中多数人选择了装糊涂，视而不见，这样能省去很多麻烦。毕竟，还没到那一步，多一事不如少一事。

元昊乐不可支。

原本，就是要找借口杀了惟亮兄弟。如今，他们叛逃北宋，这是叛国罪，与谋反无异。杀了他们，不仅名正言顺，还能树立权威，赢得掌声。可怜惟亮两兄弟和家人数百口，被绑在兴庆府郊外的木桩上，让党项的神臂弓射成了刺猬。

惟序的结局，史书没有记载。估计，这位心有良知之人，下场也不会太好。毕竟，权力的游戏中，良知从来都敌不过屠刀。

至此，元昊面前，已空无一人。

称帝，势不可挡。

野利仁荣全权负责登基大典。

党项千年，这是千古盛事。野利仁荣能接下这个重任，固然是他才华横溢、首屈一指，更是元昊对野利家族忠诚的嘉奖。

登基大典，异常复杂的超级工程。

首先，废除世袭制，设立新官制，让文武大臣，有其名、有其实、有其礼。官帽子，从来都是最难分配的。党项人聪明，他们一分为二地解决了这个大难题。

一方面，他们借鉴北宋官制，设立中书省（行政）、枢密院（军事）、三司（财政）和御史台等中央机构。甚至，还有开封府，这是借用开封府之名，管理首都兴庆府的机构。这些从中央到地方机构的职务，党项人、汉人等都可担任。党项人并没有搞党项独大，可见元昊的胸怀。

另一方面，他们保留了党项部落的传统官职，用来安置那些被取消世袭地位的党项贵族们，维护党项的民族传统。

新官制，是一种蕃汉合一、两制并存的新官制，兼顾了帝国治理和部落传统，充满了智慧和包容，展现了这个即将诞生王朝的气度。

国号，定为大夏。这既是源于党项先祖的发迹之地，夏州，也是源于历代党项首领的封爵，夏国公、夏国王。

夏，这个字，已成为党项民族的最大的凝聚力。

由于在宋朝的西北方向，所以历史上称其为西夏。不过，对党项人来说，只有大夏。党项语中，大夏国被称为"邦泥定国"，意思是"大白高国"。是的，他们崇拜白色，以白色为尊。

从此，这片土地就和"夏"结缘，直到今天的宁夏。

有了国号，还得有年号。

其实，元昊继位不久，就有了年号。按照宋夏协议，党项以宋为正朔，当以宋朝年号来纪年。不过，元昊借口宋仁宗的年号"明道"，犯了其父李德明的讳，遂拒绝用宋的年号，自取年号"开运"。可惜，做贼心虚，虑事不周，出了笑话。元昊很快发现，这是五代后晋亡国之君用过的年号，便又改为"广运"。

不过，称帝的年号，自然不能与以往同日而语。

野利仁荣翻遍史书，殚精竭虑，提出了无数个年号，都被元昊否了。一时间，这位党项最博学的人，也是江郎才尽了。

一日，野利家族聚会。仁荣谈及此棘手问题，也是无可奈何。野利皇后恰好也在座，她莞尔一笑，提醒仁荣，元昊要做古今一人，这样的皇帝，年号又岂能与他人雷同或相似？

真是醍醐灌顶，一语惊醒梦中人。

仁荣当即离席而去，带着新年号进宫拜见元昊。这次，元昊大悦。新年号，六个字，"天授礼法延祚"。

果然，不同凡响。

是否千古一帝，不敢说。这年号，确实独树一帜。

有了国号，有了年号，新皇帝还得有名有姓。

李元昊，其实也是赵元昊。

李，是大唐皇帝赐姓；赵，是大宋皇帝赐姓。

即将称帝的元昊，又怎能用别人的赐姓呢？得用自己的姓啊。

野利仁荣的博学，排上了用场。皇帝的"姓"，定为"嵬名"。这看似有些古怪的姓氏，大有来头。

元昊的家族，来自党项拓跋部落。南北朝时，拓跋先祖建立了北魏帝国，灿烂辉煌。正因为此，野利仁荣越过了"拓跋"，取"魏名"的谐音，成为"嵬名"，意思是曾经建立大魏帝国的姓氏。依然独树一帜。

自此，不仅元昊，包括皇族的近支，一律改姓"嵬名"。

有了姓，还得有和皇帝相称的名字。

元昊的新名字，曩霄。李元昊，成了嵬名曩霄。

他也不用中原天子的自称，朕，而是用"兀卒"。在党项语中，就是"青天子"的意思。

至此，就剩下最后一件事了。

祭天，登基，做天子。

野利仁荣选在兴庆府的南郊，筑起了高高的祭坛。

黄道吉日，早已选定。

公元 1038 年，农历十月十一。

那日清晨，李元昊，即嵬名囊霄，身着龙袍衮服，器宇轩昂，意气风发。衣服上饰有日月星辰、山川河流及飞龙在天的图案。待吉时，他登上奢华瑰丽的御撵，在近卫军的护送下，在文武大臣的簇拥中，出宫城、皇城，经大夏门，前往南郊祭台。长长的队列，延绵数里，前导的队伍已到城外，御撵还未出宫城。沿途，旌旗蔽日、鲜衣怒马、鼓乐喧天，尽显皇家威严。

兴庆府万人空巷，几乎所有的人，都拥在了道路两旁。那些往来中原和西域的客商们，也都争相目睹这千年盛事。野利仁荣还命令开封府每隔数百米，就搭起一个高台，方便西域各邦的使节观礼。同时，也发挥瞭望台的作用，保证典礼安全。

祭坛是一座圆形的高台。古人认为天圆地方，圆形正是天的形象。坛外建有两重围墙。两墙之间，建有房屋数间，供元昊休息所用。坛高数丈，分上下两层，上层为天地之位，下层分设五帝之位。登坛需拾级而上，扶手均裹以绫罗绸缎。阶梯两旁，遍插龙旗，迎风招展，绚丽多姿。

望上去，祭坛巍峨高耸，雄浑庄重。

拜祭的礼仪，极其复杂烦琐。野利仁荣既照搬了全套汉家天子登基大典的礼仪，也保留了党项民族的旧俗。比如，最后的程序，就是由党项的大巫师为元昊戴冕。天子之冕前后垂有十二旒，是无上权力的象征。

礼毕。李元昊，嵬名囊霄，成为大夏开国天子。

元昊轻轻地摆摆手，所有人，包括大巫师、野利仁荣都退了下去。高台之上，天地之间，独剩他一人。

放眼望去，万千臣民在他脚下，繁花似锦的兴庆府在他脚下，广袤的大夏国土在他脚下。元昊终于如愿以偿，成为天地一人。他目视远方，雄心万丈，豪气冲天。人世间，还有什么可以超越？

这一刻，他似乎看到了三皇五帝、秦皇汉武、唐宗宋祖。他默念誓言、自信满满，必将超越他们。他的帝国，将代代相传，他的功业，将世世流芳，万万年。

这一刻，他还似乎看到了父亲李德明、祖父李继迁、曾祖父李光俨，还有李克睿、李彝兴、李仁福、拓跋思恭等。这些先祖们，正含笑注视着他。迎着先祖的目光，他的头昂得更高。他知道，先祖们也在为他自豪。

党项民族，千年的漂泊，百年的杀伐，一代人又一代人。到李元昊，终于做了大夏皇帝。

这年，李元昊三十五岁。

一个新的时代开始了，一个新的王朝诞生了。

这个王朝，注定将创造辉煌，留下浓墨重彩的身影。

元昊的称帝之路，即便从继位算起，也走了整整六年。

六年来，他杀舅、杀母、杀后、杀叔、杀臣，双手沾满了的鲜血。千年之后，走进他，依然能闻到他身上的血腥之气。

血腥气，让他在历史中，始终像狼一样地存在，暴力、嗜杀、血腥、残忍。为了称帝，他不惜一切。真正的一切。

可能有人会想，元昊必须如此吗？他有第二条路可选吗？

让我们回到历史的现场，看看元昊到底有无选择。

母亲卫慕家族，位高权重，宫里宫外，势力盘根错节。舅舅卫慕山遇，更是一代权臣，牢牢地把持着朝政。元昊稍有动作，母亲和舅舅就打着维护先王旧制的幌子，耳提面命，喋喋不休。他们希望元昊老实听话，说白了，就是做木偶。元昊想要真正的乾纲独断，就必须扳倒卫慕家族。

普通人看到的是甥舅之情。在政治家眼中，则只有对手、只有强弱。想上位，做强者，就必须杀死拦路虎，这没有选择。屠灭卫慕氏，权斗而已，与道德无关。元昊并没有太大过错，何况舅舅已磨刀霍霍。

如果有错，元昊错在没有争取到母亲，还看着她死在面前。这让元昊在道德上，输了一个大招。就此一点，就让他在史书中，永世不得翻身。孝道为先，以孝治国，是儒家治国的圭臬。史书，肩负着传承儒家价值观的重任，对元昊必然大加挞伐。

后世的修史者，即便对卫慕双羊参与政变心知肚明，也不会放过李元昊。毕竟，历史上有更为高明的处理方法。远的不说，宋真宗对嫡母李太后、辽兴宗对生母法天太后，就做得挺好。

至于叔叔们，则涉及另一个重大问题，对宋的国策。在党项朝堂之上，抗宋派、亲宋派泾渭分明，这是典型的路线之争。而路线之争，从来都是死活之争。山遇兄弟们，就是亲宋派的代表。这样看起来，元昊和叔叔们虽为至亲，火并也是不可避免，就看谁先举刀而已。

至于那些部落勋贵，则是传统与时代的问题。经过百余年的发展，党项民族开疆拓土，文治武功，已是一股不可遏制的政治力量。党项人需要脱胎换骨，更上层楼，需要在政治文明和政治制度上向前迈步。元昊不过是抓住时机，为己所用，顺势而为。那些勋贵们想以部落旧俗来遏制、约束元昊，又岂能为元昊所容？争斗不可避免，杀戮同样不可避免。

如此说来，只要元昊决心称帝，带领党项民族走上王霸之路，权力的殊死争斗就是必然之事。有争斗，就必有杀戮。只不过，元昊成功了，如此而已。而那些倒在元昊屠刀下的政治对手们，虽然不幸，却也并没有多少值得可怜的。只要走上权力之路，走进了权斗的猎场，如此结局应该并不令人意外。

说到底，王侯将相们的权力斗争，没有对错，只有成败。

# 宋夏的龙争虎斗

一个人如愿以偿后，最想做的事是什么？

有人是分享，有人是炫耀。分享也是一种炫耀。

元昊也是如此。

这位大夏国皇帝，煞有其事地派使节前往大宋的东京。他要与大宋君臣"分享"登基的喜悦。当然，最重要的是得到大宋的承认。元昊的文书写得很客气，也很委婉，但语气却很坚定，我登基当天子了，你们得承认。

大宋朝堂炸了锅，说什么的都有。

有人主张，把西夏派来的使节全部杀了，马上向西夏宣战。也有人主张，党项割据西北已百余年，李元昊称帝已成事实，不如顺水人情，承认算了，还少点麻烦。

这是主战派和主和派。

还有和稀泥派。主张不能杀西夏使者，毕竟宋是夏的宗主国，又是中原大国，杀使节太有失风度，但要下旨严厉斥责元昊，并剥夺对他的所有封爵。至于战和，则是观望。

仁宗皇帝就是最大的和稀泥派。他不但没有杀西夏使节，还部分地收下了西夏带来的普通贡品，但拒收马匹、骆驼等贵重贡品。西夏使节在没有实现意图的情况下，也拒绝接受宋朝的诏书和例行给使者的赏赐。

双方的态度，已经有火药味。

宋朝开始整军备战。夏竦被任命为西北对夏前线主帅。

这个结局，在元昊的意料之中。他不气馁，再次向宋派使节上表，并将宋朝所赐袍带一并送还。这次的表文，写得更好，更加不卑不亢。

"藩汉各异，国土迥殊，幸非僭逆，嫉妒何深！况元昊为众所推，盖循拓跋之远裔，为帝图皇，有何不可？"

这里面说了三层意思。一是藩汉不同，应该各论各的，称帝不是僭越，宋朝不该动怒。二是元昊祖上血统高贵，建立了北魏，如今再续皇统岂非天命？三是借着比祖宗来讽刺老赵家，往上翻几代，不过赳赳武夫而已。

大宋君臣没再搭理他，埋头备战。夏竦干脆在西北边境张贴榜文，向西夏军民喊话，凡杀元昊、得其首级者，赏钱二百万，并即封定难军节度使。这是李家世代拥有的封爵。

来而不往非礼也。面对宋朝的挑衅和侮辱，元昊马上还以颜色。一日，宋朝边境小城，有人在饭店吃饭遗失了箱子。众人打开一看，里面是西夏的榜文，得夏竦首级者，赏钱三千。

二百万对三千。元昊还很幽默。

除了幽默，也杀人。深夜，睡在官衙里的夏竦被惊醒，感觉咽喉处寒气逼人。睁开眼，一把利剑正对着他，一黑衣人立于榻前。夏竦，虽文官出身，但还是保持了冷静，问来者何人？黑衣人答道，西夏张相公。夏竦顿时明白，这是西夏训练的血夫，就是刺客。自知在劫难逃，夏竦说，取我首级走吧。刺客或为所动，终未动手，取其金带而去。

党项刺客，能深夜潜入宋军主帅内宅行刺，宋夏边境对他们更是如履平地。元昊将宋军的底细，摸得一清二楚。

战争，已箭在弦上。

三十年和平成旧事，宋夏大战一触即发。

元昊选择的猎物，是延州（今陕西延安）。

这是精心选择的结果。

宋夏两国以横山为界，自东北向西南方向延伸，东起麟州（今陕西神木），西到原州（今甘肃镇原）、渭州（今甘肃平凉），边境绵连一千多里。延州就是这千里防线的要害所在。拿下延州，西夏就可将宋军防线拦腰切断，进可攻退可守。范雍，延州知州，人如其名，才华平庸，胆小怕事。元昊挑了个软柿子。

金明寨，延州门户。欲取延州，必先拿下金明寨。

李士彬，金明寨守将。他可不是软柿子，倒是个狠角色，人送外号"铁壁相公"。他是羌人，手下部众也多是羌兵。横山羌兵，骁勇善战，是西北宋军的一支劲旅。

衡山羌人与党项人，系出同族。他们夹在西夏和北宋之间，成为双方争相拉拢的对象。战争中，同一民族手足相争时，由于知根知底，再加上民族内部矛盾，往往下手更狠。古今中外皆然。

元昊知道，李士彬是块硬骨头。虽率十万大军，他却并不打算硬取金明寨。不过，他接连使出的反间计、诱降计，却都被宋军识破，未能奏效。眼看元昊计谋不成，李士彬有点放松警惕、得意忘形了。

元昊又使一计，诈降。这是李家祖传技能，几乎生来就会，个个都玩得炉火纯青。他让部众不断地向李士彬投降。起初，士彬还有些戒备之心，请示知州范雍，要将这些降兵降将内迁安置。范雍却大手一挥，不必如此麻烦，直接编入前线军队即可。

祸端就此种下。

元昊看火候差不多了，又使一计，骄兵计。他不断派小股部队骚扰李士彬，只要双方一交战，便丢盔卸甲、狼狈而走。几次三番，李士彬更加觉得夏军不堪一击、不足为惧。

元昊趁热打铁，再来一计，疲兵计。他带领大军，围在城外，不断擂鼓作攻城之状，只要宋军一出战，他便撤兵远遁。来来回回，弄得宋军疲惫不堪，李士彬索性也就不再理会鼓声了。

高明的猎手知道如何让猎物麻木和放松警惕。元昊就是这样的猎手。他发动了雷霆之击，率军猛攻城池。早先诈降的夏军则在城内乘机起事，他们四处放火，还打开了城门。一时间，城中火光冲天，宋军炸营，乱成一锅粥，纷乱中李士彬还未上马，就被夏军擒住。

铁壁相公，脑袋搬了家。

金明寨失守，延州门户大开。

首战告捷，元昊剑指延州。

延州城依山而建，易守难攻。奈何，由于知州范雍调配不当，其时城内防守空虚，守军不足千人。眼见元昊大军来袭，范雍吓得魂飞魄散，十万火急向邻近宋军求救。宋军主帅夏竦急调宋将刘平、石元孙、郭遵、黄德和等，率五万大军，星夜驰援延州。

刘平为主将。接到军令，有部将劝刘平派侦察部队先行，打探夏军虚实。刘平不以为然，下令大军急速向延州进发。刘、石、郭三人率骑兵在前，黄德和领步兵随后。到了约定地点，黄德和所部迟缓未至。刘平恐其不测，又率军折返逆行接应。如此，便耽搁了时间。

在与黄德和合兵后，宋军在三川口（今延安枣园附近）重新集结。大军正待进发，报有延州信使来到，传达知州范雍的口信，说延州城小，请大军分列进城，以免混乱。刘平又重新将大军分列，分批向延州进发。这又耽误了很多时间，终酿成大祸。

待天色微明，宋军行至五龙川，才发现有诈。再找刚才信使，早已无踪迹。原来是夏军所扮，故意误导宋军的。如此，宋军分批走进了元昊设下的包围圈。西夏十万大军，利用宋军的迟缓和盲目，在此布下了天罗地网。宋军陷入了重围。而此地，距离延州不足五里，城墙依稀可见。

一场恶战，就此开始。其时，天降大雪，地面积雪数寸。

元昊以逸待劳，就已占得先机。人数上，夏军也有优势。

宋军虽然被围，但士气尚可。刘平稳住宋军队形，列阵与夏军相对。面对夏军"铁鹞子"的连番强攻，宋军拼尽全力稳住阵脚，并没有被冲散。

强攻未奏效，元昊又玩花样。他派出一员大将来到阵前，约宋将对战。只见，宋军队列中，郭遵将军拍马迎战。他手舞铁杵，只一个回合，就将夏将拍的脑浆迸裂，坠落马下。宋军欢声雷动，士气大振。

元昊见状，亲率大军冲锋。皇帝冲锋，三军更加用命，夏军攻势如排山倒海。黄昏时分，宋军渐渐难以抵挡，局势十分危急。负责宋军后方的黄德和，眼见形势不妙，竟率军撤离战场，向西南逃窜。连日行军、早已人困马乏的宋军，在苦撑了一天后，终于全线崩溃。

乱军中，刘平、石元孙、郭遵三将，奋力聚拢残兵，拼死攀上附近的山坡，抢修了七道临时栅寨，固守待援。可惜，哪有援军啊。范雍在延州城内，早被五里外的喊杀声吓破了胆。黄德和则逃得没了踪影。

山坡被团团围住。在劝降被拒后，夏军在黎明时分发动总攻。刘平、石元孙率宋军顽强抵抗，纵是左冲右突，也未能冲出重围，最后力竭被俘。郭遵将军则身中数箭，身死殉国。

当太阳升起的时候，喊杀声终于停了下来，宋军全军覆没。银装素裹的山坡被鲜血染红，一片尸山血海。

元昊马不停蹄，迅速包围了延州城。

外援被歼，内无强兵，延州城危在旦夕。知州范雍更是唉声叹气，坐卧不宁，身边将佐也无退敌良策。破城似已不可避免。

眼见士气低落，一位老将军向范雍进言，延州城高墙厚，足可据守。范雍半信半疑。老将军信誓旦旦，他驻守此城大半生，数次被番兵围困，每次都安然无恙，这次也定能脱险，如有失言，甘当军法。言毕，即当众取纸笔，立下军令状。

闻言，范雍稍安，城中百姓将卒稍安。

元昊却心神不宁。

三川口虽胜，却也伤兵满营。时值寒冬，天降大雪，昼夜不止，冰天雪地，寒冷异常。夏军置身郊野，缺医少药，衣衫单薄，更是苦不堪言。加之粮草不济，士兵已多有怨言。很显然，夏军利在速战。可老天不帮忙，大雪连下七天七夜。元昊无奈，只好撤兵。

延州之围，终于得解。有人夸赞老将军神勇，有人夸赞老将军料事如神。老将军却淡淡言道，哪有什么气定神闲、胸有成竹，即便立下军令状，也不过安众人之心而已；如若城破，我等必为夏军所杀，所立军令状，不过废纸一张。

好个智勇双全的老将军。

史书没有留下的他的名字。

三川口之战虽然保住了延州，但是宋军大败、损兵折将。军报传到东京，朝廷上下大惊失色。饶是宋仁宗再好脾气，也是怒不可遏。宰相被撤换，范雍被撤换，临阵脱逃的黄德和也终被腰斩弃市。

黄德和这个贪生怕死之徒，不仅临阵脱逃，而且品德极其恶劣，实属跳梁小丑。他逃回京城后，便开始四下活动。为了给自己开脱罪责，不仅妄言其在战场如何英勇，还诬陷主将刘平主动降敌，将失败的责任全推到刘平身上。朝廷信以为真，派兵抓了刘平的家人，全部下了大牢。

幸好，在朝廷的后续调查中，黄德和的谎言被戳穿，结束了他卑劣而无耻的一生。据说，腰斩之人，数小时后才气绝身亡。不知这个无耻之人，在生命的最后时刻，有没有想到冰天雪地、哀号遍野的三川口，有没有向枉死的数万袍泽忏悔。

黄德和被杀，刘平的家人被无罪释放。刘平、石元孙二人，生不见人、死不见尸，朝廷便按殉国处理，都给予了追封。实际上，他们没死，是被俘了。

不过，二人之后的际遇却不尽相同。

石元孙，将门之后，开国大将石守信的孙子，被掳之后，坚贞不屈，被幽禁在兴庆府。后来，宋夏议和，他回到了东京。回京后，朝廷多有喊杀者，以其丧师辱国，必须斩首示众。还是仁宗厚道，不仅没杀，还有赏赐。后来，终老于东京。算是善终。

刘平身为主将，三川口之败，全军覆没，数万将士命丧黄泉，他难辞其咎。侥幸苟活，也是生不如死。元昊敬其忠勇，对他非常礼遇。不过，他终是良心不安，到西夏不久，就郁郁而终了。

宋朝这边，由于信息不明，仍有人污蔑刘平背叛国家，在夏娶妻生子。朝廷虽查无实据，但其名声确是受了污损，也连累了家人。其后人经此连番折腾，无所庇护，逐渐凋零。苏轼有首著名的诗，就和他的家人相关。

《赠刘景文》

荷尽已无擎雨盖，菊残犹有傲霜枝。

一年好景君须记，正是橙黄橘绿时。

刘景文，就是刘平的小儿子。三川口之战，发生在公元1040年，刘景文不过是个八岁的孩童。苏轼作此诗是在1090年，时间已过去五十年，刘景文五十七岁，已是花甲之年。其时，他颠簸大半生，仍是个不入流的小吏，生活潦倒窘迫。

想想三川口之战后，刘家的荣辱兴衰，想想刘景文这五十年的人生坎坷，再细细品读这首诗，东坡先生又岂是单单写景？说起来，很多人对这首诗的理解，还是过于肤浅了。

苏轼不仅向刘景文赠诗，还多次向朝廷上表为他保举官职。无奈，两年后，刘景文就去世了。东坡先生到底是个厚道人。

战争的惨烈，不仅在于战场的杀戮，不仅在于对民族和国家命运的改变，还在于对每个参与的人和背后亲人们的深刻影响。这种影响和改变是剧烈的、漫长的，也是无可逆转的。

三川口之战，双方都不满意。

大宋损兵折将，元昊也没有如愿拿下延州。既然都不满意，再战就不可避免。双方都开始调兵遣将，准备再决雌雄。

宋朝将西北前线，重新划分成两大战区。大名鼎鼎的韩琦和范仲淹走马上任，分别担任战区司令，时人合称"韩范"。夏竦则在两人之上，担任对夏作战主帅。这三位都是进士出身，知识渊博、文采斐然，是宋朝书生带兵的典范，也都是北宋名臣。

三人中，名气最大的，无疑是范仲淹。千古名篇《岳阳楼记》，即便再过千年，仍是文学经典；"先天下之忧而忧，后天下之乐而乐"的济世情怀，即便再过千年，依然令人崇敬。范仲淹，华夏民族的灵魂人物之一。

不过，在当时，夏竦和韩琦的名声和地位，却不在范仲淹之下。范仲淹出仕虽早，但因直言敢谏，仕途并不顺遂，此番走马西北，夏竦和韩琦的举荐功不可没。这是公元1040年，夏竦五十五岁，韩琦三十二岁，范仲淹五十一岁。

韩、范二人到任后，革弊除新、积极作为，西北局面焕然一新，宋军一扫三川口战败的颓势，士气大大恢复。不过，在对夏战略上，韩、范两人却意见相左，甚至是针锋相对。简单地说，韩琦主攻，范仲淹主守。

韩琦认为，西北前线军费浩繁，如果旷日持久，必会带来严重的财政危机，朝廷将不堪重负。所以，宋军利在主动进攻，深入党项腹地，与夏军主力决战，从速解决西北边患。言语间，韩琦对李元昊嗤之以鼻，夏军在其眼里，也是不堪一击。

范仲淹则认为，党项李氏盘踞夏境数百年，根基深厚，李元昊雄才大略，绝非庸主。加之夏地多戈壁大漠，地形复杂，后勤供给困难，贸然进兵，绝非良策。不如在宋夏边境，多修堡寨、建烽火墩、训练士卒，打一场持久战。如果说宋朝耗不起，西夏人少国弱，更难持久。

韩、范都坚持己见。孰是孰非，主帅夏竦难以决断，只好耍滑头，将两人意见一并呈报御前，请仁宗定夺。只是，仁宗还没拿定主意，元昊已率十万大军杀到。

这次，元昊的进攻方向，选在了韩琦的防区。

元昊耳目众多，宋朝将帅意见不合，他早已洞悉。韩琦出言不逊，他更是怒不可遏。这次挑选韩琦的防区，就是要施以颜色，让他知道夏军的厉害。当然，范仲淹稳打稳扎，在要害之地修筑城寨，步步为营、以守为攻的战法，也让他颇有顾虑。

进军之前，元昊修书一封向宋军诈降。这几乎已是惯用伎俩，韩琦根本不予理睬，下令全军备战。见诈降没戏，元昊即率大军扑向了宋军要塞渭州（今甘肃平凉）。

兵来将挡，韩琦急调辖区部队驰援。同时，又募集当地忠勇边民一万八千人，交由老将军任福指挥，让其迂回到夏军之后，作为策应。韩琦的军令是，根据战场形势，能战则战，不能战就据险设伏，待夏军回撤时给予痛击。临别之际，韩琦再三叮嘱，如违军令，虽有功，亦斩。

军令如山。


任福，六十一岁的老将军，在军中摸爬滚打了大半辈子。

他是宋真宗的卫士出身，因为忠勇，一路提拔升迁。后来，主动申请来到西北前线，多次与夏军交手，颇有威名。不过，老将军性情有些孤傲。在他眼里，韩琦虽是主帅，但却不过是一介书生，又是新来乍到，对情况不熟悉，过于谨慎了。韩琦反复叮嘱，任福不以为然。

任福率军刚出发不久，就遇到了友军正与夏军作战。他改变行军路线，率军加入了战斗。这股夏军，很快被打的落荒而逃，沿途丢下战马、骆驼等物资无数，宋军跟在后面捡了个够。夏军残兵在一路狂奔后，在一个岔路口兵分两路狼狈逃窜。见状，任福将大军一分为二，紧追不舍。任福自率军往好水川（今宁夏隆德）方向追击，副将朱观率军往龙落川方向追击。

宋军追击进入一片山谷。在路边，军士们发现很多密封的泥盒子，里面有跳动的声音。任福也颇为疑惑，让军士们打开泥盒。顿时，数千只信鸽腾空而起，盘旋在宋军上空。元昊见宋军中计，迅速将两路宋军分割包围。

此时两支宋军，相距不过五里。三川口距离延州不过五里，五万宋军全军覆没。这次，任福和朱观分兵追击，五里的距离又成了生死相隔。面对两部宋军，元昊的策略是逐个击破。对朱观围而不打；集中优势兵力，先攻任福。

任福知道中计，赶紧率军突围。奈何夏军左三层、右三层，将宋军围的铁桶般，一丝缝隙也没留下。在夏军骑兵的反复冲击下，宋军被逼退到山谷，坠崖者不计其数，哀号声响彻谷中。

眼见全军即将崩溃，手下军校力劝任福突围。任福慷慨言道，身为大将，兵败，唯有以死报国，哪有贪生的道理。言罢，他挥动着四刃铁简，冲入敌阵。战至最后，任福左脸颊遭铁枪刺穿，被割断喉咙而死。其子任怀亮，也战死军中。父子二人同日殉国。

眼见任福、朱观被围，宋军急派援军来救，却被围困朱观的夏军挡在了外围。元昊剿灭了任福，回师攻击宋军救援部队。不久，救援部队亦被全歼。至此，被围的朱观所部，已成瓮中之鳖。夏军想乘胜追击，一口吃掉朱观。不料，朱观所部异常顽强，靠着强弓劲弩，硬是打退了夏军的轮番强攻。元昊见胜局已定，不便恋战，下令撤兵。朱观所部千余人侥幸生还。

是役，后世称为好水川之战。宋军再次大败，几近全军覆没。令人感慨的是，宋军在陷入重围后，面对数倍敌军，在极端不利的局面下，依然顽强作战，自将校至士卒，几乎都力战而死。尸横遍野，惨烈之极；血性忠勇，令人动容。

据说，韩琦领兵回城时，被数千将士的遗属拦住了马头。他们哀号着为亡灵招魂，大声喊道，你们随韩将军出征时，生龙活虎，如今将军归来，你们魂在何处？不要做孤魂野鬼，赶紧回家吧。哭喊声响彻天地，马上的韩琦仰天长叹，悲愤之极。

是役，任福骄兵抗命，轻敌冒进，是主要败因。然而，其父子殉国，忠勇可嘉，犹是英雄。战报送至东京，仁宗震惊，沉默良久。任福将军虽有过，朝廷还是给予了追赠，赏赐钱粮，追封其母为陇西郡太夫人，妻为琅琊郡夫人，并特招其子入朝为官。

殉国的，要安抚。活着的，就要问责了。


好水川之战后，夏竦、韩琦、范仲淹三人都被朝廷问责。夏竦被免去主帅之职，降级调离西北前线。韩琦和范仲淹也都被降级，但仍然留在前线服役。

夏竦，作为宋军前线主帅，自然要对战争全局负责。三川口、好水川两场大战，宋军损失惨重，将校死伤无数，他难辞其咎。夏竦，少即聪慧，超迈不群，为官地方，颇有政声，一生才情，久负盛名，奈何对夏作战败走麦城，成为终身遗憾。十年后，夏竦病逝，朝廷追赠太师中书令兼尚书令，谥"文庄"。

战败后，韩琦羞愧难当，立即主动上奏请罪。后来，宋军清理战场时，在任福将军遗体上发现了韩琦的将令，证明并非其指挥之过。夏竦还专门就此上表为韩琦辩解。朝廷最终仅轻责韩琦。

韩琦，勇于担责，令人钦佩；夏竦，虽战败，仍不计嫌疑，为属下开脱，亦属难得。

相对来说，范仲淹受责，略有些冤枉。不过，作为西北前线的"三驾马车"之一，以其胸怀，与两位同僚共同担责，应该也不会有怨言。此战之后，范仲淹步步为营、稳打稳扎的军事战略，成为西北前线的共识。韩琦也向范仲淹表示了歉意和钦佩。

自此，韩琦与范仲淹同心协力，精心治理西北，一时间颇有成效。时有《边地谣》传唱，"军中有一韩，西贼闻之心骨寒；军中有一范，西贼闻之惊破胆"。

关于此战的后续影响，还有个重要的插曲。当时，范仲淹的进士同年兼好友滕子京，正任职西北前线，担任知州。眼见宋军伤亡惨重，很多烈士遗孤生活困顿、衣食无着，滕子京便筹集大量款项，用于抚恤安置。

不知为何，此事被人上奏朝廷，不是为滕子京请功，反倒诬陷其借名抚恤，实为中饱私囊。后来，在韩琦、范仲淹等人的力保下，滕子京仍被降职贬谪，去了岳阳。这便是"庆历四年春，滕子京贬谪守巴陵郡"的由来。这才有了，范仲淹的千古名篇《岳阳楼记》。滕子京，也名留史册。

再来说说元昊。两战皆大捷。在战术上，这无疑是巨大的成功；但是，从战略上看，则比较尴尬。不仅没有实现开疆拓土，甚至称霸天下的宏图伟业，即便是以打促和，迫使宋朝承认其称帝的最低目标，也未能达成。宋军虽有挫败，但从顽强的斗志和拼命的精神来看，距离打疼、打服、打怕，还有非常大的距离。

修整半年后，元昊卷土重来。

这次，元昊绕开韩琦、范仲淹的防区，兵锋直指渭州（今甘肃平凉），伺机威胁关中长安。十万夏军，兵分两路，钳形攻击镇戎军（今宁夏固原）。军情如火，镇戎军危在旦夕。

宋军大将葛怀敏，受命赶往瓦亭寨，据险阻击夏军。

葛怀敏，将门之后，将军葛霸之子、大将王德用的妹夫。葛霸和王德用都是北宋响当当的人物。特别是王德用，是北宋少有的几个担任过朝廷最高军事长官的武将。

葛怀敏自幼聪慧好学，尤爱兵书战策，古今战例烂熟于胸。成年后，饶有才名，任职枢密院，常常参与朝廷军事战略制定。朝堂之上，每有兵事，常高谈阔论，众臣为之侧目。加之为人乖巧，精于世故，又有父辈的庇护，在朝中颇有好名声。仁宗对他很是赏识，曾经赏赐其穿名将曹玮的甲胄。

到达瓦亭寨后，怀敏命令周围宋军向其靠拢，集结了约七万大军。按军令，他应该据城固守，阻击夏军。然而，他却执意违令北上迎敌。其时，夏军飘忽不定，位置不明。他下令将大军一分为四，各自向北进发，寻求与夏军决战。

其后，探马来报，在定川寨附近发现夏军踪迹。怀敏急令大军向定川寨进发。怎料，元昊再次在定川寨附近下口袋阵。怀敏中计被围，只好退入定川寨城中。夏军烧毁城外河流上的浮桥，断了宋军归路，又切断了上游水源，数万大军成了瓮中之鳖。

宋军深陷重围。部将力劝怀敏固守堡寨，以待救援，怀敏不听，列阵城外与夏军野战。城外，两军激战，宋军扛住了夏军几轮冲锋，勉强稳住了阵脚。正当双方胶着之际，突然狂风大作，飞沙走石吹向宋军。宋军既惊且惧，阵形大乱，争相往城内撤退。慌乱中，怀敏不慎坠马，被军士踩踏以至昏迷，幸亏亲军力保，才背回城内。入城后，怀敏渐渐苏醒，险些丧命。

定川寨被团团围住，如铁桶一般。怀敏与部将商议对策，众人力主固守待援。大家认为，城中粮草丰足，足可固守，倒是夏军远道而来，利在速战。怀敏再次否决众将提议，执意当夜突围。

他将大军一分为二，分前军、后军分批突围。前军万余人，由怀敏亲自率领。不料，前军刚出城不久，就陷入重围。宋军往前无法突围，往后无法归城，陷入困兽之斗。乱军中，怀敏及部下十余名将校全部战死，部卒九千四百余名和六百匹战马，悉数被夏军俘获。

定川寨大胜，元昊趁势挥师南下，连破数寨，直抵渭州。夏军纵横六百里，焚民舍、毁城寨，所到之处，宋军皆坚守不出，惧不敢战。直到范仲淹率大军来援，夏军才大掠而还。

是役，史称定川寨之战。

葛怀敏顶着将门虎子、知兵善战的大名，率军出征，却屡屡违反军令，且不顾手下将士力劝，终致全军覆没。虽然，他本人战死沙场，但连累数万军卒被俘，其过仍不可原谅。在他风光京城时，范仲淹就曾说过，其人言过其实不知兵，不可重用。后人更是评论，葛怀敏实为赵括第二，纸上谈兵，误人误己误国。一针见血。

不过，葛将军虽有过，但确是以身殉国了。朝廷并没有追究其责，还给予了追封，几个儿子也都被授了官职。宋朝虽然重文轻武，限制贬低武将，但对于杀身成仁、为国捐躯者，始终都充满了温情，非常厚道。宋军虽屡败但能屡战，或许正是因为此。

至此，三川口、好水川、定川寨，宋军三战皆墨，将校死伤无数。大宋君臣，惊惧不已，闻夏色变。宰相吕夷简更是惊叹，一战不如一战，令人惊骇。

如此，该怎么办？君臣上下，一筹莫展。


首先得找原因吧。

先从宋军自身来看。

我们知道，战争是个复杂的系统，最终的胜败，取决于很多因素，甚至是偶然因素。但是，如果指挥系统出了问题，不能令行禁止，前线将领不遵军令，在战场上我行我素，那无论如何，都是极其要命的。

第一战，三川口之战，主将刘平轻敌冒进，行军中步骑协同不一致，又被夏军假扮信使所骗，以至于在延州城外五里处被包围。激战中，殿后的黄德和又临阵脱逃，导致宋军全军崩溃。主将刘平、石元孙被俘，将校多有阵亡。

第二战，好水川之战。任福一再违背军令、贪功冒进，被夏军分割包围、各个击破。最终，导致全军覆没，任福及以下将校数十人皆战死沙场。

第三战，定川寨之战。葛怀敏奉命前往阻击，阵前违背将令，执意北上主动迎敌，陷入夏军重围，又不听部下所劝，野战之后执意突围。本人兵败身死，宋军大部被俘。

三战三败，血泪斑斑，令人痛心。主将难辞其咎。

三位主将，刘平、任福、葛怀敏，都在西北前线摸爬滚打多年，即便算不上百战名将，也是战斗经验丰富的老行伍。但在临敌时，他们几乎都犯了同样的错误，违背军令、轻敌冒进，导致大军深陷重围，进而全军覆没。

军人以服从命令为天职，自古皆然。令行禁止，是军队最重要的铁律。身为主将，他们更应当以上率下、以身作则。那么，他们为何屡屡违背军令？如果说性格使然，那三人都是一样的性格？不可能那么巧。应该还是制度的问题。

正如前文所说，宋朝国策就是重文抑武。为防止武将坐大，西北前线的边帅多为书生。无论夏竦，还是韩琦、范仲淹、范雍等，都是两榜进士出身、诗文风流的书生将帅。

这些书生将帅，在边疆时间一般不会太长，多则三五年，少则一两年。如此，帅不知将，将不知帅，也就不足为奇了。在职业军人眼里，这些文人将帅，不过是来前线镀金，捞个出将入相的功名罢了。事实上，很多人也确实如此。

设身处地地想，那些刀口舔血、出生入死的武将们，对这样的制度安排，内心深处会真的认同？估计，更多是敢怒不敢言。

如此说来，在前线将校眼里，那些书生将帅们又有几分值得尊敬，他们的军令又有几分值得敬畏，就是个大问题了。到了战场上，这种内心深处缺乏的尊敬和敬畏之心，就成了桀骜不驯、违背军令的鲁莽行动。将在外君令有所不受，则是这些将校们心理上的护身符。

重文抑武，作为宋朝国策，其利其弊绝非三言两语可以概述。不过，宋军在战场上屡战屡败，却是不容置疑的事实。这两者之间，未必是一对一的直接因果，但追根溯源，还是这种制度安排结出的恶果。

往事千年，已成风。只是，可怜那些宋军将士们。他们为将帅所累，屡屡陷入重围之中。面对危局，他们没有贪生怕死、跪地求饶，却迸发出惊人的战斗力。那种视死如归、杀身成仁，战至最后一人的血性勇气，那种慷慨赴死、为国尽忠的凛然大义，虽过千年，犹让人动容。他们用鲜血和生命，为文弱的宋人正名，为孱弱的宋军正名，更为饱受诟病的大宋正名。

大宋虽败，但宋军将士，仍不愧英雄之名。

千年后，犹是如此。


战争是一体两面。宋军的惨败，就是夏军的大胜。

宋人的屈辱，就是元昊的功绩。

夏军连战连捷、锐不可当。元昊曾发天子诏书告谕关中百姓，"朕今亲临渭水，直据长安"。

那种志得意满、意气风发，毫不逊色唐宗宋祖。

作为开国帝王，元昊有雄才、有大略，用兵如神，战无不胜。在他的年代，即便算上辽、宋所有的帝王将帅，元昊几乎是文韬武略第一人。无人可以争锋！

单看元昊用兵。

三场恶战，元昊都是亲率大军出征。党项将士虽勇武无敌，冷锻甲、神臂弓更是天下无双，但元昊并不恃强硬取。他的军事素养和指挥才华，在战争中体现得淋漓尽致。

大战之前，必先刺探宋军虚实。据说，夏竦曾制订五路伐夏的作战计划，锁于内室秘柜之中，钥匙随身携带。数日后，柜门大开，作战计划竟不翼而飞。如此可见，元昊的情报工作，做到了何种程度。

大战之中，元昊更是虚虚实实、兵不厌诈、妙计连连。以数量论，夏军不过十万，而西北宋军至少在五十万人左右；以战力论，夏军多骑兵，善野战，宋军多步卒，善守城。元昊扬长避短，多诱使宋军野战，避免重兵屯于宋军坚城之下。

军事策略上，先佯攻围城，迫使周边宋军前来救援。沿途用骄兵之计，且战且退，将宋援军引入伏击圈。待宋军被围后，再发挥夏军骑兵的机动优势，迅速集中兵力，形成战场上兵力的绝对优势。野战，原本就非宋军所长，又深陷重围，在夏军重装骑兵的轮番冲锋之下，全线崩溃、全军覆没，也就不足为奇了。

所以，看上去，宋军总是在路上，先是小胜，然后一步步走进包围圈，再被重兵所围，进而全部被歼灭。数次战役，元昊的套路如出一辙。为何宋军一而再、再而三地犯错，难道是宋人不长记性？非也。不是猎物愚蠢，而是猎人太高明。元昊熟读的《孙子兵法》、兵书战策，宋军将领们应该也是烂熟于心，关键是运用。

要知道，元昊是天子领兵。既是皇帝，又是最高指挥官，又身处前线，他指挥大军，自然如使臂膀，伸缩自如。面对战场上电光火石、千钧一发、瞬息万变的战机，或战、或走、或围、或突，元昊一言而定。这岂是宋朝书生将帅和臃肿的官僚体制所能比的？

当然，战争不是一个人的游戏。优秀的军事统帅定是既能海纳百川、博取众家之长，又能乾纲独断、有胆有识有魄力的人。元昊就是这样的军事奇才。不过，他身边也有高人。

比如，上面那个诏书的书写者，西夏的宰相，汉人张元。

元昊能战必胜、攻必取，张元功不可没。


张元，宋朝华州人（今陕西华县）。

在历史上，他还有位好兄弟，也是同乡，叫吴昊。

两位都是读书人，走的科举之路。无奈，两人虽才华横溢、满腹经纶，却屡试不第。兄弟二人颇为愤懑，常常夜游山林，或纵论天下，或吹铁笛以自娱。山中盗贼素闻两人大名，也深为折服，不敢上前打扰。

见科举之路不通，而边疆战乱不断，二人决定投笔从戎。到了宋夏边境后，为博人眼球，他们雇人拖块大石板四处游荡，石板上刻着两人怀才不遇的诗句。他们则披发遮面跟在后面，或大笑、或大哭。如此惊世骇俗，很快被当地驻军发现。边关守将接见了他们，但并不以为然，不痛不痒地问了几句，便打发了事。话里话外，对二人的不屑溢于言表。

时值隆冬，张元站在边关之上，遥望漫天飞雪。眼见千里江山如画，满朝公卿勋贵，他们兄弟满腹韬略，竟无用武之地，不禁眼含热泪，触景伤怀，遂赋诗一首。

《咏雪》

五丁仗剑决云霓，直上天河下帝畿。

战罢玉龙三百万，败鳞残甲满天飞？

张元博学古今，自然读过唐末黄巢的《菊花诗》。两相对比，一样的以诗明志、一样的杀气腾腾。

和黄巢不同，他们没有造反。

他们决定走另一条路，投靠西夏。此处不留爷自有留爷处。

此时，李元昊已继位。在宋夏边境，他们听说元昊有胆有识，能文善武，在国内大兴变革，求贤如渴，番汉官员一视同仁。这让他们眼前一亮，心向往之。

两人凑足盘缠，历经艰辛来到了西夏的国都。只是，偌大的兴庆府，他们举目无亲，别说见到李元昊，就连引荐之人都不可求。万般无奈，他们只能故伎重演，继续搞行为艺术。

他们先是改名字，将"元昊"二字拆开，加上自己的姓，变成了张元、吴昊。所以，这两人的名字是改过的，至于他们的本名，则早已湮没在了历史之中。

兴庆府有座酒楼，号六甲楼。楼高三层，富丽堂皇，是高官亲贵们常饮之处，每日高朋满座、热闹非凡。张、吴二人，选中了这里。他们一身中原书生的装扮，在酒楼大堂，指点江山，畅谈天下事，点评君王，漫话帝王业。两人说得兴起、喝得大醉，还在墙上留诗一首，落款张元、吴昊。

两人行为过于骇然，又直书元昊大名，早有人已报官。当时元昊虽未称帝，但国中已无人敢犯他的名讳。元昊听闻此事，先是愤怒，继而好奇，便要亲自审问二人。

元昊问道，看你二人书生装扮，想来也是读书人，且不知入乡问俗，居然敢犯我的名讳？是找死吗？

二人答道，有人连自己姓什么都不知道，还在乎名吗？

一句话，顶在了元昊的肺上。

是啊。李元昊、赵元昊，到底姓什么呢？

至此，元昊知道二人非俗人，赶忙亲自为他们松绑，引为上座。张元、吴昊的行为艺术，终于收到了奇效。自此，两人追随元昊左右，成为他的重要智囊。

元昊是个有心人。

为了让张元、吴昊安心为西夏效力，元昊派人假传宋朝圣旨，将他们家人由宋偷运到夏。千里迢迢，危险重重，安然到达。如此，他们家人团聚，更无后顾之忧，更加死心塌地为元昊效力了。

在元昊的称帝之路上，两人用尽平生所学，全力辅助元昊。西夏的革故鼎新、内政外交、国防军事，都有他们的身影。尤其是张元，深得元昊信任，须臾不离左右。张元更是不负厚望，屡立功勋。好水川之战、定川寨之战，都闪烁着他的智慧。

好水川大胜之后，张元奉元昊之意，在边境的佛寺墙壁上题诗一首，"夏竦何曾竦，韩琦未足奇。满川龙虎辇，犹自说兵机"，落款"大夏太师、尚书令兼中书令张元随皇帝陛下至此"。诗词之间，对夏竦、韩琦极尽讥讽。想来，夏竦年仅二十便中进士，韩琦更是十九岁金榜题名，而张元则是屡试不第。两相对比，估计夏、韩二人脸都红到了脖子。

再看张元的官职，他在西夏已是位极人臣。而此时，距离他到兴庆府不过数年而已。应该说，张元确实有才华，是个经天纬地的人物。但更重要的，是元昊给了他纵横的舞台。

千里马常有，伯乐不常有。古今依然。

翻遍史书，有个细节很有意思。在被元昊接纳之前，张元、吴昊的名字都是连在一起的。而后来，吴昊就完全没有了踪影，只剩下张元独自站在西夏舞台中央，而且越来越出彩。

这背后自然有蹊跷，让人浮想联翩。

比如，李斯与韩非的故事。当年，他们都拜在荀子门下，寒窗苦读，亲如手足。学成后，李斯来到秦国，颇受秦王重视，位高权重，声名显赫。后来，韩非为救韩国，被迫入秦向秦王游说。秦王很欣赏韩非的才华。这让李斯很是担忧。他自知韩非的才华远在他之上，若秦王重用韩非，他的地位必将不保。几番谗言，韩非被下了大狱。之后，李斯仍不放心，便设计毒死了韩非。

这是个关于人性的故事。而这样的故事，在历史上比比皆是。

不知张元、吴昊之间，是否也是如此呢？

毕竟，共患难易，共富贵难。

这句话，不仅适用于张元和吴昊，也适用于元昊和张元。随着元昊如愿称帝，夏军三战三捷，他们君臣亲密无间的关系，似乎也走到了尽头。

至于导火索，则是因为对宋的下步战略，出现了重大分歧。

张元坚持继续打下去，那句"朕今亲临渭水，直据长安"，尽管是为元昊所写，应该也是他的理想。元昊称帝以来，张元一直是西夏与宋作战的最大推手。兵临渭水、占据长安、号令天下，是他为元昊设计的战略，也是他的终极梦想。

这个梦想，曾经让元昊热血沸腾。让他率领党项男儿，三战三捷，出尽了风头。但胜利过后，他并没有得到太多；相反，失去的更多。而且，他发现，根本打不下去了。

这又是为何呢？

还是得从国力上分析。

纵然李元昊雄才大略，他所统治的大夏国，也不过方圆万里，人口不过数百万，即便全民皆兵、全国总动员，能战之兵也不过数十万。而他的对手呢，大宋幅员辽阔，人口稠密，带甲之士百万之众。持久的战争，终是综合国力的较量。在这点上，西夏与北宋完全无法匹敌。

宋夏交兵，宋军固然损失惨重，但宋朝国家富有、兵源充足，很快就能恢复战力。西夏即便损失相对较小，但相对国力仍是不可承受之重。长此下去，即便宋朝每战皆败，西夏每战皆胜，宋朝能挺住，西夏也未必耗得起。

战争让元昊渐渐明白，击败宋军易、击溃宋军难，占领城池易、占领长安难，入主中原更是痴人说梦。而且，与宋交战以来，就没有了宋朝的岁赐，这让西夏少了一笔横财。尽管有掠夺的收入作为补充，但算上庞大的军费开支，依然是入不敷出。

加之宋朝关闭边境榷场，切断宋夏贸易，西夏的民生问题马上凸显。丝绸、布匹、茶叶、瓷器等生活必需品极其短缺，民怨四起。且连年征战，田地荒芜无人种、牛羊锐减无人牧，口粮问题也开始出现。如此下去，西夏根本难以为继。

不当家，不知柴米贵。年轻的时候，元昊看不上父亲李德明，说他像个乡下老财主，总惦记着宋朝给的好处。如今，自己当家了，知道难了。

如果说，国内的问题让他头疼，他还可以忍受，甚至可以无所顾虑，大不了勒紧裤腰带。毕竟，成大事者不拘小节。想成千古帝业，饿死几个人算什么呢？但来自西夏的大靠山，辽国的压力，就让他必须慎重对待了。

辽是夏的宗主国。因为联姻，还被称为甥舅之国。辽是舅舅，夏是外甥。当时，辽国是兴宗皇帝在位。早些年，兴宗的姐姐嫁给了元昊，元昊还是他的姐夫。

澶渊之盟后，宋每年给辽岁币，双方收起了刀兵，保持了和平。不过，凡大国之间，政治角力始终存在。李元昊之所以敢放手与宋作战，背后少不了辽的鼎力支持。

辽一直在静观战局演变。见宋被西夏折腾得焦头烂额，辽兴宗出手了。他所扮演的角色，自然是调停者。不过，自古以来，在国际政治上，调停者多也是敲诈者。毕竟，无利不起早。

辽使到了东京，带了辽兴宗的好意，辽国可以约束元昊、接受和谈。作为回报，宋对辽要有所回馈。宋须将瓦桥关以南十县之地，割让给辽；同时，增加岁币。既要钱，又要地。辽兴宗的要求不是调停，分明就是趁火打劫。为了配合外交行动，辽军还在边境地区大规模调动，进行军事恫吓。

宋朝君臣对辽的背信弃义，自然十分恼火，但有求于人，还是忍了。当朝宰相晏殊主持了宋、辽谈判。他也是著名的大词人，"无可奈何花落去，似曾相识燕归来"，就出自他之手。

晏殊从小聪明好学，五岁就能创作，是远近闻名的神童。十四岁入京参加殿试，受到真宗嘉赏，赐同进士出身。他仕途顺遂、官运亨通。居朝廷机要多年，为人谦和朴实，唯贤是举。范仲淹、王安石等均出自其门下，韩琦、富弼等经他栽培、荐引，都得到重用。富弼还成了他的女婿。

晏殊奏请仁宗同意，割地万万不可，增加岁币，则犹可再谈。选派赴辽使节，晏殊举贤不避亲，推荐了自己的女婿。富弼则不辱君命，在澶渊之盟所定岁币基础上，再增加银十万两、绢十万匹，与辽人达成协议。史称"庆历增币"，或是"重熙增币。"庆历，宋仁宗的年号；重熙，辽兴宗的年号。

辽人拿钱就办事，与宋达成和议后，即向元昊施压。

元昊压力重重。他不能同时得罪辽、宋两大巨头。

宋、夏谈判开始。


谈判进行得很不顺利。

元昊狮子大开口。不仅口气大，开出的条件也挺吓人。

不过，这也没什么。谈判，从来就是讨价还价。双方互派使节，谈了好几轮。中间，元昊不断耍花样，让北宋君臣哭笑不得。先是称子不称臣，在国书上自称"男邦泥定国兀卒曩霄上书父大宋皇帝"；在宋提出抗议后，又将自称的"兀卒"改成"吾祖"，就是从"青天子"，改为"祖宗"。

元昊磨磨蹭蹭，不过是想多捞点好处。这让辽人很不爽。他们拿了宋人的钱，又夸下了海口，就想着快点把事办成。因此，相比宋人，反倒是辽人越来越不耐烦，火气越来越大。

没办法，元昊看辽人快翻脸了，才最终与宋达成和议。

大宋为中原正统，要面子。和议约定：夏向宋称臣，奉宋为正朔，元昊去帝号。宋朝封元昊为夏国主，比皇帝低，比国王高。

李元昊注重实惠，要里子。宋每年给夏"岁赐"，绢十五万三千万匹、银七万两千万两、茶三万斤，开放边境榷场，恢复两国贸易。

对元昊来说，所谓去帝号，也不过是在国书上而已。关起门来自若也，还是皇帝。宋人眼不见，心不烦，也就装糊涂了。

史称，庆历和议。


眼看和议就要最终签字，出了件大事。

辽、夏爆发了战争。

其实，战争一直在酝酿之中。

对元昊来说，自继位以来，横刀立马，纵横驰骋，我行我素，好不自在。这次，受辽人胁迫，与宋进行和议，非常憋屈。辽人还自恃宗主国，处处居高临下、盛气凌人、指手画脚，让他倍感屈辱，怒火中烧。

辽兴宗也不满意。自介入调停以来，他对这个姐夫越来越恼火。其人不仅桀骜不驯、嚣张跋扈，对大辽也是三心二意、不恭不敬。他在心里盘算着，得找机会教训下党项人了。

机会说来就来。

西夏来使报丧。兴宗的姐姐，元昊的妻子兴平公主去世了。兴平公主虽是宗室之女，并非兴宗胞姐，但两人感情深厚。如今，听说姐姐去世，兴宗十分伤心，特派亲近大臣，持天子诏书，去到兴庆府责问究竟。

谁知，元昊竟十分傲慢，对天子近臣十分不敬，出言不逊。来人还了解到，兴平公主自嫁元昊，就少有恩宠，元昊对其不仅非常冷淡，还常常恶语相向。即便公主病重，元昊也是不闻不问，终至其郁郁而终。

真相让兴宗火冒三丈。这时，又有边关来报，元昊在辽夏边境搞小动作，策动居住在辽境内的党项人叛辽归夏。

是可忍，孰不可忍。

辽兴宗御驾亲征，率三路大军伐夏。同时，急派使者到宋，告知调停工作到此为止，要求宋停止与夏签约，辽要出兵灭夏了。

舅舅和外甥打起来了。剧情如此反转，大宋有些蒙了。转过弯后，宋朝君臣特别机敏，紧急召回即将赴兴庆府签约的使节。坐山观虎斗，满心欢喜。

辽夏边境，一马平川。

辽军渡过黄河，直入夏境四百里。

元昊慌了手脚。

元昊的紧张是有道理的。多年来，夏对宋，要打要和，从心所欲；但是对辽，则始终心存敬畏。辽夏百年，偶有冲突，大体和平。辽人如此兴师动众，大规模攻夏，十分罕见。

不过，兵来将挡。辽军前锋逼近，元昊亲率大军迎战。他利用地理优势，设伏包围了辽军一部。贺兰山下，辽、夏大军对阵。同样被围，辽军却非宋军，左冲右突，势不可挡，几轮冲锋，夏军就溃不成军。辽军趁势掩杀，元昊狼狈而走。

首战受挫。见辽军气势正旺、勇武强悍，且援军不断，元昊只好避其锋芒、主动后退，以待战机。同时，主动派使节去兴宗大营，谢罪请和，借以拖延辽军进攻。

辽军将帅，对元昊的伎俩都很清楚，要求一鼓作气荡平元昊。辽兴宗却犹豫了，这让元昊有点莫名其妙。元昊了解情况后，又三次派使者请和，且每次都主动退军三十里。

看上去，元昊态度诚恳。可是，每次撤退，他都坚壁清野，绝不给辽军留一粒粮食。如此，辽军每进一步，粮草供应就困难一分。几次三番，辽军补给开始出现问题，锐气也开始消退。当辽兴宗犹豫再三，决定接受元昊请和时，军中粮草已近告罄。

如此战机，恰是元昊所待。乘着夜幕，夏军向辽军发动突袭。要说辽军确实强悍，即便深夜受到突袭，也很快稳住了局面，再奋力血战，竟然打得夏军节节后退。至天明时分，辽军已完全扭转战局，对夏军形成反扑之势。眼看，元昊又要吃败仗了。

忽然，狂风大作，飞沙走石，天昏地暗。辽军将士惊惧不已，以为是上天的示警，纷纷畏缩不前，阵脚大乱。要知道，这是党项人的土地，夏军对这样的天气再熟悉不过了。这就是天时。元昊迅速抓住战机，疯狂向辽军反攻。辽军大溃，人马践踏，死伤无数，就连辽兴宗的大营也无法固守。兴宗本人仅带十余骑逃脱，一路狂奔，退回了辽境。天子仪仗、器服乘舆，还有驸马等数十位辽国贵族大臣，都被元昊俘获。

此战，大辽天子亲征，却一败涂地，几乎全军覆没。而且，还是败给自己的属国，颜面尽失。丢脸之余，契丹人勇猛无敌的神话也被打破，国威受损。辽国统治下的女真人、渤海人等，开始蠢蠢欲动。大辽从此江河日下。

大宋君臣一直密切关注辽夏战局，见辽国惨败，顾不上惊叹，急令使者赴夏。当和议最终签订，白纸黑字无疑，他们才长出一口气。宋朝君臣依旧机敏。

这年，是公元 1044 年。

这是宋仁宗庆历四年，辽兴宗重熙十三年。

还是西夏天授礼法延祚七年。

这是属于大夏的年份，更是属于李元昊的年份。

这一年，李元昊击败了庞然大物辽国，让辽人收获了建国以来最大的败仗。自此，辽人再也不敢小觑党项。

战后，元昊依旧向辽称臣。识时务而已。不过，对辽的敬畏已所剩无几。曾经高高在上的辽兴宗，忍气吞声，就坡下驴。

这一年，李元昊在三战三胜后，与宋签订了和议。

名义上，夏依然是辽、宋的藩属，但除却那些虚名，元昊的大夏已实实在在地傲立于两大巨人之间。这两个巨人，望向党项的目光，也不再是鄙夷和不屑，而是夹杂着惊惧、无奈和钦佩。

在元昊的带领下，西夏终于走上历史舞台的中央。辽、宋、夏三国鼎立的时代大幕，就此拉开。

这年，李元昊四十一岁，他站在了人生的最巅峰。


历史反复告诉我们，站在巅峰的人，往往最危险。

因为，巅峰过后，就是衰落。

月盈则亏，盛极而衰。这几乎是铁律。

这也是人性。人在最辉煌的时候，也是最无知无畏的时候，也是最容易跌落的时候。元昊的跌落轨迹，从张元去世开始。

这个在元昊称帝登基，征战四方，须臾不离身边的人，死在了公元1044年的冬天。元昊最巅峰的时候。

据说，张元去世的消息传到元昊那里，他无动于衷。对这个曾经言听计从的人，他有些厌烦了。我们不知道，这对曾经亲密无间的战友，从何时生了嫌隙。或许，根本就没有原因。就如同登山的人，在攀上山巅之后，随手就扔了手里的登山杖。没有原因，只是没用了而已。

可惜，他们忘了一件事。人，不可能永远待在山巅；人，是需要下山的。元昊也是如此。其后的元昊，昏着儿迭出，让人心急。可以假设，如果张元仍在，或许元昊就不会摔得那么惨。

听闻张元的死讯，元昊无动于衷，宋朝上下则是长舒了一口气。交手多次，宋人十分清楚张元的分量。不仅如此，他们还深刻反思了出现张元这般人物的原因。结论是，科举制度有问题。在唐朝，黄巢就是落第之人，后来掀起滔天巨浪。张元也是如此，辅佐元昊左右，成了大宋心腹之患。

相传，当年张元曾参加过殿试，但不幸落第。从此，宋朝规定科举殿试取消末位淘汰。凡参加殿试者，即便排名垫底，皇帝也会授予"同进士出身"，避免再出现张元这般叛国资敌者。

对张元，宋人深以为耻。关于他的记载非常少且模糊，后世对其也多有鄙夷。或许，历史深处的张元会觉得冤枉，会极力为自己辩护。满朝公卿，都是碌碌之人，泱泱大宋，没有用武之地，他投奔西夏，辅助明主，何错之有？再说，汉人辅佐党项，历来有自，比如辅佐李继迁的汉人张浦。李元昊的左右重臣，更是不乏汉人。为何独独揪住他不放呢？

可惜，张元是打不赢这场官司的。他忘了，有的人，生活所迫，走投无路，无以为继，即便为敌所用，也是不得已而为之。对此，众人虽有责难，但多少还有些恻隐之心。有的人，身在曹营心在汉，还时刻惦记着父母之邦，更不忍责难。

张元则不同，他是主动投敌。而且，他是带着对父母之邦咬牙切齿的仇恨，投奔西夏的。辅助李元昊之后，他不断地蛊惑煽动、煽风点火，唆使元昊对宋用兵。三川口、好水川、定川寨，对那些在山谷中、雪地里哀号的宋军将士，那些无辜丧生的寻常百姓，张元难脱干系。

张元还力劝元昊，进攻关中，入主长安，掀翻大宋，君临天下。若非西夏国力不济，让元昊知难而退，不知中原又将成为怎样的人间地狱。后来，元昊有意与宋讲和，张元更是极力反对。

要知道，如果仅仅是为了富贵，张元在西夏已经位极人臣，无以复加了。那他所为，又是如何？或许是仇恨。可是，面对生于斯长于斯的故土，其仇恨又从何而来？令人疑惑。

或许，我们必须承认，在几千年的人类历史中，确实就有张元这样的人。在他们眼里根本就没有道义感，只有自己和天下。要么让天下屈服于自己，要么就让天下大乱。

在张元那里，西夏也好，元昊也罢，都是他的棋子。

这样的张元，永世也别想翻身。


张元死了，宋人特别解恨。

可老天往往就是这样，带走一个你恨的人，也会带走一个你爱的人。这年，另一个人的离去，让宋朝上下悲伤不已。范仲淹为他写了墓志铭，称赞他戍边有年，忠勇报国，"生则有涯，死宜不泯"。他配得上这样的赞许。

他就是，种世衡。

请记住这个姓，在后来的历史中，这个姓氏将反复出现。

种世衡，河南洛阳人，北宋初年大隐士种放的侄子。

种放终生不仕，但在朝廷上下颇有名声，据说真宗皇帝都曾向他问道。靠着叔叔的恩荫，种世衡走入官场。虽然如此，但后来的步步升迁，靠的是真本事。

种世衡在担任武功知县（今陕西武功县）时，修文偃武，法度严明，百姓奉公守法，治下路不拾遗。据说，县衙想要传唤某人，无须派衙役锁拿，只需在县衙门口贴张布告，被传唤者就会在规定时间，自行到县衙报到。

在西北前线时，种世衡的顶头上司正是范仲淹。两人相交很深，范仲淹非常欣赏种的才华。范仲淹的军事思想和策略，与种世衡的献计献策大有关系。比如，修筑青涧城（今陕西青涧）。从选址，到建议，到筑城，范仲淹都是鼎力支持。

种世衡久居边地，眼光毒辣，清涧城所在，恰是兵家咽喉之地。眼见种世衡在此筑城，党项人十分恼火，数次派兵攻击。就这样，宋军修，夏军毁，反复多次。历经有年，种世衡费尽心血，在一片荒凉中，在无数宋夏军士的尸骸之上，青涧城终拔地而起。自此，夏军望城兴叹，往前难逾一步。

修完城后，种世衡就地驻守拒敌。

他将目光转向附近的羌人部落。这些羌人，世代居住在宋夏边境，生活穷苦，但悍勇善战。他们游离于宋夏之间，或助夏攻宋，或助宋攻夏。正因如此，宋朝官员与羌人见面，多在城中，对于羌人所在堡寨，则心生畏惧，少有敢前往者。种世衡则不然，他常轻装简从，走入羌人部落，嘘寒问暖，施以恩惠。

据说，有一次他和羌人酋长约定，第二天去部落拜访。不料，当夜天降暴雪，平地积雪三尺有余。次日，部下们都说，山路崎岖难行，酋长忠奸难辨，劝他放弃行程。种世衡却坚持前往，冒着狂风暴雪，艰难攀缘而上。酋长这边，见天气如此恶劣，料定种世衡不会前来，早已饮酒睡下了。当他被叫醒，看到种世衡如约而至，不禁大为感动。此事，传遍羌人部落，羌人莫不钦佩。

定川寨之战，元昊大败宋军，很多宋军将领被吓破了胆，纷纷后撤。种世衡却主动请战迎敌，成为宋军中的逆行者。夏军闻种世衡前来，不敢撄其锋芒，避而走之。事后，范仲淹感叹种世衡的忠勇，特意向朝廷为其请功。

事实上，种世衡不仅忠勇可嘉，更是足智多谋。

他的反间计，杀伤力惊人。

可以说，元昊巅峰之后的雪崩，就是由此开始的。

当时，元昊的心腹重臣，除张元外，就属野利兄弟了。这兄弟俩是野利皇后的哥哥，野利遇乞称天都王、野利旺荣称野利王。两人足智多谋，文武双全，分别统领西夏的左、右厢军，是夏军屡次攻宋的大将，也是大宋的心腹大患。

宋朝边将吃尽了这两人的苦头，人人欲得而诛之。如果真能如愿，那真是天佑大宋了。不过，也只是想想而已，诛杀元昊的心腹重臣，谈何容易？

别人或许只是想想，种世衡则不然。他会行动。他与党项人对垒多年，无论是战场厮杀，还是要诈用计，从没落过下风，更不自甘下风。

这次用的是反间计。

种世衡驻地附近，有座寺庙，庙中有个花和尚，名叫王嵩。此人身体强健武艺高强，大碗喝酒，大碗吃肉，素有忠义之名。种世衡亲自登门，表达了钦佩和结交之意，并将王嵩接到府上。自此，每日好酒好肉招待，两人还不时切磋武艺，亲如兄弟。

转眼，半年有余。一日，种世衡突然发飙，大骂王嵩忘恩负义，背主卖国，下了大牢，严刑拷打。王嵩莫名其妙，不知种世衡为何翻脸。只是，无论如何酷刑，即便皮开肉绽，痛不欲生，他始终铮铮铁骨，绝不承认投靠西夏一事。

这一切都被种世衡看在了眼里。他将王嵩重新接入府中，清洗伤口，换上干净衣服，扶到上座，然后倒头便拜。王嵩不明就里，更是一头雾水。

这时，种世衡说了他的计划。王嵩是他实施反间计、诛杀野利兄弟的关键一环。由于此计异常凶险，王嵩必将受到西夏方面的残酷对待，他担心王嵩扛不住，故而先行进行破坏性试验。一席话，说得王嵩苦笑。为国效命，一死而已，这又是何苦呢？

种世衡手书密信一封，交给王嵩，让他去西夏找野利遇乞，然后如此这般等等。待张嵩身体康复，种世衡为他摆酒践行。此刻的王嵩就如同当年的荆轲。两人心里清楚，此去山高水长，凶险异常，无论计谋成否，王嵩几乎必死。种世衡有些不忍，倒是王嵩，谈笑自若，一如往常。

到了兴庆府，王嵩直接登门求见野利遇乞。西夏崇佛，对僧人颇为敬重，听说有中原高僧求见，遇乞并未生疑。寒暄之后，王嵩郑重取出密信，交给遇乞。这封信，乍看起来，平淡无奇，都是些平常的问候之语，但仔细读之，又似乎暗藏机锋。比如，上次一别，现在可好？约定之事，何时动手？等等。那么，问题来了。上次一别，那双方见过面？约定之事，又是何事？

野利遇乞机智过人。他马上意识到，这是种世衡的离间之计。他不禁哈哈大笑，笑种世衡欺他如三岁孩童，就这雕虫小技，也能拿出来现眼。他大喝一声，令左右将王嵩拿下，连人带信一起送到皇宫，请元昊发落。

闻此大案，元昊异常警觉，亲自审问了王嵩。可无论元昊如何威逼利诱，王嵩始终不改口。他自称受种世衡所托，送信而已，其余一概不知。王嵩越是不说，元昊越是起疑。

王嵩被打入死牢。如种世衡所料，为了撬开王嵩的嘴，党项人在他身上费尽了心思，穷尽了手段，以前管用的还是逼急了想到的，都用上了。可惜，他们没有收获，王嵩都了扛下来。写起来，不过几个字，其中的苦，神仙都怕。

我们必须承认，不是谁都能当英雄的。有人豪气冲天，或许不惧一死。但能熬过生不如死的，又有几人？英雄是特殊材料构成的，这材料的主要成分是大义和信仰。自古亦然。

千古之下，王嵩犹是英雄，大英雄。

王嵩惨死，元昊一无所获。没了王嵩，元昊只能再反复读这封信。越读，越觉得有问题；越觉得有问题，就越是问题。再想想平日的蛛丝马迹，现在看来，都是昭然若揭。

臣疑君则反，君疑臣则诛。

无论君臣，一旦有了嫌隙，双方都信奉，宁可信其有，不可信其无。没办法，输不起。就看谁动手快了。

元昊先发制人。下定决心后，当夜就动手，派禁卫军包围了野利兄弟的王府。发出的诏令，则是格杀勿论。当清晨的阳光，再次洒满西夏的国都，野利兄弟的王府一片静悄悄，府中上下、男女老幼，近千口人，都已命丧黄泉。仅仅一日之隔，繁华化为齑粉。只留下，刺鼻的血腥味。

野利兄弟被杀，种世衡头功一件。

消息传来，范仲淹、种世衡把酒言欢，宋朝君臣欢天喜地。

青涧城外，种世衡为王嵩修了一座衣冠冢。时人常见他，带着一壶酒，摆上一桌菜，端坐坟前，许久许久。

回头来看，种世衡的反间计毫无出奇之处。

王嵩扮演的角色，就是送信者。送信的人好找，王嵩的价值就在于，无论如何酷刑，就是闭口不言。

种世衡要的就是这点。只要开口说话，就会有破绽。毕竟是假的。而越是不说话，对方越会穷追不舍。王嵩越是宁死不屈，元昊越是疑窦丛生。虽是最简单的心理战，却非常之难。难就难在，不仅能豁出命，还能扛得住。这需要极强的毅力。

王嵩，真英雄。种世衡，慧眼识英雄。

当然，最重要的还是对人性的把握。种世衡摸透了李元昊。

元昊此人，雄才大略不假，军事天才也不假，可谓不世出的一代人杰。但其有个致命的弱点，心胸狭隘，猜忌心重。这几乎是君王的通病，而元昊尤甚之。特别是经历了母亲、舅舅、叔叔的政变和反叛后，普天之下，他早已无可信之人。

翻翻历史，那些被传为千古圣君、一代人杰的，往深里扒了看，很多都是猜忌心重、下手更重的人。一个人登上了高位，便容易把所有的，哪怕再细小的危险，都放大了去看。得到了，就怕失去。得到的越多，就越害怕失去。

我们甚至可以推测，野利兄弟手握兵权，位高权重，早已失去了元昊的信任。元昊忌惮他们已久，动手只是早晚的事。种世衡的反间计，不过是递给了元昊一把刀。以元昊的聪慧，或许他早就识破了此计，将计就计而已。

所谓反间计，钻的就是对手之间的缝隙。如果，对手之间铁板一块，没有缝隙，任你最精妙的算计，也无济于事。当年张浦在大宋东京多年，宋人用尽了离间之策，李继迁根本没当回事。

反间计，说到底，钻的还是人性的空子。

计杀野利兄弟，这是种世衡人生的高光时刻。之后不久，他就病倒了。后来，朝廷派人在边关修筑细柳城。因为有筑青涧城之例，种世衡虽在病中，仍再度请命。到任后，他不顾病体，亲率兵民日夜抢修。城刚筑完，老将军就离世了，终年六十一岁。

种世衡去世了，他们种家的荣耀和悲壮才刚刚开始。后面，还有许多故事。

野利兄弟被杀，还和一个人的去世有关，野利仁荣。

作为党项最负盛名的大学者，西夏文字的创制者，李元昊的国师，野利仁荣死后，备极哀荣。李元昊追封他为富平侯；百年后，西夏后世帝王，更是追封他为广惠王。

野利仁荣，党项民族精英中的精英。没有他，李元昊的帝王之路，必更加坎坷崎岖；帝王之业，也将暗淡无光。或许，野利仁荣才是那个时代，党项民族真正的灵魂。是他规划、设计了西夏帝国，而元昊不过是个操刀人、执行者。元昊一生狂傲，却为野利仁荣所折服，真正的心悦诚服。

野利仁荣去世，西夏帝国如丧柱石。朝局，也随之变化。

当年，元昊为了对付叔叔们，扫清称帝的障碍，开始重用野利兄弟。野利兄弟，固然是把利刃；野利家族，固然可以平衡权力。但因为野利仁荣，元昊爱屋及乌，恐怕也是重要原因。

如今，野利仁荣去世了。皮之不存，毛将焉附？他不仅是国之柱石，也是野利家族的柱石。这时候，野利兄弟若是急流勇退，主动交出兵权，养望林下，或可以保全富贵和性命。可惜，野利兄弟没有警觉，他们可能还以为自己才是柱石。或许，他们并没有飞扬跋扈，依旧忠心耿耿、小心谨慎。

然而，此时朝廷格局已大变。元昊早已坐稳帝位。对于所有可能的威胁，他都充满着警惕，且拥有着绝对的杀伤力。主疑臣，臣必亡。种世衡的离间计，来的正是时候。

杀了野利兄弟，收回左、右厢军的兵权，元昊如释重负。

他是宽了心了，可皇宫里的野利皇后却伤透了心。

这些年来，她是生活在云端里的人物，享受着无上的恩宠。从普通妃嫔，到元昊称帝后的首位皇后，也就是大夏帝国的首任皇后。这是多高的荣耀，怎样的人生际遇。

她的两个哥哥，野利遇乞、野利旺荣，位高权重，权倾朝野；她的族兄，野利仁荣，皇帝的国师。她还给元昊生了三个儿子。除幼子夭折外，长子李宁明被立为太子，次子李宁令哥，也颇受元昊宠爱。能有的，几乎都有了，而且都是最好的安排。

据说，野利皇后喜欢戴起云冠，一种金丝编织而成的冠。为了让皇后独享这份喜欢，元昊专门诏告全国，除皇后外任何人不得佩戴此冠，违者杀无赦。爱，就是独占和排他。如此看来，元昊很知道如何恩宠女人。

野利皇后几乎享尽人间富贵。

可，问世间，哪有恒常不变的富贵？

再长的路，都有尽头；再美的花儿，也会凋谢。

随着族兄去世、两个哥哥被杀，短短一年间，野利皇后从风光的巅峰坠入了谷底。当年，元昊杀卫慕氏全族，尤其是杀卫慕皇后，她不仅是见证者，还是参与者，更是受益者。如今的局面，与当初何其相似？或许，她会忍不住地感慨，风水轮流转，今日到我家。可惜，这是一汪血水。

覆巢之下，焉有完卵？皇后之位，岌岌可危。

唯一令她欣慰的，儿子还是太子。不过，已不是长子李宁明。宁明深受儒学影响，为人宽厚，谦逊平和。子不类父，并不讨元昊的喜欢。后来，他又笃信道教，让礼佛的元昊更为不满。史书记载，他修炼走火入魔而死。这个说法，十分令人生疑。虽说虎毒不食子，但元昊是非常之人，做出非常之事，也并不令人意外。好在，宁明死后，元昊又立其胞弟宁令哥为太子。

尽管如此，野利皇后还是惶惶不可终日。短短数月，物是人非，沧海桑田。在宫中，母子俩常常抱头痛哭。

或许，野利皇后的眼泪，勾起了元昊对往日美好的回忆，念起了野利家族的好。在皇后多次劝说下，元昊开始寻找安置野利家族的遗属。一些侥幸逃脱屠刀的妇孺，被没入了官家为奴为婢。

如果野利皇后知道，她的这番好意，会带来怎样的灭顶之灾。她定会把舌头咬断，这辈子再也不想嚼舌头了。或许，她还想把心用毒药泡一泡，让自己不再保留一丝善意。

可惜，天下没有后悔药。

## 没藏兄妹的组合拳

没藏黑云，野利遇乞的侍妾，被找到了。

这个女人，很不简单。

她是吐蕃人，祖上世居凉州，豪门大户。

党项人占据凉州后，对没藏家族多有倚重。为了笼络和安抚吐蕃人，党项贵族与没藏家族多有通婚。没藏黑云初长成，上门提亲的党项贵族便踏平了门槛。无他，皆因黑云美艳无比，整个河西都在传颂她的绝世容颜。有人说，凉州原有七分美，有了没藏黑云，凉州的美便有了十分。

消息传到兴庆府，如日中天的野利遇乞也动了心思。他快马加鞭赶到凉州，直接登门求亲。其人、其势、其诚，没藏家族根本无法拒绝。十五岁的没藏黑云见到了这个人们口中的大人物。虽已年过五旬、须发斑白，但身体健壮、声若洪钟，坐卧之间、虎虎生风，一身英武豪迈之气。自古美女爱英雄。没藏黑云娇羞掩面，媚若桃花，让统率千军万马的野利遇乞早已魂飞九天之外。

辞别父母，告别凉州，跟着野利遇乞，没藏黑云和哥哥没藏峨博，来到了西夏国都。据说，黑云到兴庆府时，其车驾刚入城，便吸引了无数人的围观。她初到国都，好奇地东张西望，又顾忌身份，不时用白纱遮面，那半遮半掩、千娇百媚之态，令人如痴如醉。车驾远去许久，很多人仍伫立原地，回味品咂。

繁华的国都、气派的王府，让少女黑云心花怒放。她由天真的少女，成了王府的贵妇。不过，却有个遗憾。这个遗憾，随着时间被渐渐放大。野利遇乞妻妾成群，她不过是新来的那个。

走进王府的那天，那些女人们的眼神就让她不安。很显然，她让男人们多么迷恋，她们对她就有多么讨厌；野利遇乞对她有多少宠爱，她们对她就有多少敌意。这是嫉妒，女人间的嫉妒，有时就如同利刃，锋利无比。

野利遇乞刚奔赴前线，这些女人们就拔出了刀，让没藏黑云不寒而栗。她们从语言到行动，处处设坎、处处挖坑，冷嘲热讽自不必说，就连黑云买胭脂水粉的钱，也都被克扣了。十五岁的女孩，生活过得有些窘迫了。

其兄没藏峨博虽然也入朝为官，但并非高官显贵，对于妹妹的处境，即便略知一二，也很难援手。再说，清官难断家务事，这样的事，外人也确实难以插手。

府中之人，就另当别论了。自黑云来到王府，府中的男人们都敬其如仙，把她高高地供着。她是王爷的侍妾，他人谁敢动歪脑筋。更重要的是，对过于漂亮的女人，男人往往望而生畏，反而没了想法。不过，王府管家李守贵却不这么想。

这是个老江湖，也是人精。他跟随野利遇乞多年，深得其信任，王府大小事务，都由其打理处置。野利遇乞在外征战，名义上王府由夫人治理，实际管事的却是李守贵。

他早就盯上了黑云，垂涎已久。别人最多只是活动心眼，他却敢于行动。女人们对黑云的挤兑，正好为他创造了可乘之机。他把自己扮演成忠厚的长者，爱打抱不平的义士，热心、热情、体贴、嘘寒问暖、细致入微、殷勤备至。

没藏黑云出身豪门大户，生来就被万般呵护，何曾受过这般排挤和讥讽，正值苦闷无助，得到李守贵的贴心关照，自然心生暖意。又正值青春年少，情窦初开，哪架住老江湖的套路。一来二去，她成了李守贵的地下情人。

很多次，她在心里比较过这两个男人。

野利遇乞有权有势，威武雄壮，但整日打打杀杀，太缺少生活的情趣，除了给金银珠宝，似乎不知道女人需要什么。李守贵地位低下，管家也是奴婢，不过是奴婢的头罢了。不过，他更年轻，更有力量，更懂女人的小心思。他知道哄女人，有时不过一句话、一个小玩意儿，就能把人哄得很开心。最重要的是，他始终陪伴在她身边。

地位和年纪，权势和情趣，财富和陪伴，这些让黑云纠结，也让天下的女人们纠结。当然，更大的纠结，还是担心东窗事发。而这种事几乎是遮不住的，时间长短而已。两个偷情的人真是欲罢不能，既惊且惧。

怎料，晴天霹雳，野利遇乞突然被皇帝所诛。没藏黑云则是侥幸逃脱。那晚，她恰好留宿兄长家，阴差阳错地躲过了屠刀。事后，听兄长说，王府的血腥味，隔着几条街都能闻到。她没敢打听李守贵，兄长不知道这段私情。虽然如今不重要了，但也没有再说的必要了。只是如此结局，真让人无语。此时，她进王府还不足两年。

富贵如云，随风散。

没藏黑云没想到她的富贵之路，竟这般就到了尽头。昨日的繁华，似乎还在眼前，今日却只能为了活命东躲西藏。这巨大的变故和落差，让黑云开始蜕变。看上去，她依旧青春，可她的内心已不再柔软，她的热血也在慢慢变凉。

有时候，人不经历苦难，不足以成长；有时候，人饱经苦难，却更加阴暗。人与人不同，各自的造化也不同。

过了些日子，没藏峨博见风声渐小，便冒险将黑云送出兴庆府，藏在了郊外的戒坛寺。寺中的住持是凉州人，与没藏家有故交，值得托付。至于未来如何，也只能以后再说。

这年，人间绝色没藏黑云还不满十七岁，正是鲜花绽放的年纪。初进兴庆府的盛况，犹如昨日。野利遇乞虽不解风情，但对她的宠爱确是无以复加。李守贵虽说是只馋嘴的猫，但是花言巧语、柔情蜜意，哄得她也很开心。这一切，转眼成空，恍然如梦。

夜半醒来，听着寺外密林深处野兽的嗥叫声，看着洒落床头清冷的月光，黑云不禁泪流满面，嘤嘤哭泣。这一刻，她就是没长大的孩子，想念父母亲，想念凉州老家。伤心之余，更多的是不甘。想到未来，黑云更是两眼茫茫。难道，就这样了此一生？

看上去，似乎就是这样的。


世上多少美丽的鲜花，凋零在了无人的角落。

无声无息。

很快，便没有了一丝痕迹。

在一个毫无征兆的傍晚，一帮如狼似虎的衙役冲进了戒坛寺。黑云吓得花容失色，瘫倒在地。很显然，那个凉州故交的住持，把她举报给了官府。先前，元昊的诏书写得清楚，凡举报野利兄弟家人的，有重赏。人心啊。

她被带回了兴庆府。进城时，已入夜，城中万家灯火、喧嚣热闹、繁华依旧。可这一切，已与她没有任何关系了。她被投入了阴暗潮湿的地牢，叫天不应，叫地无声。事发突然，哥哥也未必知情。偌大的京城，没人会救她了。这一次，在劫难逃。

没想到，情况却起了变化。

野利皇后的建议，让没藏黑云的命运迎来了转机。

她没等来屠刀，却等来了宫里的宦官。这些宦官和颜悦色，不像是来取她性命的。她被带出地牢，到了一处官舍。稍稍镇定下来，她便任由内官们摆布。沐浴更衣，梳妆打扮，描眉画眼。

当没藏黑云再出现在众人面前时，宦官们几乎倒吸一口凉气。他们见多了美女，但如此绝色的风采，却从未领略过。难以想象，一个女人竟能美到如此程度。这种美，勾魂摄魄，几乎能让全天下的男人瞬间解除武装，包括宦官这种假男人。

黑云被带上了车。尽管车外蒙有厚厚的帘子，但通过缝隙，她还是看到车子正穿过宫城的大门，向皇宫深处驶去。

她似乎有点明白了。但，还是不敢奢望太多。她只能静静地等待，等待命运的裁决。而所谓命运的裁决，更多的是人的裁决。

有些人，就是命运的主宰。比如，大夏国皇帝李元昊。

没藏黑云被带到了元昊的面前。

野利遇乞被杀，家人被株连的很多，死的多逃的少。即便元昊有心重新安置，派人到处寻访，也所获无几。当有司报告说，找到了遇乞的侍妾没藏黑云，他虽不认识，但仍想当面宽慰几句，了却心中点滴的愧疚之情。

当然，还有另外的说法，称元昊早就知晓没藏黑云。这也不奇怪。野利遇乞是皇后的兄长，和元昊是至亲。没藏黑云作为遇乞的宠妾，元昊知道这个人也是正常的。何况，没藏黑云之美，兴庆府几乎无人不知。甚至，他们之前就在家族聚会上见过面，而元昊也早就对黑云有了心思。只是当初碍于野利遇乞，隐忍不发罢了。如今，借着皇后的建议，他正好顺水推舟。

还有人说，元昊之所以杀野利遇乞，正是为了得到没藏黑云。这种说法，就比较惊悚了。作为开国帝王，元昊固然爱好女色，但为得到一个女人而屠戮重臣，似乎不太可能。江山、美人，孰重孰轻，他应该还是有分寸的。不过，搂草打兔子，重臣已然屠戮，顺带得到绝色，他应该不会手软。

不管哪种说法，元昊见到了没藏黑云。

金风玉露一相逢，胜却人间无数。从此，两人如胶似漆。

自此，没藏黑云的命运，发生大转折；李元昊的命运，也由此大转折；甚至，西夏的国运，也由此发生大转折。

西夏，被女人纠缠数十年的历史，由此拉开序幕。

当然，最先感到变化的是野利皇后。

她意识到自己犯了个大错。

兄长的遗孀，幸免于难的小嫂子，成了元昊的新宠。这个叫没藏黑云的女人就像一块磁铁，让元昊须臾不离左右，神魂颠倒，终日饮酒纵情。可恨的是，这个女人只顾紧紧缠着元昊，根本没把她这个皇后兼前小姑子放在眼里。

这似乎也怪不了没藏黑云。一个落水快淹死的人，只会牢牢抱住好不容易抓住的木板，又怎会在意岸上人的心情？

野利皇后欲哭无泪，她不敢迁怒元昊，却对没藏黑云恨之入骨。恨她不守贞洁，恨她貌美如花，恨她魅惑勾人。皇后意识到，必须要有所动作，否则养虎为患，而老虎终会吃人的。毕竟，她自己当年是如何上位的，还记忆犹新。

她瞅准时机，利用元昊外出行猎，派人挟持了黑云，将其重新送回了戒坛寺。不同的是，这次黑云被强迫剃度出家了。临别之际，野利皇后犹豫再三。在这一刻，没藏黑云犹如她捏在手里的蚂蚁。杀了她，易如反掌。而黑云，则收起了狐媚，梨花带雨，楚楚可怜。最终，皇后挥挥手，放了她。

要说，野利皇后还是太天真了。

送到戒坛寺，元昊就找不到了？剃度出家，就不能偷欢了？只能说，皇后读书少。至少，她不知道当年武则天的旧事。这简直就是武后之事的翻版。

自此，元昊常借到戒坛寺上香之名，与没藏黑云幽会。经过了几番的转折，再回到戒坛寺的黑云，早已不是那个半夜想家哭鼻子的小女孩。她更加处心积虑地去逢迎。每次与元昊见面，她都用尽了自己。她知道，只有紧紧地缠住元昊，她的人生才可能有转机。

没藏黑云的魅力，天下没有男人能挡住。元昊贵为天子，也一样神魂颠倒。元昊去得越来越频繁。戒坛寺似乎成了离宫，黑云就是这离宫的女主人。

这时候，野利皇后已经无力再杀她了，特别是当黑云有了身孕。如此，元昊也不再避讳了，公然带着她外出行猎。两人出则同车、入则同寝，如胶似漆。黑云的兄长没藏峨博，也随之水涨船高，担任了元昊的行军总管。这是至亲心腹才能担任的职务。

公元 1047 年早春，黑云在随元昊行猎的途中，产下一子。因营帐安扎在一条两岔河边，元昊便给孩子取乳名"两岔"，又根据乳名党项语的发音，取了汉名，谅祚，李谅祚。

孩子出生后，元昊担心野利皇后嫉妒使坏，便将黑云母子安排在没藏峨博家中抚养。所需用度，由宫中支付，完全按照皇后和太子的标准。舅以甥贵，没藏峨博也被授予国相之职。就这样，短短数年，没藏峨博如火箭般蹿升，在西夏红得发紫。

野利皇后悔断肝肠。

当然，更揪心的还是皇后的儿子，太子宁令哥。宁令，在党项语里，是欢喜的意思。如今再看，就是讽刺。这短短数年，兄长出事，两个舅舅被杀，母后失宠。他虽然还在太子之位上，但风雨飘摇之感日甚。现在又有了没藏黑云和弟弟李谅祚，太子之路眼看就到尽头了。悲愤之下，每日唯有以酒浇愁。

可惜，这样的日子，他也过不长了。

这年五月，太子满十八岁了。西夏朝廷开始操办宁令哥的大婚。太子妃是来自没移部落酋长的女儿。儿子大婚，做父亲的自然喜笑颜开，元昊也不例外。在太子大婚的典礼上，元昊开怀畅饮，喝得酩酊大醉。当太子夫妇向父皇敬酒时，元昊已是醉眼蒙眬。

太子妃没移氏楚楚动人、美丽娇艳，犹如一株盛开的牡丹，芳香四溢。有的花，对有些人，只能是远远欣赏的。而酒精则让元昊彻底迷失了，他忘记了父亲的角色，只剩下男人的本性。他粗暴地抓住没移氏，强行拖向了后殿。任由着没移氏惊恐的哭喊声在大殿中回荡。满殿的文武大臣目瞪口呆。太子宁令哥伫立在原地，两眼冒火，双手紧握剑柄，指甲都已刺入皮肉，鲜血直流。

太子妃，儿媳妇，成了元昊的新宠。

皇后寝宫里，野利皇后和太子，母子二人抱头痛哭。这个世界，到底怎么了？短短几年发生的事情，让野利皇后这个曾经生活在云端的女人，犹如坠入了十八层地狱。

宁令哥不想忍了。他数次拔刀，想要冲出去和元昊拼命。父亲夺了他的妻子，这算什么呢？

野利皇后只能死死地抱住儿子，这是她唯一的指望了。

很多人说，在草原和渔猎民族，他们没有中原王朝那般伦理道德约束。父亲去世、兄长去世，儿子娶庶母、弟弟娶嫂子的事，时有发生。这个确实。但父亲抢走儿子的新婚妻子，怎么说也是有违人伦的。元昊真是昏头了。酒精是个可以归罪的对象，但犯错的，终究还是人。

野利母子的言行，又怎能逃出元昊的耳目。一不做二不休，元昊废了野利氏的皇后之位，迁居别宫居住，并将宫门和窗户全部用门板钉死。对太子，元昊或许是出于点点的内疚，只是严词训斥，并没有废黜。

有人哭，有人笑；有人痛不欲生，有人欢天喜地。元昊封没移氏为"新皇后"。为了讨好小娇人，元昊在兴庆府之外另在天都山大修宫殿。宫殿群延绵数十里，楼台高十余丈，内饰奢华，金碧辉煌。元昊带着新皇后，日夜游宴其中。

朝政之事，元昊全扔给了国相没藏峨博。这让没藏峨博喜忧参半。欢喜的是，他终于可以名正言顺地大权独揽。他确实也没闲着，乘着这机会，在朝廷和军队里大肆安插自己人。忧虑的是，元昊喜新厌旧，昨日还对妹妹黑云山盟海誓，转眼就有了新欢。侄子谅祚才几个月大而已。如果，没移氏再生了皇子，这以后的事，可能只有天知道了。

没藏黑云也让这番变故，惊出一身冷汗。原本，她还想趁着恩宠，让元昊立谅祚为太子。如今想想，元昊如此善变，能否保住这份富贵，都很难说。她绞尽脑汁想办法。无论如何，她不想再回戒坛寺了。何况，她现在已是母亲，她还得为儿子奋斗。

左思右想，有个人让没藏黑云眼前一亮。

太子，宁令哥。

密室之中，没藏兄妹深谈了一次。

没藏峨博听完妹妹的计划，觉得此事断不可行。风险太大。如若计划失败，就会丢官罢爵，甚至诛灭九族。失去相位固然可惜，但失去脑袋，可就啥也没了。他觉得，妹妹过于激进了。

没藏黑云坚持己见，寸步不让。

兄妹俩就这样僵持着。最后，还是哥哥妥协了。

他清楚，虽然他是国相，但决定家族富贵和安危的，却是妹妹和还在襁褓中的侄子李谅祚。

他决定深夜去找宁令哥。

说起来，就在数月之前，没藏兄妹和太子还是死敌。对太子来说，没藏黑云夺去了他母亲的恩宠，而襁褓中的李谅祚则是更大威胁。然而，现在一切都变了。他和没藏兄妹之间，有了共同的敌人，没移氏。这个本属于他的女人，可能会同时毁掉他们。

在强大的共同敌人面前，曾经的对手需要握手言欢。听闻没藏峨博深夜求见，太子心中一惊，随即让家人将没藏峨博带入密室，严令任何人不得靠近。两人坐定。

太子问，国相深夜前来，必有教我？

没藏答，为太子安危而来。

太子问，我为太子，当今皇帝嗣君，何危之有？

没藏答，今日无危，明日必有危。

太子问，明日是哪日？

没藏答，没移氏生子之日。到那日，太子之位必将不保。自古，太子被废，鲜有善终者。

太子木然。再问，如之奈何？

没藏答，先下手为强。离宫兵力空虚，且守备之军，多为我旧部。若太子亲率死士，冲入离宫，手刃今上，则大事可成。我等即奉太子为君。

太子闻之，大怒。他愤而离席，指着没藏说道，如此违背人伦，丧心病狂，你不怕我诛你全族？

没藏镇定自若，答道，太子大婚之日，元昊强夺太子妃，可有人伦？太子两个舅父，为大夏立下汗马功劳，无辜被杀，可有人伦？太子母亲野利皇后，为元昊抚育皇子多年，无辜被废，可有人伦？

太子，再不能言。

其实，没藏峨博也是强作镇定。妹妹的这条计策，他原本就没有把握。自古疏不间亲，何况是说服儿子弑杀君父。

事实证明，还是女人更懂人性。尤其是饱受挫折的女人。

待到天色微明，太子同意了。两人拟定了详细方案，里应外合之下，几番推演，几乎是无懈可击。他们指天盟誓，事成之后，没藏兄妹奉太子为君；没藏峨博永保相位，李谅祚封亲王。

此刻，身处离宫的李元昊，正沉浸在温柔乡里。

到了约定的日子，两人出手。

计划出奇的顺利。

在没藏峨博的安排下，元昊的禁卫军对太子视而不见。很快，太子就摸到了元昊寝宫的门口。夜深人静，屋里鼾声如雷。太子手中的利刃，泛着惨白色的光。直到此时，太子仍心有犹豫。手下几个死士也都紧张地瑟瑟发抖，一人的兵刃不慎落地。刀砸在青石上，咣当一声。

屋里的李元昊从梦中惊醒，大喝一声，谁在外面？电光火石间，太子把心一横，踹门而入。元昊从床上跃起，拔刀相搏。饶是他身强体壮，奈何猛虎架不住群狼。混乱中，元昊被一刀砍中，哀号着倒在地上。或许，是父亲的哀号声，击中了太子。他停止了进攻，带着手下飞快逃离了现场。

正在宫外接应的没藏峨博，心都提到嗓子眼上了。眼见太子一身是血，急忙问道，事成否？太子慌乱不能答。身边人也说不清楚，只道元昊已被砍中，不知生死。

事先，没藏兄妹做过推演，却漏了这条。如果太子行刺失败，他即将太子格杀，将首级献给元昊，犹是首功。如果太子行刺成功，元昊已死，他依然可以杀了太子，以国相之尊，在元昊灵柩前拥立侄子李谅祚继位。

如今，元昊生死未明，怎么办？他急中生智，忙令手下将太子护送回自己府中。名为保护，实是看管。而他则必须马上进宫，见机行事。元昊生死未明，宫中险象环生，但这是千钧一发之际，只有在宫中，在元昊身边，他才能把命运掌握在自己手里。

宫中已乱成一团。没藏峨博派兵封住了离宫的所有出入口，任何人不得靠近、不得出入。接着，他火速赶往元昊的寝宫。

元昊正躺在御榻上，浑身是血。周围有几名太医正在忙碌。人还没死。那一刀从元昊的面前砍过，削掉了他的整个鼻子。元昊疼得昏死过去了。伤口太大，血越流越多，太医们总也止不住。

挨到天明，元昊已是气若游丝。

他费力地睁开眼睛，只有没藏峨博一人立在榻前。他挣扎着问，刺客是谁？原来，黑灯瞎火中，元昊并不知道行刺之人是太子。这时，没藏峨博有个做善人的机会。可惜，他无视这样的机会。他大声回答元昊，行刺者是太子宁令哥。闻之，元昊挣扎着欲坐起，又颓然地倒下，脸上痛苦地抽搐着，这一刀是刺中他心脏的。鼻子的伤口再度血流不止。

没藏峨博再来一刀。他向元昊请示，太子在逃，是否即刻带兵捕杀。元昊缓缓地摆了摆手。人之将死其言也善，元昊快死了，终于重新成了父亲。对太子，他终究是有些歉意的。

没藏峨博这两刀，刀刀致命。

元昊自知命将不保，他示意没藏峨博靠近一些，他有话说。峨博知道，这是临终遗命了。他有些期待，如今太子谋反，谅祚胜出可能性很大。不过，峨博失望了。

元昊的遗命，却是立侄子为帝。在峨博看来，这简直是莫名其妙。但显然，这并非是元昊的临时决定，应该是他之前就深思熟虑过的。他清楚太子宁令哥难堪大任。这个侄子跟随元昊征战多年，有勇有谋，文武双全，的确是个好继承人。元昊可能想着这事不着急，慢慢来办，所以秘而不宣。

听完元昊所言，峨博瞬间有些恍惚。这时，元昊似乎用尽一生的力气，挣扎着半坐了起来，一把抓住峨博的双手，口已不能言，但双眼死死盯着他。眼神如刀子一般。这是在严厉地警告没藏峨博，必须坚定地执行遗命，确保侄子继位。

峨博慌乱地避开了元昊的眼神，习惯性地念念有词，表示一定谨遵圣命，云云。他分明地感受到，元昊的手在慢慢地松开。

终于，元昊颓然倒下。双眼圆睁，气绝身亡。

短短的数分钟，没藏峨博却感觉无比漫长，后背已湿透。

过了好一会儿，他才大着胆子去摸元昊的脉搏。元昊已死。周围一片寂静，他身子一软，颓然地坐在地上，几乎快虚脱了。

他努力平复着情绪，这时候要迅速采取行动。要争分夺秒，多一分钟，就多一分主动。他理清思路，立即着手做三件事。

传令，立刻封锁元昊的死讯。所有的太医，正常进出元昊的寝宫。对外宣称，元昊只是轻伤，并无大碍。

传令，即刻调右厢军精锐一部到离宫，与离宫禁卫军共同负责离宫的防务。这两支军队的指挥官，都是他的亲信。两支军队互不隶属，都直接对没藏峨博负责。如此，相互辅助、相互监督，确保万无一失。

传令，让没藏黑云即刻捕杀太子和其母废后野利氏；事成后，即刻带李谅祚赶到行宫。

一切安排妥当，没藏峨博忍不住跪倒在地，祈求上天保佑。他们兄妹的富贵、家族的安危，在此一举。所有的环节，都不能出任何差错。任何细微的差错，都会带来灭顶之灾。

他坐镇离宫，等候消息。

再说没藏黑云。她看到太子被带回相府，又听闻元昊生死未卜，心中就已觉得不妙。形势不明，她只好安顿下太子，并派家丁将太子住所看得严严实实。

必须说，有的人天生就是干大事的。没藏黑云就是这样的人。这个几年前还只会哭鼻子的小女孩，经过一番折腾磨砺，此刻已全然不同。比如，她的静气。陡遇变故，身边的亲信心腹，很多人说话都已磕磕绊绊。她却平静如常，静得让人可怕。

她思来想去，无论元昊是死是活，太子都必须死。兄长把太子送回府，实非明智之举。留着太子，最好的结果不过是他登基为帝，按照承诺保他们兄妹和谅祚的富贵而已。而这样的前提是元昊已死。那么，既然元昊已死，为何又非要保太子继位呢，谅祚一样可以继位。太子弑君犯上，杀了他，谅祚继位更加名正言顺。她决定，即刻处死太子。

太子宁令哥，自从元昊的寝宫出来，就一直在恍惚中。父亲的哀号声一直在耳边回荡，让他头疼欲裂。直到没藏峨博的府中，他强迫自己镇定下来，重新复盘整个事情。他发现，自己的命运，已完全被捏在没藏兄妹手中。

父亲如果没死，必会追查凶手。没藏峨博会不会为掩盖真相，杀人灭口，再拿自己首级去邀功？就是为了自保，没藏也完全有可能这样做。

父亲如果死了，没藏峨博就会控制离宫，他会如约拥戴自己为帝吗？他会不会心生异心，假传圣旨，拥立李谅祚？自己和他不过同盟而已，谅祚则是他亲外甥，亲疏有别啊。

没藏峨博这个盟友，究竟有几分可靠？

太子越想，越觉得悲观，越觉得自己太鲁莽。

此时，有无补救之策？

还没想出名堂，没藏黑云就出现在了面前。

这是太子第一次，如此近距离地见到没藏黑云。这个女人甚至比传闻中更加美艳动人，难怪父亲会神魂颠倒。可惜，眼前的女人脸上没有半点温度，全是冰霜。

她不发一言，只是摆了摆手，身后的卫士直接上来将太子和随从按倒在地。还没来得及呼救，太子就被堵住了嘴。几个卫士用白绫紧紧勒住他的脖子。任他年轻，扑通了好一阵，才渐渐地没了动静。自始至终，没藏黑云连身子都没转过去，就这样看着。她还亲自上前摸了摸鼻息，确认太子已死，这才放心离去。

算起来，太子和黑云是同龄人。两下比较，如果太子能有这般冷静，又怎会如此下场？这是个可怜的人，这又是个无能的人。或者说，这就是个普通人。这样的人，如果生在百姓之家，娶妻生子，平平淡淡，倒也能过一生。可惜，他生在帝王家，坐在太子位上，却如此轻信人言，又如此鲁莽操切，悲剧就难免了。

不考虑道德，仅就结果而言，太子也是咎由自取。

他识人不明，选错了盟友。轻信没藏峨博，与之结盟，这是一切错误的开始。知人知面不知心。被没藏一番花言巧语，就热血沸腾，太子的道行还是太浅了。或许，他是想利用没藏的权势。可惜他忘了，合作的基础是均衡的实力，至少是接近。只有实力相当，才有可能志同道合；否则，就是与虎谋皮。

没藏峨博身为国相，权势熏天。太子除了名位，要权没权、要兵没兵。实力如此悬殊，怎么合作？搞政治，哪有那么多四两拨千斤，更多的还是硬实力。那些想着空手套白狼的，最终多为狼所食。

再说，欲成大事，一旦下定决心，就要排除万难，果敢决断，他却关键时刻犹豫踌躇，半途而废，连元昊的生死都不明就仓皇而走。这又算怎么回事？

其实，太子是有一线赢的希望的。

比如，刺杀成功后，马上宣布继位。毕竟，他有太子之名，继位名正言顺。为求富贵，禁卫军倒戈拥护，也是大有可能的。如此，他再以迅雷不及掩耳之势，将宫门外接应的没藏峨博斩杀，抢先杀人灭口，再将刺杀之罪牢牢扣在没藏头上。随即，亲率禁卫军杀回兴庆府，控制皇宫，围相府杀没藏黑云和李谅祚。如此，则大事可成。到那时，帝位坐稳，史书想怎么写就怎么写了。

可惜，太子身边没有没藏黑云。

宁令哥，这个有着美好名字的太子，就这样背负着弑杀君父的恶名，踏上了黄泉路，至死心犹不甘。我们回望历史，只见他站在时光的隧道里，一脸的委屈，泪水涟涟。他的身上，被泼满了脏水。他曾经的无奈、无助、委屈和愤潢，都被一笔抹去，没有人会在意，即便他曾经高贵无比。

这就是人生，这就是政治。无论你曾经有多好的一手牌，只要你输了，你便就输了，而且永远没有了翻盘的机会。

杀了太子，没藏黑云并没有收手。

她命人持国相的手札，即刻进宫，诛杀被废黜的野利皇后。虽是废后，亦是威胁。已杀其子，就不能留下其母。

当初，她侥幸在野利皇后的刀口下逃生。那时候，她如一只蝼蚁，皇后要杀她，只需抬抬手。靠着精湛的演技，她让皇后的刀停在了半空中。事后很久，她常常在梦中惊醒，害怕那把刀落了下来。如今，时移世易，她成了执刀人。她不想再做噩梦了。

野利氏自从被废以后，每日枯坐冷宫。所有的时光，都在回忆和期待中度过。回忆，那些云端的日子。期待，儿子早登大宝。这是她活下去的两根支柱。

清冷的住所，已经许久没人来了，她似乎已被人世遗忘。伴随着急促的脚步声，一群凶神恶煞的人站在了野利氏的面前。这让她有些不明所以。

来人既不解释，更不废话。他们甚至连杯毒酒都没预备，直接上来几个人，有人按住野利氏的手臂，有人用绳索套住她的脖子。动作之熟练，一看就实践过多次。不像是杀人，更像是杀一只鸡、一条狗。被废黜的皇后，就是鸡狗的命运。

野利氏没有太多慌乱，也没有反抗，更没有跪地求饶，梨花带雨。虽然是废后，但她依然保持了足够的体面。对这样的结局，她早有心理准备。时间早晚而已。所不同的是，她到死都以为这些是元昊派来的人。可惜，她曾经的枕边人已先她一步踏上了黄泉路。元昊人都死了，还白受了冤枉。

临死前，野利氏心中唯一默念的就是太子宁令哥。她不愿意相信儿子可能有的任何变故，只是虔诚地为儿子祈祷，希望他能早日继位。可惜，她不知道，宁令哥也刚刚上路了。

想想真是可怜。一日内，这一家三口，西夏帝国最有权势的三个人，皇帝、皇后、太子，都走上了奈何桥。不知道，桥上相遇的那一刻，这一家人，看见彼此脸上的血污，闻着彼此身上的血腥味，又是怎样的相顾无言，泪千行。

那些高高在上者，曾经唯我独尊、不可一世，对天下人生杀予夺。他们以为，自己真的多么与众不同。其实，他们一样会倒下，痛苦地蜷缩成一团，任由身体渐渐僵硬。在最后告别人世的时候，眼神里一样充满着惊恐和渴望，和那些他们不耻的草民、贱民，并无丝毫的不同。

天下，哪有那么多与众不同？

至少，生与死，万物平等。

死去的人，一切清零。

活着的人，还在计算得失。

这翻天覆地的变化，最大的赢家莫过没藏兄妹了。

不过，此时还远未到庆功的时候。

刚杀完野利氏，没藏黑云就接到了哥哥的通知，元昊已死，让她火速带领谅祚赶赴离宫。事实上，她早已备好了车驾，即刻启程。同时，派快马先行，到离宫报告已杀野利氏母子。

没藏峨博闻之大喜。他派人传天子诏书，召朝廷大臣、王公贵族、部落首领，即刻到离宫议事。是永享荣华富贵，还是诛灭九族，就看这步了。

当众人赶到离宫时，大殿的御坐上空空如也。大殿外，甲士林立，个个持刀而立，面无表情，目光冷峻。一路上，看到兴庆府和离宫突然戒备森严，大家心里已经在犯嘀咕。此刻众人更是疑惑不已。正当大家面面相觑之际，没藏峨博登场表演了。

他是国相，一人之下，万人之上。

只见，没藏峨博一身孝服，在侍卫的搀扶下走进大殿。众人一片愕然之声。还没待别人发问，没藏峨博已号啕大哭道，先皇龙驭升天了。大殿一片哗然。

有人大声发问，有人低头私语，有人沉默不言。

这是非常时刻，所有的人反应几乎都是下意识的。而这种下意识，恰恰就是政治素养高低的体现。这种素养，虽然有后天的历练，但更多的可能还是天分。

没藏峨博将太子如何对父皇不满，如何买通离宫侍卫，如何丧尽天良行刺父皇，一一道来。众人的反应，还是各不相同。不过，喊杀声已大有人在。

这时，没藏峨博再拿出重磅炸弹。他示意侍卫，将太子和野利皇后的首级展示给众人。当然，还有太子身边随从的人证。这些人，早就被没藏峨博收买，当然知道该说什么。

至此，野利母子密谋，太子行刺，元昊身死，国相缉拿凶手，为国立功，一个完美的闭环。大殿之上，已经有人在为没藏峨博高唱赞歌。当然，也有人怒目而视，愤懑之情喷薄欲出。

这一切不过是上半场。主要是让群臣接受皇帝已死、野利母子已被诛的事实。没藏基本控制了局势。真正难的，是下半场。

没藏峨博当众宣读先帝遗诏，立李谅祚为嗣皇帝。

这下，彻底炸了锅。有几个大臣公然跳了出来。他们声称，元昊在世时，就对太子不满，心仪的接班人是其侄子。现在，应该按照先皇遗愿，立其侄子为帝。至于遗诏，他们话里话外的意思，根本不足信，毕竟先皇临终只有没藏在场，如何让人信服？

这几个人素与没藏峨博不合，是政坛死敌。他们也是在抓住最后的机会反击。他们自然知道，这是生死之际，错过这次机会，就将彻底沦为鱼肉。

没藏峨博把心一横，立刻喊杀。最好的理由，当然是诬陷为太子一党，是太子行刺的同谋。殿下的武士，如狼似虎冲了进来。这几位大臣血洒御阶，身首异处。大殿安静了下来。

很快，便有大臣跪请国相，速接嗣皇帝到离宫继位。附和者有之。渐渐地，大殿之上皆是附和之声。没藏峨博脸上终于有了一丝笑意。

这时，没藏黑云抱着李谅祚，从御座的屏风之后走了出来。

母子二人坐定。没藏峨博带领众臣山呼万岁。

李元昊的时代，彻底结束。

公元 1048 年，兴庆府外离宫，襁褓中的李谅祚继位为帝。

这是西夏第二任皇帝，史称夏毅宗。

此刻，西夏的开国帝王，李谅祚以后穷尽一生去想象，却也没有任何印象的父亲李元昊，还躺在寝宫的御榻上，身体早已僵硬。身上的血衣还没换下，血块早已凝结变成了黑色。别说大殿上的欢呼声，这个世界的一切，都与他彻底没有了关系。

他被众人遗忘了。尽管他曾经如这个民族、这个国家的太阳一般。这不奇怪，每天的太阳都会落下去的。尽管还会再升起，但那已是一个新的太阳。对西夏帝国来说，新太阳就是李谅祚。

作为开国帝王，元昊应该想过身后事的。只是，他绝没想到，这一天会来得这么快。要知道，他的身体依然健硕，斗志依旧昂扬，跨上骏马，奔跑如飞，醇酒美妇，千杯不醉。要知道，他还有太多的事没有完成。他要率军，饮马渭水，直入长安；他要率军，行舟汴河，跃马东京；他要成为中原的天子；他要登上东京皇宫的宣德楼，接受万民欢呼。

他也绝没有想到，人生会以如此方式谢幕。砍掉俘虏的鼻子，这是党项人千百年的传统。征战多年，被他砍掉鼻子的人，又何止千万？而他，竟也遭此羞辱。而这份羞辱，竟然来自亲生儿子，那个看起来弱不禁风、唯唯诺诺的太子。都说，人死之后，魂魄会绕梁许久。不知道，看到一脸血污的自己，他会不会觉得荒唐？

李元昊，享年四十五岁。从 1032 年继位算起，在位十六年；从 1038 年登基称帝算起，为帝十年。

这是个说不尽的人。

元人一统天下后，分别给辽、金、两宋修史，唯独没有给西夏修史。夏史因此语焉不详，支离破碎。尽管如此，关于李元昊的记载依然是最详尽的。不夸张地说，一部西夏史，元昊个人独占一半，甚至更多。

那么，李元昊究竟是怎样一个人？

说他雄才大略，一代雄主，可以。

说他残忍暴虐，嗜血嗜杀，亦可以。

说他文治武功，功耀千秋，可以。

说他不惜民力，好大喜功，亦可以。

说他知兵善战，用兵入神，可以。

说他纵情酒色，昏聩狂妄，亦可以。

说他求贤若渴，爱才如命，可以。

说他六亲不认，众叛亲离，亦可以。

他的脸上，被各种油彩涂抹，不仅不均匀，还异常的杂乱，根本就是个花脸。或者说，他原本就有千张脸。不同的时期、面对不同的情势、面对不同的人，展现不同的脸。

这样的人，誉满天下，必又谤满天下。称赞他的人，把他捧上天，无数的假设都能用在他的身上；贬低他的人，把他踹入地狱，再加上一万只脚。

说到底，这样的人，不是用来评价的，也无从评价。所有对他的评价，除了招来是非和争议，几乎没有可能得到多数的认同。

这样的人，只能交还给历史。

我们知道，在千年前的西北大地上，有这样一位党项族的首领，虽偏居一隅，却有图霸天下之心。虽小国寡民，却有勇有谋，有百战百胜之威。虽只活了四十五年，却留下了后人难以企及的人生高度。他创立的新帝国，在强敌环伺下，傲然屹立了近两百年。

李元昊，不世出之人。

西夏帝国挥别了李元昊，进入了新时代。

这个新时代，打的是李谅祚的名义，实际上却是没藏兄妹的天下。这对来自凉州的吐蕃兄妹，妹妹是皇太后，每天抱着皇帝坐朝听政，俨然女主君临天下；哥哥是国相，牢牢把持着内政外交，飞扬跋扈，权势熏天。

这对兄妹，注定是有故事的人，后面的故事依然精彩。

西夏帝国才刚上路，后面的路还很长。

还有很多人，很多事，很多哀怨，很多嗟叹。

# 后 记

让我们回到东京城。

登基数年后，徽宗办了一件大事。

实际上，他办的大事很多，但论影响，这件事最甚。

这件事，由一个人而起。

放在今天，多数人不知道这个人的名字。在当年的大宋，他更是一个绝密的存在。知道的人，少之又少。

他就是马植，一个辽国人。

徽宗召见过他多次。为避人耳目，每次他都轻车简从出宫，选在城中僻静之地密谈。他们谈的这件大事，惊天动地。

事情办成了，大宋就可以收回燕云十六州。燕云十六州，大宋历代先皇们念兹在兹的梦想，也是一百多年来，几乎所有汉人的共同梦想。这该是怎样的荣耀。

徽宗甚至觉得，马植是上苍赐给大宋和他的。

至于，这件事将会给他的人生，给这个国家、这个民族，带来怎样翻天覆地的变化。不仅他没想到，事实上，那个时代所有的人，可能都没想到。

这件事，史称宋金海上之盟。

想到千秋功业，徽宗有些兴奋。他信步走出寝宫，登上皇宫的高处，俯瞰脚下的东京城。

夜深了，喧嚣的东京安静了下来。

月光下，东京城，如沉睡的婴儿，安宁、祥和。

而不远处，历史的滔天巨浪，正在聚集。就在不远的将来，将会摧毁这所有的一切。是的，是一切。

2020 年 5 月 20 日夜

完稿于香港湾仔